全 世 界 无 产 者 ， 联 合 起 来 ！

马克思主义理论研究和建设工程重点项目

列宁专题文集

论马克思主义

中共中央 马克思　恩格斯
　　　　 列　宁　斯大林　著作编译局编

人民出版社

编　辑　说　明

　　《列宁专题文集》是马克思主义理论研究和建设工程的重点项目,旨在为广大干部群众提供学习马克思列宁主义基本理论的读本。经中共中央批准,这部文集的编辑工作由中央编译局组织实施。

　　《列宁专题文集》分五个专题,编为五卷:《论马克思主义》、《论辩证唯物主义和历史唯物主义》、《论资本主义》、《论社会主义》、《论无产阶级政党》。文集精选了列宁各个时期的重要著作、文章、报告、笔记和书信,既注重反映列宁毕生坚持和发展马克思主义的主要理论成果以及对无产阶级革命和社会主义建设实践经验的科学总结,又着眼于适应干部群众学习和研究中国特色社会主义理论体系的实际需要。

　　《列宁专题文集》采用文献选编与重要论述摘编相结合的形式。各卷精选了列宁最具代表性的著作,或全文收录,或部分节选,同时从本卷未选收的著作中摘选与本专题有关的重要论述,编成《重要论述摘编》,作为本专题所收文献的补充。这种新的编辑形式既能反映列宁相关思想的完整性和系统性,又能体现收文少而精的原则。

　　《列宁专题文集》各卷著作的编排按各卷的不同特点采取不同方式。《论资本主义》、《论社会主义》、《论无产阶级政党》采用编年原则,《论马克思主义》、《论辩证唯物主义和历史唯物主义》采用以理论逻辑为主和以重点著作为主的编排方式。

《列宁专题文集》采用《列宁全集》中文第二版的译文,其中,马克思和恩格斯的引文选自《马克思恩格斯全集》和《马克思恩格斯选集》中文第一版,本文集未作变动。

《列宁专题文集》各卷均附有注释和人名索引。为了帮助读者把握各篇著作的理论精髓,每篇著作都附有导读性的题注,力求言简意赅地介绍每篇文章的核心内容和理论要点。

《列宁专题文集》沿用《列宁全集》中文第二版的技术规格。每篇文献标题下括号内的写作或发表日期是编者加的,文献本身在开头已注明日期的,标题下不另列日期。1918年2月14日以前俄国通用俄历,此后改用公历。两种历法所标日期,在1900年2月以前相差12天(如俄历为1日,公历为13日),从1900年3月起相差13天。编者加的日期,公历和俄历并用时,俄历在前,公历在后。引文中尖括号〈 〉内的文字和标点是列宁加的。未说明是编者加的脚注为列宁的原注。文中的[……]为编者加的删节号。《人名索引》条目按汉语拼音字母顺序排列,条头括号内用黑体字排的是真姓名。

马克思主义理论研究和建设工程咨询委员会对文集整体方案、各卷文献篇目以及各篇著作的题注进行了认真审议并提出许多宝贵意见,这对提高文集编辑工作的质量起到了重要作用。

本卷收入列宁著作18篇,相关重要论述27条。列宁著作分两部分编排。第一部分是对马克思主义的概述,收入6篇文献,按内容的逻辑顺序编排。这些文献简要介绍了马克思和恩格斯的伟大一生和他们的学说,高度评价了他们共同创立马克思主义理论和为无产阶级解放事业斗争的不朽功绩;系统阐述了马克思主义哲学、政治经济学和科学社会主义的基本原理;指出马克思主义学说不是离开世界文明大道而产生的一种故步自封、僵死不变的学说,它批判地继承了人类文明的一切优秀成果,特别是德国古典哲学、英国古典政治经济学和法国空想社会主义的成果。列宁阐明了马克思主义的本质特征,指出马克思主义是完备而严密的科学世界观,是无产阶级认识世界和改造世界的理论武器,马克思主义之所以有强大的生命力,就在于它把严格的科学性同革命性结合起来。列宁认为,马克思和恩格斯的具有世界历史意义的伟大功绩,就在于他们用科学的理论揭示了资本主义必然崩溃、共产主义必然胜利的历史发展规律,指明了无产阶级的伟大历史使命和争取自身解放的道路。列宁还强调指出,自马克思主义出现以来,世界历史所经历的每一个时期都使马克思主义获得了新的证明和新的胜利,未来的历史时期一定会使马克思主义这个无产阶级的学说获得更大的胜利。

　　第二部分收入12篇文献,按发表的时间顺序编排。在这些文献中,列宁论述了马克思主义与无产阶级政党的关系,指出无产阶级政党完全以马克思的理论为依据,没有革命的理论,就不会有革命的运动;只有以先进理论为指南的党,才能实现先进战士的作用。列宁全面阐述了对待马克思主义的科学态度,强调指出:要坚决反对和彻底批驳所谓马克思主义"已经过时"的论调,要准确掌握和始终坚持马克思主义的基本原理;马克思主义学说是行动的指南,而不是僵死的教条,马克思主义的精髓、马克思主义的活的灵魂,就是对具体情况作具体分析;我们决不把马克思主义理论看做一成不变的东西,必须把马克思主义基本原理与本国具体实践相结合,善于运用马克思主义的立场观点方法来分析、研究和解决本国社会主义革命和建设中的问题,并在实践中不断发展马克思主义的科学理论。

目　　录

插　图

卡尔·马克思

(传略和马克思主义概述)[1]

(1914年11月)

序　言

　　现在用单行本出版的《卡尔·马克思》一文,是我在1913年(根据我的记忆)为格拉纳特词典写的。原来文末附有相当详细的、多半是外文的、论述马克思的书目。这个书目没有编进本版。其次,词典编辑部考虑到书报检查,又把本文结尾阐述马克思的革命策略的部分删去了。可惜在这里我无法把结尾部分再加进去,因为原稿留在克拉科夫或瑞士我的某些文稿中。我只记得,在文章的结尾部分,我还引用了1856年4月16日马克思给恩格斯的信中的两句话:"德国的全部问题将取决于是否有可能由某种再版的农民战争来支持无产阶级革

　　本文是列宁为《格拉纳特百科词典》写的词条。文中简要地介绍了马克思主义创始人、无产阶级革命导师马克思的伟大一生和他的学说。列宁指出,马克思主义是马克思的观点和学说的体系,马克思的观点极其彻底而严整,这些观点总起来就构成世界各国工人运动的理论和纲领。列宁扼要地论述了马克思主义哲学、政治经济学、科学社会主义的基本原理和无产阶级革命斗争的策略原则,并阐明了这些基本原理、策略原则之间的相互关系。

命。如果那样就太好了。"①这就是我们的孟什维克从1905年起就没有能理解的地方,而现在,他们已完全背叛社会主义而投到资产阶级方面去了。

尼·列宁

1918年5月14日于莫斯科

---

① 见《马克思恩格斯选集》第4卷人民出版社1972年版第334页。——编者注

1914年列宁《卡尔·马克思》手稿第1页

马克思,卡尔　　1818年公历5月5日生于特里尔城(莱茵普鲁士)。他的父亲是一位律师,犹太人,1824年加入新教。这个家庭是富裕的,有教养的,但不是革命的。马克思在特里尔中学毕业后,先后入波恩和柏林的大学攻读法学,但他研究得最多的是历史和哲学。1841年大学毕业时提交了一篇论伊壁鸠鲁哲学的学位论文。马克思就其当时的观点来说,还是一个黑格尔唯心主义者。在柏林,他加入过"左派黑格尔派"(布鲁诺·鲍威尔等人)的圈子,这派人想从黑格尔哲学中作出无神论的和革命的结论。

大学毕业后,马克思迁居波恩,打算当教授。但是当时政府实行反动政策,1832年撤销路德维希·费尔巴哈的教授职务,1836年又拒绝让费尔巴哈进大学讲课,1841年又剥夺青年教授布鲁诺·鲍威尔在波恩的讲学资格,这样就迫使马克思放弃了当学者的前程。当时左派黑格尔派的观点在德国发展很快。路德维希·费尔巴哈,特别是从1836年起,开始批判神学,转向唯物主义,到1841年,唯物主义在他的思想中已经完全占了上风(《基督教的本质》);他的另一著作《未来哲学原理》于1843年问世。后来,恩格斯在谈到费尔巴哈的这些著作时写道:这些书的"解放作用,只有亲身体验过的人才能想象得到"。"我们〈即左派黑格尔派,包括马克思〉一时都成为费尔巴哈派了。"①这时,一些同左派黑格尔派接近的莱茵激进派资产者,在科隆创办了一个反对派的报纸《莱茵报》2(1842年1月1日创刊)。马克思和布鲁

---

① 见《马克思恩格斯选集》第4卷人民出版社1972年版第218页。——编者注

诺·鲍威尔被聘为主要撰稿人。1842年10月，马克思担任该报主编，并从波恩迁居科隆。该报在马克思的编辑下，革命民主倾向愈来愈明确。所以政府起初对该报进行双重的，甚至是三重的检查，后来，在1843年1月1日决定干脆将其查封。马克思被迫在查封之前辞职，但该报并没有因此而得救，终于在1843年3月被查封。马克思在《莱茵报》上发表的主要文章，除后面列举的（见**书目**①）以外，恩格斯还曾提到论摩泽尔河谷酿造葡萄酒的农民的状况一文³。办报工作使马克思感到自己的政治经济学知识不够，于是他发奋研究这门科学。

1843年，马克思在克罗伊茨纳赫同童年时代的女友燕妮·冯·威斯特华伦结婚。马克思还在大学读书时就同她订了婚。燕妮出身于一个反动的普鲁士贵族家庭。她的哥哥曾在1850—1858年这个最反动的时期任普鲁士内务大臣。1843年秋，马克思赴巴黎，此行的目的是和阿尔诺德·卢格（1802—1880年；左派黑格尔派，1825—1830年被监禁，1848年以后流亡国外；1866—1870年以后成为俾斯麦主义者）一起在国外创办一种激进的杂志。这个《德法年鉴》杂志⁴只出了第1期。其所以停刊，是因为在德国秘密发行困难，加上马克思同卢格意见不合。马克思在这个杂志上发表的文章表明他已经是一个革命家。他主张"对现存的一切进行无情的批判"，尤其是"武器的批判"；②他诉诸**群众**，诉诸**无产阶级**。

1844年9月，弗里德里希·恩格斯曾到巴黎小住数日，他从这时起便成为马克思最亲密的朋友。他们两人一起极其热情地投入当时

---

① 见本书第39—50页。——编者注

② 见《马克思恩格斯全集》第1版第1卷第416页和《马克思恩格斯选集》第1卷人民出版社1972年版第9页。——编者注

巴黎各革命团体的沸腾生活(蒲鲁东的学说当时特别有影响,马克思于1847年在《哲学的贫困》中对它进行了彻底的清算),并在同各种小资产阶级的社会主义学说进行的尖锐斗争中创立了革命的**无产阶级社会主义**或者说共产主义(马克思主义)的理论和策略(见后面的**书目**所载的马克思在1844—1848年这一时期的著作)。1845年,在普鲁士政府的坚决要求下,马克思作为一个危险的革命分子而被驱逐出巴黎。此后他迁居布鲁塞尔。1847年春,马克思和恩格斯加入秘密宣传团体"共产主义者同盟"5,参加了该同盟的第二次代表大会(1847年11月在伦敦举行)并起了突出的作用,他们受大会委托起草了1848年2月发表的著名的《共产党宣言》。这部著作以天才的透彻而鲜明的语言描述了新的世界观,即把社会生活领域也包括在内的彻底的唯物主义、作为最全面最深刻的发展学说的辩证法以及关于阶级斗争和共产主义新社会创造者无产阶级肩负的世界历史性的革命使命的理论。

1848年二月革命6爆发时,马克思被驱逐出比利时。他重返巴黎,并于三月革命7后,又从巴黎回到德国科隆。1848年6月1日至1849年5月19日,在科隆出版了《新莱茵报》8;马克思任该报主编。1848—1849年的革命事态的发展极好地证实了新的理论,后来世界各国所有的无产阶级运动和民主运动也同样证实了这一理论。得胜的反革命势力起初将马克思提交法庭审判(1849年2月9日宣告无罪),以后又把他驱逐出德国(1849年5月16日)。马克思先到巴黎,在1849年6月13日游行示威9后又被驱逐出巴黎,此后他移居伦敦,直到去世。

流亡生活极端困苦,这一点从马克思同恩格斯的通信(1913年出版)10中可以特别清楚地看出。马克思及其一家饱受贫困的折磨。如果不是恩格斯牺牲自己而不断给予资助,马克思不但无法写成《资本论》，而且势必会死于贫困。此外，当时占优势的小资产阶级和所有非无产阶级的社会主义学说和思潮，迫使马克思经常进行无情的斗争，有时还要反驳各种穷凶极恶的人身攻击(《福格特先生》[11])。马克思竭力避开流亡者的圈子，写了一些历史著作(见**书目**)来详细阐述自己的唯物主义理论，并主要致力于政治经济学的研究。马克思通过《政治经济学批判》(1859年出版)和《资本论》(1867年出版第1卷)这两部著作，使这门科学发生了一场革命(见后面马克思的**学说**)。

50年代末和60年代民主运动复兴时期，马克思又投入实际活动。1864年(9月28日)，在伦敦成立了有名的第一国际，即"国际工人协会"[12]。马克思是这个协会的灵魂，协会的第一个《宣言》[13]以及许多决议、声明和公告都出自他的手笔。马克思把各个国家的工人运动统一起来，竭力把各种非无产阶级的即马克思主义以前的社会主义(马志尼、蒲鲁东、巴枯宁、英国的自由派工联主义、德国拉萨尔右倾分子等等)纳入共同行动的轨道，并同所有这些派别和学派的理论进行斗争，从而为各个国家的工人阶级制定了统一的无产阶级斗争策略。在1871年巴黎公社——马克思对它曾经作过极其深刻、准确、出色而**有影响的**、革命的分析(1871年的《法兰西内战》)——失败之后，在巴枯宁分子[14]使第一国际分裂之后，第一国际已无法在欧洲继续存在。在海牙国际代表大会(1872年)[15]以后，马克思把国际总委员会移至纽约。第一国际完成了自己的历史使命，随之而来的是世界各国工人运动空前大发展的时代，即工人运动**向广度**发展，以各个民族国家为基地建立**群众性的**社会主义工人政党的时代。

在第一国际中的紧张工作和更为紧张的理论研究活动，完全损坏了马克思的健康。他继续进行改造政治经济学和完成《**资本论**》的工作，为此大量收集新的资料，学习好几种语言(例如俄语)，可是疾病使他没有能够写完《资本论》。

　　1881年12月2日，马克思的妻子去世。1883年3月14日，马克思静静地长眠于他的安乐椅中。他被安葬于伦敦的海格特公墓，安息在妻子的身边。马克思的子女，有几个由于当时家境十分贫困，在童年时便死于伦敦。三个女儿爱琳娜、劳拉、燕妮，分别嫁给了英国和法国的社会主义者艾威林、拉法格、龙格。燕妮的儿子是法国社会党党员。

马克思的学说

　　马克思主义是马克思的观点和学说的体系。马克思是19世纪人类三个最先进国家中的三种主要思潮——德国古典哲学、英国古典政治经济学以及同法国所有革命学说相联系的法国社会主义——的继承者和天才的完成者。马克思的观点极其彻底而严整，这是马克思的对手也承认的，这些观点总起来就构成作为世界各文明国家工人运动的理论和纲领的现代唯物主义和现代科学社会主义。因此，我们在阐述马克思主义的主要内容即马克思的经济学说之前，必须把他的整个世界观作一简略的叙述。

哲学唯物主义

　　从1844—1845年马克思的观点形成时起，他就是一个唯物主义者，首先是路·费尔巴哈的信奉者，就是到后来他还认为，费尔巴哈的弱点仅仅在于他的唯物主义不够彻底和全面。马克思认为费尔巴哈的"划时代的"世界历史作用,就在于他坚决同黑格尔的唯心主义决裂,宣扬了唯物主义,这种唯物主义早"在18世纪,特别是在法国,就不仅是反对现存政治制度的斗争,同时是反对现存宗教和神学的斗争,而且还是……反对一切形而上学〈意即与"清醒的哲学"相反的"醉醺醺的思辨"〉……的斗争"(《遗著》中的《神圣家族》)①。马克思写道:"在黑格尔看来,思维过程,即他称为观念而甚至把它变成独立主体的思维过程,是现实事物的创造主〈创造者、缔造者〉…… 我的看法则相反,观念的东西不外是移入人的头脑并在人的头脑中改造过的物质的东西而已。"(《资本论》第1卷第2版跋②)弗·恩格斯在《反杜林论》一书(**见该书**,马克思看过该书的手稿)中完全以马克思的这个唯物主义哲学为依据,并阐述了这个哲学,他写道:"……世界的统一性并不在于它的存在,而在于它的物质性,这种物质性……是由哲学和自然科学的长期的和持续的发展来证明的。……运动是物质的存在方式。无论何时何地,都没有也不可能有没有运动的物质和没有物质的运动。……如果要问:究竟什么是思维和意识,它们是从哪里来的,那么就会发现,它们都是人脑的产物,而人本身是自然界的产物,是在他们的环境中并且和这个环境一起发展起来的;不言而喻,人脑的产物,归根到底亦即自然界的产物,并不同自然界的其他联系相矛盾,而是相适应的。""黑格尔是唯心主义者,就是说,在他看来,他头脑中的思想不是现实的事物和过程的多少抽象的反映〈Abbilder,意即映象,恩格斯有时还称为"印象"〉,相反地,在他看

---

① 见《马克思恩格斯全集》第1版第2卷第159页。——编者注
② 见《马克思恩格斯全集》第1版第23卷第24页。——编者注

来,事物及其发展只是在世界出现以前已经在某个地方存在着的'观念'的现实化的反映。"①弗·恩格斯在叙述自己和马克思对费尔巴哈哲学的看法的《路德维希·费尔巴哈》一书中(此书付排前,恩格斯重新阅读了他和马克思于1844—1845年写的论述黑格尔、费尔巴哈和唯物主义历史观的原稿)写道:"全部哲学,特别是近代哲学的重大的基本问题,是思维和存在、精神和自然界的关系问题。……什么是本原的,是精神,还是自然界?……哲学家依照他们如何回答这个问题而分成了两大阵营。凡是断定精神对自然界说来是本原的,从而归根到底承认某种创世说的人……组成唯心主义阵营。凡是认为自然界是本原的,则属于唯物主义的各种学派。"②在其他任何意义上运用(哲学的)唯心主义和唯物主义这两个概念,都只能造成混乱。马克思不但坚决驳斥了始终这样或那样地同宗教相连的唯心主义,而且坚决驳斥了现时特别流行的休谟观点和康德观点,即形形色色的不可知论、批判主义和实证论,认为这类哲学是对唯心主义的一种"反动的"让步,充其量是"把当众拒绝的唯物主义又羞羞答答地暗中接受过来"③。关于这个问题,除上面已指出的马克思和恩格斯的著作以外,还可参看1868年12月12日马克思给恩格斯的信。在这封信中,马克思谈到了著名博物学家托·赫胥黎发表的比通常"更具有唯物主义精神的"演讲,谈到了他认为"当我们真正观察和思考的时候,我们永远也不能脱离唯物主义",但同时又斥责赫胥黎为不可知论、为休谟

---

① 见《马克思恩格斯选集》第3卷人民出版社1972年版第83、98—99、74—75、64页。——编者注

② 见《马克思恩格斯选集》第4卷人民出版社1972年版第219页和第220页。——编者注

③ 同上书,第222页。——编者注

主义留下了"后路"。①特别应当指出马克思关于自由与必然的关系的观点："必然只是在它没有被了解的时候才是盲目的。自由是对必然的认识。"(恩格斯《反杜林论》)②这也就是承认自然界的客观规律性，承认必然向自由的辩证转化(如同尚未认识但可以认识的"自在之物"向"为我之物"转化，"物的本质"向"现象"转化一样)。马克思和恩格斯认为，"旧"唯物主义，包括费尔巴哈的唯物主义在内(更不要说毕希纳、福格特、摩莱肖特的"庸俗"唯物主义了)，其主要缺点是：(1)这种唯物主义"主要是机械的"唯物主义，它没有考虑到化学和生物学(现在还应加上物质的电学理论)的最新发展；(2)旧唯物主义是非历史的、非辩证的(是反辩证法意义上的形而上学的)，它没有彻底和全面地贯彻发展的观点；(3)他们抽象地理解"人的本质"，而不是把它理解为"一切社会关系的〈一定的具体历史条件下的〉总和"，所以他们只是"解释"世界，而问题却在于"改变"世界，也就是说，他们不理解"革命实践活动"的意义。③

辩　证　法

马克思和恩格斯认为，黑格尔辩证法这个最全面、最富有内容、最深刻的发展学说，是德国古典哲学的最大成就。他们认为，任何其他关于发展的原理、进化的原理的说法，都是片面的、内容贫乏的，只能把自然界和社会的实际发展过程(往往伴有飞跃、剧变、革命)弄得

---

① 见《马克思恩格斯全集》第1版第32卷第213页。——编者注
② 见《马克思恩格斯选集》第3卷人民出版社1972年版第153页。——编者注
③ 见《马克思恩格斯选集》第1卷人民出版社1972年版第16—19页。——编者注

残缺不全。"可以说唯有马克思和我拯救了自觉的辩证法〈使其不致与包括黑格尔主义在内的唯心主义同被粉碎〉并且把它转为唯物主义的自然观。""自然界是检验辩证法的试金石,而且我们必须说,现代自然科学为这种检验提供了极其丰富的〈这是在镭、电子和元素转化等等发现以前写的!〉、与日俱增的材料,并从而证明了,自然界的一切归根到底是辩证地而不是形而上学地发生的。"①

恩格斯写道:"一个伟大的基本思想,即认为世界不是既成事物的集合体,而是过程的集合体,其中各个似乎稳定的事物同它们在我们头脑中的思想映象即概念一样都处在生成和灭亡的不断变化中,——这个伟大的基本思想,特别是从黑格尔以来,已经成了一般人的意识,以致它在这种一般形式中未必会遭到反对了。但是,口头上承认这个思想是一回事,实际上把这个思想分别运用于每一个研究领域,又是一回事。""在辩证哲学面前,不存在任何最终的东西、绝对的东西、神圣的东西;它指出所有一切事物的暂时性;在它面前,除了生成和灭亡的不断过程、无止境地由低级上升到高级的不断过程,什么都不存在。它本身就是这个过程在思维着的头脑中的反映。"因此,在马克思看来,辩证法就是"关于外部世界和人类思维的运动的一般规律的科学"。②

马克思接受并发展了黑格尔哲学的这一革命的方面。辩证唯物主义"不再需要任何凌驾于其他科学之上的哲学"。以往的哲学只留

---

①见《马克思恩格斯选集》第3卷人民出版社1972年版第51页和第62页。——编者注

②见《马克思恩格斯选集》第4卷人民出版社1972年版第239—240、213、239页。——编者注

下了"关于思维及其规律的学说——形式逻辑和辩证法"。①而辩证法,按照马克思的理解,同样也根据黑格尔的看法,其本身包括现在称之为认识论的内容,这种认识论同样应当历史地观察自己的对象,研究并概括认识的起源和发展,从**不**知到知的转化。

现在,发展观念,进化观念,几乎完全深入社会的意识,但不是通过黑格尔哲学,而是通过另外的途径。不过,这个观念,按马克思和恩格斯依据黑格尔哲学而作的表述,要比一般流行的进化观念全面得多,丰富得多。发展似乎是在重复以往的阶段,但它是以另一种方式重复,是在更高的基础上重复("否定的否定"),发展是按所谓螺旋式,而不是按直线式进行的;发展是飞跃式的、剧变式的、革命的;"渐进过程的中断";量转化为质;发展的内因来自对某一物体、或在某一现象范围内或某一社会内发生作用的各种力量和趋势的矛盾或冲突;每种现象的**一切**方面(而且历史在不断地揭示出新的方面)相互依存,极其密切而不可分割地联系在一起,这种联系形成统一的、有规律的世界运动过程,——这就是辩证法这一内容更丰富的(与通常的相比)发展学说的若干特征。(参看马克思1868年1月8日给恩格斯的信,其中嘲笑施泰因的"死板的三分法",认为把三分法同唯物主义辩证法混为一谈是荒谬的。②)

唯物主义历史观

马克思认识到旧唯物主义的不彻底性、不完备性和片面性,确

①见《马克思恩格斯选集》第3卷人民出版社1972年版第65页。——编者注
②见《马克思恩格斯全集》第1版第32卷第10页。——编者注

信必须"使关于社会的科学同唯物主义的基础协调起来,并在这个基础上加以改造"①。既然唯物主义总是用存在解释意识而不是相反,那么应用于人类社会生活时,唯物主义就要求用**社会**存在解释**社会**意识。马克思在《资本论》第1卷中说:"工艺学会揭示出人对自然的能动关系,人的生活的直接生产过程,以及人的社会生活条件和由此产生的精神观念的直接生产过程。"②马克思在《政治经济学批判》序言中,对推广运用于人类社会及其历史的唯物主义的基本原理,作了如下的完整的表述:

"人们在自己生活的社会生产中发生一定的、必然的、不以他们的意志为转移的关系,即同他们的物质生产力的一定发展阶段相适应的生产关系。

这些生产关系的总和构成社会的经济结构,即有法律的和政治的上层建筑竖立其上并有一定的社会意识形式与之相适应的现实基础。物质生活的生产方式制约着整个社会生活、政治生活和精神生活的过程。不是人们的意识决定人们的存在,相反,是人们的社会存在决定人们的意识。社会的物质生产力发展到一定阶段,便同它们一直在其中运动的现存生产关系或财产关系(这只是生产关系的法律用语)发生矛盾。这些关系便由生产力的发展形式变成生产力的桎梏。那时社会革命的时代就到来了。随着经济基础的变更,全部庞大的上层建筑也或慢或快地发生变革。在考察这样的变革时,必须时刻把下面两者区别开来:一种是生产的经济条件方面所发生的物质的、可以像自然科学那样精确地确定的变革,一种是人们借以意识到这个冲

---

① 见《马克思恩格斯选集》第4卷人民出版社1972年版第226页。——编者注
② 见《马克思恩格斯全集》第1版第23卷第410页。——编者注

突并力求把它解决的那些法律的、政治的、宗教的、艺术的或哲学的，简言之，意识形态的形式。

我们判断一个人不能以他对自己的看法为根据，同样，我们判断这样一个变革时代也不能以它的意识为根据；相反，这个意识必须从物质生活的矛盾中，从社会生产力和生产关系之间的现存冲突中去解释。……""大体说来，亚细亚的、古代的、封建的和现代资产阶级的生产方式可以看做是经济的社会形态演进的几个时代。"①（参看马克思1866年7月7日给恩格斯的信中的简短表述："我们的关于生产资料决定劳动组织的理论。"②）

发现唯物主义历史观，或者更确切地说，把唯物主义贯彻和推广运用于社会现象领域，消除了以往的历史理论的两个主要缺点。第一，以往的历史理论至多只是考察了人们历史活动的思想动机，而没有研究产生这些动机的原因，没有探索社会关系体系发展的客观规律性，没有把物质生产的发展程度看做这些关系的根源；第二，以往的理论从来忽视居民**群众**的活动，只有历史唯物主义才第一次使我们能以自然科学的精确性去研究群众生活的社会条件以及这些条件的变更。马克思以前的"社会学"和历史学，**至多**是积累了零星收集来的未加分析的事实，描述了历史过程的个别方面。马克思主义则指出了对各种社会经济形态的产生、发展和衰落过程进行全面而周密的研究的途径，因为它考察了所有各种矛盾的趋向的**总和**，把这些趋向归结为可以准确测定的、社会**各阶级**的生活和生产的条件，排除了选

①见《马克思恩格斯选集》第2卷人民出版社1972年版第82—83页。——编者注

②见《马克思恩格斯全集》第1版第31卷第236页。——编者注

择某种"主导"思想或解释这种思想时的主观主义和武断态度,揭示了物质生产力的状况是所有一切思想和各种不同趋向的**根源**。人们自己创造自己的历史,但人们即群众的动机是由什么决定的,各种矛盾的思想或意向间的冲突是由什么引起的,一切人类社会中所有这些冲突的总和是怎样的,构成人们全部历史活动基础的、客观的物质生活的生产条件是怎样的,这些条件的发展规律是怎样的,——马克思对这一切都注意到了,并且指出了科学地研究历史这一极其复杂、充满矛盾而又是有规律的统一过程的途径。

阶 级 斗 争

某一社会中一些成员的意向同另一些成员的意向相抵触;社会生活充满着矛盾;我们在历史上看到各民族之间,各社会之间,以及各民族、各社会内部的斗争,还看到革命和反动、和平和战争、停滞和迅速发展或衰落等不同时期的更迭,——这些都是人所共知的事实。马克思主义提供了一条指导性的线索,使我们能在这种看来扑朔迷离、一团混乱的状态中发现规律性。这条线索就是阶级斗争的理论。只有研究某一社会或某几个社会的全体成员的意向的总和,才能科学地确定这些意向的结果。其所以有各种矛盾的意向,是因为每个社会所分成的**各阶级**的地位和生活条件不同。马克思在《共产党宣言》中写道:"至今一切社会的历史〈恩格斯后来补充说明,原始公社的历史除外〉都是阶级斗争的历史。自由民和奴隶,贵族和平民,领主和农奴,行会师傅和帮工,一句话,压迫者和被压迫者,始终处于相互对立的地位,进行不断的、有时隐蔽有时公开的斗争,而每一次斗争的结局都是整个社会受到革命改造或者斗争的各阶级同归于尽。……从封建社会的灭亡中产生出来的现代资产阶级社会并没有消灭阶级对立。它只是用新的阶级、新的压迫条件、新的斗争形式代替了旧的。但是,我们的时代,资产阶级时代,却有一个特点:它使阶级对立简单化了。整个社会日益分裂为两大敌对的阵营,分裂为两大相互直接对立的阶级:资产阶级和无产阶级。"①从法国大革命以来,欧洲许多国家的历史非常明显地揭示出事变的这种真实背景,即阶级斗争。法国复辟时代就出现了这样一些历史学家(梯叶里、基佐、米涅、梯也尔),他们在总结当时的事变时,不能不承认阶级斗争是了解整个法国历史的锁钥。而当今这个时代,即资产阶级取得了完全胜利、设立了代议机构、实行了广泛的(甚至是普遍的)选举制、有了供群众阅读的廉价的日报等等的时代,已经建立起势力强大的、范围不断扩大的工人联合会和企业主同盟等等的时代,更加清楚地(虽然有时是用很片面的、"和平的"、"立宪的"形式)表明,阶级斗争是事变的推动力。马克思的《共产党宣言》中的下面一段话可以向我们表明,马克思怎样要求社会科学根据对现代社会中每个阶级的发展条件的分析对每个阶级所处的地位作出客观的分析:"在当前同资产阶级对立的一切阶级中,只有无产阶级是真正革命的阶级。其余的阶级都随着大工业的发展而日趋没落和灭亡,无产阶级却是大工业本身的产物。中间等级,即小工业家、小商人、手工业者、农民,他们同资产阶级作斗争,都是为了维护他们这种中间等级的生存,以免于灭亡。所以,他们不是革命的,而是保守的。不仅如此,他们甚至是反动的,因为他们力图使历史的车轮倒转。如果说他们是革命的,那是鉴于他们行将转入无产阶

①见《马克思恩格斯选集》第1卷人民出版社1972年版第250—251页。——编者注

级的队伍,这样,他们就不是维护他们目前的利益,而是维护他们将来的利益,他们就离开自己原来的立场,而站到无产阶级的立场上来。"①在一系列历史著作中(见**书目**),马克思提供了用唯物主义观点研究历史、分析**每个**阶级以至一个阶级内部各个集团或阶层所处地位的光辉而深刻的范例,透彻地指明为什么和怎么说"一切阶级斗争都是政治斗争"②。我们上面引证的一段话清楚地说明,马克思为了测定历史发展的整个合力,分析了多么纷繁复杂的各种社会关系以及从一个阶级到另一个阶级、从过去到将来的各个**过渡**阶段。

使马克思的理论得到最深刻、最全面、最详尽的证明和运用的是他的经济学说。

马克思的经济学说

马克思在《资本论》序言中写道:"本书的最终目的就是揭示现代社会(即资本主义社会,资产阶级社会)的经济运动规律"。③研究这个历史上一定的社会的生产关系的发生、发展和衰落,就是马克思的经济学说的内容。在资本主义社会里,**商品**生产占统治地位,所以马克思的分析也就从分析商品入手。

---

① 见《马克思恩格斯选集》第1卷人民出版社1972年版第261—262页。——编者注

② 同上书,第260页。——编者注

③ 见《马克思恩格斯选集》第2卷人民出版社1972年版第207页。——编者注

价　值

　　商品是这样一种物，一方面，它能满足人们的某种需要，另一方面，它能用来交换别种物。物的有用性使物成为**使用价值**。交换价值（或简称价值）首先是一定量的一种使用价值同一定量的另一种使用价值相交换的关系或比例。每天的经验都向我们表明，这种亿万次的交换，总是使各种极不相同的互相不可比的使用价值趋于彼此相等。这些在一定社会关系体系内总是可以彼此相等的不同物之间，究竟有什么共同的东西呢?它们之间的共同的东西，就是它们都是**劳动产品**。人们通过交换产品，使各种极不相同的劳动彼此相等。商品生产是一种社会关系体系，在这种社会关系体系中，各个生产者制造各种不同的产品（社会分工），而所有这些产品在交换中彼此相等。因此，一切商品的共同的东西，并不是某一生产部门的具体劳动，并不是某一种类的劳动，而是**抽象的**人类劳动，即一般的人类劳动。表现在全部商品价值总额中的一个社会的全部劳动力，都是同一的人类劳动力，亿万次交换的事实都证明这一点。因此，每一单个商品所表现的只是一定份额的**社会必要**劳动时间。价值的大小由社会必要劳动量决定，或者说，由生产某种商品即某种使用价值所消耗的社会必要劳动时间决定。"人们在交换中使他们的各种产品彼此相等，也就使他们的各种劳动彼此相等。他们没有意识到这一点，但是他们这样做了。"①一位旧经济学家16说过，价值是两个人之间的一种关系。不过他还应当补充一句：被物的外壳掩盖着的关系。只有从一定的

①见《马克思恩格斯全集》第1版第23卷第90—91页。——编者注

历史社会形态的社会生产关系体系来看，并且只有从表现在大量的、重复亿万次的交换现象中的关系体系来看，才能了解什么是价值。"作为价值，一切商品都只是一定量的凝固的劳动时间。"[①]马克思仔细分析了体现在商品中的劳动二重性以后，就进而分析**价值形式**和**货币**。这里，马克思的主要任务是：研究货币价值形式的**起源**，研究交换发展的**历史过程**——从个别的偶然的交换行为（"简单的、个别的或偶然的价值形式"[②]：一定量的一种商品同一定量的另一种商品相交换）开始，直到一般价值形式，这时若干不同的商品同一种固定的商品相交换，最后到货币价值形式，这时金成为这种固定的商品，即一般等价物。货币是交换和商品生产发展的最高产物，它把私人劳动的社会性，把由市场联结在一起的各个生产者之间的社会联系遮蔽起来，掩盖起来。马克思极其详细地分析了货币的各种职能；而在这里（也如同在《资本论》开头的两章中一样）特别重要的是要看到，抽象的、有时好像是纯粹演绎式的叙述，实际上是再现了交换和商品生产发展史的大量实际材料。"货币是以商品交换发展到一定高度为前提的。货币的各种形式，即单纯的商品等价物，或流通手段，或支付手段、贮藏货币和世界货币，按其中这种或那种职能的不同作用范围和相对占优势的情况，表示社会生产过程的极不相同的阶段。"（《资本论》第1卷）[③]

---

①见《马克思恩格斯全集》第1版第23卷第53页。——编者注
②同上书，第62页。——编者注
③同上书，第193页。——编者注

剩 余 价 值

商品生产发展到一定阶段,货币就转化为资本。商品流通的公式是:T(商品)——Д(货币)——T(商品),这就是说,卖出一种商品是为了买进另一种商品。相反,资本的一般公式是Д——T——Д,这就是说,买是为了卖(带来利润)。马克思把投入周转的货币的原有价值的这种增加叫做剩余价值。货币在资本主义周转中的这种"增殖",是人所共知的事实。正是这种"增殖"使货币转化为**资本**,转化为一种特殊的、历史上一定的社会生产关系。剩余价值不能从商品流通中产生,因为商品流通只能是等价物的交换;也不能从加价中产生,因为买主和卖主相互间的盈亏会抵消,而这里说的正是大量的、平均的、社会的现象,而不是个别的现象。为了获得剩余价值,"货币所有者就必须在市场上发现这样一种商品,它的使用价值本身具有成为价值源泉的特殊属性"①,它的使用过程同时也是价值的创造过程。这样的商品是存在的。这就是人的劳动力。它的使用就是劳动,而劳动则创造价值。货币所有者按劳动力的价值购买劳动力,而劳动力的价值,和其他任何商品的价值一样,是由生产劳动力所需要的社会必要劳动时间(即工人及其家属的生活费用的价值)决定的。货币所有者购买了劳动力,就有权使用劳动力,即迫使他整天劳动,譬如说劳动12个小时。其实工人在6小时("必要"劳动时间)内就创造出补偿其生活费用的产品,而在其余6小时("剩余"劳动时间)内则创造出资本家没有付给报酬的"剩余"产品或者说剩余价值。因此,从生产过程来看,必须把资本区分为两部分:一部分是耗费在生产资料

---

① 见《马克思恩格斯全集》第1版第23卷第190页。——编者注

(机器、劳动工具、原料等等)上面的不变资本,它的价值(一下子或者一部分一部分地)不变地转到成品上去;另一部分是耗费在劳动力上面的可变资本。这种资本的价值不是不变的,而是在劳动过程中有所增加,创造出剩余价值。因此,为了表示资本对劳动力的剥削程度,不应当把剩余价值同全部资本相比,而应当把它只同可变资本相比。这种比例,马克思称做剩余价值率,例如,在上面所举的例子中,它是$\frac{6}{6}$,即100%。

资本产生的历史前提是:第一,在一般商品生产发展到比较高的水平的情况下某些人手里积累了一定数量的货币;第二,存在双重意义上"自由的"工人,从他们可以不受任何约束或限制地出卖劳动力来说是自由的,从他们没有土地和任何生产资料来说也是自由的,他们是没有产业的工人,是只能靠出卖劳动力为生的工人"无产者"。

增加剩余价值可以有两种基本方法:延长工作日("绝对剩余价值")和缩短必要劳动时间("相对剩余价值")。马克思在分析第一种方法时,展示了工人阶级为缩短工作日而斗争,以及国家政权为延长工作日(14—17世纪)和为缩短工作日(19世纪的工厂立法)而进行干预的壮观情景。《资本论》问世后,世界一切文明国家的工人运动的历史,又提供了成千成万件表明这种情景的新的事实。

马克思在分析相对剩余价值的生产时,考察了资本主义提高劳动生产率的三个基本历史阶段:(1)简单协作;(2)分工和工场手工业;(3)机器和大工业。马克思在这里对资本主义发展的各种基本的典型的特征揭示得多么深刻,从对俄国的所谓"手工"工业的考察提供了足以说明这三个阶段的前两个阶段的极其丰富的材料这一点就可以看出。而马克思在1867年所描写的大机器工业的革命作用,从那时到现在这半个世纪中在许多"新"国家(俄国、日本等等)里也都显示了出来。

其次,马克思对**资本积累**的分析是极其重要和新颖的。资本积累,就是把一部分剩余价值转化为资本,不是用它来满足资本家的个人需要或嗜欲,而是把它投入新的生产。马克思指出,整个先前的古典政治经济学(从亚当·斯密起)的一个错误就在于,它认为剩余价值在转化为资本时全部都用做可变资本。而事实上,剩余价值分为**生产资料**和可变资本。在资本主义发展和资本主义转变为社会主义的过程中,不变资本部分(在全部资本中)比可变资本部分增长得快,是具有重大意义的。

资本积累加速机器对工人的排挤,在一极造成富有,在另一极造成贫困,因而产生所谓"劳动后备军",即工人的"相对过剩"或"资本主义的人口过剩"。这种过剩具有多种多样的形式,并使资本有异常迅速地扩大生产的可能性。这种可能性加上信用制度及生产资料方面的资本积累,也为我们提供了理解生产过剩**危机**的锁钥,这种危机在资本主义国家里总是周期性地发生,起初平均每隔十年一次,后来则间隔的时间比较长,而且比较不固定。必须把资本主义基础上的资本积累同所谓原始积累区别开来。原始积累是强迫劳动者同生产资料分离,把农民从土地上赶走,侵占公有地,实行殖民制度、国债制度、保护关税制度等等。"原始积累"在一极造成"自由的"无产者,在另一极造成货币所有者即资本家。

马克思曾用下面的一段名言说明"**资本主义积累的历史趋势**":"对直接生产者的剥夺,是用最残酷无情的野蛮手段,在最下流、最龌龊、最卑鄙和最疯狂的贪欲的驱使下完成的。私有者〈农民和手工业者〉靠自己劳动挣得的私有制,即以各个独立劳动者与其劳动工具和劳动资料相结合为基础的私有制,被资本主义私有制,即以剥削他人的但形式上是自由的劳动力为基础的私有制所排挤。……现在要剥夺的已经不再是独立经营的劳动者,而是剥削许多工人的资本家了。这种剥夺是通过资本主义生产本身的内在规律的作用,即通过资本的集中进行的。一个资本家打倒许多资本家。随着这种集中或少数资本家对多数资本家的剥夺,规模不断扩大的劳动过程的协作形式日益发展,科学日益被自觉地应用于技术方面,土地日益被有计划地利用,劳动资料日益转化为只能共同使用的劳动资料,一切生产资料因作为结合的社会劳动的生产资料使用而日益节省,各国人民日益被卷入世界市场网,从而资本主义制度日益具有国际的性质。随着那些掠夺和垄断这一转化过程的全部利益的资本巨头不断减少,贫困、压迫、奴役、退化和剥削的程度不断加深,而由资本主义生产过程本身的机制所训练、联合和组织起来的工人阶级的反抗也不断增长。资本的垄断成了与这种垄断一起并在这种垄断之下繁盛起来的生产方式的桎梏。生产资料的集中和劳动的社会化,达到了同它们的资本主义外壳不能相容的地步。这个外壳就要炸毁了。资本主义私有制的丧钟就要响了。剥夺者就要被剥夺了。"(《资本论》第1卷)①

其次,马克思在《资本论》第2卷中对社会总资本的再生产的分析,也是极其重要和新颖的。马克思在这里考察的也不是个别现象,而是普遍现象;不是社会经济的零星部分,而是整个社会经济的总和。马克思纠正了古典经济学家的上述错误,将整个社会生产分为两大部类,即(Ⅰ)生产资料的生产和(Ⅱ)消费品的生产,并通过他所列举的数字例证详细地考察了在以原有规模再生产的情况下和在积累

---

①见《马克思恩格斯选集》第2卷人民出版社1972年版第266—267页。——编者注

的情况下社会总资本的流通。《资本论》第3卷所解决的是在价值规律的基础上形成平均利润率的问题。马克思把经济科学推进了一大步，这表现在他是根据普遍的经济现象，根据社会经济的全部总和来分析问题，而不是像庸俗政治经济学或现代的"边际效用论"那样，往往只根据个别偶然现象或竞争的表面现象来分析问题。马克思先分析了剩余价值的来源，然后考察了剩余价值之分为利润、利息和地租。利润①是剩余价值与投入企业的全部资本之比。"有机构成高"（即不变资本超过可变资本的数额高于社会平均数）的资本所提供的利润率，低于平均利润率。"有机构成低"的资本所提供的利润率，则高于平均利润率。资本之间的竞争，资本从一个部门自由地转入另一个部门，会使上述两种情况下的利润率都趋向平均。一个社会的全部商品的价值总量是同商品的价格总量相符的，但由于竞争的影响，在各个企业和各个生产部门内，商品不是按其价值，而是按等于所耗费的资本加平均利润的**生产价格**出卖的。

这样，价格离开价值和利润平均化这一众所周知的、无可争辩的事实，就被马克思根据价值规律充分说明了，因为全部商品的价值总量是同价格总量相符的。然而价值（社会的）变为价格（个别的），不是经过简单的直接的途径，而是经过极其复杂的途径，因为很自然，在完全靠市场联系起来的分散的商品生产者的社会中，规律性只能表现为平均的、社会的、普遍的规律性，而不同方向的个别的偏离则相互抵消。

劳动生产率的提高，表示不变资本比可变资本增长得快。而既然产生剩余价值的只是可变资本，所以利润率（剩余价值与全部资本

---

①看来是笔误，应是"利润率"。——编者注

之比,而不只是与资本的可变部分之比)当然就有下降的趋势。马克思详细分析了这一趋势和阻挡或者说抵消这一趋势的许多情况。现在我们不再转述《资本论》第3卷中论述高利贷资本、商业资本和货币资本的那些引人入胜的章节,只谈最主要的——**地租**理论。由于土地面积有限,而在资本主义国家中土地又全被各个业主所占有,所以农产品的生产价格不是取决于中等地的生产费用,而是取决于劣等地的生产费用,不是取决于产品运往市场的中等条件,而是取决于产品运往市场的劣等条件。这种生产价格与优等地(或优等条件下)的生产价格的差别,就产生等差地租或者说**级差**地租。马克思仔细分析了这种地租,说明它来源于各块土地肥力的差别,来源于土地的投资量的差别,这就完全揭露了(并见《剩余价值理论》,那里对洛贝尔图斯的批评特别值得注意)李嘉图的错误。李嘉图认为级差地租只是由于从优等地依次向劣等地转移而产生的。实则相反,也有逆向的转移,也有某一类土地转变为别类土地的情况(由于农业技术的进步、城市的发展等等),所以那个出名的"土地肥力递减规律"是极其错误的,是把资本主义的缺陷、局限性和矛盾归咎于自然界。其次,利润在工业的各个部门乃至整个国民经济的各个部门中平均化的前提,是竞争的完全自由,是资本从一个部门向另一个部门流动的自由。但土地私有制造成垄断,妨碍这种自由流动。由于这种垄断,资本有机构成较低从而个别利润率较高的农业的产品,就不加入完全自由的利润率平均化过程;土地所有者作为垄断者有可能使价格保持在平均价格之上,而这种垄断价格就产生**绝对**地租。在资本主义存在的条件下,级差地租是不可能消灭的,而绝对地租却**可能**消灭,例如在土地国有化的时候,在土地转归国家所有的时候就可能消灭。这种转变会打破私有者的垄断,会导致在农业中更彻底更充分地实行自由竞争。

因此——马克思指出——激进派资产者曾在历史上多次提出土地国有化这一资产阶级的进步要求,但资产阶级中大多数人却害怕这个要求,因为这个要求太接近于"触动"当代另一种特别重要和特别"敏感的"垄断,即一般生产资料的垄断。(马克思在1862年8月2日给恩格斯的信中,特别通俗简明地叙述了自己关于资本平均利润和绝对地租的理论。见《通信集》第3卷第77—81页。并参看1862年8月9日的信,同上,第86—87页。)① 讲到地租史的时候,还必须提到马克思对地租的转化过程所作的分析,即由工役地租(农民用自己的劳动在地主的土地上创造剩余产品)转化为产品地租或实物地租(农民在自己的土地上生产剩余产品,因受"经济外的强制"而将剩余产品交给地主),然后转化为货币地租(也是一种实物地租,即由于商品生产的发展而转化为货币,在旧日罗斯称"代役租"),最后转化为资本主义地租,这时农民已为使用雇佣劳动从事耕作的农业企业主所代替。讲到对"资本主义地租的产生"的这种分析时,必须指出马克思关于**农业资本主义演进**的许多深刻的(对像俄国这样一些落后的国家有特别重要意义的)思想。"不仅在由实物地租转化为货币地租的同时,必然形成一个无产的、为货币而受人雇用的短工阶级,而且甚至在这种转化之前就形成这个阶级。在这个阶级刚刚产生,还只是偶然出现的时期,在那些较富裕的有交租义务的农民中间,必然有那种自己剥削农业雇佣工人的习惯发展起来,正如早在封建时期,就有富裕的农奴自己又拥有农奴一样。因此,他们积累一定的财产并且本人转化为未来资本家的可能性也就逐渐发展起来。从这些旧式的、独立经营的土地

---

① 见《马克思恩格斯全集》第1版第30卷第266—270、276—277页。——编者注

占有者中间,也就产生了培植资本主义租佃者的温床,他们的发展,取决于农村以外的资本主义生产的一般发展……"(《资本论》第3卷下册第332页)①"一部分农村居民的被剥夺和被驱逐,不仅为工业资本游离出工人及其生活资料和劳动工具,同时也建立了国内市场。"(《资本论》第2版第1卷第778页)②而农村居民的贫困和破产,又在为资本造成劳动后备军方面起了作用。在任何资本主义国家中,"一部分农村人口因此经常准备着转入城市人口或制造业人口〈即非农业人口〉的队伍。相对过剩人口的这一源泉是长流不息的。……农业工人的工资被压到最低限度,他总是有一只脚陷在需要救济的泥潭里"(《资本论》第2版第1卷第668页)③。农民对自己耕种的土地的私有权,是小生产的基础,是小生产繁荣并成为典型形态的条件。但这种小生产只能同狭隘的原始的生产范围和社会范围相容。在资本主义制度下,"农民所受的剥削和工业无产阶级所受的剥削,只是在形式上不同罢了。剥削者是同一个:资本。一个个的资本家通过抵押和高利贷来剥削一个个的农民;资本家阶级通过国家赋税来剥削农民阶级"(《法兰西阶级斗争》)④。"农民的小块土地现在只是使资本家从土地上榨取利润、利息和地租,而让土地所有者自己随便怎样去挣自己的工资的一个借口。"(《雾月十八日》)⑤通常农民甚至把一部分工资交给资本主义社会,即交给资本家阶级,自己却下降到"爱尔兰佃农的地步,而这全是在私有者的名义下发生的"(《法兰西阶级

---

①见《马克思恩格斯全集》第1版第25卷第900页。——编者注
②见《马克思恩格斯选集》第2卷人民出版社1972年版第252页。——编者注
③见《马克思恩格斯全集》第1版第23卷第704—705页。——编者注
④见《马克思恩格斯选集》第1卷人民出版社1972年版第474页。——编者注
⑤同上书,第696页。——编者注

斗争》)①。"小块土地所有制占统治地位的国家的谷物价格低于资本主义生产方式的国家的原因之一"（《资本论》第3卷下册第340页)②何在呢?在于农民把一部分剩余产品白白交给社会（即资本家阶级）。"因此,这种较低的价格〈粮食和其他农产品的〉是生产者贫穷的结果,而决不是他们的劳动生产率的结果。"（《资本论》第3卷下册第340页)③在资本主义制度下,小块土地所有制,即小生产的标准形态,不断衰退、毁灭、消亡。"小块土地所有制按其性质来说就排斥社会劳动生产力的发展、劳动的社会形式、资本的社会积聚、大规模的畜牧和科学的不断扩大的应用。高利贷和税收制度必然会到处促使这种所有制没落。资本在土地价格上的支出,势必夺去用于耕种的资本。生产资料无止境地分散,生产者本身无止境地分离。〈合作社,即小农协作社,虽能起非常进步的资产阶级的作用,但只能削弱这个趋势,而不能消灭这个趋势;同时不应当忘记,这种合作社对富裕农民的好处很多,对贫苦农民群众的好处则很少,几乎没有,而且协作社本身也会成为雇佣劳动的剥削者。〉人力发生巨大的浪费。生产条件日趋恶化和生产资料日益昂贵是小块土地所有制的规律。"④资本主义在农业方面,也和在工业方面一样,完全是以"生产者的殉难历史"⑤为代价来改造生产过程的。"农业工人在广大土地上的分散,破坏了他们的反抗力量,而城市工人的集中却增强了他们的反抗力量。在现代的即资本主义的农业中,

---

①见《马克思恩格斯选集》第1卷人民出版社1972年版第473页。——编者注

②见《马克思恩格斯全集》第1版第25卷第909页。——编者注

③同上。——编者注

④同上书,第910页。——编者注

⑤见《马克思恩格斯全集》第1版第23卷第552页。——编者注

也和在现代的工业中一样,劳动生产力的提高和劳动量的增大是以劳动力本身的破坏和衰退为代价的。此外,资本主义农业的任何进步,都不仅是掠夺劳动者的技巧的进步,而且是掠夺土地的技巧的进步……　因此,资本主义生产发展了社会生产过程的技术和结合,只是由于它同时破坏了一切财富的源泉——土地和工人。"(《资本论》第1卷第13章末)①

社　会　主　义

从上文可以看出,资本主义社会必然要转变为社会主义社会这个结论,马克思完全是从现代社会的经济的运动规律得出的。劳动社会化通过无数种形式日益迅速地向前发展,在马克思去世后的半个世纪以来,特别明显地表现在大生产与资本家的卡特尔、辛迪加和托拉斯的增长以及金融资本的规模和势力的巨大增长上,——这就是社会主义必然到来的主要物质基础。这个转变的思想上精神上的推动者和实际上的执行者,就是资本主义本身培养的无产阶级。表现于多种多样和内容日益丰富的形式的无产阶级反对资产阶级的斗争,必然要成为以无产阶级夺取政权("无产阶级专政")为目标的政治斗争。生产社会化不能不导致生产资料转变为社会所有,导致"剥夺者被剥夺"。劳动生产率大大提高,工作日缩短,完善的集体劳动代替残存的原始的分散的小生产,——这就是这种转变的直接结果。资本主义彻底破坏了农业同工业的联系,但同时又以自己的高度发展准备

---

① 见《马克思恩格斯全集》第1版第23卷第552—553页。——编者注

新的因素来建立这种联系,使工业同农业在自觉运用科学和合理组织集体劳动的基础上,在重新分布人口(既消除农村的荒僻、与世隔绝和不开化状态,也消除大量人口集中在大城市的反常现象)的基础上结合起来。现代资本主义的最高形式准备着新的家庭形式,并为妇女的地位和青年一代的教育准备新的条件。在现代社会里,女工和童工的使用,资本主义对父权制家庭的瓦解,必然采取最可怕最痛苦最可憎的形式。但是"由于大工业使妇女、男女少年和儿童在家庭范围以外,在社会地组织起来的生产过程中起着决定性的作用,它也就为家庭和两性关系的更高级的形式创造了新的经济基础。当然,把基督教日耳曼家庭形式看成绝对的东西,就像把古罗马家庭形式、古希腊家庭形式和东方家庭形式看成绝对的东西一样,都是荒谬的。这些形式依次构成一个历史的发展序列。同样很明白,工人由各种年龄的男女搭配组合而成,尽管在其自发的、野蛮的、资本主义的形式中,也就是在工人为生产过程而存在,不是生产过程为工人而存在的那种形式中,是造成毁灭和奴役的祸根,但在适当的条件下,必然会反过来变成人类发展的源泉"(《资本论》第1卷第13章末)①。工厂制度使我们看到"未来教育的幼芽……对所有已满一定年龄的儿童来说,就是生产劳动同智育和体育相结合,它不仅是提高社会生产的一种方法,而且是造就全面发展的人的唯一方法"(同上)②。马克思的社会主义把民族问题和国家问题也放在同样的历史的基础上,这就是说不仅仅限于解释过去,而且大胆地预察未来,并勇敢地用实际活动来实现未来。民族是社会发展到资

①见《马克思恩格斯全集》第1版第23卷第536—537页。——编者注
②同上书,第530页。——编者注

产阶级时代的必然产物和必然形式。工人阶级如果不"把自身组织
成为民族",如果不成为"民族的"("虽然完全不是资产阶级所理解
的那种意思")①,就不能巩固、成熟和最终形成。但是资本主义的发
展,日益打破民族壁垒,消除民族隔绝状态,用阶级对抗代替民族
对抗。因此,就发达的资本主义国家来说,"工人没有祖国",工人至
少是各文明国家的工人的"联合的行动""是无产阶级获得解放的
首要条件之一"(《共产党宣言》)②。这些论断,是不容置疑的真理。
国家这个有组织的暴力,是社会发展到一定阶段必然产生的,这时
社会已分裂成相互不可调和的阶级,如果没有一种似乎站在社会
之上并在一定程度上脱离社会的"权力",社会就无法存在。国家从
阶级矛盾中产生后,便成为"最强大的、在经济上占统治地位的阶
级的国家,这个阶级借助于国家而在政治上也成为占统治地位的
阶级,因而获得了镇压和剥削被压迫阶级的新手段。因此,古代的
国家首先是奴隶主用来镇压奴隶的国家,封建国家是贵族用来镇
压农奴……的机关,现代的代议制的国家是资本剥削雇佣劳动的
工具"(恩格斯《家庭、私有制和国家的起源》,这里恩格斯叙述了自
己的和马克思的观点)③。甚至民主共和国这一最自由最进步的资
产阶级国家形式,也丝毫不能消除这个事实,而只能改变这个事实
的形式(政府和交易所之间的联系,对官吏和报刊的直接或间接的
收买,等等)。社会主义将导致阶级消灭,从而也导致国家消灭。恩
格斯在《反杜林论》中写道:"国家真正作为整个社会的代表所采取

---

① 见《马克思恩格斯选集》第1卷人民出版社1972年版第270页。——编者注
② 同上。——编者注
③ 见《马克思恩格斯选集》第4卷人民出版社1972年版第168页。——编者注

的第一个行动,即以社会的名义占有生产资料,同时也是它作为国家所采取的最后一个独立行动。那时,国家政权对社会关系的干预将先后在各个领域中成为多余的事情而自行停止下来。那时,对人的统治将由对物的管理和对生产过程的领导所代替。国家不是'被废除'的,它是自行消亡的。"①"以生产者自由平等的联合体为基础……来组织生产的社会,将把全部国家机器放到它应该去的地方,即放到古物陈列馆去,同纺车和青铜斧陈列在一起。"(恩格斯《家庭、私有制和国家的起源》)②

最后,关于马克思的社会主义对待那些在剥夺者被剥夺时期还将继续存在的小农的态度问题,必须举出恩格斯表达马克思的思想的一段话:"当我们掌握了国家权力的时候,我们绝不会用暴力去剥夺小农(不论有无报偿,都是一样),像我们将不得不如此对待大土地占有者那样。我们对于小农的任务,首先是把他们的私人生产和私人占有变为合作社的生产和占有,但不是采用暴力,而是通过示范和为此提供社会帮助。当然,到那时候,我们将有足够的手段,使小农懂得他们本来现在就应该明了的好处。"(恩格斯《西方土地问题》,阿列克谢耶娃出版的版本第17页,俄译本有错误。原文载于《新时代》杂志17。)③

---

①见《马克思恩格斯选集》第3卷人民出版社1972年版第320页。——编者注

②见《马克思恩格斯选集》第4卷人民出版社1972年版第170页。——编者注

③《西方土地问题》即《法德农民问题》,引文见《马克思恩格斯选集》第4卷人民出版社1972年版第310页。——编者注

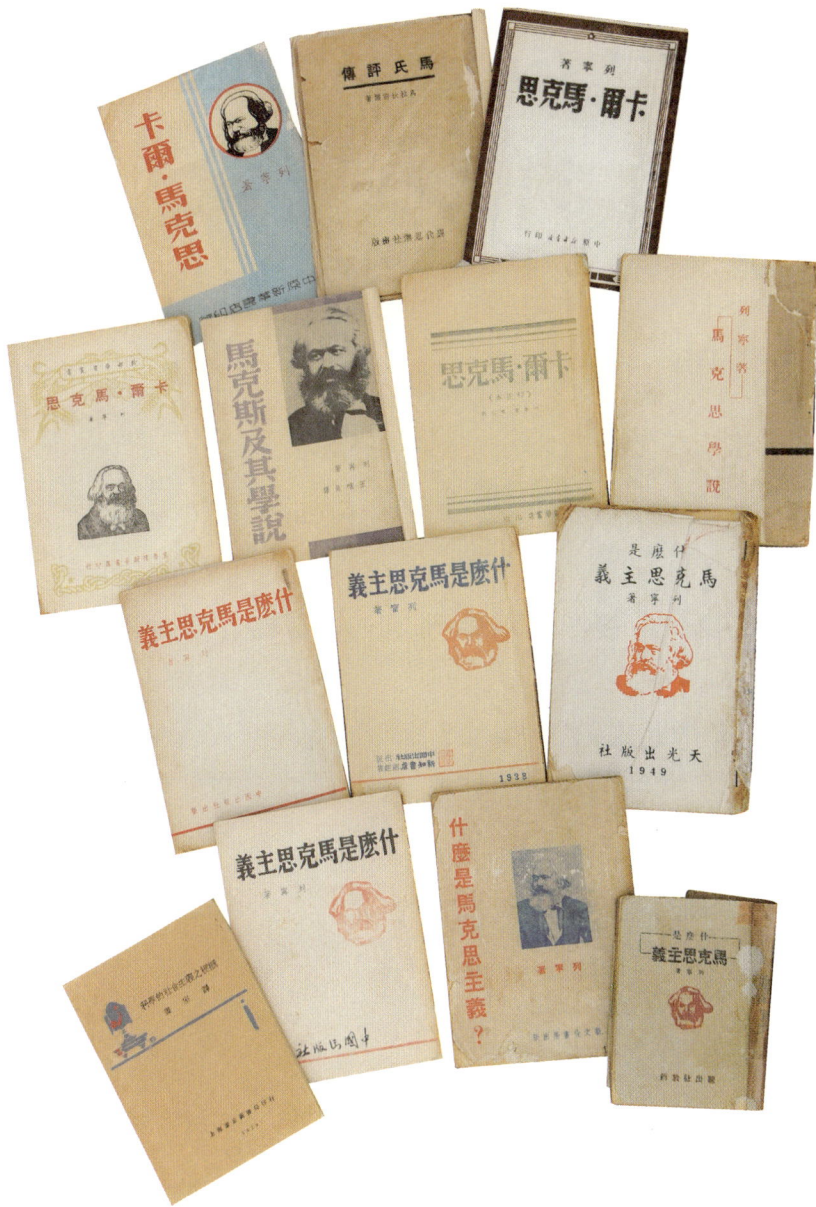

1929—1949年我国出版的列宁《卡尔·马克思》的部分中译本

无产阶级阶级斗争的策略

早在1844—1845年，马克思就判明了旧唯物主义的根本缺陷之一，就是未能理解革命实践活动的情况和正确评价这一活动的意义，所以，马克思后来在从事理论写作的同时，毕生都十分注意无产阶级阶级斗争的策略问题。马克思的**全部**著作，特别是1913年出版的四卷本马克思和恩格斯通信集，都在这方面提供了大量的材料。这些材料还远远没有收齐，没有汇集在一起，没有加以研究和整理。因此，我们在这里只能作一个最一般最简短的评介，着重说明，马克思正确地认为，唯物主义缺少**这一**方面，就是不彻底的、片面的、毫无生气的唯物主义。马克思是严格根据他的辩证唯物主义世界观的一切前提确定无产阶级策略的基本任务的。先进阶级只有客观地考虑到某个社会中一切阶级相互关系的全部总和，因而也考虑到该社会发展的客观阶段，考虑到该社会和其他社会之间的相互关系，才能据以制定正确的策略。这就是说，不应当把各个阶级和各个国家看做是静态的，而应当看做是动态的，即不应当看做是处于不动的状态，而应当看做是处于运动之中（运动的规律是从每个阶级的存在的经济条件中产生的）。而对运动，不仅要从过去的观点来看，而且要从将来的观点来看，并且不是像"进化论者"那样庸俗地理解，只看到缓慢的变化，而是要辩证地理解："在这种伟大的发展中，二十年等于一天，虽然以后可能又会有一天等于二十年的时期"——马克思在给恩格斯的信中这样写道（《通信集》第3卷第127页）①。在每个发展阶段，在每一时

① 见《马克思恩格斯选集》第4卷人民出版社1972年版第348页。——编者注

刻,无产阶级的策略都要考虑到人类历史的这一客观必然的辩证法,一方面要利用政治消沉时代或龟行发展即所谓"和平"龟行发展的时代来发展先进阶级的意识、力量和战斗力,另一方面要把这种利用工作全部引向这个阶级的运动的"最终目的",并使这个阶级在"一天等于二十年"的伟大日子到来时有能力实际完成各项伟大的任务。在这个问题上马克思的两个论点特别重要:一个是在《哲学的贫困》中论述无产阶级的经济斗争和经济组织时提出的,另一个是在《共产党宣言》中论述无产阶级的政治任务时提出的。前一个论点是:"大工业把大批互不相识的人们聚集在一个地方。竞争使他们的利益分裂。但是维护工资这一对付老板的共同利益,使他们在一个共同的反抗思想(组织同盟)下联合起来。……原来孤立的同盟就组成为集团,工人们为抵制经常联合的资本而维护自己的联盟,就比维护工资更为必要。……在这一斗争(真正的内战)中,未来战斗的一切要素在聚集和发展着。达到这一点,同盟就具有政治性质。"[1]这就是经济斗争和工会运动在以后几十年内,在准备无产阶级的力量去进行"未来战斗"的整个长时期内的纲领和策略。在这方面应当注意马克思和恩格斯还有许多论述,他们用英国工人运动的实例说明,工业的"繁荣"怎样引起"收买无产阶级"(《马克思和恩格斯通信集》第1卷第136页)[2]、使无产阶级放弃斗争的尝试,这种繁荣怎样"起了败坏无产阶级的作用"(第2卷第218页)[3];英国无产阶级怎样日益"资产阶级化"——"这一所有民族中最资产阶级化的民族〈英国〉,看来想把事情最终导致这样的地步,即除了资产阶级,还要有资产阶级化的贵族和资产阶

---

① 见《马克思恩格斯选集》第1卷人民出版社1972年版第159页。——编者注
② 见《马克思恩格斯全集》第1版第27卷第201页。——编者注
③ 见《马克思恩格斯全集》第1版第29卷第225页。——编者注

级化的无产阶级"(第2卷第290页)①；英国无产阶级怎样日益丧失
"革命精力"(第3卷第124页)②；怎样必须在一个较长的时期内等待
"英国工人摆脱资产阶级对他们的明显的腐蚀"(第3卷第127页)③；
英国工人运动怎样缺乏"老宪章派¹⁸的热情"(1866年；第3卷第305
页)④；英国工人领袖怎样在变成"在激进派资产者和工人之间"的中
间类型的人(关于侯里欧克，第4卷第209页)⑤；由于英国拥有垄断地
位，而且只要这种垄断地位未被破坏，"不列颠工人也只能是这样"
(第4卷第433页)⑥。与工人运动的整个进程(**和结局**)相联系的经济
斗争的策略，在这里是以极其广阔的、全面的、辩证的、真正革命的观
点来加以考察的。

关于政治斗争策略，《共产党宣言》提出了马克思主义的一个基
本原理："共产党人为工人阶级的最近的目的和利益而斗争，但是他
们在当前的运动中同时代表运动的未来。"⑦因此，马克思在1848年
支持了波兰主张"土地革命"的政党，即"发动过1846年克拉科夫起
义¹⁹的政党"⑧。马克思在1848—1849年支持了德国的极端革命民主
派，而且以后也从没有收回他当时关于策略问题所说的话。马克思认
为德国资产阶级"一开始就蓄意背叛人民〈资产阶级当时只有同农民

①见《马克思恩格斯选集》第4卷人民出版社1972年版第338页。——编者注
②见《马克思恩格斯全集》第1版第30卷第334页。——编者注
③见《马克思恩格斯选集》第4卷人民出版社1972年版第348页。——编者注
④见《马克思恩格斯全集》第1版第31卷第199页。——编者注
⑤见《马克思恩格斯全集》第1版第32卷第376页。——编者注
⑥见《马克思恩格斯全集》第1版第35卷第19页。——编者注
⑦见《马克思恩格斯选集》第1卷人民出版社1972年版第284页。——编者注
⑧同上书，第285页。——编者注

联合,才能完全实现它的任务〉,而与旧社会的戴皇冠的代表人物妥协"①。下面就是马克思对资产阶级民主革命时代德国资产阶级的阶级状况所作的一个总结性的分析(这一分析是唯物主义从运动中并且不是只从运动的**过去**方面观察社会的榜样):"……不相信自己,不相信人民,在上层面前嘟囔,在下层面前战栗……害怕世界大风暴……毫无毅力,到处剽窃;……没有首创精神……活像一个受诅咒的老头子,注定要糟蹋健壮人民的最初勃发的青春热情而使其服从于自己晚年的利益……"(载于1848年《新莱茵报》,见《遗著》第3卷第212页)②大约过了20年,马克思在给恩格斯的信(第3卷第224页)③中指出,1848年革命失败的原因是,资产阶级宁愿要用奴役换取的平静,而不愿看到哪怕只是争取自由的斗争的前景。当1848—1849年革命时代已经结束时,马克思便反对任何以革命为儿戏的做法了(反对沙佩尔和维利希),要求人们善于在似乎是"以和平方式"准备着新革命的新阶段进行工作。马克思当时要求人们以怎样的精神进行这项工作,这可以从他对德国在1856年这一最黑暗的反动年代的形势所作的估计中看出:"德国的全部问题将取决于是否有可能由某种再版的农民战争来支持无产阶级革命。"(《马克思和恩格斯通信集》第2卷第108页)④在德国的民主革命(资产阶级革命)还没有完成时,在社会主义无产阶级的策略方面,马克思一直是把全部注意力集中在发挥农民的民主力量上面。马克思当时所以认为拉萨尔"客观

①见《马克思恩格斯选集》第1卷人民出版社1972年版第322页。——编者注
②同上书,第323页。——编者注
③见《马克思恩格斯全集》第1版第31卷第69页。——编者注
④见《马克思恩格斯选集》第4卷人民出版社1972年版第334页。——编者注

上是为普鲁士人的利益而背叛整个工人运动"（第3卷第210页）①，其原因之一就是拉萨尔纵容了地主和普鲁士民族主义。1865年，恩格斯在一封给马克思的信中就他们将在报刊上共同发表的意见同马克思交换看法时写道："在一个农业占优势的国家里，代表工业无产阶级说话时只攻击资产阶级，而一字不提大封建贵族对农村无产阶级的宗法式的'凭棍棒维持的剥削'，这是卑鄙的。"（第3卷第217页）②
1864—1870年间，当德国完成资产阶级民主革命的时期，即普鲁士和奥地利的剥削阶级为以这种或那种方式**从上面**完成这个革命而斗争的时期即将结束时，马克思不仅斥责过同俾斯麦勾搭的拉萨尔，而且纠正过陷入"亲奥主义"和拥护分立主义的李卜克内西；马克思当时要求实行革命策略：对俾斯麦和亲奥派同样地进行无情的斗争，不迁就"胜利者"普鲁士容克[20]，**而不顾**普鲁士军事胜利所造成的**状况**立刻恢复反对容克的革命斗争（《马克思和恩格斯通信集》第3卷第134、136、147、179、204、210、215、418、437、440—441页）③。在国际1870年9月9日的那篇著名的宣言中，马克思曾事先提醒法国无产阶级不要举行不合时宜的起义④；但当起义终于发生了的时候（1871年），马克思却以欣欣鼓舞的心情欢呼"冲天"的群众的革命首创精神（马克思给库格曼的信）⑤。从马克思的辩证唯物主义观点看来，在这种形势下，也同在许多其他形势下一样，革命行动的失败对无产阶级

---

① 见《马克思恩格斯全集》第1版第31卷第48页。——编者注

② 同上书，第58页。——编者注

③ 见《马克思恩格斯全集》第1版第30卷351、353、370、419页和第31卷第40、48、55、376、408、418页。——编者注

④ 见《马克思恩格斯全集》第1版第17卷第285—294页。——编者注

⑤ 见《马克思恩格斯全集》第1版第33卷第207页。——编者注

斗争的整个进程**和结局**的危害,要比放弃阵地、不战而降小,因为不战而降会使无产阶级士气沮丧,削弱无产阶级的战斗力。马克思十分重视在政治停滞和资产阶级所容许的合法性占统治地位的时代利用合法斗争手段,所以他在1877—1878年,在反社会党人非常法[21]颁布以后,严厉地斥责了莫斯特的"革命空谈",但他同样严厉甚至更为严厉地痛斥了当时在正式的社会民主党中一时占上风的机会主义,因为这个党没有立刻表现出坚定性、坚决性、革命性和为对付非常法而转向不合法斗争的决心(《马克思和恩格斯通信集》第4卷第397、404、418、422、424页①,并参看给左尔格的信)。

---

①见《马克思恩格斯全集》第1版第34卷第54—55、64—65、89—90、101—102、105页。——编者注

书　目

　　马克思的著作和书信到现在还没有全部收齐出版。马克思著作已经译成俄文的,比译成其他任何文字的都多。下面把这些著作按时间顺序加以排列。1841年,马克思写了论伊壁鸠鲁哲学的学位论文(马克思去世后编入《遗著》。关于《遗著》,下面还要谈到)。在这篇论文中,马克思所持的还完全是黑格尔唯心主义的观点。1842年,马克思在《莱茵报》(科隆)上发表了一些文章,其中特别应当提到的是对第六届莱茵省议会关于出版自由的辩论,关于林木盗窃法的辩论的评论,以及维护政教分离的文章22等等(部分编入《遗著》)。从这些文章可以看出马克思开始从唯心主义转向唯物主义,从革命民主主义转向共产主义。1844年在巴黎出版了马克思和阿尔诺德·卢格主编的《德法年鉴》,上述的转变在这里彻底完成。马克思的特别出色的文章有:《黑格尔法哲学批判导言》(除编入《遗著》外,还出版了单行本)和《论犹太人问题》(除编入《遗著》外,还有知识出版社出版的小册子,编为《廉价丛书》第210辑)。1845年马克思和恩格斯共同出版(在美因河畔法兰克福)《神圣家族。驳布鲁诺·鲍威尔及其伙伴》一书(除编入《遗著》外,俄文出了两种单行本:1906年圣彼得堡新声出版社版和1907年圣彼得堡知识公报出版社版)。1845年春马克思写作了关于费尔巴哈的提纲(后作为弗·恩格斯的《路德维希·费尔巴哈》一书的附录发表;有俄译本)。1845—1847年马克思在巴黎出版的《前进报》以及《德意志—布鲁塞尔报》(1847年)、《威斯特伐利亚汽船》杂志[23](1845—1848年在比勒菲尔德出版)、《社会明镜》杂志(1846年在爱北斐特出版)上发表过许多文章(大部分还没有收集起来,没有重新出版,也没有译成俄文)。1847年在布鲁塞尔和巴黎出版了马克思反对蒲鲁东的基本著作《哲学的贫困。答蒲鲁东先生的〈贫困的哲学〉》(俄译本有新世界出版社的3个版本,以及格·李沃维奇、阿列克谢耶娃、启蒙出版社的版本,均出版于1905—1906年间)。1848年在布鲁塞尔出版了《关于贸易自由的演说》(有俄译本),后来在伦敦又和弗·恩格斯合作出版了著名的《共产党宣言》,它被译成欧洲几乎一切国家的文字及世界上其他一部分国家的文字(俄译本共有大约8种版本,在1905—1906年出版,其中包括铁锤出版社、钟声出版社和阿列克谢耶娃等的版本。大部分被没收。曾用过《共产主义宣言》、《论共产主义》、《社会各阶级和共产主义》、《资本主义和共产主义》和《历史哲学》等各种名称;该书及马克思其他著作的完整的和最确切的译本,大部分见"劳动解放社"[24]在国外出版的版本)。1848年6月1日至1849年5月19日在科隆出版了《新莱茵报》,马克思是该报事实上的主编。马克思在这个到现在还是革命无产阶级最好最卓越的机关报上发表的许多文章,没有收集起来,也没有全部重新出版。其中一些最重要的文章已编入《遗著》。马克思在该报发表的一组以《雇佣劳动与资本》为题的文章曾多次出版单行本(俄译本有1905—1906年出版的科兹曼、铁锤出版社、米雅科夫和李沃维奇的4种版本)。在该报发表的文章还有一些以《执政的自由派》为题出版了单行本(1906年圣彼得堡知识出版社出版,编为《廉价丛书》第272辑)。1849年马克思在科隆出版了《两个政治审判案》(这是马克思的两篇辩护词,他被控在报刊发表的文章中违法和号召武装反抗政府,后来陪审法庭宣告马克思无罪；俄译本有1905—1906年阿列克谢耶娃、铁锤出版社、米雅科夫、知识出版社、新世界出版社的共5种版本）。1850年马克思在汉堡出版了6期《新莱茵报》杂志，在其中发表的一些最重要的文章已编入《遗著》。马克思的几篇特别出色的文章后来由恩格斯在1895年以单行本形式重新出版，其标题是《1848年至1850年的法兰西阶级斗争》（俄译本有玛·马蕾赫出版的《丛书》第59—60辑合订本；也编入1906年圣彼得堡斯基尔蒙特出版的、巴扎罗夫和斯捷潘诺夫翻译的文集《历史著作集》，以及1912年圣彼得堡出版的《关于20世纪生活的思想和观点》）。1852年在纽约出版了马克思的小册子《路易·波拿巴的雾月十八日》（俄译文收入上述的文集）。同年在伦敦出版了《科隆共产党人审判案真相》（俄译本有1906年10月28日圣彼得堡出版的《大众科学丛书》第43辑《科隆共产党人审判案》）。1851年8月至1862年[①]马克思是纽约《论坛报》[25]（《The New York Tribune》）的经常撰稿人，他在该报发表的文章，许多都没有署名，而以编辑部的名义发表。其中特别出色的是《德国的革命和反革命》这一组文章[26]，这些文章在马克思和恩格斯去世后译成德文重新出版（俄译文收入由巴扎罗夫和斯捷潘诺夫翻译的两个文集，后来又有1905—1906年阿列克谢耶娃的以及公益、新世界、普及丛书和铁锤等出版社出版的共5种单行本）。马克思在《论坛报》上发表的有些文章后来曾在伦敦出版过单行本，如1856年出版的论帕麦斯顿的小册子、《18世纪外交史内幕》（论英国自由党[27]大臣们为一己的私利而经常依附俄国）等等。马克思去世后，他的女儿爱琳娜·艾威林出版了

---

①恩格斯在《政治学词典》第6卷第603页关于马克思的条目中，伯恩施坦在1911年《不列颠百科全书》第11版关于马克思的条目中，都把年代误为1853—1860年。见1913年出版的马克思和恩格斯通信集。

他在《论坛报》上发表的关于东方问题的一系列文章,标题为《东方问题》(《The Eastern Question》),1897年在伦敦出版。其中一部分已译成俄文,收入《战争与革命》一书,其第1编为《马克思恩格斯未发表的文章(1852年、1853年、1854年)》1919年哈尔科夫版(《我们的思想》丛书)。1854年年底和1855年期间,马克思是《新奥得报》的撰稿人,1861—1862年又为维也纳《新闻报》撰稿。马克思的这些文章也像他的许多书信一样,还没有收集起来,只有一部分发表在《新时代》杂志上。马克思在《人民报》(1859年在伦敦出版)上发表的有关1859年意大利战争的外交史的一些文章,情况也是这样。1859年在柏林出版了马克思的《政治经济学批判》一书(俄译本有1896年莫斯科出版的、由曼努伊洛夫校订的和1907年圣彼得堡出版的、鲁勉采夫翻译的两种)。1860年在伦敦出版了马克思的小册子《福格特先生》(《Herr Vogt》)。

1864年在伦敦出版了马克思写的《国际工人协会成立宣言》(有俄译本)。马克思为国际总委员会起草了许多宣言、公告和决议。所有这些材料还远未加以分析研究,甚至还没有收集起来。首先做这项工作的是古·耶克,他写了《国际》一书(有1906年圣彼得堡知识出版社出版的俄译本),书中也刊载了马克思的几封信和由他起草的几项决定草案。马克思为国际写的文件有总委员会关于巴黎公社的宣言,于1871年在伦敦出版单行本,题为《法兰西内战》(俄译本有经列宁校订的、铁锤出版社出版的版本和其他出版社的版本)。1862—1874年期间马克思和国际会员库格曼有书信往来(通信集俄译本有两种版本,一种由亚·哥伊赫巴尔格翻译,另一种经列宁校订)。1867年马克思的主要著作《资本论。政治经济学批判》第1卷在汉堡问世。第2卷和第3卷在马克思去世后由恩格斯于1885年和1894年出版。俄译本

第1卷共有5种版本（有1872年和1898年出版的、丹尼尔逊翻译的两个版本，有由E.A. 古尔维奇和A. M. 扎克翻译、经司徒卢威校订的1899年第1版和1905年第2版两个版本，还有一种由巴扎罗夫和斯捷潘诺夫校订的版本）。第2卷和第3卷有丹尼尔逊的译本（较差）及巴扎罗夫和斯捷潘诺夫校订的译本（较好）。1876年马克思参加恩格斯《反杜林论》（《Herrn Eugen Dührings Umwälzung der Wissenschaft》）一书的写作，看过全书的手稿并写了论述政治经济学史的整个一章。

　　马克思去世后，出版了他的下列著作：《哥达纲领批判》（俄译本于1906年在圣彼得堡出版，德文原文刊载于1890—1891年《新时代》杂志第18期）。《工资、价格和利润》（1865年6月26日作的报告，载于《新时代》杂志第16年卷（1897—1898年）；俄译本有1906年铁锤出版社和1905年李沃维奇出版社的版本）。《卡·马克思、弗·恩格斯、斐·拉萨尔的遗著》，共3卷，1902年在斯图加特出版（俄译本有经阿克雪里罗得等人校订的两卷，1908年在圣彼得堡出版。还有E. 古尔维奇校订的第1卷，1907年在莫斯科出版。拉萨尔致马克思的信曾单独出版，后编入《遗著》）。《卡·马克思、弗·恩格斯等致左尔格书信集》（俄译本有两种版本：一种由阿克雪里罗得校订，另一种由列宁作序，由达乌盖出版社出版）。《剩余价值理论》，共3卷4册，1905—1910年在斯图加特出版，即考茨基出版的《资本论》第4卷手稿（俄译本只有第1卷，有3种版本：1906年圣彼得堡版，普列汉诺夫校订；1906年基辅版，热列兹诺夫校订；1907年基辅版，图恰普斯基校订）。1913年在斯图加特出版了四大卷《马克思和恩格斯通信集》，收有1844年9月至1883年1月10日期间的1 386封信，这些信为研究卡·马克思的传记和观点提供了大量的极其宝贵的材料。1917年出版了两卷《马克思恩格斯1852—1862年论文集》（德文本）。最后，对于这份马克思著作目录,还必须附带说明一点:这里没有编入大部分是在《新时代》杂志、《前进报》[28]及社会民主党的其他德文报刊上发表的某些比较短小的文章和书信;这里所开列的马克思著作俄译本目录,特别是1905—1906年出版的一些小册子的目录,肯定也是不完全的。

论述马克思和马克思主义的著作数量甚多,不胜枚举。这里我们只能择其要者作一介绍。我们把作者分成三大类:在根本上持马克思观点的马克思主义者;本质上敌视马克思主义的资产阶级著作家;似乎承认马克思主义的某些原理而实际上用资产阶级观点代替马克思主义的修正主义者。民粹派对马克思的态度,应看做修正主义的一种特殊的俄国变种。威·桑巴特在他的《马克思主义书目》(《社会科学和社会政治学文库》第20年卷(1905年)第2册第413—430页)中开列了300本书,那还是很不齐全的。作为它的补充,可参看1883—1907年及往后几年的《新时代》杂志上的索引。此外,可以参看约瑟夫·施塔姆哈默尔的《社会主义和共产主义书目》(1893—1909年)耶拿版第1—3卷。要得到有关马克思主义的详细书目,还可以参看《社会科学书目》柏林版第1年卷(1905年)及以后各年卷。也可以参看**尼·亚·鲁巴金**的《书林概述》(第2版第2卷)。我们在这里举出的只是最重要的。有关马克思的传记,首先应当指出**弗·恩格斯**在《人民历书》(1878年由白拉克在不伦瑞克出版)和《政治学词典》(第6卷第600—603页)上写的条目。此外还有:**威·李卜克内西**的《纪念卡尔·马克思》1896年纽伦堡版。**拉法格**的《回忆马克思》(德文版)。**威·李卜克内西**的《卡尔·马克思》(1906年圣彼得堡俄文第2版)。**保·拉法格**的《回忆马克思》(1905年敖德萨俄文版,原文见《新时代》杂志第9年卷第1册)。**《卡·马克思纪念集》**(1908年圣彼得堡版,共410页,文集所收的文章的作者为:尤·涅夫佐罗夫、尼·罗日柯夫、弗·巴扎罗夫、尤·

斯切克洛夫、亚·芬-叶诺塔耶夫斯基、彼·鲁勉采夫、卡·伦纳、罕·罗兰-霍尔斯特、弗·伊林、罗·卢森堡、格·季诺维也夫、尤·加米涅夫、普·奥尔洛夫斯基和米·塔甘斯基）。**弗·梅林**的《卡尔·马克思》。美国社会党人斯帕戈用英文编写的大本马克思传记（**斯帕戈**《卡·马克思的生平和事业》1911年伦敦版），是不能令人满意的。关于马克思事业的概述，见**卡·考茨基**的《卡·马克思的历史功绩。纪念大师逝世二十五周年》（1908年柏林版）。俄译本：《卡·马克思和他的历史作用》（1908年圣彼得堡版）。还可参看**克拉拉·蔡特金**的通俗小册子《卡·马·及其毕生事业》（1913年）。回忆马克思的文章有：**安年科夫**在1880年《欧洲通报》杂志[29]第4期发表的文章（及其《回忆录》第3卷，1882年圣彼得堡出版的《光辉的十年》），**卡尔·舒尔茨**在1906年《俄国财富》杂志[30]第12期、**马·柯瓦列夫斯基**在1909年《欧洲通报》杂志第6期及以后几期上发表的文章。

关于马克思主义哲学及历史唯物主义问题，格·瓦·普列汉诺夫的下列著作作了最好的论述：《二十年来》（1909年圣彼得堡第3版）、《由防御到进攻》（1910年圣彼得堡版）、《马克思主义基本问题》（1908年圣彼得堡版）、《对我们的批判者的批判》（1906年圣彼得堡版）、《论一元论历史观之发展》（1908年圣彼得堡版）等等。还有：**安东尼奥·拉布里奥拉**的《关于唯物主义历史观问题》（1898年圣彼得堡版）**和他的**《历史唯物主义和哲学》（1906年圣彼得堡版）。**弗·梅林**的《论历史唯物主义》（1906年圣彼得堡版，有启蒙出版社和铁锤出版社出版的两种版本）**和他的**《莱辛传奇》（1908年圣彼得堡知识出版社版）。还可参看**沙·安德列尔**（非马克思主义者）的《共产主义宣言。历史、序言和注释》（1906年圣彼得堡版）。也可以参看《历史唯物主义》（1908年圣彼得堡版，收入恩格斯、考茨基、拉法格等许多人的文章的论文集)。**柳·阿克雪里罗得**的《哲学概论。答历史唯物主义的哲学批评家》(1906年圣彼得堡版)。专门为狄慈根背离马克思主义的失败尝试辩护的有**恩·温特尔曼**的《狭隘马克思主义的逻辑缺陷》(1910年慕尼黑版,共753页,是一部篇幅很大但不严肃的著作)。**胡戈·里克斯**的《马克思主义的哲学根源》,载于《一般政治学杂志》第62年卷(1906年)第3册第407—432页,这是一个反对马克思观点的人的一部值得注意的著作,他表明了这些观点从唯物主义角度来看的哲学严整性。**本诺·埃尔德曼**的《唯物主义历史观的哲学前提》,载于《立法、行政和国民经济年鉴》[31](施穆勒年鉴)1907年第3册第1—56页,对马克思哲学唯物主义的一些基本原理作了很有用的表述,并综述了从流行的康德主义以及整个不可知论观点出发的各种反对意见。**鲁·施塔姆勒**(康德主义者)的《从唯物主义历史观点看经济和法》(1906年莱比锡第2版)。**伏尔特曼**(也是康德主义者)的《历史唯物主义》(俄译本,1901年出版)。**福伦德**(也是康德主义者)的《康德和马克思》(1909年圣彼得堡版)。还可参看亚·波格丹诺夫、弗·巴扎罗夫等(《马克思主义哲学概论》1908年圣彼得堡版。**亚·波格丹诺夫**的《伟大拜物教的没落》1909年莫斯科版以及其他著作)同弗·伊林(《唯物主义和经验批判主义》1909年莫斯科版)之间的论战。关于历史唯物主义和伦理学问题的著作有:**卡·考茨基**的《伦理学和唯物史观》(1906年圣彼得堡版)和考茨基的其他许多著作。再参看**布丁**的《卡·马克思的理论体系》(1909年斯图加特版。俄译本:**路·布丁**《以现代批评眼光看卡·马克思的理论体系》,译自英文,维·查苏利奇校订,1908年圣彼得堡版)。**赫尔曼·哥尔特**的《历史唯物主义》(1909年版)。马克思主义的反对者的著述有:**杜冈-巴拉诺夫斯基**的《马克思主义的理论基础》(1907年圣彼得堡版)。**谢·普罗柯波维奇**的《马克思批判》(1901年圣彼得堡版)。**哈马赫尔**的《马克思主义的哲学经济学体系》(1910年莱比锡版,共730页,是引文的汇编)。**威·桑巴特**的《19世纪的社会主义和社会运动》(圣彼得堡版)。**麦克斯·阿德勒**(康德主义者)的《因果性和目的论》(收入1909年维也纳出版的《马克思研究》)和《思想家马克思》。

黑格尔派唯心主义者**卓·詹梯利**的《马克思的哲学》(1899年比萨版)是值得注意的一本书。作者指出了通常被康德主义者和实证论者[32]等等所忽视的、马克思唯物主义辩证法的几个主要方面。**莱维**的《费尔巴哈》也值得注意,此书论述了马克思的最主要的哲学先辈之一。**切尔内绍夫**的《马克思主义者备忘手册》(1908年圣彼得堡事业出版社版),是把马克思许多著作中的话摘编在一起的一部有益的书。关于马克思的经济学说问题,见**卡·考茨基**的《马克思的经济学说》(有许多俄译本)**和他的**《土地问题》、《爱尔福特纲领解说》和许多小册子。还可参看**伯恩施坦**的《马克思的经济学说。〈资本论〉第3卷》(俄译本,1905年出版)。**加布里埃尔·杰维尔**的《资本论》(《资本论》第1卷的阐述,俄译本,1907年出版)。马克思主义者中在土地问题上的所谓修正主义的代表人物是**爱·大卫**,他写了《社会主义和农业》(俄译本,1902年圣彼得堡出版)。对修正主义的批判,见**弗·伊林**《土地问题》(1908年圣彼得堡版第1册)以及**他的**《俄国资本主义的发展》(1908年圣彼得堡第2版)、《经济评论集》[33](1899年圣彼得堡版)、《关于农业中资本主义发展规律的新材料》(1917年第1编)。**孔佩尔-莫雷尔**的《法兰西的土地问题和社会主义》(1912年巴黎版,共455页),是运用马克思的观点(某些地方有所背离)来分析法国土地关系的最新材料。进一步发展马克思的经济观点,将它运用于经济生活中的最新现象的书,见**希法亭**的《金融资本》(1911年圣彼得堡版;纠正该作者在价值理论上根本错误观点的文章,见考茨基在《新时代》杂志上发表的《黄金、纸币和商品》(《Gold, Papier und Ware》)第30年卷(1912年)第1册第837、886页)、**弗·伊林**的《帝国主义是资本主义的最新阶段》(1917年)。**彼·马斯洛夫**的《土地问题》(两卷本)及《国民经济发展理论》(1910年圣彼得堡版)在一些重要问题上背离了马克思主义。对其中某些错误的批判,见考茨基在《新时代》杂志第29年卷(1911年)第1册上的文章《马尔萨斯主义和社会主义》。

以资产阶级教授中间广泛流行的"边际效用"论的观点批判马克思的经济学说的有:**柏姆-巴维克**的《马克思体系的终结》(1896年柏林版,载于《政治学著作》,敬献给卡·克尼斯)(俄译本:《马克思的理论及对它的批判》1897年圣彼得堡版)和**他的**《资本和利润》(1900—1902年因斯布鲁克第2版,两卷本)(《资本和利润》1909年圣彼得堡版)。并见**里克斯**的《价值和交换价值》(1899年);**冯·博尔特克维奇**的《马克思主义体系中的价值核算和价格核算》(1906—1907年出版的《社会科学文库》);**莱奥·冯·布赫**的《政治经济学基本要素。第1集。劳动强度、价值和价格》(也有俄译本)。以马克思的观点分析柏姆-巴维克的批评的有:**希法亭**的《柏姆-巴维克对马克思的批评》(《马克思研究》,1904年维也纳版第1卷)及在《新时代》杂志上发表的一些比较短小的文章。

关于在解释和阐发马克思主义方面的两大派别——"修正派"和激进派("正统派")的问题,见**爱·伯恩施坦**的《社会主义的前提和社会民主党的任务》(德文原本1899年斯图加特版;俄译本有1901年圣彼得堡出版的《历史唯物主义》和1901年莫斯科出版的《社会问题》),并参看**他的**《社会主义的历史和理论概述》(1902年圣彼得堡版)。反驳伯恩施坦的著作有**卡·考茨基**的《伯恩施坦与社会民主党的纲领》(德文原本1899年斯图加特版；俄译本有1905—1906年出版的4种版本)。法文的马克思主义著作有：**茹尔·盖得**的《阶级斗争的四年》、《警惕!》、《昨天和今天的问题》(1911年巴黎版)；**保·拉法格**的《卡·马克思的经济决定论》(1909年巴黎版)。**安·潘涅库克**的《工人运动中的两种趋向》。

　　阐述马克思的资本积累理论问题的新著作有**罗莎·卢森堡**的《资本的积累》(1913年柏林版)。对该书中曲解马克思理论的部分进行分析的著作有：**奥托·鲍威尔**的《资本的积累》(《新时代》杂志第31年卷(1913年)第1册第831页和第862页)。**埃克施泰因**在《前进报》(1913年)上发表的和**潘涅库克**在《不来梅市民报》[34](1913年)上发表的文章。

　　俄国较早评述马克思的著作有：**波·契切林**的《德国的社会主义者》(载于1888年圣彼得堡出版的别佐布拉佐夫的《国务知识汇编》)及《政治学说史》(1902年莫斯科版第5册第156页)。**季别尔**的《契切林先生透过有色眼镜所看到的德国经济学家》(载于《季别尔文集》1900年圣彼得堡版第2卷)，该书是对上述的契切林著作的反驳。**路·斯洛尼姆斯基**的《卡·马克思的经济学说》(1898年圣彼得堡版)。**尼·季别尔**的《大卫·李嘉图和卡·马克思的社会经济研究》(1885年圣彼得堡版)和《季别尔文集》两卷集(1900年圣彼得堡版)。还有**伊·考夫曼**(伊·考—曼)的一篇对《资本论》的评论文章(载于1872年《欧洲通报》杂志第5号)，这篇文章颇为有名，因为马克思后来在《资本论》第2版跋中引用了伊·考—曼的话，认为这篇文章正确地论述了他的唯物主义辩证方法。

　　俄国民粹派论述马克思主义的文章有：**尼·康·米海洛夫斯基**针对彼·司徒卢威《评述》一书(载于1894年圣彼得堡版)所发表的文章

（载于《俄国财富》杂志1894年第10期和1895年第1期和第2期，后收入他的《文集》），对这本《评述》，**克·土林**（即弗·伊林）在《说明我国经济发展状况的资料》[35]（1895年圣彼得堡版，已被书报检查机关销毁）中曾根据马克思主义观点进行过分析，该文收入**弗·伊林**的《十二年来》[36]（1908年圣彼得堡版）。其次，民粹派的著作还有：**瓦·沃·**的《我们的方针》（1892年圣彼得堡版）**和他的**《从70年代到1900年》（1907年圣彼得堡版）。**尼古拉—逊**的《我国改革后的社会经济论文集》（1893年圣彼得堡版）。**维·切尔诺夫**的《马克思主义和土地问题》（1906年圣彼得堡版）**和他的**《哲学和社会学论文集》（1907年圣彼得堡版）。

除民粹派的著作外，还有：**尼·卡列耶夫**的《关于历史唯物主义的新旧评论文集》（1896年圣彼得堡版，1913年第2版书名改为《经济唯物主义批判》）。**马萨里克**的《马克思主义的哲学和社会学基础》（1900年莫斯科版）。**柯罗齐**的《历史唯物主义和马克思主义经济学》（1902年圣彼得堡版）。

要正确评价马克思的观点，无疑必须熟悉他最亲密的同志和合作者**弗里德里希·恩格斯**的著作。不研读恩格斯的**全部**著作，就不可能理解马克思主义，也不可能完整地阐述马克思主义。

以无政府主义的观点批评马克思的著作的有：**瓦·切尔克佐夫**的《马克思主义学说》（1905年圣彼得堡版，共两册）；**韦·捷凯尔**的《代替一本书》（1907年莫斯科版）。工团主义者**索列尔**的《现代经济学的社会研究》（1908年莫斯科版）。

选自《列宁全集》第2版第26卷
第47—95页

弗里德里希·恩格斯

（1895年9月7日〔19日〕以后）

> 一盏多么明亮的智慧之灯熄灭了，
>
> 一颗多么伟大的心停止跳动了！①

　　1895年新历8月5日（7月24日），弗里德里希·恩格斯在伦敦与世长辞了。在他的朋友卡尔·马克思（1883年逝世）之后，恩格斯是整个文明世界中最卓越的学者和现代无产阶级的导师。自从命运使卡尔·马克思和弗里德里希·恩格斯相遇之后，这两位朋友的毕生工作，就成了他们的共同事业。因此，要了解弗里德里希·恩格斯对无产阶级有什么贡献，就必须清楚地了解马克思的学说和活动对现代工人运动发展的意义。马克思和恩格斯最先指出，工人阶级及其要求是现代经济制度的必然产物，现代经济制度在造成资产阶级的同时，也必然造成并组织无产阶级。他们指出，能使人类摆脱现在所受的灾难的，并不是个别高尚人物善意的尝试，而是组织起来的无产阶级所进行

　　本文为悼念恩格斯而作。列宁概述了恩格斯的光辉一生，高度评价了恩格斯同马克思一起创立马克思主义理论和为无产阶级解放事业而斗争的不朽功绩，赞颂了恩格斯作为严峻的战士和严正的思想家所具有的崇高品格以及他同马克思的伟大友谊，指出马克思逝世后，恩格斯是整个文明世界中最卓越的学者和现代无产阶级的导师。

---

　　①见尼·阿·涅克拉索夫的诗《纪念杜勃罗留波夫》。——编者注

的阶级斗争。马克思和恩格斯在他们的科学著作中,最先说明了社会主义不是幻想家的臆造,而是现代社会生产力发展的最终目标和必然结果。到现在为止的全部有记载的历史都是阶级斗争的历史,都是不断更替地由一些社会阶级统治和战胜另一些社会阶级的历史。这种情形,在阶级斗争和阶级统治的基础,即私有制和混乱的社会生产消灭以前,将会继续下去。无产阶级的利益要求消灭这种基础,所以有组织的工人自觉进行的阶级斗争,目标就应该对准这种基础。而任何阶级斗争都是政治斗争。

马克思和恩格斯的这些观点,现在已为正在争取自己解放的全体无产阶级所领会,但是当这两位朋友在40年代参加社会主义的宣传和当时的社会运动时,这样的见解还是完全新的东西。当时许多有才能的或无才能的人,正直的或不正直的人,都醉心于争取政治自由的斗争,醉心于反对皇帝、警察和神父的专横暴戾的斗争,而看不见资产阶级利益同无产阶级利益的对立。他们根本没有想到工人能成为独立的社会力量。另一方面,当时有许多幻想家,有时甚至是一些天才人物,都以为只要说服统治者和统治阶级相信现代社会制度是不合理的,就很容易在世界上确立和平和普遍福利。他们幻想不经过斗争就实现社会主义。最后,几乎当时所有的社会主义者和工人阶级的朋友,都认为无产阶级只是一个**脓疮**,他们怀着恐惧的心情看着这个脓疮如何随着工业的发展而扩大。因此,他们都设法阻止工业和无产阶级的发展,阻止"历史车轮"的前进。与这种害怕无产阶级发展的普遍心理相反,马克思和恩格斯把自己的全部希望寄托在无产阶级的不断增长上。无产者人数愈多,他们这一革命阶级的力量也就愈大,社会主义的实现也就愈是接近,愈有可能。马克思和恩格斯对工人阶级的功绩,可以这样简单

紀念恩格斯

列寧

阿，怎樣一盞理智的明燈熄滅了啊！

阿，怎樣一個偉大的心停止跳動了啊！

第二卷 第八九期合刊

二十七年八月十三日出版

羣衆週刊社

漢口府東五路一五〇號

列宁《弗里德里希·恩格斯》的中译文——《纪念恩格斯》，
载于1938年《群众》周刊第2卷第8、9期合刊

地来表达：他们教会了工人阶级自我认识和自我意识，用科学代替了幻想。

正因为如此，恩格斯的名字和生平，是每个工人都应该知道的。正因为如此，我们在这本与我们其他一切出版物一样都是以唤醒俄国工人的阶级自我意识为目的的文集[37]中，应该简要地叙述一下现代无产阶级两位伟大导师之一弗里德里希·恩格斯的生平和活动。

恩格斯1820年生于普鲁士王国莱茵省的巴门城。父亲是个工厂主。1838年，由于家庭情况，恩格斯中学还没有毕业，就不得不到不来梅一家商号去当办事员。从事商业并没有妨碍恩格斯对科学和政治的研究。当他还是中学生的时候，就憎恶专制制度和官吏的专横。对哲学的钻研，使他更前进了。当时在德国哲学界占统治地位的是黑格尔学说，于是恩格斯也成了黑格尔的信徒。黑格尔本人虽然崇拜普鲁士专制国家，他以柏林大学教授的身份为这个国家服务，但是黑格尔的**学说**是革命的。黑格尔对于人类理性和人类权利的信念，以及他的哲学的基本原理——世界是不断变化着发展着的过程，使这位柏林哲学家的那些不愿与现实调和的学生得出了一种想法，即认为同现状、同现存的不公平现象、同流行罪恶进行的斗争，也是基于世界永恒发展规律的。既然一切都是发展着的，既然一些制度不断被另一些制度所代替，那么为什么普鲁士国王或俄国沙皇的专制制度，极少数人靠剥夺绝大多数人发财致富的现象，资产阶级对人民的统治，却会永远延续下去呢?黑格尔的哲学谈论精神和观念的发展，它是**唯心主义的**哲学。它从精神的发展中推演出自然界、人以及人与人的关系即社会关系的发展。马克思和恩格斯保留了黑格尔关于永恒的发展过程的思想①，而抛弃了那种偏执的唯心主义观点；他们面向实际生活之后看到，不能用精神的发展来解释自然界的发展，恰恰相反，要从自然界，从物质中找到对精神的解释……　与黑格尔和其他黑格尔主义者相反，马克思和恩格斯是唯物主义者。他们用唯物主义观点观察世界和人类，看出一切自然现象都有物质原因作基础，同样，人类社会的发展也是受物质力量即生产力的发展所制约的。生产力的发展决定人们在生产人类必需的产品时彼此所发生的关系。用这种关系才能解释社会生活中的一切现象，人的意向、观念和法律。生产力的发展造成了以私有制为基础的社会关系，但是我们现在看到，生产力的发展又夺走了大多数人的财产，将它集中在极少数人的手中。生产力的发展正在消灭私有制，即现代社会制度的基础，这种发展本身就是朝着社会主义者所抱定的那个目标前进的。社会主义者就是要了解，究竟哪种社会力量因其在现代社会中所处的地位而关心社会主义的实现，并使这种力量意识到它的利益和历史使命。这种力量就是无产阶级。恩格斯是在英国，是在英国工业中心曼彻斯特结识无产阶级的；1842年他迁到这里，在他父亲与人合办的一家商号中供职。在这里，他并不是只坐在工厂的办事处里，他常常到工人栖身的肮脏的住宅区去，亲眼看见工人贫穷困苦的情景。但是，他并不满足于亲身的观察，他还阅读了他所能找得到的在他以前论述英国工人阶级状况的一切著作，仔细研究了他所能看到的一切官方文件。这种

①马克思和恩格斯不止一次地指出，他们思想的发展，有很多地方得益于德国的大哲学家，尤其是黑格尔。恩格斯说："没有德国哲学，也就没有科学社会主义。"（参看《马克思恩格斯选集》第2卷人民出版社1972年版第300页。——编者注）

研究和观察的成果,就是1845年出版的《英国工人阶级状况》①一书。上面我们已经提到作为《英国工人阶级状况》一书的作者恩格斯的主要功绩。在恩格斯以前有很多人描写过无产阶级的痛苦,并且一再提到必须帮助无产阶级。恩格斯**第一个**指出,无产阶级**不只**是一个受苦的阶级,正是它所处的那种低贱的经济地位,无可遏止地推动它前进,迫使它去争取本身的最终解放。而战斗中的无产阶级是能够**自己帮助自己**的。工人阶级的政治运动必然会使工人认识到,除了社会主义,他们没有别的出路。另一方面,社会主义只有成为工人**阶级**的**政治**斗争的目标时,才会成为一种力量。这就是恩格斯论英国工人阶级状况的一书的基本思想。现在,这些思想已为全体能思考的和正在进行斗争的无产阶级所领会,但在当时却完全是新的。叙述这些思想的著作写得很动人,通篇都是描述英国无产阶级穷苦状况的最确实最惊人的情景。这部著作是对资本主义和资产阶级的极严厉的控诉。它给人的印象是很深的。从此,到处都有人援引恩格斯的这部著作,认为它是对现代无产阶级状况的最好描述。的确,不论在1845年以前或以后,还没有一本书把工人阶级的穷苦状况描述得这么鲜明,这么真实。

恩格斯到英国后才成为社会主义者。他在曼彻斯特同当时英国工人运动的活动家发生联系,并开始在英国社会主义出版物上发表文章。1844年他在回德国的途中路过巴黎时认识了马克思,在此以前他已经和马克思通过信。马克思在巴黎时,受到法国社会主义者和法国生活的影响也成了社会主义者。在这里,两位朋友合写了一本

① 见《马克思恩格斯全集》第1版第2卷第269—587页。——编者注

书:《神圣家族,或对批判的批判所做的批判》①。这本书比《英国工人阶级状况》早一年出版,大部分是马克思写的。它奠定了革命唯物主义的社会主义的基础,这种社会主义的主要思想,我们在上面已经叙述过了。"神圣家族"是给哲学家鲍威尔兄弟及其信徒所取的绰号。这班先生鼓吹一种批判,这种批判超越一切现实、超越政党和政治,否认一切实践活动,而只是"批判地"静观周围世界和其中所发生的事情。鲍威尔先生们高傲地把无产阶级说成是一群没有批判头脑的人。马克思和恩格斯坚决反对这个荒谬而有害的思潮。为了现实的人,即为了受统治阶级和国家践踏的工人,他们要求的不是静观,而是为实现美好的社会制度而斗争。在他们看来,能够进行这种斗争和关心这种斗争的力量当然是无产阶级。还在《神圣家族》一书出版以前,恩格斯就在马克思和卢格两人合编的《德法杂志》38上发表了《政治经济学批判大纲》②一文,从社会主义的观点考察了现代经济制度的基本现象,认为那些现象是私有制统治的必然结果。同恩格斯的交往显然促使马克思下决心去研究政治经济学,而马克思的著作使这门科学发生了真正的革命。

1845年到1847年,恩格斯是在布鲁塞尔和巴黎度过的,他一面从事科学研究,同时又在布鲁塞尔和巴黎的德籍工人中间进行实际工作。这时,马克思和恩格斯同秘密的德国"共产主义者同盟"5发生了联系,"同盟"委托他们把他们所制定的社会主义基本原理阐述出来。这样就产生了1848年出版的马克思和恩格斯的著名的《共产党

①见《马克思恩格斯全集》第1版第2卷第3—268页。——编者注
②见《马克思恩格斯全集》第1版第1卷第596—625页。——编者注

宣言》①。这本书篇幅不多,价值却相当于多部巨著:它的精神至今还鼓舞着、推动着文明世界全体有组织的正在进行斗争的无产阶级。

1848年的革命首先在法国爆发,然后蔓延到西欧其他国家,于是马克思和恩格斯就回国了。他们在莱茵普鲁士主编在科隆出版的民主派的《新莱茵报》[8]。这两位朋友成了莱茵普鲁士所有革命民主意向的灵魂。他们尽一切可能保卫人民和自由的利益,使之不受反动势力的侵害。大家知道,当时反动势力获得了胜利。《新莱茵报》被迫停刊,马克思因侨居国外时丧失普鲁士国籍而被驱逐出境,而恩格斯则参加了人民武装起义,在三次战斗中为自由而战,在起义者失败后经瑞士逃往伦敦。

马克思也迁居伦敦。恩格斯不久又到他在40年代服务过的那家曼彻斯特商号去当办事员,后来又成了这家商号的股东。1870年以前他住在曼彻斯特,马克思住在伦敦,但这并没有妨碍他们保持最密切的精神上的联系;他们差不多每天都通信。这两位朋友在通信中交换意见和知识,继续共同创立科学社会主义。1870年恩格斯移居伦敦,直到1883年马克思逝世时为止,他们两人始终过着充满紧张工作的共同精神生活。这种共同的精神生活的成果,在马克思方面,是当代最伟大的政治经济学著作《资本论》,在恩格斯方面,是许多大大小小的作品。马克思致力于分析资本主义经济的复杂现象。恩格斯则在笔调明快、往往是论战性的著作中,根据马克思的唯物主义历史观和经济理论,阐明最一般的科学问题,以及过去和现在的各种现象。从恩格斯的这些著作中,我们举出下面几种:反对杜林的论战性著作

---

①见《马克思恩格斯选集》第1卷人民出版社1972年版第250—286页。——编者注

（它分析了哲学、自然科学和社会科学中最重大的问题）[①]，《家庭、私有制和国家的起源》（俄译本1895年圣彼得堡第3版）[②]，《路德维希·费尔巴哈》（俄译本附有格·普列汉诺夫的注释，1892年日内瓦版）[③]，一篇论俄国政府对外政策的文章[41]（俄译文刊登在日内瓦出版的《社会民主党人》[42]第1集和第2集上），几篇关于住宅问题的精彩文章[43]，以及两篇篇幅虽小，但价值极大的论述俄国经济发展的文章（《弗里德里希·恩格斯论俄国》，维·伊·查苏利奇的俄译本，1894年日内瓦版）[44]。马克思还没有把他那部论述资本的巨著整理完毕就逝世了。可是，这部著作的草稿已经完成，于是恩格斯在他的朋友逝世后就从事整理和出版《资本论》第2卷和第3卷的艰巨工作。1885年他出版了第2卷，1894年出版了第3卷（他没有来得及把第4卷[45]整理好）。整理这两卷《资本论》，是一件很费力的工作。奥地利社会民主党人阿德勒说得很对：恩格斯出版《资本论》第2卷和第3卷，就是替他的天才朋友建立了一座庄严宏伟的纪念碑，无意中也把自己的名字不可磨灭地铭刻在上面了。的确，这两卷《资本论》是马克思和恩格斯两人的著作。古老传说中有各种非常动人的友谊故事。欧洲无产阶级可以说，它的科学是由这两位学者和战士创造的，他们的关系超过了古人关于人类友谊的一切最动人的传说。恩格斯总是把自己放在马克思之后，总的说来这是十分公正的。他在写给一位老朋友的信中说："马克

---

①这是一部内容十分丰富、十分有益的书[39]。可惜只有概述社会主义发展史的那一小部分译成了俄文（《科学社会主义的发展》[40]1892年日内瓦第2版）。

②见《马克思恩格斯选集》第4卷人民出版社1972年版第17—175页。——编者注

③同上书，第207—254页。——编者注

思在世的时候,我拉第二小提琴。"①他对在世时的马克思无限热爱,对死后的马克思无限敬仰。这位严峻的战士和严正的思想家,具有一颗深情挚爱的心。

1848—1849年的运动以后,马克思和恩格斯在流亡中并没有只限于从事科学工作。马克思在1864年创立了"国际工人协会"[12],并在整整十年内领导了这个协会。恩格斯也积极地参加了该会的工作。"国际工人协会"依照马克思的意思联合全世界的无产者,它的活动对工人运动的发展起了巨大作用。就是在70年代"国际工人协会"解散后,马克思和恩格斯所起的团结的作用也没有停止。相反,他们作为工人运动精神领导者所起的作用,可以说是不断增长的,因为工人运动本身也在不断发展。马克思逝世以后,恩格斯一个人继续担任欧洲社会党人的顾问和领导者。无论是受政府迫害但力量仍然不断迅速增长的德国社会党人,或者是落后国家内那些还需仔细考虑斟酌其初步行动的社会党人,如西班牙、罗马尼亚和俄国的社会党人,都同样向恩格斯征求意见,请求指示。他们都从年老恩格斯的知识和经验的丰富宝库中得到教益。

马克思和恩格斯两人都懂俄文,都读俄文书籍,非常关心俄国的情况,以同情的态度注视俄国的革命运动,并一直同俄国的革命者保持联系。他们两人都是由**民主主义者**变成社会主义者的,所以他们**仇恨**政治专横的民主情感非常强烈。由于马克思和恩格斯具有这种直接的政治情感、对政治专横与经济压迫之间的联系的深刻理论认识以及丰富的生活经验,所以他们在**政治**方面异常敏感。因此,俄国

---

①见1884年10月15日恩格斯给贝克尔的信(《马克思恩格斯选集》第4卷人民出版社1972年版第449页)。——编者注

少数革命者所进行的反对强大的沙皇政府的英勇斗争,总是得到这两位久经锻炼的革命家最表同情的反响。相反,那种为了虚幻的经济利益而离开争取政治自由这一俄国社会党人最直接最重要的任务的图谋,在他们看来自然是可疑的,他们甚至直截了当地认为这是背叛伟大的社会革命事业。"无产阶级的解放应当是无产阶级自己的事情"[46],——这就是马克思和恩格斯经常教导的。而无产阶级要争取经济上的解放,就必须争得一定的**政治**权利。此外,马克思和恩格斯都清楚地看到,俄国政治革命对于西欧的工人运动也会有巨大的意义。专制的俄国向来是欧洲一切反动势力的堡垒。1870年的战争[47]造成了德法之间长期的纷争,使俄国处于一种非常有利的国际地位,这当然只是增加了专制俄国这一反动力量的作用。只有自由的俄国,即既不需要压迫波兰人、芬兰人、德意志人、亚美尼亚人及其他弱小民族,也不需要经常挑拨德法两国关系的俄国,才能使现代欧洲摆脱战争负担而松一口气,才能削弱欧洲的一切反动势力,加强欧洲工人阶级的力量。因此,恩格斯为了西欧工人运动的胜利,也渴望俄国实现政治自由。俄国的革命者因恩格斯的逝世而失去了最好的朋友。

无产阶级的伟大战士和导师弗里德里希·恩格斯永垂不朽!

选自《列宁全集》第2版第2卷
第1—12页

马克思学说的历史命运[48]

（1913年3月1日〔14日〕）

马克思学说中的主要的一点，就是阐明了无产阶级作为社会主义社会创造者的世界历史作用。自马克思阐述这个学说以后，全世界的事态发展是不是已经证实了这个学说呢？

马克思首次提出这个学说是在1844年。马克思恩格斯合著的，于1848年问世的《共产党宣言》，已对这个学说作了完整的、系统的、至今仍然是最好的阐述。从这时起，世界历史显然分为三个主要时期：(1)从1848年革命到巴黎公社(1871年)；(2)从巴黎公社到俄国革命(1905年)；(3)从这次俄国革命至今。

现在我们来考察一下马克思学说在每个时期的命运。

一

在第一个时期的开头，马克思学说决不是占统治地位的。它不

本文为纪念马克思逝世30周年而作。列宁在文中回顾和总结了自《共产党宣言》问世以来，马克思主义在同工人运动的结合中、在同各种反动势力和错误思潮的斗争中广泛传播和不断发展的历程；指出1848年革命以来世界历史所经历的每一个时期都使马克思主义获得了新的证明和新的胜利。列宁高度评价亚洲国家特别是中国的民主革命风暴，并预言即将来临的历史时期定会使马克思主义获得更大的胜利。列宁还指出，马克思主义在理论上的胜利，逼得它的敌人装扮成马克思主义者，历史的辩证法就是如此。

过是无数社会主义派别或思潮中的一个而已。当时占统治地位的，是那些基本上同我国民粹主义相似的社会主义：它们不懂得历史运动的唯物主义原理，不能分别说明资本主义社会中每个阶级的作用和意义，并且用各种貌似社会主义的关于"人民"、"正义"、"权利"等等的词句来掩盖各种民主变革的资产阶级实质。

1848年革命给了马克思**以前**的所有这些喧嚣一时、五花八门的社会主义形式以致命的打击。各国的革命使社会各阶级**在行动中**显露出自己的面目。共和派资产阶级在巴黎1848年6月的那些日子里枪杀工人，最终证明**只有**无产阶级具有社会主义本性。自由派资产阶级害怕这个阶级的独立行动，比害怕任何反动势力还要厉害百倍。怯懦的自由派在反动势力面前摇尾乞怜。农民以废除封建残余为满足，转而支持现存秩序，只是间或动摇于**工人民主派和资产阶级自由派**之间。一切关于**非**阶级的社会主义和**非**阶级的政治的学说，都是胡说八道。

巴黎公社(1871年)最终结束了资产阶级变革的这一发展过程；只是靠无产阶级的英勇，共和制这种最明显地表现出阶级关系的国家组织形式才得以巩固下来。

在欧洲所有的其他国家，比较错综复杂和不那么彻底的发展过程也导致同样的资产阶级社会的形成。到第一个时期(1848—1871年)即风暴和革命时期的末尾，马克思以前的社会主义已**奄奄一息**。独立的**无产阶级**政党——第一国际[12](1864—1872年)和德国社会民主党诞生了。

二

第二个时期（1872—1904年）同第一个时期的区别，就是它带有"和平"性质，没有发生革命。西方结束了资产阶级革命。东方还没有成熟到实现这种革命的程度。

西方进入了为未来变革的时代作"和平"准备的阶段。到处都在形成就其主要成分来说是无产阶级的社会主义政党，这些政党学习利用资产阶级议会制，创办自己的日报，建立自己的教育机构、自己的工会和自己的合作社。马克思学说获得了完全的胜利，并且**广泛传播开来**。挑选和集结无产阶级的力量、使无产阶级作好迎接未来战斗的准备的过程，正在缓慢而持续地向前发展。

马克思主义在理论上的胜利，逼得它的敌人**装扮成**马克思主义者，历史的辩证法就是如此。内里腐朽的自由派，试图在社会主义的**机会主义**形态下复活起来。他们把为伟大的战斗准备力量的时期解释成放弃这种战斗。他们把改善奴隶的生活状况以便去同雇佣奴隶制作斗争解释成奴隶们为了几文钱而出卖自己的自由权。他们怯懦地宣扬"社会和平"（即同奴隶制讲和平），宣扬背弃阶级斗争，等等。在社会党人议员中间，在工人运动的各种官员以及知识分子"同情者"中间，他们有很多信徒。

三

当机会主义者还在对"社会和平"赞不绝口，还在对实行"民主制"可以避免风暴赞不绝口的时候,极大的世界风暴的新的发源地已在亚洲出现。继俄国革命之后,发生了土耳其、波斯和中国的革命。我们现在正处在这些风暴以及它们"反过来影响"欧洲的时代。不管各种"文明"豺狼现在切齿痛恨的伟大的中华民国的命运如何,世界上的任何力量也不能恢复亚洲的旧的农奴制度,不能铲除亚洲式和半亚洲式国家中的人民群众的英勇的民主精神。

有些人不注意群众斗争进行准备和得以发展的条件,看到欧洲反资本主义的决战长时间地推迟,就陷入绝望和无政府主义。现在我们看到,这种无政府主义的绝望是多么近视,多么懦弱。

八亿人民的亚洲投入了为实现和欧洲相同的理想的斗争,从这个事实中应当得到的不是绝望,而是振奋。

亚洲各国的革命同样向我们揭示了自由派的毫无气节和卑鄙无耻,民主派群众独立行动的特殊意义,无产阶级和一切资产阶级之间分明的界限。有了欧亚两洲的经验,谁若还说什么**非**阶级的政治和**非**阶级的社会主义,谁就只配关在笼子里,和澳洲袋鼠一起供人观赏。

欧洲也跟着亚洲行动起来了,不过不是按照亚洲的方式。1872—1904年的"和平"时期已经一去不复返了。物价的飞涨和托拉斯的压榨已使经济斗争空前尖锐化,这甚至使那些受自由派腐蚀最深的英国工人也行动起来了。就是在德国这个最"顽固的"资产阶级容克[20]国家里,政治危机也在迅速成熟。疯狂的扩充军备和帝国主义政策,使得目前欧洲的"社会和平"活像一桶火药。而**一切**资产阶级政党的解体和无产阶级的成熟的过程正在持续地进行。

自马克思主义出现以后,世界历史的这三大时期中的每一个时期,都使它获得了新的证明和新的胜利。但是,即将来临的历史时期,一定会使马克思主义这个无产阶级的学说获得更大的胜利。

选自《列宁全集》第2版第23卷第1—4页

马克思主义的
三个来源和三个组成部分[49]

（1913年3月）

　　马克思学说在整个文明世界中引起全部资产阶级科学(官方科学和自由派科学)极大的仇视和憎恨,这种科学把马克思主义看做某种"有害的宗派"。也不能期望有别的态度,因为建筑在阶级斗争上的社会是不可能有"公正的"社会科学的。**全部**官方的和自由派的科学都这样或那样地为雇佣奴隶制**辩护**,而马克思主义则对这种奴隶制宣布了无情的战争。期望在雇佣奴隶制的社会里有公正的科学,正像期望厂主在应不应该减少资本利润来增加工人工资的问题上会采取公正态度一样,是愚蠢可笑的。

　　不仅如此,哲学史和社会科学史都十分清楚地表明:马克思主义同"宗派主义"毫无相似之处,它绝不是**离开**世界文明发展大道而产生的一种故步自封、僵化不变的学说。恰恰相反,马克思的全部天才正是在于他回答了人类先进思想已经提出的种种问题。他的学说

　　本文为纪念马克思逝世30周年而作。列宁在文中阐明了马克思主义的理论渊源、科学体系和本质特征,指出马克思主义是完备而严密的科学世界观,而绝不是离开世界文明发展大道而产生的一种故步自封、僵化不变的学说;马克思学说是对德国古典哲学、英国古典政治经济学和法国空想社会主义的批判继承和发展。列宁还扼要地阐述了马克思主义哲学、政治经济学和科学社会主义的基本观点,指出马克思主义具有无限的力量,它把伟大的认识工具给了人类,特别是给了工人阶级。

的产生正是哲学、政治经济学和社会主义极伟大的代表人物的学说的直接**继续**。

马克思学说具有无限力量,就是因为它正确。它完备而严密,它给人们提供了决不同任何迷信、任何反动势力、任何为资产阶级压迫所作的辩护相妥协的完整的世界观。马克思学说是人类在19世纪所创造的优秀成果——德国的哲学、英国的政治经济学和法国的社会主义的当然继承者。

现在我们就来简短地说明一下马克思主义的这三个来源以及它的三个组成部分。

一

马克思主义的哲学就是**唯物主义**。在欧洲全部近代史中,特别是18世纪末叶,在同一切中世纪废物,同农奴制和农奴制思想展开决战的法国,唯物主义成了唯一彻底的哲学,它忠于一切自然科学学说,仇视迷信、伪善行为及其他等等。因此,民主的敌人便竭尽全力来"驳倒"、败坏和诋毁唯物主义,维护那些不管怎样总是为宗教辩护或支持宗教的各种哲学唯心主义。

马克思和恩格斯最坚决地捍卫了哲学唯物主义,并且多次说明,一切离开这个基础的倾向都是极端错误的。在恩格斯的著作《路德维希·费尔巴哈》和《反杜林论》里最明确最详尽地阐述了他们的观点,这两部著作同《共产党宣言》一样,都是每个觉悟工人必读的书籍。

但是,马克思并没有停止在18世纪的唯物主义上,而是把哲学向前推进了。他用德国古典哲学的成果，特别是用黑格尔体系(它又导致了费尔巴哈的唯物主义)的成果丰富了哲学。这些成果中主要的就是**辩证法**，即最完备最深刻最无片面性的关于发展的学说，这种学说认为反映永恒发展的物质的人类知识是相对的。不管那些"重新"回到陈腐的唯心主义那里去的资产阶级哲学家的学说怎样说，自然科学的最新发现，如镭、电子、元素转化，都出色地证实了马克思的辩证唯物主义。

马克思加深和发展了哲学唯物主义，而且把它贯彻到底，把它对自然界的认识推广到对**人类社会**的认识。马克思的**历史唯物主义**是科学思想中的最大成果。过去在历史观和政治观方面占支配地位的那种混乱和随意性，被一种极其完整严密的科学理论所代替，这种科学理论说明，由于生产力的发展，如何从一种社会生活结构中发展出另一种更高级的结构，例如从农奴制中生长出资本主义。

正如人的认识反映不依赖于它而存在的自然界即发展着的物质那样，人的**社会认识**(即哲学、宗教、政治等等的不同观点和学说)反映社会的**经济制度**。政治设施①是经济基础的上层建筑。我们看到，例如现代欧洲各国的各种政治形式，都是为巩固资产阶级对无产阶级的统治服务的。

马克思的哲学是完备的哲学唯物主义，它把伟大的认识工具给了人类，特别是给了工人阶级。

---

①原文为"учреждение"，是指和一定理论观点相适应的制度、组织和机构。——编者注

二

马克思认为经济制度是政治上层建筑借以树立起来的基础,所以他特别注意研究这个经济制度。马克思的主要著作《资本论》就是专门研究现代社会即资本主义社会的经济制度的。

马克思以前的古典政治经济学是在最发达的资本主义国家英国形成的。亚当·斯密和大卫·李嘉图通过对经济制度的研究奠定了**劳动价值论**的基础。马克思继续了他们的事业。他严密地论证了并且彻底地发展了这个理论。他证明:任何一个商品的价值,都是由生产这个商品所消耗的社会必要劳动时间的数量决定的。

凡是资产阶级经济学家看到物与物之间的关系(商品交换商品)的地方,马克思都揭示了**人与人之间的关系**。商品交换表现着各个生产者之间通过市场发生的联系。**货币**意味着这一联系愈来愈密切,把各个生产者的全部经济生活不可分割地联结成一个整体。**资本**意味着这一联系进一步发展:人的劳动力变成了商品。雇佣工人把自己的劳动力出卖给土地、工厂和劳动工具的占有者。工人用工作日的一部分来抵偿维持本人及其家庭生活的开支(工资),工作日的另一部分则是无报酬地劳动,为资本家创造**剩余价值**,这也就是利润的来源,资本家阶级财富的来源。

剩余价值学说是马克思经济理论的基石。

工人的劳动所创造的资本压迫工人,使小业主破产,造成失业大军。大生产在工业中的胜利是一眼就能看到的,但是在农业中我们也看到同样的现象:资本主义大农业的优势日益扩大,采用机器愈来愈广泛,农民经济纷纷落入货币资本的绞索,由于技术落后而日益衰败和破产。在农业方面,小生产的衰败的形式虽然不同,但是它的衰败也是无可争辩的事实。

资本打击小生产,同时使劳动生产率不断提高,并且造成大资本家同盟的垄断地位。生产本身日益社会化,使几十万以至几百万工人联结成一个有条不紊的经济机体,而共同劳动的产品却被一小撮资本家所占有。生产的无政府状态愈来愈严重,危机日益加深,争夺市场的斗争愈来愈疯狂,人民群众的生活愈来愈没有保障。

资本主义制度在使工人愈来愈依赖资本的同时,创造着联合劳动的伟大力量。

马克思考察了资本主义的发展过程,从商品经济的最初萌芽,从简单的交换一直到资本主义的高级形式,到大生产。

一切资本主义国家(无论老的或新的)的经验,使工人中一年比一年多的人清楚地看到了马克思这一学说的正确性。

资本主义在全世界获得了胜利,但是这一胜利不过是劳动对资本的胜利的前阶。

三

当农奴制被推翻,"**自由**"资本主义社会出现的时候,一下子就暴露出这种自由意味着压迫和剥削劳动者的一种新制度。于是反映这种压迫和反对这种压迫的各种社会主义学说就立刻产生了。但是最初的社会主义是**空想**社会主义。这种社会主义批判资本主义社会,谴责它,咒骂它,幻想消灭它,臆想较好的制度,劝富人相信剥削是不道德的。

但是空想社会主义没有能够指出真正的出路。它既不会阐明资本主义制度下雇佣奴隶制的本质，又不会发现资本主义发展的规律，也不会找到能够成为新社会的创造者的**社会力量**。

然而，在欧洲各国，特别是在法国，导致封建制度即农奴制崩溃的汹涌澎湃的革命，却日益明显地揭示了**阶级斗争**是整个发展的基础和动力。

战胜农奴主阶级而赢得政治自由，没有一次不遇到拼命的反抗。没有一个资本主义国家，不是经过资本主义社会各阶级间你死我活的斗争，才在比较自由和民主的基础上建立起来。

马克思的天才就在于他最先从这里得出了全世界历史所提示的结论，并且彻底地贯彻了这个结论。这个结论就是**阶级斗争**学说。

只要人们还没有学会透过任何有关道德、宗教、政治和社会的言论、声明、诺言，揭示出这些或那些阶级的**利益**，那他们始终是而且会永远是政治上受人欺骗和自己欺骗自己的愚蠢的牺牲品。只要那些主张改良和改善的人还不懂得，任何一个旧设施，不管它怎样荒谬和腐败，都由某些统治阶级的势力在支撑着，那他们总是会受旧事物拥护者的愚弄。要粉碎这些阶级的反抗，**只有一个**办法，就是必须在我们所处的社会中找出一种力量，教育它和组织它去进行斗争，这种力量可以（而且按它的社会地位来说**应当**）成为能够除旧立新的力量。

只有马克思的哲学唯物主义，才给无产阶级指明了如何摆脱一切被压迫阶级至今深受其害的精神奴役的出路。只有马克思的经济理论，才阐明了无产阶级在整个资本主义制度中的真正地位。

在全世界，从美洲到日本，从瑞典到南非，无产阶级的独立组织正在不断增加。无产阶级一面进行阶级斗争，一面受到启发和教育，他们逐渐摆脱资产阶级社会的偏见，日益紧密地团结起来并且学习怎样衡量自己的成绩，他们正在锻炼自己的力量并且在不可遏止地成长壮大。

选自《列宁全集》第2版第23卷
第41—48页

马克思和恩格斯通信集⁵⁰

（1913年底）

　　早已预告出版的两位著名的科学社会主义创始人的通信集,现在终于问世了。恩格斯曾嘱托倍倍尔和伯恩施坦出版这个通信集,而倍倍尔在辞世前不久才结束他负责的那一部分编辑工作。

　　几个星期前由斯图加特狄茨出版社刊印的马克思和恩格斯的通信集共4大卷。全书共收马克思和恩格斯1844年至1883年这段漫长的岁月中所写的书信1 386封。

　　编辑工作,也就是为各个时期的通信写前言的工作,是由爱德·伯恩施坦担任的。这个工作无论在技术方面还是在思想方面,都做得不能令人满意,这原是意料中的事情。伯恩施坦既已完成向极端机会主义观点的臭名昭著的"演进",本来也就不能担任这些充满革命精神的书信的编辑。伯恩施坦写的前言,一部分空洞无物,一部分简直错误百出,例如关于马克思和恩格斯所揭露的拉萨尔和施韦泽的机会主义错误,没有确切、明白、直接的说明,而只有一些折中主义的语句和攻击,如说"马克思和恩格斯反对拉萨尔并不全对"(第3卷第XVIII页),又如说马克思和恩格斯在策略问题上与其说同李卜克内

　　本文论述了马克思恩格斯通信的科学价值和政治价值,指出全部通信所探讨的错综复杂的思想汇合的中心点就是辩证法;运用唯物辩证法从根本上修改整个政治经济学,把唯物辩证法运用于历史、自然科学、哲学以及工人阶级的政治和策略,这就是马克思和恩格斯作出的最重要的、最新的贡献,是他们在革命思想史上迈出的天才的一步。

西"接近",不如说同施韦泽更为"接近"(第4卷第X页)。这些攻击除了掩盖和粉饰机会主义外,再没有什么别的内容。遗憾的是,在现代德国社会民主党人中,对马克思同他的许多论敌所作的思想斗争持折中主义态度的人愈来愈多了。

从技术方面来看,索引编得不能令人满意,4卷书只有一个索引(例如,考茨基和斯特林的名字均未收入);对各封书信所加的注解太少,并且不是像左尔格那样,把注解同有关的书信放在一起,而是分散在编辑写的前言里,还有其他一些不足。

这个通信集定价太贵,4卷书将近20卢布。毫无疑问,整个通信集可以而且也不应该印得那么讲究,书价可以便宜一些;此外,为了在工人中广泛传播,可以而且应该把最重要的原则摘要出版。

这个版本存在的这些缺点,对研究这部通信集当然会造成困难。这很可惜,因为这些信件的科学价值和政治价值都非常大。从这些书信中读者清晰地看到的不仅是马克思和恩格斯二人的风貌。在这些书信中,马克思主义的极其丰富的理论内容阐述得非常透彻,一目了然,因为马克思和恩格斯反复谈到他们学说的各个方面,同时对最新(就与先前的观点比较而言)、最重要和最困难的问题加以强调和说明,有时又是共同讨论,互相切磋。

读者从这些信件中可以看到非常生动的全世界工人运动的历史,看到其中最重要的时期和最重大的事件。特别有价值的是工人阶级的**政治**史。马克思和恩格斯在各种不同的历史时期,根据旧大陆各个国家和新大陆所发生的各种各样事件,探讨了有关工人阶级**政治**任务问题最原则的**提法**。而这部通信集所包括的时代,正是工人阶级从资产阶级民主派中分离出来的时代,独立工人运动兴起的时代,确定无产阶级策略和政策原则的时代。我们这个时代,由于资产阶级的停滞和腐败,由于工人领袖把注意力都集中到日常琐事上以及其他种种原因,各国工人运动深受机会主义之害,对这些现象观察愈深,这部通信集极其丰富的材料的价值就愈大,因为从这些材料中可以看到,通信人对无产阶级变革的**根本**目的有非常深刻的理解,并且从这些革命目的出发异常灵活地规定了相当的策略任务,对机会主义或革命空谈则寸步不让。

如果我们试图用一个词来表明整个通信集的焦点,即其中所抒发所探讨的错综复杂的思想汇合的中心点,那么这个词就是**辩证法**。运用唯物主义辩证法从根本上来修改整个政治经济学,把唯物主义辩证法运用于历史、自然科学、哲学以及工人阶级的政治和策略——这就是马克思和恩格斯最为关注的事情,这就是他们作出最重要、最新的贡献的领域,这就是他们在革命思想史上迈出的天才的一步。

————

在下面的叙述中,我们准备首先对通信集作一概述,然后对马克思和恩格斯发表的最有意思的评论和见解作一个大概的介绍,但绝不奢望对信件的全部内容作详尽的叙述。

一 概 述

通信集的开头,就是24岁的恩格斯1844年写给马克思的信。德国当时的情况历历在目。头一封信是1844年9月底写的,寄自巴门。恩格斯的家就住在这里,这里也是他的出生地。恩格斯当时还不满

24岁。家庭环境使他厌倦，因此他急于要离开。他父亲是个专横的、信教的工厂主，对儿子四处参加政治集会，对他的共产主义信仰很生气。恩格斯当时写道：我很爱我的母亲，要不是为了她，那我就连离开家前的几天时间也是呆不住的。他向马克思诉说：你想象不到，家里为了反对我离开，提出了怎样琐碎的理由，怎样迷信的担心。①

当恩格斯还在巴门的时候，——他因为谈恋爱，又在巴门逗留了一些时候，——他对他父亲作了让步，到工厂的办事处里（他父亲是工厂主）工作了约两个星期。他写信给马克思说："做生意太讨厌，巴门太讨厌，浪费时间也太讨厌，而特别讨厌的是不仅要做资产者，而且还要做工厂主，即积极反对无产阶级的资产者。"恩格斯继续写道：不过我聊以自慰的是，我正在写工人阶级状况这本书（大家知道，这本书出版于1845年，是世界社会主义文献中的优秀著作之一）。"身为共产主义者如果不从事写作，或许还可以在外表地位上做一个资产者和一个做生意的牲口，但是，如果既要广泛地从事共产主义宣传，同时又要从事买卖和工业，那就不行了。我一定要离开这里。此外，再加上这个彻头彻尾基督教的、普鲁士的家庭里的沉闷生活，实在使我再也不能忍受下去了；我留在这里，到头来可能使自己变成一个德国庸人，并把庸人习气带到共产主义运动中去。"②这就是年轻的恩格斯写的。1848年革命后，他为生活所迫，又回到他父亲的办事处去做了多年"做生意的牲口"，然而他却在这种情况下支撑了下来，给自己创造了一个不是基督教普鲁士的，而完全是另一种同志式的

---

①见《马克思恩格斯全集》第1版第27卷第5页。——编者注
②同上书，第21页。——编者注

环境,成了一个毕生毫不留情地反对"把庸人习气带到共产主义运动中去"的人。

1844年德国外省的社会生活,正与20世纪初期1905年革命前俄国社会生活相似。大家竞相参加政治活动,大家充满了反政府的愤懑情绪,牧师们因为青年相信无神论而呵斥青年,资产者家庭的子弟因为反对父母"用贵族的态度对待仆役或工人"而同父母争吵。

普遍的反政府情绪表现在大家都自称为共产主义者。恩格斯写信给马克思说,"在巴门,警察局长是个共产主义者"。我到过科隆,杜塞尔多夫,爱北斐特,——到处都可以碰到共产主义者!"有一位热心的共产主义者,画讽刺画的美术家,他的名字叫泽尔,两个月以后将要到巴黎去。我将把跟你们接头的地点告诉他。你们大家都会喜欢他的,因为他是一个非常热情的人,爱好音乐,作为一个讽刺画家是会用得着的。"①

"爱北斐特这里正在出现奇迹。昨天〈此信是1845年2月22日写的〉,在我们这个城市一个上等饭店的最大的客厅里召开了共产主义者第三次大会。第一次大会有40人参加,第二次大会有130人参加,第三次大会至少有200人参加。整个爱北斐特和巴门,从金融贵族到小商人都有人参加,所缺少的只是无产阶级。"②

恩格斯就是这样写的,一字不差。在德国,当时人人都是共产主义者,无产阶级除外。当时共产主义是大家,特别是资产阶级表达他们的反政府情绪的一种形式。"最迟钝、最无所用心、最庸俗的人士,对世界上任何事情从不感到兴趣,现在也简直欢迎起共产主义来

---

① 见《马克思恩格斯全集》第1版第27卷第6页和第8页。——编者注
② 同上书,第23页。——编者注

了。"①当时共产主义的主要宣传者,是类似我国民粹派、"社会革命党人"⁵¹、"人民社会党人"⁵²等等的人物,也就是说,实际上是一些好心的资产者,多少有点痛恨政府的人。

可是就在这种情况下,在无数的似是而非的社会主义思潮和派别当中,恩格斯终于能够为自己打通一条走向**无产阶级**社会主义的道路,不怕同许许多多好心人、激烈的革命者然而是坏的共产主义者决裂。

1846年,恩格斯到了巴黎。当时巴黎政治生活沸腾,大家都在热烈讨论各种不同的社会主义理论。恩格斯如饥似渴地研究社会主义,与卡贝、路易·勃朗以及当时其他杰出的社会主义者结识,奔走于各报刊编辑部和各小组之间。

他的注意力主要集中在最重要的和当时传播最广的社会主义学说,即蒲鲁东主义⁵³上。早**在**蒲鲁东的《贫困的哲学》一书出版**前**(该书1846年10月出版,马克思的答复——著名的《哲学的贫困》一书于1847年问世),恩格斯就对蒲鲁东的根本思想进行了严酷无情和异常深刻的批判,而当时德国社会主义者格律恩则竭力为之鼓吹。恩格斯的英语非常好(马克思掌握英语比恩格斯晚得多),熟悉英国书刊,这使他一下子就能够(1846年9月16日的信)指出标榜一时的蒲鲁东的"劳动市场"在英国遭到破产的例证②。蒲鲁东**玷污了**社会主义,——恩格斯愤慨地说道,——因为照蒲鲁东的说法,工人应该**赎回**资本!

26岁的恩格斯干脆就在消灭"真正的社会主义"⁵⁴——这一用语

---

①见《马克思恩格斯全集》第1版第27卷第24页。——编者注
②同上书,第47—48页。——编者注

我们在他1846年10月23日,即《共产党宣言》出版前很久所写的一封信中就看到过,那封信已经指出格律恩是真正的社会主义的主要代表人物。"反无产阶级的、小资产阶级的和庸人的"学说,"空洞的词句",各种"全人类的"意向,"对'粗鄙的'共产主义〈Löffel-Kommunismus——直译是:"汤匙的共产主义"或"暴食的共产主义"〉的迷信般的恐惧",为人类"造福的和平计划",——这就是恩格斯对马克思以前的**各种**社会主义所作的评断。

恩格斯写道:"蒲鲁东主义问题争论了三个晚上,当时差不多所有的人都由格律恩领头来反对我。我所要证明的主要就是暴力革命的必要性。"(1846年10月23日)[①]最后,我发火了,迫使对方对共产主义进行了公开的攻击。我宣布,必须先表决,我们在这里是不是以共产主义者的身份来集会的。格律恩分子大为震惊,他们就辩解起来了,说他们是"为了人类的幸福"来这里集会的,想知道共产主义**究竟是什么**。我当时给他们下了一个最简单的定义,使他们无法回避问题的本质。恩格斯写道,我把共产主义者的宗旨规定如下:(1)维护同资产者利益相反的无产者的利益;(2)用消灭私有制而代之以财产公有的手段来实现这一点;(3)除了进行暴力的民主的革命以外,不承认有实现这些目的的其他手段(这是1848年革命前一年半写的)。[②]

讨论的结果是,会议以13票对格律恩分子的2票通过了恩格斯提出的定义。将近20个木工手工业者参加了这些会议。这样,67年前,在巴黎便奠定了德国社会民主工党的基础。

一年后,1847年11月24日恩格斯写信告诉马克思,说他已经拟

---

①见《马克思恩格斯全集》第1版第27卷第70页。——编者注
②同上书,第71页。——编者注

好了《共产党宣言》的草稿，并且说他反对用原来决定的那种教义问答形式。恩格斯写道，"我开头写什么是共产主义，随即转到无产阶级——它产生的历史，它和以前的劳动者的区别，无产阶级和资产阶级之间的对立的发展，危机，结论。""最后谈到了共产主义者的党的政策"。①

　　恩格斯这封具有历史意义的信谈到这部著作的最初详细提纲，这部著作后来传遍全世界，它的一切基本上至今还是正确的，有生命力而且有现实意义，就好像是昨天写的。这封信清楚地表明，把马克思和恩格斯两个人的名字作为现代社会主义奠基人的名字并列在一起是很公正的。

　　　　　　　　　　　　　　　　　选自《列宁全集》第2版第24卷
　　　　　　　　　　　　　　　　　第274—281页

---

①见《马克思恩格斯全集》第1版第27卷第123页。——编者注

列宁在马克思恩格斯纪念碑揭幕典礼上讲话

在马克思恩格斯纪念碑
揭幕典礼上的讲话

（1918年11月7日）

今天，我们为世界工人革命的领袖马克思恩格斯的纪念碑举行揭幕典礼。

多少世纪以来，人类都是在一小撮蹂躏千百万劳动人民的剥削者的压迫下受苦受难。旧时代的剥削者地主压榨和掠夺的是分散、愚昧的农奴，而新时代的剥削者资本家所碰到的是被压迫群众的先进部队，即城市工人，工厂工人，产业工人。工厂把工人联合起来了，城市生活启发开导了他们，共同的罢工斗争和革命行动锻炼了他们。

马克思和恩格斯的具有世界历史意义的伟大功绩，在于他们用科学的分析证明了，资本主义必然崩溃，资本主义必然过渡到不再有人剥削人现象的共产主义。

马克思和恩格斯的具有世界历史意义的伟大功绩，在于他们向各国无产者指出了无产者的作用、任务和使命就是率先起来同资本进行革命斗争，并在这场斗争中把**一切**被剥削的劳动者团结在自己

列宁在这篇讲话中指出，马克思和恩格斯的具有世界历史意义的伟大功绩就在于：他们用科学的分析证明了资本主义必然崩溃，必然过渡到不再有人剥削人现象的共产主义；他们向各国无产者指明了无产阶级的作用、任务和使命就是率先起来同资本进行革命斗争，并在这场斗争中把一切被剥削的劳动者团结在自己的周围，最终赢得社会主义的胜利。

的周围。

我们处在一个幸福的时代,处在两位伟大社会主义者的这个预见开始实现的时代。我们大家都看到,在许多国家里已经显露出国际无产阶级社会主义革命的曙光。各民族间的帝国主义大厮杀所造成的不堪言状的惨祸,无论在哪里都激起被压迫群众英勇精神的高涨,大大加强他们争取解放的斗争力量。

愿一个个马克思恩格斯纪念碑都来提醒千百万工人和农民:我们在斗争中不是孤立的。更先进的国家的工人正挺身奋起同我们并肩奋斗。在我们和他们的面前还有艰苦的战斗。通过共同的斗争,我们一定会粉碎资本的压迫,最终赢得社会主义!

选自《列宁全集》第2版第35卷
第164—165页

俄国社会民主党人抗议书[55]

(1899年8月)

某地①**17个社会民主党人举行会议,**
一致通过如下的决议,并决定把它公布,
交全体同志讨论

近来,俄国社会民主党人中间出现了一种离开俄国社会民主党基本原则的倾向,即离开由党的创始人和先进战士们——"劳动解放社"[24]成员宣布过,又由90年代俄国工人组织的社会民主主义出版物宣布过的原则的倾向。下面所引的《信条》,旨在表明某些(所谓的"青年派")俄国社会民主党人的基本观点,它试图系统而明确地叙述"新观点"。这个《信条》的全文如下。

这是列宁批驳俄国经济派错误思想的文章。列宁在文中阐述了马克思主义关于无产阶级在统一的阶级斗争中必须把政治斗争和经济斗争结合成不可分割的整体的重要观点,指出当无产阶级没有政治自由或者政治权利受到限制的时候,必须把政治斗争提到首位。列宁坚决反对经济派把革命的马克思主义降低为庸俗的改良主义,强调只有革命的马克思主义理论才能成为工人阶级运动的旗帜,无产阶级政党应该努力发展并且实现这个理论,同时要保卫它,使它不被曲解和庸俗化。

---

① 《工人事业》杂志的单行本增加了"(俄国境内)"几个字。——俄文版编者注

论马克思主义

　　西欧存在过行会和工场手工业时期,这深刻地影响了后来的全部历史,特别是社会民主党的历史。资产阶级必须争得自由的形式和力求摆脱束缚生产的行会规章,所以它(资产阶级)就成了革命的因素;它在西欧各国都是从主张liberté、fraternité、égalité(自由、博爱、平等),从争取自由的政治形式开始活动的。但是,正如俾斯麦所说的,它争得了这种形式,却给了自己的对手即工人阶级一张将来必须兑现的期票。在西欧,工人阶级作为一个阶级,几乎在任何地方都没有争得过民主制度,而只是坐享其成。有人可能会反驳我们,说工人阶级参加过革命。但是从历史上加以考证就会推翻这种意见,因为正当1848年西欧确立宪法的时候,工人阶级还只是城市手工业者,还只是小市民民主派;工厂无产阶级当时几乎还不存在,而大生产中的无产阶级(如霍普特曼所描写的德国织工,以及里昂的织工),还是一群粗野的人,只会骚动,根本不能提出什么政治要求。1848年的宪法可以直言不讳地说是由资产阶级和小市民、手艺匠争得的。另一方面,工人阶级(手艺匠与手工工场工人,印刷工,织工,钟表匠等等)从中世纪起,就习惯于参加各种组织,参加互助储金会、宗教团体等等。西欧熟练工人中间至今还保持着这种组织精神,这也就使他们同工厂无产阶级有很大的不同,因为要组织工厂无产阶级既难又很慢,他们只能加入所谓lose Organisation(临时组织),而不能参加订有规章的永久性组织。这些手工工场的熟练工人就是社会民主党的核心。结果就形成了这样一种局面:一方面,比较容易和完全可能进行政治斗争,另一方面,又有可能把那些在工场手工业时期受到训练的工人吸收来有计划地组织这个斗争。在这种背景下,西欧就形成了理论的和实践的马克思主义。它以议会政治斗争为出发点,其前途(只在表面上近似布朗基主义,成因的性质则完全不同)一方面是夺取政权,另一方面是Zusammenbruch(崩溃)。马克思主义是当时流行的那种实践在理论上的表现,即比经济斗争占优势的政治斗争在理论上的表现。在比利时、法国,特别是在德国,工人组织政治斗争非常容易,而组织经济斗争则感到困难重重,意见纷纭。直到现在,经济组织与政治组织比较起来(除开英国不说),仍然异常薄弱,极不稳定,到处都laissent à désirer quelque chose(尚嫌不足)。在政治斗争的精力尚未消耗殆尽之前,Zusammenbruch曾是一个必要的、起组织作用的Schlagwort(流行提法),它本应起巨大的历史作用。在研究工人运动时所能得出的基本规律就是阻力最小的路线。在西欧,这样的路线就是政治活动,而《共产党宣言》表述出来的那种马克思主义,是运动当时所应采取的最合适不过的形式。但是,由于目前政治活动的精力已经消耗殆尽,政治运动已经搞得过于紧张,以至难以进展,甚至无法进展(近来选票数目增长得很慢,集会的群众情绪冷淡,书报上的论调低沉),另一方面,由于议会活动软弱无力,以及无组织的和几乎无法组织的工厂无产阶级愚昧群众走上舞台,所以,在西欧造成了现在称为伯恩施坦主义的东西,造成了马克思主义的危机。工人运动从《共产党宣言》发表时起到伯恩施坦主义出现时止的发展时期是一种最合事物逻辑的进程,把这全部进程加以细心研究,就能像天文学家那样准确地断定这个"危机"的结局。这里说的当然不是伯恩施坦主义的成败问题,因为这并没有多大意义;这里说的是党内早已逐渐发生的实际活动方面的根本变化。

这种变化不仅使党更加努力进行经济斗争,巩固经济组织,并且最重要的是促使党改变对其他反对派政党的态度。固执己见的马克思主义,否定一切的马克思主义,原始的马克思主义(对于社会阶级的划分持过分死板的看法),将让位于民主主义的马克思主义,而党在现代社会中的社会地位也就会发生急剧的变化。党**将承认**社会;党的狭隘小团体的、多半是宗派主义性的任务,将扩大为社会的任务,而它的夺取政权的意图,就会变成适应现代实际情况和根据民主原则改变或改良现代社会的意图,以求最有效最充分地保护劳动阶级的权利(各种各样的权利)。"政治"这一概念的内容,就会扩大得具有真正的社会意义,而目前的一些实际要求就会具有更大的分量,就会引起比以前更大的注意。

从上面关于西欧工人运动发展进程的概述中,不难得出对于俄国的结论。我们这里阻力最小的路线,绝对不在政治活动方面。不堪忍受的政治压迫虽然使人们不得不时常谈到这种压迫,并专心注意这个问题,但是它却始终不会推动人们采取实际行动。在西欧,力量薄弱的那部分工人,一卷入政治活动就在其中成长壮大起来,我国的情形却与此相反,力量薄弱的工人面对很沉重的政治压迫,不仅没有什么实际的办法来同这种压迫作斗争,从而求得本身的发展,而且还经常为这种政治压迫所窒息,甚至发不出纤弱的幼芽。更何况我国工人阶级又不像西欧战士那样具有组织精神的传统,所以我们这里的情景将会十分悲惨,连那些认为每增加一个工厂烟囱就是一件莫大幸事的最乐观的马克思主义者也会感到沮丧。进行经济斗争也很困难,极其困难,但它终究还是可能进行的,并且群众自己也已经在实际进行了。俄国工人既然能在经济斗争中学习如何组织,并能时时刻刻在这个斗争中触及政治制度问题,他们就终究会建立起称得上工人运动形式的一种东西,建立起某个或某些最适合俄国实际情况的组织。现在可以肯定地说,俄国工人运动还处在原始状态中,还没有建立起任何形式。罢工运动有各种各样的组织形式,因此还不能称为俄国运动的固定形式,至于不合法组织,单从数量来看,也是不值得注意的(更不必说这种组织在现时条件下有什么益处了)。

情形就是这样。此外,还有饥荒和农村破产现象助长着破坏罢工的行为,因而也就更难把工人群众的文化水平提到比较过得去的程度……试问,俄国马克思主义者究竟能有什么办法呢?!关于独立工人政党的议论,无非是把他人的任务,把他人的成绩搬到我国土地上来的结果。俄国马克思主义者现在还处在一种可怜的状态。他们现在的实际任务还很渺小，而他们的理论知识——由于**不是用做研究的工具**，而是当做活动的公式，——甚至对执行这些渺小的实际任务也没有什么价值。而且，从他人手中接过来的这些公式，从实践的意义来说也是有害的。我国马克思主义者忘记了西欧工人阶级是在已经打扫干净的政治活动场所行动的，因此也就过分藐视了其他一切非工人的社会阶层所进行的激进主义或自由主义反对派的活动。只要有人对带有自由主义政治性质的社会现象稍表关注，正统派马克思主义者就会表示反对，他们忘记了，许多历史条件使我们不能成为西欧那种马克思主义者，而要求我们拿出另一种马克思主义，一种适合俄国条件并且为俄国条件所需要的马克思主义。每个俄国公民都缺乏政治感觉和政治嗅觉，这一点显然不能靠对政治的高谈阔论或者向根本不存在的势力呼吁来求得弥补。政治嗅觉只能用教育来培养，就是说，只有参加俄国的现实生活(尽管它完全不是马克思主义性的)才能得到。在西欧，"否定"曾是(一时)适宜的，在我国就有害了，因为由一个有组织有实力的团体提出否定是一回事，而由没有组织起来的散漫的一群人提出否定，又是另一回事。

俄国马克思主义者的出路只有一条：参加，也就是帮助无产阶级的经济斗争，并且参加自由主义反对派的活动。俄国马克思主义者很早就以"否定者"的身份出现了，这种否定削弱了他本应用在政治激进主义方面的那一份精力。这一切暂时还不可怕，可是，如果阶级公式妨碍俄国知识分子积极参加实际生活，并且使之远离各个反对派集团，结果就会使所有在争取法的形式时只好不同尚未提出政治任务的工人阶级携手合作的那些人受到重大损失。俄国马克思主义知识分子那种以政治空谈来掩盖的政治上的天真，可能使他们上一个大当。

我们不知道是不是会有许多俄国社会民主党人赞成这种观点。但是，无疑总会有人赞成这种思想的。所以我们认为必须坚决反对这种观点，并且告诫全体同志务必防止俄国社会民主党脱离既定路线，这条路线就是组织一个同无产阶级阶级斗争密切联系的、以争取政治自由为当前任务的独立的工人政党。

上面引录的《信条》，第一，是"西欧工人运动发展进程的概述"，第二，是"对于俄国的结论"。

首先，《信条》作者们对于以往西欧工人运动的看法就是完全不正确的。说西欧工人阶级没有参加过争取政治自由的斗争和政治革命,这是不正确的。宪章运动[18]的历史,1848年法国、德国和奥地利的革命就是一种反证。"马克思主义是当时流行的那种实践在理论上的表现,即比经济斗争占优势的政治斗争在理论上的表现"这句话,是完全不正确的。恰恰相反,"马克思主义"是正当非政治的社会主义(欧文主义、"傅立叶主义"、"真正的社会主义"[54]等等)流行的时候出现的,所以《共产党宣言》立即出来反对非政治的社会主义。甚至当马克思主义已经具有全副理论武装(《资本论》),并且组织了著名的国际工人协会[12]的时候,政治斗争也绝不是一种流行的实践(当时在英国有狭隘的工联主义,在罗曼语国家[56]有无政府主义和蒲鲁东主义[53])。在德国,拉萨尔的伟大历史功绩,就是他使工人阶级从自由资产阶级的尾巴变成了独立的政党。马克思主义把工人阶级的经济斗争和政治斗争结合成了一个不可分割的整体,所以《信条》作者们企图把这两种斗争形式分开,就是一种最拙劣最可悲地背弃马克思主义的行为。

其次,《信条》作者们对于西欧工人运动的现状以及作为这个运动旗帜的马克思主义理论,也持有完全不正确的见解。谈论"马克思主义的危机",不过是重复资产阶级下流文人无聊的议论,他们竭力想把社会党人之间发生的任何争论都加以夸大,以促成各社会党的分裂。臭名远扬的"伯恩施坦主义"[57],按照广大公众特别是《信条》作者们通常所了解的含义来说,就是企图缩小马克思主义的理论,把革命的工人政党变为改良主义者的党,而这种企图理所当然地受到了大多数德国社会民主党人的坚决谴责。在德国社会民主党内,机会主义的派别已经出现过不止一次,但是每次都遭到忠实地恪守革命国际社会民主党原则的党的谴责。我们深信,把机会主义观点搬到俄国来的一切企图,也会遭到绝大多数俄国社会民主党人同样坚决的回击。

　　与《信条》作者们所说的相反，也根本谈不到西欧工人政党有什么"实际活动方面的根本变化"，因为马克思主义一开始就承认无产阶级经济斗争的重大意义和必要性，马克思和恩格斯早在40年代就已经驳斥了否认经济斗争的意义的空想社会主义者[①]。

　　过了20年左右，成立了国际工人协会，在1866年日内瓦第一次代表大会上就提出了工会和经济斗争的意义的问题。在这次代表大会的决议中，确切地指明了经济斗争的意义，警告社会党人和工人既不要夸大这种斗争的意义（当时在英国工人中间有过这种表现），也不要对这种斗争的意义估计不足（在法国人和德国人中间，特别是在拉萨尔派[58]中间，有过这种表现）。决议认为在资本主义存在的情况下，工会不仅是合乎规律的现象，而且是必然的现象；认为工会对于组织工人阶级进行反对资本的日常斗争和消灭雇佣劳动，都是非常重要的。决议认为工会不应该仅仅注意"反对资本的直接斗争"，不应该回避工人阶级的一般政治运动和社会运动；工会不应该抱着"狭小的"目的，而应该争取千百万被压迫工人大众普遍的解放。从那时起，各国工人政党已经不止一次提出，将来当然还会不止一次提出一个问题：在某个时候是否应该偏重无产阶级的经济斗争或者偏重无产阶级的政治斗争。但是总的或原则的问题，现在还是同马克思主义原先提出的一样。至于无产阶级的统一的阶级斗争必须把政治斗争和经济斗争结合起来的信念，则早已深入国际社会民主运动的血肉之中了。其次，历史经验又确凿地证明，当无产阶级没有政治自由或者

　　[①]参看《马克思恩格斯选集》第1卷人民出版社1972年版第154—161页。——编者注

政治权利受到限制的时候,始终必须把政治斗争提到首位。

工人政党对其他反对派政党的态度更谈不到有什么重大变化。就是在这方面,马克思主义也指明了一个正确的立场,一方面反对夸大政治的意义,反对密谋主义(布朗基主义[59]等等),另一方面又反对轻视政治,或者把政治缩小为对社会进行机会主义的、改良主义的修补(无政府主义,空想的和小资产阶级的社会主义,国家社会主义[60],教授社会主义等等)。无产阶级应该努力建立独立的工人政党,党的主要目的应该是由无产阶级夺取政权来组织社会主义社会。无产阶级决不应该把其他阶级和政党看做“反动的一帮”[61],恰恰相反,它应该参加整个政治生活和社会生活,应该支持进步阶级和进步政党去反对反动阶级和反动政党,应该支持一切反对现存制度的革命运动,应该成为一切被压迫的民族或种族的保护者,成为一切被压制的宗教以及无权的女性等等的保护者。《信条》作者们关于这个问题的议论,只是证明他们力图抹杀无产阶级斗争的阶级性质,用所谓空洞的“承认社会”来削弱这个斗争,把革命的马克思主义降低为一种庸俗的改良主义的思潮。我们深信,绝大多数俄国社会民主党人都会坚决摒弃这种曲解社会民主党的基本原则的观点。由于《信条》作者们关于西欧工人运动的前提不正确,他们得出的“对于俄国的结论”就更不正确了。

硬说俄国工人阶级“尚未提出政治任务”,这只能证明他们对俄国革命运动的无知。1878年成立的“俄国北方工人协会”[62]和1875年成立的“南俄工人协会”[63],就已经在自己的纲领中提出了政治自由的要求。经过80年代的反动时期以后,工人阶级又在90年代不止一次提出同样的要求。他们断定“关于独立工人政党的议论,无非是把他人的任务,把他人的成绩搬到我国土地上来的结果”,这也只能证明他们完全不懂得俄国工人阶级的历史作用和俄国社会民主党的最迫切的任务。《信条》作者们自己提出的纲领，显然是想使工人阶级"沿着阻力最小的路线"前进，局限于经济斗争，而让"自由主义反对派"在马克思主义者的"参加"下去争取"法的形式"。俄国社会民主党实行这样的纲领，就等于政治上自杀，就等于大大阻碍并降低俄国工人运动和俄国革命运动（我们认为这两个概念是一样的）。仅仅是这样一个纲领能够出现一事，就足以证明俄国社会民主党中的一位先进战士帕·波·阿克雪里罗得所表示的忧虑是多么有根据。他在1897年底谈到有可能出现这种前途：

> "工人运动不越出工人和企业主间的纯经济冲突的狭小范围，它本身整个说来也就缺乏政治性质，而无产阶级先进部分在为政治自由斗争的时候，就会追随由所谓知识分子组成的革命小组和派别。"（阿克雪里罗得《论俄国社会民主党人的当前任务和策略问题》1898年日内瓦版第19页）

俄国社会民主党人应该对《信条》所表述的整个思想体系坚决宣战，因为这种思想会直接使上述的前途得以实现。俄国社会民主党人应当极力设法实现帕·波·阿克雪里罗得在下面所说的另一种前途：

> "另一种前途就是社会民主党把俄国无产阶级组织成一个独立政党，它在争取自由的时候**一方面要同资产阶级革命派**（因为①将来会有这种派别）**并肩战斗并结成联盟**，另一方面要把知识界中最热爱人民的最革命的分子直接吸收到自己的队伍中来，或者引导他们前进。"（同上，第20页）

当帕·波·阿克雪里罗得写这段话的时候，俄国社会民主党人的

---

① 以下无手稿。——俄文版编者注

声明清楚地表明他们绝大多数都是持这种观点的。固然,有一家彼得堡工人报纸,即《工人思想报》[64],好像同意了《信条》作者们的思想,竟令人遗憾地在发刊词(1897年10月创刊号)中发表了一种根本错误的、同社会民主主义相对立的思想,说"运动的经济基础"可能"由于力求牢记政治理想而模糊起来"。但是同时彼得堡另一家工人报纸,即《圣彼得堡工人小报》[65](1897年9月第2号),却坚决主张,"只有组织坚强而且人数众多的工人政党,才能推翻专制制度……",工人"组成强有力的政党","就能使自己和整个俄国从一切政治的和经济的压迫下解放出来"。还有一家报纸,即《工人报》[66],在第2号(1897年11月)的社论上写道:"反对专制政府,争取政治自由,是俄国工人运动的当前任务。""俄国工人运动要是成为具有共同名称和严密组织的统一而严密的整体,就会使自己的力量增加十倍……""各个单独的工人小组应当组成一个共同的政党。""俄国的工人政党将是社会民主主义的政党。"当时绝大多数俄国社会民主党人都完全赞同《工人报》的这种信念,下面的事实就是证明:1898年春举行的俄国社会民主党人代表大会[67]成立了"俄国社会民主工党",发表了党的宣言,并且承认《工人报》为党的正式机关报。可见,《信条》作者们竟从俄国社会民主党已经达到了的、在《俄国社会民主工党宣言》上明文确定了的发展阶段大大倒退了一步。现在,俄国政府的残酷迫害使党的活动暂时削弱,使党的正式机关报停刊,因此,全体俄国社会民主党人的任务就是要竭力使党彻底巩固起来,制定党纲,恢复党的正式机关报。像上面分析过的《信条》那样的纲领竟能出现,这一事实本身就证明现在存在着一种思想动摇,所以我们认为很有必要把《宣言》中所阐述的对于俄国社会民主党有非常重要意义的基本原则着重说明一下。第一,俄国社会民主运动"自始至终都要成为有组织的工人群众的阶级运动"。由此就应该得出结论:社会民主党的座右铭,应当是不仅要帮助工人进行经济斗争,而且要帮助工人进行政治斗争;不仅要针对当前的经济要求进行鼓动,而且要针对一切政治压迫进行鼓动;不仅要宣传科学社会主义思想,而且要宣传民主主义思想。只有革命马克思主义的理论,才能成为工人阶级运动的旗帜,所以俄国社会民主党应该设法继续发展并且实现这个理论,同时要保卫它,使它不致像许多"时髦理论"(俄国革命的社会民主党的成就已经使马克思主义变成了"时髦"理论了)那样常常被曲解和庸俗化。现在社会民主党应当全力以赴地到工厂工人和矿业工人中去进行活动,同时不应该忘记,随着运动的扩大,一定会有家庭工人、手工业者、农村工人以及千百万破产的饥寒交迫的农民加入它所组织的工人群众的队伍。

第二,"俄国工人阶级应当而且一定能够用自己健壮的肩膀承担起争取政治自由的事业"。社会民主党既然把推翻专制制度作为当前任务,它就应当做争取民主的先进战士,而且仅仅为了这一点也必须从各方面援助俄国居民中所有的民主分子,吸引他们来做自己的同盟者。只有独立的工人政党才能成为反对专制制度斗争的坚固堡垒,其余一切争取政治自由的战士只有同这样一个政党结成同盟并且给它援助才能发挥积极作用。

最后,第三,"作为社会主义运动和社会主义派别的俄国社会民主党,继承俄国以前一切革命运动的事业和传统;社会民主党把争取政治自由当做全党当前任务中最主要的任务,向着老'民意党'[68]的光荣活动家早已明确提出的目标前进"。俄国以前一切革命运动的传统,要求社会民主党现在集中全力来组织党,加强党内纪律并发展秘密活动的技术。如果说老"民意党"的活动家在俄国历史上起了巨大的作用,而且当时拥护这些为数不多的英雄的社会阶层十分狭小,运动的旗帜也根本不是革命的理论,那么社会民主党依靠无产阶级的阶级斗争,就一定能成为不可战胜的力量。"俄国无产阶级将摆脱专制制度的桎梏,以便用更大的毅力去继续同资本主义及资产阶级作斗争,直到社会主义完全胜利。"

我们请俄国一切社会民主党人的团体和一切工人小组都来讨论上面引用的《信条》和我们的决议,并且明确表示自己对这个问题的态度,以便消除各种意见分歧,促进组织和巩固俄国社会民主工党的事业。

各团体和各小组的决议,可以报告国外"俄国社会民主党人联合会"69,该联合会按1898年俄国社会民主党人代表大会决议第10条的规定,是俄国社会民主党的一部分,并且是党的国外代表机关。①

选自《列宁全集》第2版第4卷
第144—156页

---

①在《指南》中缺最后一段。——俄文版编者注

我们的纲领

（为《工人报》写的文章）⁷⁰

（不早于1899年10月）

目前国际社会民主党正处于思想动摇的时期。马克思和恩格斯的学说一向被认为是革命理论的牢固基础，但是，现在到处都有人说这些学说不完备和过时了。凡自称为社会民主党人并且打算出版社会民主党机关报的人，都应该以明确的态度对待这个不仅只是德国社会民主党人才关心的问题。

我们完全以马克思的理论为依据，因为它第一次把社会主义从空想变成科学，给这个科学奠定了巩固的基础，指出了继续发展和详细研究这个科学所应遵循的道路。它揭示了现代资本主义经济的实质，说明了雇用工人、购买劳动力怎样掩盖着一小撮资本家、土地占有者、厂主、矿山主等等对千百万贫苦人民的奴役。它表明了现代资

这是列宁批判伯恩施坦及其追随者的文章。列宁在文中驳斥了修正主义者所宣扬的马克思主义理论"不完备"和已经"过时"的谬论，阐明了马克思主义的理论精髓和对待马克思主义的科学态度。列宁指出：马克思的理论第一次把社会主义从空想变为科学，为这门科学奠定了巩固的基础，指明了详细研究和继续发展这门科学所应遵循的道路；无产阶级政党完全以马克思的理论为依据，没有革命理论就没有坚强的无产阶级政党。列宁同时强调：我们决不把马克思主义理论看做一成不变的和神圣不可侵犯的东西，无产阶级政党如果不愿落后于实际生活，就应当在各方面把这门科学推向前进。

本主义发展的整个过程怎样使小生产逐渐受大生产的排挤,怎样创造条件,使社会主义社会制度成为可能和必然。它教导我们透过那些积习、政治手腕、奥妙的法律和诡辩的学说看出**阶级斗争**,看出形形色色的有产阶级同广大的贫苦人民、**同领导一切贫苦人民的无产阶级**的斗争。它说明了革命的社会党的真正任务不是臆造种种改造社会的计划,不是劝导资本家及其走狗改善工人的处境,不是策划密谋,**而是组织无产阶级的阶级斗争,领导这一斗争,而斗争的最终目的是由无产阶级夺取政权并组织社会主义社会。**

我们现在要问,那些纠集在德国社会党人伯恩施坦周围、在这一时期大喊大叫要"革新"这个理论的人,究竟对这个理论有什么新的贡献呢?**什么也没有**,他们并没有把马克思和恩格斯嘱咐我们加以发展的科学推进一步;他们并没有教给无产阶级任何新的斗争方法;他们只是向后退,借用一些落后理论的片言只语,不是向无产阶级宣传斗争的理论,而是宣传让步的理论,宣传对无产阶级的死敌、对无休止地寻找新花招来迫害社会党人的政府和资产阶级政党实行让步的理论。俄国社会民主党创始人和领袖之一的普列汉诺夫,对伯恩施坦的最时髦的"批评"作了无情的批判[71],他做得完全正确。现在连德国工人的代表人物也摒弃了伯恩施坦的观点(在汉诺威代表大会上)[72]。

我们知道,说这些话会受到百般的责难,有人会大叫大嚷,说我们想把社会党变成一个"正统教徒"会,迫害那些背弃"教条"、具有独立见解等等的"异端分子"。我们熟悉所有这些时髦的刻薄话。不过这些话一点也不正确,也毫无意义。没有革命理论,就不会有坚强的社会党,因为革命理论能使一切社会党人团结起来,他们从革命理论中能取得一切信念,他们能运用革命理论来确定斗争方法和活动方式;

维护这个具有起码理解力的人都认为是正确的理论，反对毫无根据的攻击，反对败坏这个理论的企图，这决不等于敌视**任何**批评。我们决不把马克思的理论看做某种一成不变的和神圣不可侵犯的东西；恰恰相反，我们深信：它只是给一种科学奠定了基础，社会党人如果不愿落后于实际生活，就**应当**在各方面把这门科学推向前进。我们认为，对于俄国社会党人来说，尤其需要**独立地**探讨马克思的理论，因为它所提供的只是总的**指导**原理，而这些原理的应用**具体地说**，在英国不同于法国，在法国不同于德国，在德国又不同于俄国。因此我们很愿意在我们的报纸上登载有关理论问题的文章，请全体同志来公开讨论争论之点。

在俄国运用各国社会民主党人共同的纲领时，究竟会产生哪些主要问题呢？我们已经说过，这个纲领的实质就是组织无产阶级的阶级斗争，领导这一斗争，而斗争的最终目的是由无产阶级夺取政权和组织社会主义社会。无产阶级的阶级斗争分为经济斗争（反对个别资本家或个别资本家集团，争取改善工人生活状况）和政治斗争（反对政府，争取扩大民权，即争取民主和争取扩大无产阶级的政治权力）。有些俄国社会民主党人（主办《工人思想报》64的那些人大概可以包括在内）认为经济斗争重要得多，而政治斗争则似乎可以推延到比较遥远的将来。这种见解是完全不正确的。所有的社会民主党人都认为必须组织工人阶级的经济斗争，必须在这个基础上到工人中间进行鼓动，即帮助工人去同厂主进行日常斗争，叫他们注意压迫的种种形式和事实，从而向他们说明联合起来的必要性。但是，因为经济斗争而忘掉政治斗争，那就是背弃了全世界社会民主党的基本原则，那就是忘掉了全部工人运动史所教导我们的一切。资产阶级的忠实拥护者和为资产阶级服务的政府的忠实拥护者，甚至不止一次地试图组织纯经济性的工会来引诱工人离开"政治",离开社会主义。俄国政府也很可能会采取某种类似的办法,因为它总是设法给人民小恩小惠,确切些说,假仁假义地施与人民小恩小惠,目的只是使人民不去考虑自己毫无权利和备受压迫的状况。如果工人不能像德国工人和欧洲其他一切国家(土耳其和俄国除外)工人那样享有自由集会、结社、办报纸、派代表参加人民的集会这些权利,那么任何经济斗争都不能给他们带来持久的改善,甚至不可能大规模地进行任何经济斗争。而要想获得这些权利,就必须进行**政治斗争**。在俄国,不但工人而且全体公民都被剥夺了政治权利。俄国是一个专制君主制即无限君主制的国家。沙皇独自颁布法律,任命官吏,监督官吏。因此,看来**好像**俄国沙皇和沙皇政府不从属于任何阶级,对所有的人都一视同仁。但是**实际上**所有的官吏都来自有产者阶级,而且都受大资本家的支配。大资本家可以任意驱使各个大臣,可以为所欲为。俄国工人阶级受着双重压迫:他们受资本家和地主的抢劫和掠夺,为了使他们不能反抗,警察还把他们的手脚束缚起来,把他们的嘴堵住,对一切试图维护民权的人进行迫害。每次反对资本家的罢工都会引起军警对工人的袭击。一切经济斗争都必然要变成政治斗争,所以社会民主党应该把这两种斗争紧紧地结合成**无产阶级统一的阶级斗争**。这种斗争的首要目的应该是争取政治权利,**争取政治自由**。既然彼得堡一个城市的工人在社会党人的帮助不大的情况下能够很快地迫使政府让步——颁布关于缩短工作日的法令[73],那么整个俄国工人阶级在"俄国社会民主工党"的统一领导下就一定能够通过顽强的斗争获得无比重大的让步。

俄国工人阶级即使得不到其他任何阶级的帮助,也能单独进行经济斗争和政治斗争。但是在政治斗争中工人并不是孤立的。人民毫无权利,强盗官吏横行霸道,也激怒了一切对限制言论自由和思想自由的行为不能容忍的比较正直的知识界人士,激怒了受迫害的波兰人、芬兰人、犹太人和俄国的教派信徒,激怒了受官吏和警察欺压而又无处投诉的小商人、小企业主和小农。所有这些居民集团是无力单独进行坚决的政治斗争的,但是只要工人阶级举起斗争的旗帜,他们就会从各方面向工人阶级伸出援助的手。俄国社会民主党一旦成为一切争民权、争民主的战士的领袖,那它就会是不可战胜的!

　　这就是我们的基本观点,我们将在我们的报纸上系统而全面地发挥这些观点。我们深信,这样做我们就能沿着"俄国社会民主工党"的《宣言》[67]所指引的道路前进。

选自《列宁全集》第2版第4卷
第160—164页

游击战争(节选)

(1906年9月30日〔10月13日〕)

游击活动问题引起我们党和工人群众的极大兴趣。我们已经不止一次顺便谈到这个问题,现在打算把我们的观点作一次比较完整的叙述,这是我们曾经说过的①。

——

让我们从头说起吧。每个马克思主义者对于考察斗争形式问题,应当提出些什么基本要求呢?第一,马克思主义同一切原始形式的社会主义不同,它不把运动限于某一种固定的斗争形式。它承认各种各样的斗争形式,并且不是"臆造"这些形式,而只是对运动进程中自然而然产生的革命阶级的斗争形式加以概括、组织,并使其带有自

本文是列宁用马克思主义观点全面考察当时俄国革命运动中出现的游击战争这一新的斗争形式的文章。在节选的部分,列宁着重阐述了马克思主义者研究问题时应当遵守的两个基本原则:一是必须着眼于形势的变化和运动的发展,向群众的实践学习,反对各种死板公式和偏见;二是必须对研究对象进行历史的考察,脱离历史的具体环境来谈问题,就是不懂得辩证唯物主义的起码常识,就等于完全抛弃马克思主义的立脚点。

---

① 见《列宁全集》第2版第13卷第361页。——编者注

觉性。马克思主义同任何抽象公式、任何学理主义[74]方法是绝对不相容的，它要求细心对待进行中的**群众**斗争，因为群众斗争随着运动的发展，随着群众觉悟的提高，随着经济危机和政治危机的加剧，会产生愈来愈新和愈来愈多的防御和攻击的方式。因此，马克思主义决不拒绝任何斗争形式。马克思主义决不局限于只是在当前可能的和已有的斗争形式，它认为，随着当前社会局势的变化，**必然**会出现新的、为这个时期的活动家所不知道的斗争形式。马克思主义在这方面可以说是向群众的实践**学习**的，决不奢望用书斋里的"分类学家"臆造的斗争形式来**教导**群众。例如，考茨基在考察社会革命的形式时说：我们知道，即将到来的危机会给我们带来我们现在还预见不到的新的斗争形式。

第二，马克思主义要求我们一定要**历史地**来考察斗争形式的问题。脱离历史的具体环境来谈这个问题，就是不懂得辩证唯物主义的起码常识。在经济演进的各个不同时期，由于政治、民族文化、风俗习惯等等条件各不相同，也就有各种不同的斗争形式提到首位，成为主要的斗争形式，而各种次要的附带的斗争形式，也就随之发生变化。不详细考察某个运动在它的某一发展阶段的具体环境，要想对一定的斗争手段问题作肯定或否定的回答，就等于完全抛弃马克思主义的立脚点。

这就是我们应当遵守的两个基本理论原理。在西欧，马克思主义的历史给我们提供了无数证实上述原理的例证。欧洲社会民主党人认为议会制度和工会运动是目前主要的斗争形式，但是，他们同俄国立宪民主党人[75]和无题派[76]之类的自由派资产者的意见相反，过去承认过起义，并且在将来局势发生变化的时候，还是完全准备承认起义的。70年代，社会民主党不承认总罢工是解决社会问题的万应

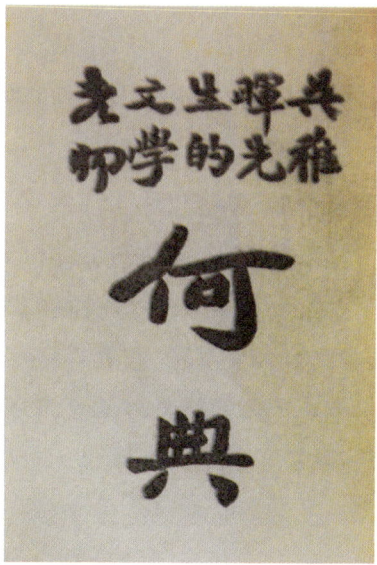

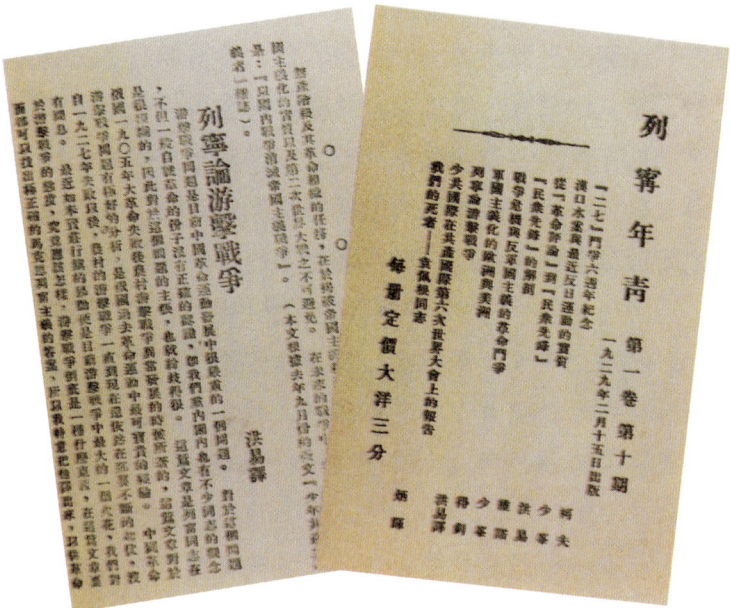

1929年2月上海《列宁青年》杂志第1卷第10期封面（以《何典》
伪装）、目录和该刊所载的列宁《游击战争》的中译文

灵丹,不承认它是通过非政治途径能立即推翻资产阶级的手段,但是,社会民主党现在完全承认群众性的政治罢工(特别是有了1905年俄国革命的经验以后)是**一种**在**一定**条件下必要的斗争手段。社会民主党承认过19世纪40年代的街垒斗争,以后又根据19世纪末的一定情况把它否定了,而在有了莫斯科的经验以后,又表示完全愿意修改这种否定街垒斗争的观点,承认这种斗争是适当的,因为莫斯科的经验,用考茨基的话来说,提供了新的街垒战术。

四

俄国革命同欧洲资产阶级革命相比,特点是斗争形式繁多。考茨基在一定程度上预见到了这一点,他在1902年说过,将来的革命(他补充说,**也许**俄国例外),与其说是人民和政府之间的斗争,不如说是两部分人之间的斗争。我们看到,在俄国,这**第二种**斗争显然要比在西方的资产阶级革命中发展得更广。我国革命的敌人在人民中间为数不多,但是随着斗争的尖锐化,他们日益组织起来,并且得到了资产阶级中反动阶层的支持。因此,在**这样的**时代,在发生全民政治罢工的时代,**起义**也就不能采取那种只适用于间隔时期很短和地区很小的单独行动的旧形式,这是十分自然的,也是不可避免的。因此,起义采取遍及全国的长期的国内战争这种更高的更复杂的形式,即采取两部分人之间的武装斗争形式,这也是十分自然的和不可避免的。这样的战争,只能是连续发生的几次间隔时期较长的大战役和大量的、在这些间隔时期内发生的小冲突。既然这样——而这是确定无疑的——社会民主党也就绝对应该提出自己的任务:建立能够在这些大战役中也能够尽量在这些小冲突中最大限度地领导群众的组织。在阶级斗争已经尖锐到发生国内战争这个时代，社会民主党的任务就是不仅应当参加**这场国内战争**，而且应当在**这场国内战争**中起领导作用。社会民主党应当培养和训练自己的组织，使它们能够真正成为**交战的一方**，不错过任何一个打击敌人力量的机会。

不用说，这是一个困难的任务。它不是一下子就能完成的。正如在国内战争进程中全体人民都在斗争中重新受到教育和进行学习一样，我们的各级组织也应当受到教育，应当根据实际经验进行改造，以适应这个任务。

我们一点也不想硬要实际工作者接受什么杜撰的斗争形式，甚至也不想在书斋里解决某种游击战争形式在俄国国内战争的总进程中的作用问题。我们决不想把具体估计某种游击行动的问题，看做是社会民主党的**方针**问题。但是，我们认为自己的任务就是尽量帮助大家**从理论上**正确估计实际生活所提出的新的斗争形式，就是毫不留情地反对各种死板公式和偏见，因为它们妨碍觉悟工人正确地提出这一新的困难问题并正确地解决这一问题。

选自《列宁全集》第2版第14卷
第1—3、10—12页

卡·马克思致路·库格曼书信集
俄译本序言

（1907年2月5日〔18日〕）

　　现在我们把德国社会民主党《新时代》周刊[17]上发表的马克思给库格曼的信，全部汇集成册出版，目的是想使俄国读者更好地了解马克思和马克思主义。马克思在通信中对他自己的私事谈得很多，这是理所当然的。对于写传记的人来说，这些材料都是异常宝贵的。但是对于广大读者，特别是对于俄国工人阶级来说，这些书信内包含着理论和政治材料的那些地方，却更加重要得多。正是在我国，在目前的革命时代，细心研究马克思对工人运动和世界政治的各种问题的直接评论材料，是特别富有教益的。《新时代》杂志编辑部说得完全对："认识那些在大变革时代形成其思想和意志的人物的面貌，就能提高我们自己。"在1907年，俄国社会党人更是加倍需要有这种认识，因为他们从这种认识中间可以得到许多极宝贵的指示，从而了解他们在本国所经历的一切革命中的直接任务。俄国现在正处于"大变革"

　　列宁在这篇序言中强调，应该学习马克思坚定的革命信念，学习他动员和组织工人阶级坚持革命斗争的本领，学习他决不因革命暂时失利而灰心丧气的坚韧不拔的精神。列宁把马克思对巴黎公社的态度同普列汉诺夫对俄国1905年革命的态度作了对比，指出马克思最重视群众的历史主动性，坚持从正在创造历史的人民群众的观点出发来观察世界历史，始终满腔热情地支持工人阶级的英勇斗争。

的时代。马克思在相当动荡的19世纪60年代所采取的政策，在很多情况下是社会民主党人在目前俄国革命中采取的政策的直接榜样。

因此，我们现在只是简单地提一下马克思书信中理论上特别重要的地方，而比较详细地谈谈他作为无产阶级的代表所采取的革命政策。

从更全面和更深刻地弄懂马克思主义的观点来看，特别值得注意的是他在1868年7月11日写的一封信（第42页及以下各页）①。马克思在这封信里通过反驳庸俗经济学家的方式，非常清晰地说明了**自己**对所谓"劳动"价值论的见解。马克思把素养较差的《资本论》读者会很自然产生、因而被庸俗的"教授式的"资产阶级"科学"的代表人物百般利用的那些反对马克思价值论的意见，作了一个简单扼要而又异常透彻的分析。这里马克思指出了他怎样说明和应当怎样说明价值规律。他以最通常的反对意见为例，说明了他自己所运用的**方法**。他阐明了价值论这样一个（似乎是）纯粹抽象的理论问题同那些要求"**把缺乏思想的混乱永远保持下去**"的"统治阶级利益"之间的联系。我希望，凡是开始研究马克思和阅读《资本论》的人，在钻研《资本论》最难懂的头几章的时候，能把我们上面提到的那封信反复地读一读。

书信中另外一些在理论上特别有意思的地方，就是马克思对于各个作家的评论。马克思的这些评论写得非常生动，充满热情，可以看到他对一切重大思潮都全神贯注地进行考察分析。当你读到这些评论的时候，就会觉得自己好像是在亲自聆听这位天才思想家讲话

①见《马克思恩格斯选集》第4卷人民出版社1972年版第368—369页。——编者注

一样。除了那些顺便谈到的对于狄慈根的评论以外,特别值得读者注意的是他对蒲鲁东派[53]的评论(第17页)。只是轻轻几笔就把那些在社会大动荡时期投靠"无产阶级",但不能领会工人阶级的观点,不能刻苦认真地在无产阶级组织"行列中间"进行工作的资产阶级的"优秀的"知识青年描绘得惟妙惟肖。[1]

对杜林的评论(第35页)[2]好像是预示了恩格斯(同马克思一起)在9年以后所写的有名的《反杜林论》一书的内容。这本书有策杰尔包姆的俄译本,可惜这个译本翻译得很糟,不仅有许多遗漏,而且有不少错误。信里还有对杜能的一段评论,其中也牵涉到李嘉图的地租论。[3]马克思早在1868年就坚决驳斥了"李嘉图的错误",而在1894年出版的《资本论》第3卷中则已把这些错误彻底驳倒了。但是,直到现在,从我国十足资产阶级的、甚至是"黑帮"[77]的布尔加柯夫先生起,直到"准正统派"马斯洛夫,所有这些修正主义者都仍然在重复这些错误。

还值得注意的是对于毕希纳的评论,其中谈到他的庸俗唯物主义和从朗格著作("教授式的"资产阶级哲学的正常的依据!)中抄来的"肤浅的废话"(第48页)[4]。

现在我们来谈谈马克思的革命政策。我们俄国社会民主党人中居然流行着一种对马克思主义的市侩观念,以为具有特殊斗争方式和无产阶级的特殊任务的革命时期是变态,而"宪制"和"极端反对

---

①见《马克思恩格斯选集》第4卷人民出版社1972年版第360—361页。——编者注

②同上书,第365—366页。——编者注

③见《马克思恩格斯全集》第1版第32卷第525页。——编者注

④同上书,第567页。——编者注

派"却是常规。当今世界上无论哪一个国家也没有像俄国那样发生这样深刻的革命危机,同时无论哪一个国家也没有对革命采取这样怀疑和庸俗态度的"马克思主义者"(降低马克思主义,把马克思主义庸俗化)。我们这里的人总是从革命内容是资产阶级的这一事实得出肤浅的结论,认为资产阶级是革命的**动力**,而无产阶级在这个革命中则负担次要的、附属的任务,认为无产阶级不能领导这个革命!

马克思在他给库格曼的书信中是多么有力地揭穿了这种对马克思主义的肤浅看法呀!拿1866年4月6日写的一封信来说吧。马克思当时已经完成了他的主要著作。在他写这封信的14年前,他已经最后作出了对于德国1848年革命的估价。[78]1850年,他自己否定了自己在1848年认为社会主义革命即将到来的社会主义幻想①。在1866年,他刚开始看见新的政治危机在日益增长的时候,便写道:

"我们的庸人〈指德国自由派资产者〉终究会了解到,如果没有一次推翻哈布斯堡和霍亨索伦王朝的革命,结果又会引起一场三十年战争[79]……"(第13—14页)②

这里丝毫也没有幻想即将到来的革命(这次革命是从上面发生的,而不是像马克思所期待的那样从下面发生的)会推翻资产阶级和资本主义。这里十分明确地指出,这个革命只是推翻普鲁士和奥地利的君主制度。而他对这个资产阶级革命具有多么大的信心啊!这位了解资产阶级革命对社会主义运动的发展有巨大作用的无产阶级战士充满着多么强烈的革命热情啊!

过了三年,在拿破仑帝国崩溃的前夜,马克思指出法国发生了

---

① 见《马克思恩格斯全集》第1版第7卷第512—514页。——编者注
② 见《马克思恩格斯全集》第1版第31卷第518页。——编者注

"非常有趣的"社会运动,他**非常高兴地**说道,"巴黎人为了准备去从事即将到来的新的革命斗争,又在细心研究他们不久前的革命历史经验了"。马克思描写了在评价这段历史时揭示出来的阶级斗争以后,得出结论说(第56页):"整个历史的魔女之锅就沸腾起来了!什么时候**我们那里**〈德国〉也会这样呢!"①

这正是俄国知识分子马克思主义者应该向马克思学习的地方。他们因怀疑论而软弱无能,因书呆子气而麻木不仁,他们惯于念忏悔词,很快就厌倦革命,像盼望节日似的盼望葬送革命,渴望用宪法条文来代替革命。他们应该向无产者的这位理论家和领袖学习对革命的信心,学习号召工人阶级把自己的直接的革命任务坚持到底的本领,学习那种决不因革命暂时失利而灰心丧气的坚韧不拔的精神。

马克思主义的学究们以为这全是伦理的空谈,全是浪漫主义,缺乏现实主义!不,先生们,这是革命理论和革命政策的结合,不把这两者结合起来,马克思主义就会变成布伦坦诺主义[80]、司徒卢威主义[81]和桑巴特主义[82]。马克思的学说把阶级斗争的理论和实践结成一个不可分割的整体。因此,谁把冷静地肯定客观情况的理论曲解为替现状辩护,以至于尽快地使自己去适应每次革命的暂时低潮,尽快地抛弃"革命幻想"而去从事"现实主义的"小事,那他就不是马克思主义者。

马克思就是在那些仿佛最平静的、如他所形容的"田园诗般的"时期,或如《新时代》杂志编者所说的"死水一潭的沉闷"时期,也能够觉察到革命即将临近,而**启发**无产阶级去认识他们所担负的先进的革命任务。而我们俄国那些把马克思庸俗化的知识分子,却在最革命

---

① 见《马克思恩格斯全集》第1版第32卷第584—585页。——编者注

的时期教导无产阶级采取消极的政策,采取"随波逐流"、悄悄支持时髦的自由主义政党的最不稳定分子的政策!

马克思对公社的评价是他给库格曼的书信中的精华。拿这种评价来和俄国社会民主党右翼所采用的手段对照一下,是特别有益的。普列汉诺夫在1905年12月以后,灰心丧气地喊道:"本来就用不着拿起武器。"[83]他居然还把自己同马克思相比,说马克思在1870年也曾阻止过革命。

是的,马克思**也曾**阻止过革命。但请看看,普列汉诺夫所作的这种比拟,正好表明普列汉诺夫和马克思有天渊之别。

在1905年11月,即第一次俄国革命高潮的一个月以前,普列汉诺夫不但没有坚决警告过无产阶级,反而公开说必须**学会掌握武器,必须武装起来**。[84]而一个月以后,当斗争已经爆发的时候,普列汉诺夫却又毫不分析这次斗争的意义、分析这次斗争在整个事变进程中的作用以及同以前斗争形式的联系,就马上扮做一个悔罪的知识分子说道:"本来就用不着拿起武器。"

1870年9月,即在公社成立**半年以前**,马克思已在有名的国际宣言[85]中直接警告过法国工人,说实行起义是**蠢举**。他**事前**就揭露了以为1792年的运动可能再现的民族主义幻想。他**不是事后**,而是好几个月以前就说过"用不着拿起武器"。

当他自己在九月声明中认为**毫无希望**的这件事情在1871年3月开始实现的时候,他又采取了怎样的态度呢?马克思是否利用这一点(像普列汉诺夫利用十二月事件那样)来专门"挖苦"自己的对手,即那些领导了公社的蒲鲁东派和布朗基派[59]呢?他是否像一位女训导员那样唠叨说,我曾经讲过,我曾经警告过你们,而现在你们看,你们的浪漫主义,你们的革命狂想,搞出了什么名堂呢?他是否也像普列汉诺夫教训十二月起义[86]的战士那样,用什么"本来就用不着拿起武器"这类自鸣得意的庸人的说教来教训公社活动家呢?

不。马克思在1871年4月12日给库格曼写了一封**热情洋溢的信**①,我们希望每个俄国社会民主党人,每个识字的俄国工人都把这封信当做座右铭。

马克思在1870年9月把起义说成是蠢举,但到了1871年4月,当他看见人民的群众运动已经起来的时候,他就以参加者的态度,对这个标志着具有世界历史意义的革命运动前进一大步的伟大事变表示莫大的关切。

他当时说,这是要打破官僚军事机器的**尝试**,而不是简简单单把这个机器从一些人的手里转到另一些人的手里。他讴歌蒲鲁东派和布朗基派所领导的巴黎"**英勇的**"工人。他当时写道:"这些巴黎人,具有何等的灵活性,何等的历史主动性,何等的自我牺牲精神!"(第88页)……"历史上还没有过这种英勇奋斗的范例"。

马克思最重视的是群众的**历史主动性**。要是我们俄国社会民主党人从马克思身上学到怎样来估计俄国工人和农民在1905年10月和12月所表现的**历史主动性**,那该多好啊!

一方面是半年前就预见到失败的一位深思熟虑的思想家竭力推崇群众的**历史主动性**,另一方面是毫无生气的麻木不仁的迂腐说法:"本来就用不着拿起武器!"这岂不是一个天上,一个地下吗?

马克思当时虽然流亡在伦敦,但他却以他特有的全部热情对待这一群众斗争,并且作为这一斗争的**参加者**来批评那些"奋不顾身

---

①见《马克思恩格斯选集》第4卷人民出版社1972年版第392—393页。——编者注

的"、"冲天的"巴黎人所采取的**直接步骤**。

现在俄国马克思主义者中那些在1906—1907年大骂革命浪漫主义的"现实主义的"聪明才子们，在当时不知会怎样讥笑马克思！他们看到这位**唯物主义者**和**经济学家**，这位空想的敌人赞扬冲天的"**尝试**"时，不知会怎样嘲笑他呢！那些套中人[87]看到这种所谓暴动意图和空想主义等等，看到对冲天的运动所作的这种估价时，不知会怎样掉泪、冷笑或表示怜悯！

而马克思丝毫没有像绝顶聪明的鲍鱼[88]那样害怕讨论革命斗争最高形式的**技术**问题。他讨论的正是起义的**技术**问题。是防御，还是进攻呢？——他写道。好像军事行动就在伦敦附近发生似的。接着他自己解答说：一定要进攻，"**本来是应该立刻向凡尔赛进军的……**"

这是在1871年4月，在伟大的流血的五月的几个星期前写的……

一个是当起义者开始了冲天的"**蠢举**"(这话是1870年9月说的)时说，"本来是应该立刻向凡尔赛进军的"。

另一个是当在1905年12月必须用武力来抵抗敌人夺取我们已经赢得的自由的初次侵犯时说："本来就用不着拿起武器"……

是啊，难怪普列汉诺夫把自己同马克思相比！

马克思继续从**技术上**提出批评说："第二个错误是中央委员会〈请注意，这是**军事指挥机关**，是指国民自卫军中央委员会〉**过早地**放弃了自己的权力……"

马克思善于警告**领导者**不要举行尚未成熟的起义。但他对待冲天的**无产阶级**，却是以实际的顾问，以群众**斗争**的参加者的姿态出现的，因为群众不管布朗基和蒲鲁东的荒谬理论和错误怎样，终究把**整个运动提到了更高的阶段**。

他当时写道："不管怎样，即使巴黎的这次起义会被旧社会的豺狼、瘟猪和下贱的走狗们镇压下去,它还是我们党从巴黎六月起义以来最光荣的业绩。"

马克思没有向无产阶级隐讳公社所犯的**任何一个**错误,他为这一**业绩**而写的一部著作,**至今**还是"冲天的"斗争的最好的指南,同时也是自由派和激进派的"**瘟猪**"最害怕的东西。①

普列汉诺夫为十二月事件写的一部"著作",却几乎成了立宪民主党人75的福音书。

是啊,难怪普列汉诺夫把自己同马克思相比。

库格曼在写给马克思的回信中,大概是表示怀疑,认为事情没有希望,说必须采取现实主义态度而不要采取浪漫主义态度,——至少他是拿公社,即拿**起义**同巴黎1849年6月13日的和平示威相比较。

马克思立刻(1871年4月17日)对库格曼作了严厉的驳斥。

他写道:"**如果斗争只是在有极顺利的成功机会的条件下才着手进行,那么创造世界历史未免就太容易了。**"

马克思在1870年9月把起义叫做蠢举。但一旦**群众**举行了起义,马克思就愿意同他们一起前进,同他们一起在斗争过程中学习,而不是打官腔,教训他们。他懂得,谁想事先**绝对确切地**估计成功的机会,谁就是有意欺骗,或者是不可救药的书呆子气。他**最重视的**是工人阶级英勇地奋不顾身地积极地**创造**世界历史。马克思观察世界历史,是从正在**创造**历史,但无法事先**绝对准确地**估计成功机会的那些人们的观点出发的,而不是从瞎说"本来容易预见到……本来就用不着拿

①见《马克思恩格斯选集》第2卷人民出版社1972年版第353—404页。——编者注

111

起……"等等的小市民知识分子的观点出发的。

同时，马克思能够理解到历史上常有这种情形，即**群众**进行殊死的斗争甚至是为了一件没有胜利希望的事业，但对于进一步教育这些群众，对于训练这些群众去作**下一次**斗争却**是必需的**。

我们现在那些冒牌马克思主义者喜欢滥引马克思的话，只愿仿效他估计已往而不愿仿效他创造未来，他们完全不能理解，甚至根本反对问题的这种**提法**。普列汉诺夫在1905年12月后开始"阻止……"时，根本就没有想到问题的这种提法。

而马克思正是提出了这个问题，同时丝毫也没有忘记自己在1870年9月认为起义是蠢举这一事实。

他写道："资产阶级的凡尔赛恶棍们要巴黎人抉择：或是接受挑战，或是不战而降。**工人阶级**在后一场合下的**消沉**，是比无论多少领导者遭到牺牲**更严重得多的**不幸。"①

我们对于马克思在给库格曼的信中教给我们的真正无产阶级政策的教训的简短介绍就到此结束。

俄国工人阶级已一度证明，并且还将不断证明，它有"冲天的"本领。

1907年2月5日

选自《列宁全集》第2版第14卷
第373—382页

---

①见《马克思恩格斯选集》第4卷人民出版社1972年版第394页。——编者注

《约·菲·贝克尔、约·狄慈根、弗·恩格斯、卡·马克思等致弗·阿·左尔格等书信集》俄译本序言

（1907年4月6日〔19日〕）

现在介绍给俄国读者的这一部马克思、恩格斯、狄慈根、贝克尔以及19世纪国际工人运动其他领袖的书信集，对我国先进的马克思主义文献是一种必不可少的补充。

我们不打算详谈这些书信对于社会主义运动史以及对于全面阐明马克思、恩格斯的活动的重要意义，因为这是无须说明的。我们只想指出一点，这就是，要了解这些书信，就必须熟悉论述国际史的基本著作（见耶克的《国际》俄译本，知识出版社出版），熟悉论述德国

在这篇序言中，列宁根据马克思和恩格斯在通信中针对英美工人运动和德国工人运动发表的有关言论，结合俄国工人运动实际，总结了对俄国无产阶级政党具有重要意义的经验。列宁指出：马克思和恩格斯是运用唯物辩证法的典范，他们善于针对不同的政治经济条件的具体特点，把问题的不同重点和不同方面提到首位加以强调，善于针对不同国家的工人运动所处的不同阶段，给战斗的无产阶级确定不同的任务，制定不同的政策和策略，始终强调马克思主义不是教条，而是行动的指南。列宁还指出，要从马克思和恩格斯的这些书信中吸取教益，就不能拘泥于其中的个别词句，而应当理解他们对无产阶级国际经验所作的总结的全部精神和全部内容。

和美国工人运动史的基本著作(见弗·梅林的《德国社会民主党史》和莫里斯·希尔奎特的《美国社会主义史》)等等。

我们也不打算对这部书信集的内容作概括的叙述,以及对这些书信所涉及的各个历史时期加以评论。这一点梅林在他的《与左尔格通信集》(《新时代》[17]第25年卷第1册和第2册)一文中已经出色地做到了,出版者大概会把它附在本书后面,或者以俄文单行本形式发行。[89]

在我们所处的革命时代,对俄国社会党人具有特殊价值的东西,乃是战斗的无产阶级从了解马克思和恩格斯将近30年(1867—1895年)的私人交往的活动中应当得出的那些教训。因此,我国社会民主主义的文献最初尝试向读者介绍马克思和恩格斯给左尔格书信的时候,也正是俄国革命中社会民主党的策略方面的"迫切"问题被提出来的时候(普列汉诺夫的《现代生活》[90],孟什维克的《评论》[91]),这是毫不奇怪的。现在我们要请读者注意的,也就是对本书信集中那些从俄国工人政党目前任务来看特别重要的地方所作的评论。

马克思和恩格斯在信中谈得最多的是英美两国和德国工人运动中的迫切问题。这是可以理解的,因为他们是德国人,当时住在英国,而且又是同他们那位住在美国的同志通信。对于法国工人运动的问题,特别是巴黎公社的问题,马克思在给德国社会民主党人库格曼的信①中谈得最多,也最详细。

把马克思和恩格斯有关英美工人运动的言论同有关德国工人

---

①见《马克思致库格曼医生书信集》,俄译本由尼·列宁编辑并作序。1907年圣彼得堡版(序言见本书第103—112页。——编者注)。

运动的言论比较一下,是大有教益的。如果注意到在德国和英美两国,资本主义处于不同的发展阶段以及资产阶级这个阶级在这些国家全部政治生活中的统治形式各不相同这一事实,那么这种比较的意义就更大了。从科学的角度看,我们在这里可以看到唯物主义辩证法的典范,看到善于针对不同的政治经济条件的具体特点把问题的不同重点和不同方面提到首位加以强调的本领。从工人政党实际的政策和策略的角度看,我们在这里可以看到《共产党宣言》的作者针对不同国家的民族工人运动所处的不同阶段给战斗的无产阶级确定任务的典范。

马克思和恩格斯在谈到英美社会主义运动时,特别尖锐地批评它脱离了工人运动。在马克思和恩格斯评论英国"社会民主联盟"92(Social-Democratic Federation)和美国社会主义者的大量言论中,始终贯穿着的是责备他们把马克思主义变成了教条,变成了"刻板的(starre)正统思想",责备他们把马克思主义看成"教条而不是**行动的指南**"①,责备他们不善于适应在他们周围发生的、理论上虽然很弱但生命力很旺盛、气势很磅礴的群众性工人运动。恩格斯在1887年1月27日的信里感慨地说:"如果我们在1864—1873年间坚持只和那些公开承认我们纲领的人合作,那么我们现在会处于什么境地呢?"②在这封信以前的一封信里(1886年12月28日),恩格斯谈到亨利·乔治思想对美国工人阶级的影响问题时写道:

"一两百万工人在明年11月投票拥护真正的("bona fide")工人政党,在目前来说,要比十万人投票拥护一个在理论上十全十美的纲

①见《马克思恩格斯全集》第1版第36卷第566页。——编者注
②同上书,第585页。——编者注

领更有价值得多。"①

这是很值得注意的一段话。我们这里有一些社会民主党人急忙引用这段话来为召开"工人代表大会"⁹³的主张或建立拉林的"广泛的工人党"一类的主张辩护。我们要问问这些急于"引用"恩格斯的话的人,你们为什么不用这一段话为"左派联盟"辩护呢?这几封被引证的信是在美国工人投票选举亨利·乔治的那个时期写的。威士涅威茨基夫人——一位嫁给俄国人的美国人,翻译过恩格斯的著作——当时请求恩格斯(这可以从恩格斯给她的回信中看出)把亨·乔治狠狠批评一顿。恩格斯回信说(1886年12月28日),这样做的**时机还没有来到**,最好是让工人政党根据不完全纯正的纲领开始形成起来。然后,工人自己就会明白问题在哪里,就会"从本身的错误中学习"。而妨害"工人政党在全国范围内巩固起来(不管根据什么样的纲领)的举动,我都认为是巨大的错误"②。

至于亨·乔治的思想从**社会主义**观点来看是完全荒谬的**反动的**这一点,恩格斯自然非常清楚,而且不止一次地指出过。在给左尔格的书信中,马克思1881年6月20日的一封信很值得注意,在这封信里,他对亨利·乔治作了评价,说他是**激进资产阶级的**思想家。马克思当时写道:"亨·乔治在理论方面是非常落后的(total arrière)。"③但恩格斯并不怕同这位货真价实的**反动社会主义者**一起去参加选举,只是要有人善于事先向群众说明"他们自己的错误会造成什么后果"

---

① 见《马克思恩格斯全集》第1版第36卷第576页。——编者注
② 见《马克思恩格斯选集》第4卷人民出版社1972年版第458—459页。——编者注
③ 见《马克思恩格斯全集》第1版第35卷第191页。——编者注

（恩格斯1886年11月29日的信）①。

恩格斯在同一封信中谈到当时美国工人的一个组织"劳动骑士"94（Knights of Labor）时说："'劳动骑士'的最大的弱点〈直译是：腐败的地方，faulste〉就是他们**在政治上的中立态度**……　每一个新参加运动的国家所采取的第一个重大步骤，始终是把工人组织成独立的政党，不管怎样组织起来，只要它是一个真正的工人政党就行。"②

显然，这里一点也找不到可以替**从**社会民主党跳到非党工人代表大会等等主张作辩护的东西。而任何一个不愿意被恩格斯指责为把马克思主义贬低成"教条"、"正统思想"和"宗派主义"等等的人，则应当从这里认识到有时候必须同激进的"反动社会主义者"一起搞选举运动。

但是最重要的，当然不是谈论美俄两国的这些对比（我们提到这些，只是为了回答论敌），而是要分析英美工人运动的**基本**特点。这些特点就是：无产阶级没有比较重大的全国性的**民主**任务；无产阶级还完全受资产阶级政治的支配；一小撮社会主义者由于宗派主义立场而脱离了无产阶级；社会主义者在选举中丝毫不受工人群众欢迎等等。谁要是忘记了这些基本条件而从"美俄两国的对比"中得出一些广泛的结论，那就暴露出他自己极其肤浅。

恩格斯所以强调在这种条件下要成立工人的经济组织，是因为当时已经非常稳固地建立起来的民主制度向无产阶级提出了纯粹社会主义的任务。

恩格斯所以强调成立一个即令是纲领欠妥的独立工人政党的

---

① 见《马克思恩格斯选集》第4卷人民出版社1972年版第457页。——编者注
② 同上书，第456页。——编者注

重要性,是因为当时所说的那两个国家中的工人根本就没有什么政治独立性,他们在政治上过去和现在多半是跟着资产阶级走的。

如果企图把从这种论述中得出的结论应用到如下的国家或历史时期,在这些国家或历史时期中,无产阶级比自由派资产者更早成立了自己的党,无产阶级根本没有投票选举资产阶级政客的传统,直接摆在面前的不是社会主义任务而是资产阶级民主任务,——如果企图这样做,那就是对马克思历史方法的嘲弄。

如果我们把恩格斯对英美两国运动的评论和对德国运动的评论对照一下,读者就会更加明了我们的意思。

对德国运动的评论在本书信集中也很多,并且非常值得注意。所有这些评论贯穿着完全不同的另一种思想:要谨防工人政党中的"右翼",要向社会民主党中的**机会主义**无情地(有时是**猛烈地**,如马克思在1877—1879年间所做的那样)开战。

我们先从书信中引证一些论述来证实这一点,然后再来作出评价。

这里首先必须指出卡·马克思对赫希柏格之流的评论。弗·梅林在他的《与左尔格通信集》一文中竭力缓和马克思以及后来恩格斯对机会主义者的抨击,而且做得我们认为有点过分。例如,在谈到赫希柏格之流的时候,梅林固执己见,认为马克思对拉萨尔和拉萨尔派[58]的评价不正确。但是我们再说一遍,这里我们认为重要的,并不是从历史上来评价马克思对于某些社会主义者的抨击是否正确或者是否过分,而是马克思对于整个社会主义运动中某些**派别**所作的**原则性**的评价。

马克思抱怨德国社会民主党人同拉萨尔派和杜林妥协(1877年10月19日的信),同时也指责"同一帮不成熟的大学生和过分聪明的博士〈德语"博士"是相当于我国"副博士"和"大学优等毕业生"的一种学位〉妥协,这些人想使社会主义有一个'更高的、理想的'转变,就是说,想用关于正义、自由、平等和博爱(fraternité)的女神的现代神话来代替它的唯物主义的基础(这种基础要求一个人在运用它以前认真地客观地研究它)。《未来》杂志[95]的出版人赫希柏格博士先生是这种倾向的一个代表者,他已经'捐资'入党,——就算他怀有'最高贵的'意图,但是,我不理会任何'意图'。世界上很难找到一种比他的《未来》杂志的纲领更可悲、更'谦逊地自负'的东西了"(第70封信)①。

在过了将近两年以后(1879年9月19日)写的另一封信里,马克思驳斥了那种说他和恩格斯支持**约·莫斯特**的谣言,并向左尔格详细说明了他对德国社会民主党中的机会主义者的态度。《未来》杂志是赫希柏格、施拉姆、爱·伯恩施坦三人主办的。马克思和恩格斯**曾经拒绝**参加这种刊物的工作,可是当谈到由同一个赫希柏格参加并提供经费创办一种新的党的机关刊物问题时,马克思和恩格斯首先要求接受他们所指定的主笔希尔施去监督这个"由博士、大学生和讲坛社会主义者[96]拼成的大杂烩",然后又直接向倍倍尔、李卜克内西和社会民主党的其他领袖们发出一个通知,警告他们说:如果赫希柏格、施拉姆、伯恩施坦不改变自己的路线,那他们就要公开反对"这种糟蹋〈Verluderung——这个词的意思在德语中**还要厉害些**〉党和理论的行为"。②

当时德国社会民主党正处于像梅林在他的《党史》中所说的《混

---

① 见《马克思恩格斯全集》第1版第34卷第281页。——编者注
② 同上书,第388、390页。——编者注

乱的一年》(《Ein Jahr der Verwirrung》)。在"非常法"[21]颁布以后,党并没有立刻找到正确的道路,最初还迷恋于莫斯特的无政府主义和赫希柏格之流的机会主义。马克思当时在谈到赫希柏格时写道:"这些家伙在理论上一窍不通,在实践上毫不中用,他们想把社会主义(他们是按照大学的处方来炮制社会主义的),主要是想把社会民主党弄得温和一些,把工人开导一下,或者像他们所说的,向工人注入'启蒙因素',可是他们自己只有一些一知半解的糊涂观念。他们首先想提高党在小市民心目中的声望。这不过是些可怜的反革命空谈家。"[①]

马克思所进行的"猛烈的"进攻,使机会主义者退却以至……销声匿迹了。马克思在1879年11月19日的一封信里通知说,赫希柏格已被排除于编辑委员会之外,而党的所有有名望的领袖如倍倍尔、李卜克内西、白拉克等人都已**摒弃**了他的那种思想。[②]社会民主党的机关报《社会民主党人报》[97]已经由当时站在党的革命派方面的福尔马尔担任编辑。又过了一年(1880年11月5日),马克思说,他和恩格斯经常同这个《社会民主党人报》的"可悲的"(miserabel)办报方针进行斗争,并且往往斗争得**很激烈**("wobei's oft scharf hergeht")。李卜克内西1880年曾到过马克思那里,并保证**一切方面**都将"改善"。[③]

和平恢复了,战争还没有一点迹象。赫希柏格隐退了,伯恩施坦成了革命的社会民主党人……至少是到1895年恩格斯逝世的时候止。

---

① 见《马克思恩格斯全集》第1版第34卷第389页。——编者注
② 同上书,第400页。文中提到的信的日期应为1879年11月14日。——编者注
③ 同上书,第449页。——编者注

　　1882年6月20日，恩格斯写信给左尔格，说这一斗争已成往事：
"一般说来，德国的情况非常好。虽然，党内著作家先生们曾经企图使
党发生反动的转变，但是他们可耻地失败了：社会主义的工人处处受
到的侮辱，使他们普遍地比三年前更加革命了。……这班先生〈党内
著作家〉当时极力想用温良恭顺、卑躬屈膝的办法，乞求取消反社会
党人法，因为这项法令剥夺了他们的稿费收入。只要这个法令一旦
被取消，就一定会发生公开的分裂，而菲勒克、赫希柏格……之流就
会形成一个独立的右翼；在他们还没有最后垮台以前，可以间或同
他们进行谈判。这种意见我们在反社会党人法刚一颁布时就说过
了，当时赫希柏格和施拉姆在《年鉴》[98]上发表了一篇可耻到了极点
的文章，评论过去党的活动，并要求党采取比较文雅礼让〈原文是
"jebildetes"，不是gebildetes。恩格斯这里是指德国著作家的柏林口
音〉的做法。"①

　　1882年对伯恩施坦派[57]所作的这种预言，在1898年以及后来的
年代已被光辉地证实了。

　　从那时起，特别是从马克思逝世以后，可以毫不夸大地说，恩格
斯始终不渝地在"过分地矫正"被德国机会主义者所歪曲的路线。

　　1884年底。恩格斯斥责了德国社会民主党帝国国会议员投票拥
护航运补助金[99]（"Dampfersubvention"，见梅林的《党史》）时所表现
的那种"市侩偏见"。恩格斯写信给左尔格说，他不得不为此写很多信
（见1884年12月31日的信）。

　　1885年。恩格斯在评述航运补助金案全部经过时写道（6月3
日）："事情几乎弄到分裂的地步。"社会民主党议员的"小市民欲望"

────────────────────

①见《马克思恩格斯全集》第1版第35卷第327—328页。——编者注

是"**多么巨大**"。恩格斯说:"小资产阶级的社会主义派别,在德国这样的国家里是不可避免的。"①

1887年。左尔格写信给恩格斯说,党选举菲勒克之类的人(赫希柏格式的社会民主党人)为国会议员,只会使自己丢脸。恩格斯在回信中辩解说,没有别的办法,工人政党无法找到参加国会的理想人选。"右翼的先生们知道,他们之所以被容忍,只是因为有反社会党人法;一旦党重新获得行动自由,他们就会立即被驱逐出去。"并且一般说来,最好是"党比自己的议会英雄们好,而不要与此相反"(1887年3月3日)。恩格斯抱怨说,李卜克内西是一个调和分子,他总是用空话来掩盖分歧。但是事情一旦弄到分裂的地步,在决定关头,他是会同我们站在一起的。②

1889年。在巴黎举行了两个国际社会民主党代表大会100。机会主义者(以法国的可能派101为首)同革命的社会民主党人分裂了,恩格斯(他当时已经68岁)像一个少年一样投入战斗。有许多书信(从1889年1月12日至同年7月20日)都是谈同机会主义者的斗争的。当时不仅机会主义者受到了抨击,而且李卜克内西和倍倍尔等德国人也因为他们的调和态度而受到了抨击。

恩格斯在1889年1月12日写道:可能派已经卖身投靠政府。他还揭露了英国"社会民主联盟"(S. D. F.)成员同可能派的联盟。③"为了这个该死的代表大会,我东奔西走,写许多信,没有工夫做别的事。"(1889年5月11日)恩格斯气忿地说,可能派奔走张罗,而我们的人却在睡大觉。现在连奥尔和席佩尔都要求我们去参加可能派的代

---

① 见《马克思恩格斯全集》第1版第36卷第321页。——编者注
② 同上书,第608—609页。——编者注
③ 参看《马克思恩格斯全集》第1版第37卷第128—129页。——编者注

表大会。但是这"终于"使李卜克内西睁开了眼睛。①恩格斯和伯恩施坦共同写了反对机会主义者的小册子（由伯恩施坦署名，但是恩格斯称它们为"我们的小册子"）102。

"除社会民主联盟外，可能派在整个欧洲没有得到一个社会主义组织的拥护〈1889年6月8日〉。所以他们只得回到非社会主义的工联方面去。"（请我国崇拜广泛的工人党和工人代表大会等等的人们注意!）"从美国来参加他们大会的只有一个**劳动骑士**的代表。"对手还是在同巴枯宁派14作斗争中遇到的那个。"只是无政府主义者的旗帜已经换成了可能派的旗帜:同样是向资产阶级出卖原则，以换取小小的让步，主要是为几个领导人谋取一些肥缺（市参议员、劳动介绍所的领导人员等等）。"布鲁斯（可能派的领袖）和海德门（同可能派联合起来的社会民主联盟的领袖）正在攻击"权威的马克思主义"，企图组成一个"新国际的核心"。

"你简直想象不到德国人幼稚到何等地步。我连向倍倍尔说明问题所在，也花了很大力气"（1889年6月8日）。②当两个代表大会已经开过，当革命社会民主党人在数量上超过可能派（可能派当时同**工联主义者**、社会民主联盟以及部分奥地利人等等**联合起来了**）的时候，恩格斯简直高兴极了。(1889年7月17日)③他高兴的是李卜克内西等人的调和主义方案和提案都宣告失败了。(1889年7月20日)"我们那些多愁善感的调和主义者极力主张友爱和睦，结果遭到屁股上挨了一脚的报应。也许这会把他们的病医好一些时候。"④

---

① 见《马克思恩格斯全集》第1版第37卷第193页。——编者注
② 同上书，第222页和第223页。——编者注
③ 参看《马克思恩格斯全集》第1版第37卷第241—243页。——编者注
④ 见《马克思恩格斯全集》第1版第37卷第245页。——编者注

......梅林说得对(《与左尔格通信集》),马克思和恩格斯不爱讲什么"客气":"他们每次打人从不怎么犹豫,但每次挨打也从不叫苦。"恩格斯有一次写道:"如果以为他们的那些小针头能够刺穿我这一层又老又厚的硬皮,那他们就错了。"①梅林在谈到马克思和恩格斯时写道:他们希望别人也养成他们那种不为情感所动的性格。

1893年。把"费边派"103鞭打了一顿,这是......谴责伯恩施坦派的时候自然要做的事(要知道,伯恩施坦在英国"费边派"那里"培养"他的机会主义不是没有道理的)。"在伦敦这里,费边派是一伙野心家,不过他们有相当清醒的头脑,懂得社会变革必不可免,但是他们又不肯把这个艰巨的事业交给粗鲁的无产阶级单独去做,所以他们惯于自己出来领导无产阶级。害怕革命,这就是他们的基本原则。他们多半是'有教养的人'。他们的社会主义是地方公有社会主义:生产资料不应当归国家所有,而应当归公社所有,至少是在开头应该这样做。他们把自己的社会主义描述为资产阶级自由主义的一种极端的但又是不可避免的结果,因此就产生了他们的策略:不是把自由党人27当做敌人来坚决地进行斗争,而是推动他们作出社会主义的结论,也就是哄骗他们,'用社会主义渗透自由主义',不是拿社会主义候选人去同自由党人相对抗,而是要把他们塞给自由党人......也就是用欺骗手段使他们当选。他们这样做不是使自己受欺骗和受愚弄,就是欺骗社会主义,这当然是他们所不了解的。

费边派除了出版各种各样的恶劣作品外,还尽力出版了一些好的宣传品,这是英国人在这方面所出版的最好的东西。但是当他们一回到他们的特殊策略——抹煞阶级斗争时,那就糟糕了。他们所以疯

---

① 见《马克思恩格斯全集》第1版第37卷第57页。——编者注

狂地仇视马克思和我们大家,就是因为我们主张阶级斗争。

费边派当然有许多资产阶级信徒,所以'也有钱'。……"①

对社会民主党内的知识分子机会主义派的经典评价

1894年。农民问题。恩格斯在1894年11月10日写道:"在大陆上,随着运动的日益发展,渴望获得更大成就的心理也在加强,而名副其实的猎取农民的活动就风行起来了。起初,法国人通过拉法格在南特不仅声明说:直接加速小农的破产,这不是我们的事情,这一点资本主义会替我们操心;而且还说:必须直接保护小农,使他们不受国库、高利贷者和大地主剥削。但是这一点我们无论如何是不能赞同的,因为第一,这是愚蠢的;第二,这也是不可能的。接着,福尔马尔又在法兰克福发表演说,他打算收买**全体农民**,但是他在上巴伐利亚要收买的农民,不是莱茵河流域被债务压得喘不过气来的小农,而是中农,甚至是剥削雇农和大批地买卖牲口和粮食的大农。除非我们放弃一切原则,否则是不能同意这一点的。"②

1894年12月4日:"……巴伐利亚人变得非常机会主义的了,并

①见《马克思恩格斯选集》第4卷人民出版社1972年版第498页。——编者注
②同上书,第510—511页。——编者注

且几乎成了普通的人民政党(我指的是大多数领袖和许多新入党的人);在巴伐利亚邦议会中,他们投票赞成整个预算,特别是福尔马尔在农民中间进行鼓动,其目的不是为了吸引雇农,而是为了吸引上巴伐利亚的大农,这些人占有土地25—80英亩(10—30公顷),就是说非使用雇工不可。……"①

可见,马克思和恩格斯十多年来始终不渝地在对德国社会民主党内的机会主义作斗争,批评社会主义运动中的知识分子庸俗习气和市侩习气。这是一个极重要的事实。一般人都知道德国社会民主党被看做实行无产阶级马克思主义政策和策略的模范,但是不知道马克思主义创始人怎样经常不断地同该党"右翼"(恩格斯的说法)作斗争。恩格斯逝世不久,这种斗争就从秘密转向公开了,这不是偶然的。这是德国社会民主党数十年历史发展的必然结果。

现在,我们可以十分清楚地看出,在恩格斯(以及马克思)所作的劝告、指示、纠正、威胁和教导中,贯穿着两条路线。对于英美社会主义者,他们总是坚持不懈地号召同工人运动打成一片,铲除自己组织中的狭隘的顽固的宗派主义精神。对于德国社会民主党人,他们总是坚持不懈地教导不要陷入庸俗习气、"议会迷"[104](马克思在1879年9月19日信里使用的说法)②和市侩知识分子机会主义的泥坑。

我国社会民主党中的长舌妇喋喋不休地谈论前一种劝告,而闭口不谈后一种劝告,这难道不值得玩味吗?在评论马克思和恩格斯书信时所表现的**这种**片面性,难道不是我们俄国某些社会民主党人的……"片面性"的明证吗?

---

①见《马克思恩格斯全集》第1版第39卷第318页。——编者注
②见《马克思恩格斯全集》第1版第34卷第391页。——编者注

　　现在,当国际工人运动出现严重动荡和动摇的征兆的时候,当机会主义、"议会迷"和庸俗改良主义的极端表现引起完全相反的革命工团主义[105]的极端表现的时候,马克思和恩格斯"纠正"英美社会主义运动和德国社会主义运动时所采取的总路线就获得了特别重要的意义。

　　在**根本没有**社会民主工党、**根本没有**社会民主党的代表参加议会、不论在选举中或报刊上都**根本看不到**一贯的坚定的社会民主主义政策的国家里,马克思和恩格斯就教导社会党人**无论如何**要打破狭隘的宗派圈子,**参加到**工人运动**中去**,以便使无产阶级**在政治上振作起来**,因为在19世纪最后三分之一的年代里,无产阶级不论在英国或美国都**几乎**没有表现出**任何**政治独立性。这两个国家的政治舞台——在几乎完全没有资产阶级民主性的历史任务的条件下——**完全**被趾高气扬的资产阶级占据着,被这个在欺骗、腐蚀和收买工人的手腕上举世无双的资产阶级占据着。

　　如果谁认为马克思和恩格斯对英美工人运动的劝告可以简单地直接地应用到俄国来,那他运用马克思主义就不是为了弄清马克思主义的**方法**,不是为了**研究**各特定国家工人运动的具体历史特点,而是为了打知识分子的、派别组织的小算盘。

　　相反,在资产阶级民主革命还没有完成、过去和现在都被"以议会形式粉饰门面的军事专制"(马克思在他的《哥达纲领批判》中使用的说法)①统治着、无产阶级早已参加政治生活并实行社会民主主义政策的国家,马克思和恩格斯最怕的是用议会活动来限制和用庸人

---

　　①见《马克思恩格斯选集》第3卷人民出版社1972年版第21—22页。——编者注

观点来缩小工人运动的任务和规模。

在俄国资产阶级民主革命时代,我们尤其应当把马克思主义的**这一**方面加以强调,提到首位,因为我国自由派资产阶级广大的、"出色的"、富有的报刊正用各种办法向无产阶级鼓吹邻邦德国工人运动"模范的"忠顺态度和合法的议会活动,鼓吹它如何温文尔雅。

背叛俄国革命的资产阶级分子制造这种别有用心的谎言,并不是出于偶然,也不是由于立宪民主党[75]营垒中某些过去的大臣或未来的大臣品德败坏。他们这样做是出于俄国自由派地主和自由派资产者的根本的经济利益。俄国一切社会党人在同这种谎话、这种"愚化群众"("Massenverdummung"——恩格斯1886年11月29日信中使用的说法)[①]的行为作斗争中,都应当把马克思和恩格斯的书信当做必不可少的武器。

自由派资产者制造的别有用心的谎言,要人民相信德国社会民主党人举止如何"文雅"。德国社会民主党人的领袖、马克思主义理论的创始人则告诉我们说:

"法国人的革命言论和行动,使菲勒克分子及其同伙〈即德国社会民主党国会党团中的社会民主党人机会主义分子〉的哀鸣显得更加丑恶了〈这里是指法国众议院里工人政党的形成和德卡泽维尔工人罢工[106]迫使法国激进党人离开法国无产阶级一事〉。在最近关于反社会党人法的辩论中,就只有倍倍尔和李卜克内西发了言,他们两人都讲得很好。有了这样的辩论,我们又能在上流社会出头露面了,而这种情况在过去是不常有的。特别是在德国人派了这么多庸人参加帝国国会(不过这也难免)以后,有人出来同他们

---

①见《马克思恩格斯选集》第4卷人民出版社1972年版第457页。——编者注

争夺一下领导权，一般说来是件好事。**德国在平静时期一切都变得庸俗了**。在这种时候，法国竞争的刺激是**绝对必要的**……"（1886年4月29日的信）①

这就是深受德国社会民主党思想影响的俄国社会民主工党应当好好吸取的教训。

给予我们这种教训的，并不是19世纪两位最伟大人物的书信中的个别词句，而是他们对无产阶级国际经验所作的批评的全部精神和全部内容，这种批评是同志式的、坦率的，绝无外交辞令，决不使用心计。

至于这种精神在马克思和恩格斯的全部书信中究竟贯穿到什么程度，还可以从下面一些虽属较为局部性的但是极能说明问题的言论中看出来。

1889年，英国开始了由没有受过训练的不熟练的普通工人（煤气工人、码头工人等）进行的年轻的、生气勃勃的、充满新的革命精神的运动。恩格斯对这件事特别高兴。马克思的女儿"杜西"（Tussy）当时在这些工人中间进行鼓动工作，恩格斯对她极为夸奖。1889年12月7日他从伦敦写信说："这里最可恶的，就是那种已经深入工人肺腑的资产阶级式的'体面'。社会分成大家公认的许多等级，其中每一个等级都有自己的自尊心，但同时还有一种生来就对比自己'更好'、'更高'的等级表示尊敬的心理；这种东西已经存在这样久和这样根深蒂固，以致资产者要搞欺骗还相当容易。例如，我绝不相信约翰·白恩士（Burns）在本阶级中享有的声望会比他在曼宁红衣主教、市长和一般资产者那里的声望更使他感到自豪。秦平（Champion）（退伍的中尉）

---

① 见《马克思恩格斯全集》第1版第36卷第471页。——编者注

在多年以前就同资产阶级分子、主要是保守派分子串通一气,而他在教会的教士会议上却鼓吹社会主义等等。连我认为是他们中间最优秀的人物汤姆·曼(Mann)也喜欢谈他将同市长大人共进早餐。只要把他们同法国人比较一下,你就会知道革命有多么良好的影响。"①

这段话是用不着解释的。

再举一个例子。1891年,欧洲出现了战争危险。恩格斯当时常常同倍倍尔通信讨论这件事,他们一致认为,如果德国受到俄国侵犯,德国社会党人就要同俄国人及其同盟者进行殊死的战斗,不管这些同盟者是谁。"德国如被扼杀,我们也会和它一起同归于尽。若是发生有利的转变,斗争就会异常激烈,那时德国只有采取革命的手段才能站住脚,因而我们很可能不得不掌握政权,演一次1793年。"(1891年10月24日)②

请那些向全世界大喊大叫,说俄国工人政党在1905年所设想的"雅各宾式的"远景不合社会民主主义原则的机会主义者们听听吧!恩格斯直截了当地向倍倍尔指出,社会民主党人有可能不得不参加临时政府。

马克思和恩格斯既然对社会民主工党的任务有这样的看法,他们对俄国革命及其伟大的世界意义充满了极其乐观的信心,就是十分自然的了。从这本书信集中,可以看出他们将近二十年来始终这样热情地期待着俄国的革命。

拿马克思1877年9月27日的一封信来看。东方的危机[107]使马克思非常高兴。"俄国早已站在变革的门前,为此所必需的一切因素都已成熟了。由于土耳其好汉……打击了…… 变革的爆发将提前许多年。

---

① 见《马克思恩格斯选集》第4卷人民出版社1972年版第468页。——编者注
② 见《马克思恩格斯全集》第1版第38卷第181页。——编者注

按照一般规则("secundum artem"),变革将从**立宪的把戏**开始,接着就会有一场绝妙的热闹事(il y aura un beau tapage)。要是老天爷不特别苛待我们,我们该能活到这个胜利的日子吧。"①(马克思当时59岁)

老天没有让而且看来也不可能让马克思活到"这个胜利的日子"。但是"立宪的把戏"被他**说中了**,他的话就像是昨天针对俄国第一、二两届杜马[108]说的。要知道,告诫人民防止"立宪的把戏",正是自由派和机会主义者非常痛恨的那个抵制策略的"灵魂"……

再看看马克思1880年11月5日的一封信。由于《资本论》在俄国大受欢迎[109],他感到十分高兴,并站在民意党人[68]一边反对当时刚刚产生的土地平分派[110]。马克思准确地看出了土地平分派观点中的无政府主义成分(他当时不知道而且也不可能知道民粹派-土地平分派后来会变成社会民主党人),并且用尖刻的讥讽词句猛烈地抨击了土地平分派:

"这些先生反对一切政治革命行动。俄国应当一个筋斗就翻进无政府主义、共产主义、无神论的千年王国中去。他们现在就用令人讨厌的学理主义[74]为翻这种筋斗作准备,而这种学理主义的所谓原则,是由已故的巴枯宁首创而流行起来的。"②

由此可以想见,马克思会怎样估计社会民主党的"政治革命行动"对于1905年和以后年代的俄国的重要意义了③。

---

①见《马克思恩格斯全集》第1版第34卷第275页。——编者注

②同上书,第453页。——编者注

③顺便谈一下,我记得是普列汉诺夫还是维·伊·查苏利奇1900—1903年期间对我说过,恩格斯曾给普列汉诺夫写过一封信,谈到了《我们的意见分歧》和俄国当前革命的性质。我们很想知道是否确实有过这样一封信,它是否还保存着,现在是否应该把它公布出来。[111]

再看看恩格斯1887年4月6日的一封信。"而俄国看来会发生危机。最近的几次谋刺[112]使一切都陷入混乱……"[①]1887年4月9日的信上也这样说:"军队中充满了心怀不满的从事密谋活动的军官〈恩格斯当时对民意党人的革命斗争印象很深,他把希望寄托在军官身上,还看不到俄国士兵和水兵在18年后极其光辉地表现出来的革命性〉。……我不认为这种局面能拖到年底…… 只要俄国一干起来("losgeht"),那就太好了!"[②]

1887年4月23日的一封信说:"在德国,一个迫害接着一个迫害〈迫害社会党人〉。看样子,俾斯麦想准备好一切,以便俄国一旦爆发革命(现在看来,这也许只是几个月内的事),德国也会立即干起来("losgeschlagen werden")。"[③]

事实证明,这几个月很长很长。毫无疑问,肯定会有一些庸人要皱眉蹙额,严厉指责恩格斯的"革命主义",或者取宽容态度,对这位亡命国外的老革命家的陈旧的空想一笑置之。

是的,马克思和恩格斯在估计革命时机很快到来这一点上,在希望革命(例如1848年的德国革命)获得胜利这一点上,在相信德意志"共和国"很快成立这一点上("为共和国捐躯",——恩格斯回忆他1848—1849年期间参加维护帝国宪法的运动的情绪时这样称呼那个时代[113]),有很多错误,常常犯错误。他们在1871年也犯了错误——当时他们一心一意想"把法国南部发动起来,他们〈贝克尔写的是"我们",这是指他自己和他的亲密朋友,见1871年7月21日的第14

---

① 见《马克思恩格斯全集》第1版第36卷第622—623页。——编者注

② 同上书,第624—625页。——编者注

③ 同上书,第629页。——编者注

封信〉为此而牺牲了一个人所能牺牲的一切,冒了一个人所能冒的一切危险……"在同一封信里还说:"如果我们能在三四月间多筹集一些钱,我们也许就能把整个法国南部发动起来,使巴黎公社得到挽救。"(第29页)但是两位伟大的革命思想家在努力提高(并且确实提高了)全世界无产阶级的水平,使他们摆脱日常的琐碎的任务时所犯的**这种**错误,同官气十足的自由派在宣扬、喊叫和诉说他们的谬论(说革命是无谓忙碌,革命斗争是徒劳,反革命的"立宪"幻想妙不可言)时所表现的平庸智慧比较起来,要千倍地高尚,千倍地伟大,千倍地**有历史价值**,千倍地**正确**……

俄国工人阶级一定能用他们充满错误的革命行动来争得自由,推动欧洲前进。让那些在革命方面没有行动的庸人以没有错误而自夸吧。

尼·列宁

1907年4月6日

选自《列宁全集》第2版第15卷
第196—216页

反 对 抵 制

(摘自社会民主党政论家的札记)[114](节选)

(1907年6月26日〔7月9日〕)

一

抵制布里根杜马[115]无疑是我国革命在实行抵制方面最重要的经验。况且这次抵制还获得了最完全、最直接的成功。所以我们的首要任务是研究抵制布里根杜马的历史条件。

在研究这个问题时,首先会看到两点。第一,抵制布里根杜马是一场反对我国革命转上(即使是暂时地转上)君主立宪道路的斗争。第二,这次抵制是在最广泛、最普遍、最强大、最急剧的革命高潮的形势下进行的。

我们来谈谈第一点。对某一机关的任何抵制都不是在该机关范

列宁在本文中科学地分析了俄国社会民主党过去抵制国家杜马、现在反对抵制国家杜马的原因,强调必须根据客观形势来制定革命策略。在节选的部分,列宁指出,马克思主义和其他一切社会主义理论的不同之处,就在于它既以完全科学的冷静态度去分析客观形势,又非常坚决地承认群众的革命首创精神。列宁强调,马克思高度重视革命传统,严厉抨击对革命传统的叛卖和庸俗的态度,同时要求革命家善于思考,善于运用不同的斗争手段,而不是简单地重复某些口号。

围内进行的斗争,而是反对该机关的产生,或者说得广一点,是反对
该机关变为现实的斗争。所以,谁要像普列汉诺夫及其他许多孟什
维克那样,以马克思主义者必须利用代表机关这种空泛的论断来反
对抵制,那就只能暴露出他们的可笑的学理主义[74]。这样来谈论问
题,无异于再三重复无可争辩的真理以回避所争论的问题的实质。
马克思主义者应该利用代表机关,这是无可争辩的。但是能不能因
此就得出结论说,马克思主义者在一定条件下只能赞成在某个机关
的范围内进行的斗争,而不能赞成反对建立这个机关的斗争呢?不,
得不出这样的结论,因为这种空泛的论断只有在不可能进行反对这
类机关产生的斗争的情况下才适用。所以在抵制问题上争论的焦点
就在于有没有可能来进行反对这类机关产生的斗争。普列汉诺夫之
流**自己**提出的那些反对抵制的论据,暴露了他们并不懂得问题之所在。

其次,如果说对某一机关的任何抵制都不是在该机关范围内进
行的斗争,而是反对建立该机关的斗争,那么抵制布里根杜马同时也
是反对建立整套君主立宪类型的机关的斗争。1905年清楚地表明,
存在着进行总罢工(1月9日[116]以后的罢工浪潮)和军队起义("波将
金号")[117]这种直接的群众斗争的可能性。也就是说,群众的直接的
革命斗争是事实。另一方面,企图把运动从革命(就最直接最狭窄的
意义而言)道路引上君主立宪道路的8月6日的法令[118]也是事实。群
众的直接的革命斗争道路和君主立宪道路之间的斗争,在客观上是
不可避免的。可以说,当时需要对革命下一步发展的**道路作出选择**,
并且决定这个选择的当然不是这些或那些集团的意志,而是各革命
阶级和各反革命阶级的力量。而力量又只有在斗争中才能衡量和考
验。抵制布里根杜马的口号也就是坚持直接的革命斗争**道路**反对立
宪君主制道路的斗争口号。当然,在立宪君主制道路上也可能有斗

争,不但可能有,而且还不可避免有斗争。在君主立宪的范围内也可能继续进行革命并酝酿新的革命高潮;在君主立宪的范围内,革命的社会民主党也可能进行斗争,而且一定要进行斗争——阿克雪里罗得和普列汉诺夫在1905年曾经非常热心但非常不合时宜地论证过的这个最起码的真理,现在仍然不失为真理。可是当时历史提出的并不是这个问题,阿克雪里罗得或普列汉诺夫的议论都是"文不对题",换句话说,他们是用从新版德国社会民主主义教科书中找出的问题来代替历史提出的让斗争着的各种力量解决的问题。当时,出现一场**选择**下一步**斗争道路的斗争**是历史的必然。是由旧政权召集俄国第一个代表机关,从而在一定的时间内(时间也许很短,也许较长)把革命引上君主立宪的道路呢,还是由人民以直接的冲击去扫除(或者至少动摇)旧政权,使它不能把革命引上君主立宪的道路,从而保证(也是在或长或短的时间内)群众的直接的革命斗争的道路?这正是阿克雪里罗得和普列汉诺夫当时没有察觉到的问题,而1905年秋天,历史却把这个问题向俄国各革命阶级提了出来。社会民主党对积极抵制的宣传,就是提出这个问题的一种方式,就是无产阶级政党自觉地提出这个问题的一种方式,就是提出一个**为选择斗争道路而斗争**的口号。

宣传积极抵制的布尔什维克正确地理解了历史客观地提出的问题。1905年10—12月斗争实际上是一场选择斗争道路的斗争。这场斗争起伏很大:起初革命人民占了上风,使旧政权不可能立即把革命引上君主立宪的轨道,扫除了警察自由派类型的代表机关,建立了纯革命类型的**代表机关**,即工人代表苏维埃,等等。10—12月时期是群众最自由、主动精神最充分、工人运动发展得最广泛最迅速的时期,因为当时人民的冲击清除了君主立宪的机关、法律和种种障碍,因为出现了一个"政权空白时期"——旧政权**已**被削弱,而人民的革命新政权(工农兵代表苏维埃等)**还没有**强大到足以完全代替旧政权。十二月斗争的结果却相反:旧政权胜利了,击退了人民的冲击,保住了自己的阵地。但是不言而喻,当时还没有理由认为这个胜利是决定性的胜利。1905年十二月起义[86]得到了继续,表现为1906年夏天爆发了一连串分散的、局部的军队起义和罢工。抵制维特杜马[108]的口号是为把这些起义集中和联合起来而斗争的口号。

所以,研究俄国革命抵制布里根杜马的经验得出的第一个结论是:抵制的客观根据是一场由历史提到日程上来的决定下一步发展道路形式的斗争,是一场决定由旧政权还是由新的自发的人民政权来召开俄国第一次代表会议的斗争,是一场决定走直接的革命道路还是(在一定时间内)走君主立宪道路的斗争。

因此,过去在书刊中常常出现而在讨论本题时又一再提出的一个问题就是所谓抵制口号简单、明了和"走直线"的问题,以及是选择直接发展道路还是曲折发展道路的问题。直接推翻或者至少削弱旧政权,由人民直接建立新的政权机关,这无疑是一条最**直接的**道路,它对人民最有利,但是也需要为之付出极大的力量。在力量占压倒优势时,用直接的正面攻击也能取得胜利。在力量不足时,就可能需要走迂回的道路,需要等待时机、曲折行进、实行退却等等。当然,君主立宪的道路一点也不排斥革命,这条道路**也**在间接地酝酿并发展革命的因素,不过这条道路要漫长一些,曲折一些。

在所有孟什维克的书刊中,尤其是1905年(10月以前)的书刊中,都贯穿着对布尔什维克的责难和劝导,责难他们"走直线",劝导他们必须重视历史发展的曲折道路。孟什维克书刊的这个特征也是一种空谈的例证,他们好像在说什么马吃燕麦、伏尔加河流入里海[119]，用这种再三重复无可争辩的事实的办法来混淆所争论的问题的实质。历史通常都是循着曲折的道路发展的，马克思主义者必须善于重视历史的极其复杂奇特的曲折道路，这是无可争辩的。但是，当历史本身提出是选择直接道路还是曲折道路这个问题让斗争着的各种力量去解决的时候，再三重复无可争辩的东西就丝毫无助于解决马克思主义者该怎么办的问题。在发生这种情况的时刻或时期，用空谈历史通常的曲折性的办法来支吾搪塞，那就等于变成套中人[87]，一门心思地去琢磨马吃燕麦这样一个人所共知的事情。而革命时期正好多半是这样的历史时期，即斗争着的各种社会力量的冲突要在相对短的时间内解决国家在一个相对说来很长的时期内是走直接发展道路还是走曲折发展道路的问题。重视曲折的道路是必要的，但这绝不排斥马克思主义者应该在群众的历史的决定关头善于向群众解释走直接道路的好处，应该善于帮助群众为选择直接的道路而斗争，善于提出这种斗争的口号等等。所以只有不可救药的庸人和非常愚蠢的学究才会**在**否定直接道路而确定曲折道路的决定性的历史性战斗**结束以后**，讥笑那些为直接道路斗争到底的人。这正像特赖奇克之流的德国警察的御用历史学家讥笑1848年马克思提出的革命口号和所走的革命直线一样。

马克思主义对历史的曲折道路的态度，实际上同它对妥协的态度是一样的。历史的任何曲折转变都是妥协，是已经没有足够的力量彻底否定新事物的旧事物同还没有足够的力量彻底推翻旧事物的新事物之间的妥协。马克思主义并不拒绝妥协，马克思主义认为必须利用妥协，但这决不排斥马克思主义作为活跃的经常起作用的历史力量去全力进行反对妥协的斗争。谁弄不明白这个似乎矛盾的道理，那他就是对马克思主义一窍不通。

　　恩格斯有一次在一篇论公社布朗基派⁵⁹流亡者的宣言①（1874年）的文章中非常清楚生动、简明扼要地表明了马克思主义对妥协的态度。公社布朗基派流亡者在他们的宣言中写道，他们不容许任何妥协。恩格斯嘲笑这个宣言，他说，问题不在于拒绝利用**形势注定我们实行的妥协**（或者是：形势强迫我们实行的妥协——因为无法查对原文，只能凭记忆引用，谨向读者致歉），问题在于明确地意识到无产阶级的真正的革命目的，善于在各种形势下通过曲折道路和妥协来追求这些目的②。

　　只有从这个角度出发，才能对向群众提出的抵制口号的简单、直接和明了的特点加以评价。这个口号的上述一切特点之所以好，并不是因为这些特点本身好，而只是因为这个口号所适应的客观形势中存在着为选择直接发展道路或曲折发展道路而斗争的条件。在布里根杜马时期，这个口号之所以是工人政党的正确的和唯一革命的口号，并不是因为它是最简单、最直接和最明了的口号，而是因为当时的历史条件向工人政党提出了参加争取简单的直接的革命道路、反对曲折的君主立宪道路的斗争这样一个任务。

　　试问，究竟根据什么标准，说当时存在着这些特殊的历史条件呢？究竟根据什么主要的标志，说客观形势的特点使简单、直接、明了的口号没有成为空话，而成了唯一适合实际斗争的口号呢？我们现在就来谈这个问题。

---

　　①这篇论文编入德文文集《〈人民国家报〉国际问题论文集》（《Internationales aus dem 《Volksstaat》》）。俄译本：《〈人民国家报〉论文集》知识出版社版。
　　②参看《马克思恩格斯选集》第2卷人民出版社1972年版第592—594页。——编者注

五

抵制是俄国革命中事变迭起的英勇时期的优良革命传统之一。前面我们说过,我们的任务之一就是小心爱护这些传统,扶持这些传统,肃清其中自由派(和机会主义)寄生虫的影响。我们必须对这个任务稍加分析,以便正确地确定任务的内容并消除很可能产生的曲解和误解。

马克思主义和其他一切社会主义理论的不同之处在于,它出色地把以下两方面结合起来:既以完全科学的冷静态度去分析客观形势和演进的客观进程,又非常坚决地承认群众(当然,还有善于摸索到并建立起同某些阶级的联系的个人、团体、组织、政党)的革命毅力、革命创造性、革命首创精神的意义。从马克思的全部历史观点出发,必然会对人类发展的革命时期给予高度的评价,因为正是在这样的时期,所谓和平发展时期慢慢积累起来的许多矛盾才能够解决。正是在这样的时期,各个不同的阶级在确定社会生活形式方面的直接作用才得到最有力的表现,而后来长期以更新了的生产关系基础为依托的政治"上层建筑"的基本方面才得以建立。而且,马克思和自由派资产阶级的理论家不同,他并不认为这样的时期是脱离了"正常的"道路,是"社会病态"的表现,是过激和谬误的可悲的结果,他认为这是人类社会历史中最有生气、最重要、最本质、最具有决定性的关头。马克思和恩格斯参加1848—1849年的群众革命斗争的时期,是他们一生活动中最令人瞩目的中心点。他们从这一中心点出发来判定各国的工人运动和民主运动的成败。他们为了最明白最清楚地判定各个不同阶级的内在本性及其倾向也总是回过来研究这一中心点。他们总是从当年的革命时期出发来评价后来出现的较小的政治派别、政治组织、政治任务和政治冲突。像桑巴特这样的自由派思想领袖对马克思的活动和著作的这一特点恨之入骨，把它说成是"流亡者怨气的表现"，决不是没有缘故的。警察式资产阶级的大学中的学蠹们把马克思和恩格斯的整个革命世界观的最不可分割的组成部分归结为他们的流亡生活中的个人怨气和个人困苦的表现，这原是不足为奇的！

马克思在一封好像是给库格曼的信中，曾经附带提出了一个从我们现在所讨论的问题来看很能说明问题、特别有意思的见解。他指出，德国的反动派成功地把对1848年革命时期的回忆和这一时期的传统从人民的意识中几乎完全抹掉。①这里，反动派和无产阶级政党在对待本国的革命传统的问题上各自所担负的任务恰成鲜明的对照。反动派的任务是抹掉这些传统，把革命说成是"丧失理智的自发势力"（这是司徒卢威对德文"das tolle Jahr"的译法，德文本意为"丧失理智的一年"，是德国警察式资产阶级的历史学家们以至德国大学的历史学教授们形容1848年的用语）。反动派的任务是迫使人民忘掉革命时期所产生的丰富多彩的斗争方式、组织形式、思想和口号。愚蠢地赞美英国小市民的维伯夫妇力图把宪章运动[18]这个英国工人运动的革命时期说成不过是傻呵呵的幼稚，是"幼年的罪孽"[120]，是不值一提的天真，是偶然的反常的越轨。而德国的资产阶级历史学家也是这样藐视德国的1848年。反动派对法国大革命的态度也是如此。这场大革命至今还遭到强烈的敌视，这证明它对人类至今还具有深远而有力的影响。我国的反革命的英雄们，尤其是像司徒卢威、米

①参看《马克思恩格斯全集》第1版第32卷第584页。——编者注

留可夫、基泽韦捷尔以及诸如此类的昨天的"民主主义者",在卑鄙地诬蔑俄国革命的革命传统时也是这样争先恐后。自从无产阶级的直接的群众斗争赢得了为旧政权的自由派奴才们赞不绝口的一点点自由到现在还不到两年,而在我国的政论界,已经形成了一个自称为**自由主义的**(!!)大流派,它在立宪民主党[75]的报刊的扶持下,专门把我国的革命、革命斗争方法、革命口号、革命传统说成是某种低级的、原始的、幼稚的、自发的、疯狂的……甚至罪恶的东西……在这方面,从米留可夫到卡梅尚斯基,中间可说是只有一步之差!而反动派的业绩,即起初把人民从工农代表苏维埃赶到杜巴索夫—斯托雷平杜马中去,现在又把他们赶到十月党人[121]杜马中去的业绩,反过来却被俄国自由派英雄们当成是"俄国**立宪**意识成长的过程"。

俄国社会民主党无疑有责任极其仔细而全面地研究我国的革命,普遍向群众介绍革命的斗争方式和组织形式等等,应巩固人民中的革命传统,使群众深信唯有通过革命斗争才能多少得到一点重大而持久的改善,应始终如一地彻底揭发那些沾沾自喜的自由派的卑鄙行径,因为这些人用"立宪的"卑躬屈膝、背叛变节行为和莫尔恰林习气[122]把社会搞得乌烟瘴气。在争取自由的历史上,十月罢工或十二月起义中的一天,比起立宪民主党人在杜马中奴颜婢膝地高谈没有责任的君主、高谈君主立宪制度的几个月来,其意义始终要大上一百倍。我们必须注意——除了我们谁也不会注意——使人民对于这些充满生气、内容丰富、意义伟大和果实丰硕的日子的了解,比对于令人窒息的"立宪"以及巴拉莱金[123]和莫尔恰林们崭露头角的那几个月的了解要仔细得多,详尽得多,具体得多,因为在斯托雷平及其书报检查机关的宪兵们的蓄意纵容下,我国自由派政党的机关报和无党派的"民主主义的"(呸!呸!)报刊正在卖力地大肆渲染那几个月。

　　毫无疑问，许多人之所以同情抵制，正是因为革命家令人钦佩地努力维护以往的优良的革命传统，用勇敢、公开、坚决的斗争的火花使现时沉闷的日常生活的一潭死水重现生机。可是正因为我们珍视这种爱护革命传统的态度，我们才应该坚决反对这样一种观点，即以为采用了特定历史时期的一个口号，就能促使这个时期的基本条件重新出现。维护革命的传统，善于利用这些传统来进行经常的宣传鼓动，来向群众介绍对旧社会直接采取攻势应该具备的条件——这是一回事；把一个口号从过去使它产生并获得成功的全部条件中抽出来加以重复，并在根本不同的条件下去运用——则是另一回事。

　　马克思高度重视革命的传统，严厉抨击对革命传统的叛卖和庸俗的态度，而同时要求革命家要善于**思考**，善于**分析**采用旧的斗争手段的条件，而不是简单地重复某些口号。1792年法国的"民族"传统也许永远是某些革命斗争手段的**典范**，然而马克思却于1870年在著名的第一国际[12]《宣言》中，提醒法国无产阶级不要错误地在另一时期的条件下搬用这些传统。[124]

　　我国的情况也是如此。我们应该研究实行抵制的条件，我们应该向群众灌输这样的思想：在革命高潮时期抵制是完全合理的、有时是必不可少的手段（不管那些枉费心机地滥用马克思名字的学究说些什么）。但是现在是否存在这个高潮，是否存在宣布抵制的这个基本条件，这个问题应当善于独立地提出来，并且在认真分析材料的基础上加以解决。我们的责任就是在力所能及的范围内为这样的高潮的到来作准备，并在适当的时机不拒绝实行抵制，可是，如果认为总可以用抵制的口号来对付任何糟糕的或非常糟糕的代表机关，那就是绝对错误的了。

只要看一看那些为在"自由日子"里实行抵制进行辩解和论证的理由，你就会立即知道，在现在的形势下简单地搬用这些论据是不行的。

1905年和1906年初，我们在主张抵制时曾经说过，参加选举会挫伤士气，会把阵地让给敌人，会把革命的人民引入歧途，会使沙皇政府容易同反革命资产阶级达成协议等等。这些论据的基本前提是什么呢？这个前提并不是任何时候都能明白地说出来的，但任何时候都能意会到，**在当时**这是不言而喻的。这个前提就是不经过任何"立宪的"渠道而寻求**直接**表现并且已经**直接**表现出来的群众的充沛的革命毅力。这个前提就是革命势力不断地向反动势力**进攻**。敌人为了削弱对他们的全面冲击会故意交出阵地，如果我们因占领和防守这些阵地而削弱对他们的进攻，那我们就是犯罪。如果**没有**这种基本前提而硬搬这些论据，你就会立即感到你的整个"音乐"走了调，基调不对头。

企图借口第二届杜马[108]和第三届杜马[125]不同来为抵制辩护，这也是徒然的。认为立宪民主党人（他们在第二届杜马中把人民完全出卖给了黑帮[77]分子）同十月党人有重大的和根本的区别，认为被六三政变[126]所中断的臭名远扬的"立宪制"多少有些现实意义——所有这一切与其说符合革命的社会民主党的精神，倒不如说更符合庸俗民主主义的精神。我们总是一而再、再而三地说，第一届[108]和第二届杜马的"立宪制"不过是海市蜃楼，立宪民主党人的空谈不过是转移人们的视线，以掩盖他们的十月党人的本质，杜马这种机构根本不是能满足无产阶级和农民要求的手段。对我们来说，1907年六三政变是1905年十二月失败的自然的和必然的结果。我们从来没有对

"杜马"立宪制的好处"入迷",我们也不会因为涂脂抹粉的、用罗季切夫的空话加以美化的反动变为露骨的、公开的、粗暴的反动而感到特别的失望。这后一种反动倒可能是一个好得多的手段,它能使一切鲁莽的自由派傻瓜以及被他们引入歧途的各类居民清醒过来……

只要把孟什维克关于国家杜马的斯德哥尔摩决议同布尔什维克关于国家杜马的伦敦决议[127]比较一下,就可以看出,前一个决议舞文弄墨,言之无物,尽唱些有关杜马意义的高调,因肩负杜马工作重任而趾高气扬。后一个决议则简单扼要,严谨朴实。前一个决议充满着小市民由于社会民主党同立宪("来自人民的新政权"以及诸如此类的官方炮制的谎言)相结合而扬扬得意的情绪。后一个决议则可以大致转述如下:既然万恶的反革命势力把我们赶入这个万恶的畜栏,我们在那里也要为革命的利益工作,不叫苦,也不吹嘘。

还在直接的革命斗争时期,孟什维克就拥护杜马,反对抵制,他们可以说曾经向人民许过愿,说杜马将是一种革命的工具。可是他们许的这个愿是完全落空了。而我们布尔什维克,如果说曾许过什么愿的话,那么我们只是作了这样的保证:杜马是反革命的产物,不能指望它会办出什么真正的好事。迄今为止,我们的观点已经得到了很好的证明,可以担保说,这种观点还将从以后的事件中得到证明。不根据新的材料来"修改"和沿用10—12月的战略,俄国就决不会有自由。

因此,如果有人对我说,第三届杜马不能像第二届杜马那样加以利用,也不能向群众说清参加这届杜马的必要性,那我就要回答说,要是"利用"指的是孟什维克侈谈的所谓杜马是革命的工具等等,那当然是不能利用的。可是连前两届杜马事实上也都不过是通往十月党人杜马的阶梯,而我们还是利用过这两届杜马来达到简单而微

不足道的^①目的(宣传和鼓动,批判和向群众阐明当前发生的事情),
为了这个目的,我们总是会利用那些坏透了的代表机关的。在杜马中
发表演说绝不会引起"革命",**利用杜马**进行宣传绝没有什么特殊,但
社会民主党从这两方面得到的好处,并不比从书刊上发表的文章或
在其他会议上发表的演说中得到的好处少,而有时还要多些。

我们也应该同样简单明了地向群众说明我们参加十月党人杜
马的原因。由于1905年12月的失败,由于1906—1907年"挽回"这次
失败的尝试没有成功,反动派必然要,而且**以后还要**不断地把我们**赶
进**愈来愈糟的冒牌立宪机关。我们要随时随地坚持我们的信念,宣传
我们的观点,并且总是反复地说,只要旧政权还存在,只要它还没有
连根拔掉,我们就不能指望它办什么好事。我们要为新的高潮创造条
件,而在这个高潮到来以前,同时也为了这个高潮的到来,我们必须
更顽强地工作,不要提出只是在高潮的条件下才有意义的口号。

如果把抵制看做是使无产阶级和一部分革命的资产阶级民主
派同自由派和反动派对立起来的一种**策略方针**,那也是错误的。抵制
并不是一种策略方针,而是适用于特殊条件的一种特殊的斗争手段。
把布尔什维主义同"抵制主义"混为一谈,正如把布尔什维主义同"战
斗主义"混为一谈一样,都是错误的。1905年春在伦敦召开的布尔什
维克第三次代表大会¹³⁰和在日内瓦召开的孟什维克代表会议¹³¹分

---

①参看1905年《无产者报》¹²⁸(日内瓦出版)关于抵制布里根杜马的文章
(见《列宁全集》第2版第11卷第160—167页。——编者注),该文指出:我们并不
笼统地拒绝利用杜马,但是**现在**我们要解决我们当前的另外一个课题——为
争取直接的革命道路而斗争。还可参看1906年《无产者报》¹²⁹(俄国出版)第1
号上的文章《论抵制》(见《列宁全集》第2版第13卷第336—343页。——编者注),
这篇文章强调,杜马工作所带来的好处是**微不足道的**。

别通过的两个具有原则区别的决议,已经充分说明并体现了孟什维克**策略方针**和布尔什维克**策略方针**的区别。当时没有谈到、而且也不可能谈到抵制或"战斗主义"。无论在第二届杜马选举中(当时我们不是抵制派),还是在第二届杜马中,我们的**策略方针**都与孟什维克的策略方针截然不同,这是人所共知的。**这两种策略方针**在一切斗争的方法和手段上,在每一个斗争场合都有分歧,但是绝没有形成任何特殊的、为某种策略方针所特有的斗争方法。因此,如果用**革命**对**第一届或第二届杜马**的期望的破灭,即"合法的"、"强有力的"、"持久的"和"真正的"立宪制的破产,来证明抵制第三届杜马是正确的,或者由此提出这种抵制,那么这就是一种糟透了的孟什维主义。

选自《列宁全集》第2版第16卷
第2—8、19—27页

马克思主义和修正主义¹³²

（1908年4月3日〔16日〕以前）

    有一句著名的格言说：几何公理要是触犯了人们的利益，那也一定会遭到反驳的。自然史理论触犯了神学的陈腐偏见，引起了并且直到现在还在引起最激烈的斗争。马克思的学说直接为教育和组织现代社会的先进阶级服务，指出这一阶级的任务，并且证明现代制度由于经济的发展必然要被新的制度所代替，因此这一学说在其生命的途程中每走一步都得经过战斗，也就不足为奇了。

    官方教授按官方意图讲授资产阶级的科学和哲学，是为了愚弄那些出身于有产阶级的青年，为了"训练"他们去反对内外敌人，关于这种科学和哲学没有什么可说的。这种科学对马克思主义连听都不愿听，就宣布马克思主义已经被驳倒，已经被消灭。无论是借驳斥社会主义来猎取名利的青年学者，或者是死抱住各种陈腐"体系"的遗教不放的龙钟老朽，都同样卖力地攻击马克思。马克思主义的发展、

    本文回顾了马克思主义创立以来60年的战斗历程，指出：马克思主义在其生命的途程中每走一步都得经过战斗，马克思主义的发展、马克思主义在工人阶级中的传播和扎根，必然使资产阶级对马克思主义的攻击更加频繁，更加剧烈，而马克思主义每次被官方的科学"消灭"之后，却愈加巩固，愈加坚强，愈加生气勃勃。列宁系统揭露了修正主义在哲学、政治经济学和政治方面对马克思主义基本原理的修正；分析了修正主义在现代社会中的阶级根源，指明修正主义是国际现象；指出马克思主义对修正主义的思想斗争将是无产阶级所进行的伟大革命战斗的序幕。

马克思主义思想在工人阶级中的传播和扎根,必然使资产阶级对马克思主义的这种攻击更加频繁,更加剧烈,而马克思主义每次被官方的科学"消灭"之后,却愈加巩固,愈加坚强,愈加生气勃勃了。

就是在那些同工人阶级的斗争有联系而且主要在无产阶级中间流传的学说中,马克思主义也远远不是一下子就巩固了自己的地位的。马克思主义在它存在的头半个世纪中(从19世纪40年代起)一直在同那些与它根本敌对的理论进行斗争。在40年代前5年,马克思和恩格斯清算了站在哲学唯心主义立场上的激进青年黑格尔派[133]。40年代末,在经济学说方面进行了反对蒲鲁东主义[53]的斗争。50年代完成了这个斗争,批判了在狂风暴雨的1848年显露过头角的党派和学说。60年代,斗争从一般的理论方面转移到更接近于直接工人运动的方面:从国际中清除巴枯宁主义[14]。70年代初在德国名噪一时的是蒲鲁东主义者米尔柏格,70年代末则是实证论者[32]杜林。但是他们两人对无产阶级的影响都已经微不足道了。马克思主义已经绝对地战胜了工人运动中的其他一切思想体系。

到上一世纪90年代,这一胜利大体上完成了。甚至在蒲鲁东主义传统保持得最久的罗曼语各国[56],工人政党实际上也把自己的纲领和策略建立在马克思主义的基础上。重新恢复起来的国际工人运动组织,即定期举行的国际代表大会,几乎没有经过什么斗争就立即在一切重大问题方面都站到马克思主义立场上来了。但是,在马克思主义把一切比较完整的、同马克思主义相敌对的学说排挤出去以后,这些学说所表现的倾向就开始给自己另找出路。斗争的形式和起因改变了,但是斗争还在继续。马克思主义创立以后的第二个50年(从19世纪90年代起)一开始就是同马克思主义内部的一个反马克思主义派别进行斗争。

这个派别因前正统的马克思主义者伯恩施坦而得名,因为伯恩施坦叫嚣得最厉害,最完整地表达了对马克思学说的修正,对马克思学说的修改,即修正主义。甚至在俄国这样一个由于经济落后,由于被农奴制残余所蹂躏的农民占人口大多数而非马克思主义的社会主义自然会支持得最久的国家里,这个非马克思主义的社会主义也清清楚楚地在我们眼前转变成修正主义了。我们的社会民粹派无论在土地问题上(全部土地地方公有化的纲领),或者在纲领和策略的一般问题上,都不断地用对马克思学说的种种"修正"来代替他们的自成系统而同马克思主义根本敌对的旧体系的那些日益消亡、日趋没落的残余。

马克思主义以前的社会主义被击溃了。它已经不是站在自己独立的基地上而是站在马克思主义这一共同基地上,作为修正主义来继续斗争了。现在我们来看看修正主义的思想内容究竟怎样。

在哲学方面,修正主义跟在资产阶级教授的"科学"的屁股后面跑。教授们"回到康德那里去",修正主义就跟在新康德主义者[134]后面蹒跚而行。教授们重复神父们已经说过一千遍的、反对哲学唯物主义的滥调,修正主义者就带着傲慢的微笑嘟哝着(同最新出版的手册一字不差),说唯物主义早已被"驳倒"了。教授们轻蔑地把黑格尔视做一条"死狗"[①],耸肩鄙视辩证法,而自己却又宣扬一种比黑格尔唯心主义还要浅薄和庸俗一千倍的唯心主义;修正主义者就跟着他们爬到从哲学上把科学庸俗化的泥潭里面去,用"简单的"(和平静的)"演进"去代替"狡猾的"(和革命的)辩证法。教授们拿他们那些唯心主义的和"批判的"体系去适应占统治地位的中世纪"哲学"(即神

①参看《马克思恩格斯全集》第1版第23卷第24页。——编者注

学),以酬报官家给的俸禄,修正主义者就向他们靠拢,竭力把宗教变成"私人的事情",不是对现代国家来说而是对先进阶级的政党来说的"私人的事情"。

对马克思学说的这种"修正"的真正的阶级意义是什么,这无须加以说明,因为这是不说自明的。我们仅仅指出,在国际社会民主党中,普列汉诺夫是从彻底的辩证唯物主义观点批判过修正主义者在这方面大肆散播的庸俗不堪的滥调的唯一马克思主义者。坚决地着重指出这一点现在尤其必要,因为现在有些人极其错误地企图以批判普列汉诺夫在策略上的机会主义为幌子来偷运陈腐反动的哲学垃圾①。

谈到政治经济学,首先应当指出,修正主义者在这一方面所作的"修正"更广泛详细得多,他们竭力用"经济发展的新材料"来影响公众。他们说,集中和大生产排挤小生产的过程,在农业方面根本没有发生,而在商业和工业方面也进行得极其缓慢。他们说,现在危机已经比较少见、比较微弱了,卡特尔和托拉斯大概会给资本提供根本消除危机的可能。他们说,资本主义正在走向崩溃的"崩溃论"是站不住脚的,因为阶级矛盾有减弱和缓和的趋势。最后他们说,就连马克思的价值理论也不妨按照柏姆-巴维克的观点来加以纠正。

在这些问题上同修正主义者的斗争,正像20年前恩格斯同杜林的论战一样,使国际社会主义运动的理论思想有了颇见成效的活跃。

---

①见波格丹诺夫、巴扎罗夫等人合著的《关于马克思主义哲学的论丛》[135]。分析这本书不是本文的任务,我现在只声明一点:在最近的将来,我要写几篇论文或专门写一本小册子来说明,本文中关于新康德派修正主义者所说的一切,实质上也适用于这些"新的"新休谟派和新贝克莱派修正主义者。(见《列宁全集》第2版第18卷第5—379页。——编者注)

人们用事实和统计数字分析了修正主义者的论据,证明了修正主义者一贯地粉饰现代小生产。不仅在工业中,而且在农业中,大**生产**在技术方面和经营方面都比小生产占优势的事实,由无可辩驳的材料证实了。但是在农业中,商品生产的发展要弱得多,而现代的统计学家和经济学家通常都不大善于特别注意那些表明农业愈来愈卷入世界经济**交换**的农业专业部门(有时甚至是专门的作业)。在自然经济的废墟上,小生产是靠营养不断恶化,经常挨饿,延长工作日,家畜质量及其饲养情况恶化,总之,是靠手工业生产用来对抗资本主义工场手工业的那些手段来维持的。科学和技术每前进一步,都必不可免地、毫不留情地破坏资本主义社会内的小生产的基础,而社会主义经济学的任务是研究这一过程所表现的往往是错综复杂的一切形式,是向小生产者证明,他们在资本主义制度下不可能支持下去,农民经济在资本主义制度下没有出路,农民必须接受无产者的观点。从学术上来说,修正主义者在这个问题上的毛病,是他们对一些片面抽出的事实作肤浅的概括,而没有把它们同整个资本主义制度联系起来看;从政治上来说,他们的毛病就是不管有意还是无意,势必号召农民或推动农民去接受业主的观点(即资产阶级的观点),而不是推动他们去接受革命无产者的观点。

在危机论和崩溃论方面,修正主义的情况更糟。只有在极短促的时间内,只有最近视的人,才会在几年的工业高涨和繁荣的影响下,想要改造马克思学说的原理。现实很快就向修正主义者表明,危机的时代并没有过去:在繁荣之后,接着就来了危机。各个危机的形式、次序和情景是改变了,但是危机仍然是资本主义制度的不可避免的组成部分。卡特尔和托拉斯把生产联合起来了,但是大家都看到,它们同时又使生产的无政府状态变本加厉,使无产阶级的生活更加没有保障,资本的压迫更加严重,从而使阶级矛盾尖锐到空前的程度。最新的巨型托拉斯恰恰特别清楚、特别广泛地表明资本主义正在走向崩溃,不管这是指一次次政治危机和经济危机,还是指整个资本主义制度的完全崩溃。不久前美国的金融危机,全欧洲失业人数惊人的增加,更不用说有许多迹象预示快要到来的工业危机,——这一切使大家都忘记了修正主义者不久以前的"理论",似乎连许多修正主义者自己也忘记了。但是这种知识分子的不坚定性给工人阶级的教训,是不应当忘记的。

关于价值理论,要说的只有一点,就是除了一些柏姆-巴维克式的异常模糊的暗示和叹息,修正主义者在这方面根本没有拿出什么东西来,所以对学术思想的发展也没有留下任何痕迹。

在政治方面,修正主义确实想修正马克思主义的基础,即阶级斗争学说。他们说,政治自由、民主和普选权正在消灭阶级斗争的根据,并且使《共产党宣言》里的工人没有祖国①这个旧原理变得不正确了。他们说,在民主制度下,既然是"多数人的意志"起支配作用,那就不能把国家看做阶级统治的机关,也不能拒绝同进步的社会改良派资产阶级实行联合去反对反动派。

毫无疑义,修正主义者的这些反对意见,是一个相当严整的观点体系,即大家早已知道的自由派资产阶级的观点体系。自由派总是说,资产阶级议会制度正在消灭阶级和阶级的划分,因为一切公民都毫无差别地拥有投票的权利,参与国家事务的权利。19世纪下半叶的全部欧洲史和20世纪初的全部俄国革命史,都很清楚地表明这种观点是多么荒谬。在"民主制的"资本主义的自由下,经济上的差别并

---

① 见《马克思恩格斯选集》第1卷人民出版社1972年版第270页。——编者注

没有缩小，而是日益扩大，日益加深。议会制度并没有消除最民主的资产阶级共和国作为阶级压迫机关的本质，而是不断暴露这种本质。议会制度有助于教育和组织比先前积极参加政治事变的人多得多的广大居民群众，但是这不会消除危机和政治革命，只会在这种革命发生时使国内战争达到最激烈的程度。1871年春天的巴黎事变和1905年冬天的俄国事变，已经再明显不过地表明这种激烈的情况是必然要到来的。法国资产阶级连一秒钟都没有犹豫，立刻就同全民族的敌人，同蹂躏其祖国的外国军队勾结起来镇压无产阶级运动。谁不懂得议会制度和资产阶级民主制度的不可避免的内在的辩证法会导致比先前更激烈地用群众的暴力去解决争执，那他就永远不能在这种议会制度的基地上去进行坚持原则的宣传鼓动工作，真正培养工人群众去胜利地参加这种"争执"。在西欧同社会改良主义自由派、在俄国革命中同自由主义改良派（立宪民主党[75]）实行联合、妥协和联盟的经验，令人信服地表明这种妥协只能模糊群众的意识，因为这种妥协不是提高，而是降低群众斗争的真实意义，把正在斗争的人同最不能斗争、最动摇、最容易叛变的人拴在一起。法国的米勒兰主义[136]是在真正全国的广大范围内运用修正主义政治策略的最大尝试，它给修正主义作了一个使全世界无产阶级永远不会忘记的实际评价。

修正主义对社会主义运动的最终目的所抱的态度，是它的经济倾向和政治倾向的自然补充。"运动就是一切，最终目的算不了什么"，伯恩施坦的这句风行一时的话，要比许多长篇大论更能表明修正主义的实质。临时应付，迁就眼前的事变，迁就微小的政治变动，忘记无产阶级的根本利益，忘记整个资本主义制度、整个资本主义演进的基本特点，为了实际的或假想的一时的利益而牺牲无产阶级的根本利益，——这就是修正主义的政策。从这一政策的实质可以清楚地知道这一政策可能采取各种各样的形式,而每一个稍微"新颖的"问题、每一次稍微出人意料和没有预见到的局势变动(即使这种变动只是在极小的程度上和最短的时期内改变了发展的基本路线),都不可避免地要引起某种形式的修正主义。

修正主义的不可避免,决定于它在现代社会中的阶级根源。修正主义是国际现象。每一个稍有见识、稍有头脑的社会主义者都丝毫不会怀疑:德国正统派和伯恩施坦派[57]、法国盖得派[137]和饶勒斯派[138](现在尤其是布鲁斯派[139])、英国社会民主联盟[92]和独立工党[140]、比利时布鲁凯尔和王德威尔得、意大利整体派[141]和改良派、俄国布尔什维克和孟什维克的关系实质上到处都一样,虽然按所有这些国家的现状来说,民族条件和历史因素极不相同。当前国际社会主义运动内部的"分化",在世界上不同的国家里现在实质上已经是按**同一条**路线进行的,这表明比30—40年前有了一个巨大的进步,因为那时在不同的国家里相互斗争的是统一的国际社会主义运动内部的不同类型的倾向。现在在罗曼语各国出现的"革命工团主义"[105]这种"来自左面的修正主义"也趋附马克思主义,同时又对它加以"纠正":意大利的拉布里奥拉、法国的拉葛德尔总是不求助于过去被人误解的马克思学说,而求助于现在被人正确理解的马克思学说。

我们在这里不可能分析**这种**修正主义的思想内容,它还远不如机会主义的修正主义那样成熟,还没有国际化,还没有经受过同任何一国社会党的实际的大搏斗。因此,我们在这里只分析上述那种"来自右面的修正主义"。

为什么修正主义在资本主义社会中是不可避免的呢?为什么它的根源比民族特点的差别和资本主义发展程度的差别还要深呢?因为在任何资本主义国家里,在无产阶级身旁总是有广泛的小资产者阶层,即小业主阶层。资本主义过去是从小生产中产生的,现在也还在不断地从小生产中产生出来。资本主义必然要重新产生许多"中间阶层"(工厂附属物,如家庭劳动以及适应大工业如自行车工业和汽车工业的需要而散布在全国的小作坊等等)。这些新的小生产者同样必然要被重新抛入无产阶级的队伍。十分自然,小资产阶级世界观也就会不断渗入广大工人政党的队伍。十分自然,情况只能如此,而且一直到无产阶级革命发生急剧变化的时候还会如此,因为,那种认为必须在大多数人口"完全"无产阶级化以后才能实现无产阶级革命的想法,是极其错误的。目前我们往往只是在思想领域经历的事情,即同理论上修正马克思学说的人进行的争论,目前在实践上只是在工人运动某些局部问题上暴露出来的事情,即同修正主义者的策略分歧,以及由此而发生的分裂,在将来无产阶级革命发生时工人阶级还一定会在大得无可比拟的规模上再次经历到,因为无产阶级革命将使一切争论问题尖锐化,将把一切分歧都集中到对决定群众的行动有最直接意义的几点上,将迫使人们在斗争高潮中分清敌友,抛开坏的同盟者,以便给敌人以决定性的打击。

19世纪末革命马克思主义对修正主义的思想斗争,只是不顾小市民的种种动摇和弱点而向着本阶级事业的完全胜利迈进的无产阶级所进行的伟大革命战斗的序幕。

选自《列宁全集》第2版第17卷
第11—19页

论马克思主义
历史发展中的几个特点

（1910年12月23日〔1911年1月5日〕）

  恩格斯在谈到他本人和他那位著名的朋友时说过：我们的学说不是教条，而是行动的指南①。这个经典性的论点异常鲜明有力地强调了马克思主义的往往被人忽视的那一方面。而忽视那一方面，就会把马克思主义变成一种片面的、畸形的、僵死的东西，就会抽掉马克思主义的活的灵魂，就会破坏它的根本的理论基础——辩证法即关于包罗万象和充满矛盾的历史发展的学说，就会破坏马克思主义同时代的一定实际任务，即可能随着每一次新的历史转变而改变的一定实际任务之间的联系。

  正是现在，在那些关心马克思主义在俄国的命运的人们中间，

  本文阐述了马克思主义在不同历史时期所体现的不同特点，指出：马克思主义不是死的教条，不是一成不变的学说，而是活的行动指南，因此必然要反映社会生活条件的异常剧烈的变化；随着具体的政治形势和直接行动的任务的改变，马克思主义这一活的学说的各个不同方面也就不能不分别提到首要地位；如果忽视了这一点，就会把马克思主义变成一种片面的、畸形的、僵死的东西，就会抽掉马克思主义的活的灵魂，就会破坏它的根本的理论基础及其同时代任务之间的联系。

---

  ①参看《马克思恩格斯选集》第4卷人民出版社1972年版第456、459页。——编者注

往往有一些人恰恰忽视了马克思主义的这一方面。然而谁都知道,俄国近年来发生的急剧变化异常迅速、异常剧烈地改变了形势,改变了迫切地、直接地决定着行动条件,因而也决定着行动任务的社会政治形势。当然我所说的并不是总的基本的任务,只要各阶级间的根本的对比关系没有改变,这样的任务是不会随着历史出现转折而改变的。非常明显,俄国经济(不仅是经济)演进的总趋势,也像俄国社会各个阶级间的根本的对比关系一样,近几年,比如说近六年来并没有改变。

但是在这一时期,因为具体的社会政治形势改变了,迫切的直接行动的任务也有了极大的改变,**因此**,马克思主义这一活的学说的**各个不同**方面也就**不能不**分别提到首要地位。

为了说明这个意思,我们且看看近六年来具体的社会政治形势发生了什么变化。我们马上就可以很明显地看到这个时期划分为两个三年,前三年大约在1907年夏季结束,后三年大约在1910年夏季结束。从纯理论的角度来看,前三年的特征是俄国国家制度的基本特点发生了迅速的变化,而且这些变化的进展很不平衡,向两边摆动的幅度很大。"上层建筑"的这些变化的社会经济基础,就是俄国社会的**各个阶级**在**各个不同**舞台上的活动(杜马内外的活动、出版、结社、集会等等),这些活动的形式之公开,力量之雄厚,规模之巨大,在历史上是罕见的。

反之,后三年的特征(我们再说一遍,这里也是只从纯理论的"社会学的"角度来看)则是演进十分缓慢,几乎等于停滞不动。在国家制度方面没有发生任何比较显著的变化。前一时期**各个阶级**展开各种公开的和多方面的活动的"舞台",现在大多数都完全没有或者几乎完全没有这种活动了。

　　这两个时期的相同之处在于：俄国的演进在前后两个时期都仍旧是先前的、资本主义的演进。这种经济演进同现存的许多中世纪的封建制度之间的矛盾并没有消除，这个矛盾还是同从前一样，并没有因为某种局部的资产阶级的内容渗入这些或那些个别制度而缓和，反而更加尖锐了。

　　这两个时期的不同之处在于：前一时期摆在历史活动的舞台最前面的问题，是上述那些迅速的、不平衡的变化究竟会引起什么结果。由于俄国的演进具有资本主义的性质，这些变化的内容也就不能不是资产阶级的。但是有各种各样的资产阶级。采取某种温和的自由主义立场的中等资产阶级和大资产阶级，由于自身的阶级地位而害怕剧烈的变化，力求在土地制度和政治的"上层建筑"方面保存大量旧制度的残余。农村小资产阶级是同"自食其力"的农民交织在一起的，因此它不能不力求实现**另一种**资产阶级的改革，给一切中世纪的旧东西保留的余地要少得多。雇佣工人既然自觉地对待自己周围所发生的一切，就不能不对这两种不同趋向的冲突采取明确的态度，因为这两种不同的趋向虽然都仍没有超出资产阶级制度的范围，但是它们所决定的资产阶级制度的形式及其发展速度和进步影响所波及的广度是完全不同的。

　　可见在过去的三年，通常称做策略问题的那些问题被提到马克思主义的首要地位并不是偶然的，而是必然的。形形色色的路标派分子[142]认为，由这些问题所引起的争论和分歧，似乎是"知识分子的"争论，是"争取对不成熟的无产阶级施加影响的斗争"，是"知识分子适应无产阶级"的表现，没有再比这种意见更其错误的了。恰恰相反，正因为无产阶级已经成熟，它才不能对俄国整个资产阶级发展中的两种不同趋向的冲突采取漠不关心的态度，这个阶级的思想家才不能不提出适应(直接地或间接地适应,正面地或反面地反映)这两种不同趋向的理论公式。

在后三年,俄国资产阶级发展中的两种不同趋向的冲突**没有**成为迫切问题,因为这**两种**趋向都被"死硬派"压下去了,被推到了后面,被逼了回去,被暂时湮没了。中世纪的死硬派不仅挤满了舞台的最前面,而且使资产阶级社会的最广大阶层的内心充满了路标派的情绪,充满了沮丧心情和脱离革命的思想。这时呈现出来的不是改革旧制度的两种方式的冲突,而是对任何改革的丧失信心、"顺从"和"悔罪"的心情、对反社会学说的迷恋、神秘主义的风行等等。

这种异常剧烈的变化,既不是偶然的现象,也不单是"外界"压力的结果。前一个时期使那些几辈子、几世纪以来一直不关心政治问题、不过问政治问题的居民阶层受到了极其剧烈的震动,这就自然而然地、不可避免地要产生"重新估计一切价值",重新研究各种基本问题,重新注意理论,注意基本常识和初步知识的趋向。千百万人骤然从长梦中觉醒过来,一下子碰到许多极其重要的问题,他们不能在这个高度长久地坚持下去,他们不能不停顿一下,不能不回头去研究基本问题,不能不做一番新的准备工作,这有助于"消化"那些极其深刻的教训,使无比广大的群众能够更坚决、更自觉、更自信、更坚定地再向前进。

历史发展的辩证法就是这样:前一时期的迫切任务是在国内生活的各方面实现直接改革,后一时期的迫切任务是总结经验,使更广大的阶层掌握这种经验,使这种经验深入到所谓底层,深入到各阶级的落后群众中去。

正因为马克思主义不是死的教条,不是什么一成不变的学说,而是活的行动指南,所以它就不能不反映社会生活条件的异常剧烈

的变化。这种变化的反映就是深刻的瓦解、混乱、各种各样的动摇,总
而言之,就是马克思主义运动的极端严重的**内部**危机。坚决地反对这
种瓦解,为捍卫马克思主义**基础**而进行坚决顽强的斗争,又成为当前
的迫切任务了。在规定自己的任务时不能离开马克思主义的那些阶
级的最广大阶层,在前一时期极片面地、极反常地领会了马克思主
义,死记硬背了某些"口号"和某些策略问题的答案,而并**不理解**这些
答案中的马克思主义的准则。在社会生活各方面"重新估计一切价
值",结果就引起了对马克思主义的最抽象和最一般的哲学基本原理
的"修正"。带着各种唯心主义色彩的资产阶级哲学的影响,表现在马
克思主义者中间的马赫主义[143]的流行病上。重复那些背得烂熟、但
并不理解、也没有经过思考的"口号",结果就使得空谈盛行,这种空
谈实际上完全是非马克思主义的小资产阶级思潮:如露骨的或者羞
羞答答的"召回主义"[144],又如把召回主义认为是马克思主义的"一
种合理的色彩"。

另一方面,遍及资产阶级最广大阶层的路标主义精神和脱离革
命的思想,也渗透到力图把马克思主义的理论与实践纳入"温和谨
慎"的轨道的那个思潮中去了。马克思主义在这里所剩下的已经只是
用来掩盖浸透了自由主义精神的关于"等级制度"和"领导权"等等议
论的词句了。

本文的目的当然不是研究这些议论。仅仅指出这些议论,就足
以说明前面讲到的马克思主义运动经受的危机的深重,以及这种危
机同现在整个社会经济形势的联系。对这种危机所引起的问题避而
不谈是不行的。企图用空谈来回避这些问题,是最有害的、最无原则
的。现在,由于资产阶级的影响遍及马克思主义运动中的各种各样的
"同路人",使马克思主义的理论基础和基本原理受到了来自截然相

反的各方面的曲解，因此团结**一切**意识到危机的深重和克服危机的必要性的马克思主义者来共同捍卫马克思主义的理论基础和基本原理，是再重要不过的了。

前三年唤起了广大阶层自觉地投入社会生活，这些阶层往往是现在才第一次开始真正认识马克思主义。针对这种情况，资产阶级的刊物炮制了比过去多得多的荒谬言论，而且散布得也更加广泛。在这种条件下，马克思主义运动中的瓦解是特别危险的。因此，弄明白目前必然发生这种瓦解的原因，并且团结起来同这种瓦解进行彻底的斗争，的的确确是马克思主义者的时代任务。

选自《列宁全集》第2版第20卷
第84—89页

致伊·费·阿尔曼德(节选)

(1916年11月30日)

亲爱的朋友：关于"保卫祖国"问题，我不知道我们之间有没有意见分歧。您认为我发表在《纪念马克思》文集上的那篇文章[145]和我目前的说法有矛盾，但又**没有**具体地**摘出**任何一处文字，因此使我难以回答。我手头没有《纪念马克思》文集。当然我不能一字不差地记得我在那里是怎么写的。没有当时的和目前的文章的**具体的**引文，我无法答复您所提出的**这种**论据。

总的说来，我觉得，您的论断多少有些片面性和形式主义。您抓住《共产党宣言》上的**一句**话(工人没有祖国)①，似乎打算无条件地运用它，**直到否定民族战争**。

马克思主义的全部精神，它的整个体系，要求人们对每一个原理都要(α)历史地，(β)都要同其他原理联系起来，(γ)都要同具体的历史经验联系起来加以考察。

祖国是一个历史概念。在为推翻民族压迫而斗争的时代，或者

列宁在信中提出了如何正确对待马克思主义原理的问题，批评那种只抓住马克思恩格斯的片言只语而不去完整准确地理解他们的思想的错误倾向，强调马克思主义的全部精神和整个体系要求人们对每一个原理都应当历史地、联系其他原理、联系具体的历史经验加以考察。

---

①见《马克思恩格斯选集》第1卷人民出版社1972年版第270页。——编者注

确切些说,在这样的**时期**,祖国是一回事;在民族运动早已结束的时期,祖国则是另一回事。关于祖国和保卫祖国的原理**不可能**对"三种类型的国家"(我们关于自决的提纲第6条)①都同样适用,在一切条件下都同样适用。

《**共产党宣言**》指出,工人没有祖国。

这是对的。但是,那里**不仅仅**指出这一点。那里还指出,在民族国家形成的时期,无产阶级的作用有些不同。如果只抓住第一个原理(工人没有祖国),而**忘记了**它同第二个原理(工人组织成为民族的阶级,不过这不是资产阶级所理解的那个意思)②的**联系**,这将是天大的错误。

这种联系是什么呢?我认为,这种联系就是,在**民主**运动中(在这样的时期,在这样的具体情况下)无产阶级不能拒绝支持这个运动(因而,也不能拒绝在民族战争中保卫祖国)。

马克思和恩格斯在《**共产党宣言**》中说:工人没有祖国。可是,同一个马克思曾经不止一次地**号召**进行**民族**战争:马克思在1848年,恩格斯在1859年(恩格斯在《波河与莱茵河》这本小册子的末尾直接激发德国人的**民族**感情,直接号召德国人进行民族**战争**)。1891年,鉴于法国(布朗热)+亚历山大三世反对德国的战争当时已迫在眉睫,恩格斯曾**直接**承认要"保卫祖国"。③

马克思和恩格斯是不是今天说东,明天说西,头脑不清呢?不是

---

①见《列宁全集》第2版第27卷第262—263页。——编者注

②见《马克思恩格斯选集》第1卷人民出版社1972年版第270页。——编者注

③见《马克思恩格斯全集》第1版第13卷第297—299页和第22卷第293—298页。——编者注

的。依我看，在民族战争中承认"保卫祖国"**完全**符合马克思主义。德**国社会民主党人**在1891年真的**应该**在反对布朗热＋亚历山大三世的战争中保卫祖国，这会是一种独特的**民族**战争。

顺便提一下：我说这些，是在**重复**我在驳斥尤里的文章①中说过的东西。不知您为什么对这篇文章只字不提。我觉得，关于您在这里所提出的问题，**恰恰**在该文中有一系列论点透彻地(或者几乎透彻地)说明了我对马克思主义的理解。

选自《列宁全集》第2版第47卷
第464—466页

---

① 见《列宁全集》第2版第28卷第119—126页。——编者注

论 策 略 书 ¹⁴⁶（节选）

（1917年4月8日和13日〔21日和26日〕之间）

第 一 封 信
对形势的估计

马克思主义要求我们对每个历史关头的阶级对比关系和具体特点作出经得起客观检验的最确切的分析。我们布尔什维克总是努力按照这个要求去做，因为要对政策作科学的论证，这个要求是绝对必需的。

马克思和恩格斯总是说，"我们的学说不是教条，而是行动的指南"①，他们公正地讥笑了背诵和简单重复"公式"的做法，因为公式

列宁在本文中阐明了无产阶级政党在确定斗争任务和活动方式时必须遵循的马克思主义原则：应当对每个历史关头的阶级力量对比和具体特点作出经得起客观实际检验的分析，应当根据客观事实对自己的政策进行科学的论证。列宁批评了那种把马克思主义理论当成"公式"去背诵和简单重复而不去研究生动现实的做法，指出理论只能指出基本的、一般的东西，只能大体上概括实际生活中的复杂情况，马克思主义者必须考虑生动的实际生活，必须考虑现实的确切事实，而不应当抱住昨天的理论不放。

---

①参看《马克思恩格斯选集》第4卷人民出版社1972年版第456、459页。——编者注

至多只能指出**一般的**任务,而这样的任务必然随着历史过程中每个特殊**阶段**的**具体的**经济和政治情况而有所改变。

现在,革命无产阶级的政党应该根据哪些确切肯定的客观**事实**来确定自己的任务和活动方式呢?

在登载于1917年3月21日和22日《真理报》[147]第14号和第15号上的我的第一封《远方来信》(《第一次革命的第一阶段》)中,以及在我的提纲里,我指出"俄国当前形势的特点"是从革命的第一阶段向第二阶段**过渡**。因此我认为,**这一**时期的基本口号或"当前任务"就是:"工人们,你们在反对沙皇制度的国内战争中,显示了无产阶级的人民的英雄主义的奇迹,现在你们应该显示出无产阶级和全体人民组织的奇迹,以便为革命第二阶段的胜利作好准备。"(《真理报》第15号)①

第一阶段的内容是什么呢?

就是国家政权转到资产阶级手中。

1917年二、三月革命以前,俄国的政权是掌握在一个旧阶级即以尼古拉·罗曼诺夫为首的农奴主-贵族-地主阶级的手里。

这次革命后,政权转到了**另一个**阶级,即**资产阶级**这个新阶级手里。

无论从革命这一概念的严格科学意义来讲,或是从实际政治意义来讲,国家政权从一个**阶级**手里转到另一个**阶级**手里,都是**革命**的首要的基本的标志。

就这一点来说,俄国资产阶级革命或资产阶级民主革命**已经完成了**。

这里,我们会听到喜欢把自己称做"老布尔什维克"的那些反对

---

① 见《列宁全集》第2版第29卷第20页。——编者注

者的喧嚷声：难道我们不是向来都说只有"无产阶级和农民的革命民主专政"才能完成资产阶级民主革命吗？难道土地革命这一资产阶级民主革命已经完成了吗？难道事实不正相反，土地革命不是**还没有**开始吗？

我回答说：布尔什维克的口号和主张**总的说来**已得到历史充分的证实；但是**具体**实现的结果与任何人所能想象的**不同**，它要新奇得多，特殊得多，复杂得多。

忽略或忘记这一事实，就会重蹈我党历史上不止一次起过可悲作用的"老布尔什维克"的覆辙，他们只会无谓地背诵**记得烂熟的**公式，而不去**研究**新的生动现实的特点。

"无产阶级和农民的革命民主专政"在俄国革命中**已经**实现了①，因为这个"公式"所预见到的只是**阶级的对比关系**，而不是**实现**这种对比关系、这种合作的**具体政治机构**。"工兵代表苏维埃"——这就是已由实际生活所实现的"无产阶级和农民的革命民主专政"。

这个公式已经过时了。实际生活已经把它从公式的世界导入现实的世界，使它有血有肉，使它具体化，**从而使它变了样**。

现在提到日程上的已是另一个任务，新的任务：使这个专政**内部**的无产阶级分子（反护国主义的、国际主义的、"公社派的"即主张过渡到公社的分子）同**小业主**或**小资产阶级**分子（齐赫泽、策列铁里、斯切克洛夫、社会革命党人[51]等等革命护国派，即反对走向公社，主张"支持"资产阶级和资产阶级政府的人）实行分裂。

现在谁只谈"无产阶级和农民的革命民主专政"，谁就是落在生活的后面，因而实际上**跑到**小资产阶级方面去反对无产阶级的阶级

---

① 在一定的形式和一定的程度上。

列寧全書第二種

討論進行計畫書

列寧 著

成則人 譯

廣州人民出版社印行

中国共产党创办的人民出版社1921年出版的列宁
《论策略书》中译本(当时译《讨论进行计划书》)

斗争,这种人应当送进革命前的"布尔什维克"古董保管库(也可以叫做"老布尔什维克"保管库)。

无产阶级和农民的革命民主专政已经实现了,但是实现得非常奇特,有许多十分重大的变异。关于这些变异,我将在以后的一封信中专门谈到。现在必须弄清一个不容置辩的真理,这就是马克思主义者必须考虑生动的实际生活,必须考虑**现实**的确切事实,而不应当抱住昨天的理论不放,因为这种理论和任何理论一样,至多只能指出基本的、一般的东西,只能**大体上**概括实际生活中的复杂情况。

"我的朋友,理论是灰色的,而生活之树是常青的。"①

谁**按旧方式**提出资产阶级革命的"完成"问题,谁就是为死教条而牺牲活的马克思主义。

按照旧方式,结论是:**继**资产阶级的统治**之后**,才可能和应当是无产阶级和农民的统治,他们的专政。

但是生动的实际生活中**已经**产生了**另外一种**情况,产生了一种非常奇特的、崭新的、从未有过的**两种统治互相交错**的情况。现在同时并存的**一方面是**资产阶级的统治(即李沃夫和古契柯夫的政府),**另一方面是**无产阶级和农民的革命民主专政,后者**自愿**把政权让给资产阶级,自愿做资产阶级的附属品。

因为不要忘记,彼得格勒的政权实际上是在工人和士兵的手里,新政府**没有**而且也无法对他们施加暴力,——无论警察、脱离人民的军队或是权势极大的**居于人民之上**的官吏,都**不存在**。这是事实。这正是反映了巴黎公社类型国家的特征的事实。这个事实是旧公式包括不了的。应当善于使公式适应实际生活,而不是重复一些已经

---

①见约·沃·歌德《浮士德》第1部第4场《浮士德的书斋》。——编者注

失去意义的关于**一般**"无产阶级和农民的专政"的词句。

我们再从另一个角度来看一下这个问题，以便把问题说得更清楚。

马克思主义者不应该离开分析阶级关系的正确立场。现在执政的是资产阶级。而农民群众难道不**也是**另一阶层、另一类型、另一性质的资产阶级吗?怎么能得出结论说**这一**阶层**不能**取得政权来"完成"资产阶级民主革命呢?为什么这是不可能的呢?

老布尔什维克往往是这样议论的。

我的回答是:这是完全可能的。但是,马克思主义者在分析形势时,**不**应当从可能出发,而应当从现实出发。

现实告诉我们这样的**事实**:自由地选举出来的士兵和农民的代表,自由地进入了第二个政府即附属政府,自由地补充、发展和完善着这个政府。同时,他们又同样自由地把政权**让给了**资产阶级——这是一种丝毫没有"违背"马克思主义的理论的现象,因为我们向来知道,并曾屡次指出,资产阶级所以能够维持,**不仅**依靠暴力,而且还依靠群众的不觉悟、守旧、闭塞和无组织。

在今天这样的现实面前,不顾事实,只谈"可能性",简直是太可笑了。

农民取得全部土地和全部政权,这是可能的。我不仅没有忘记这种可能,没有把自己的眼界局限于今天,而且我在直接地确切地表述土地纲领时还估计到一种**新**现象,即贫雇农和农民业主之间发生着更深刻的分裂。

但是也有另一种可能:也许农民会听从社会革命党这种小资产阶级政党的劝告;这种小资产阶级政党受了资产者的影响,转向护国主义,劝告人们等待立宪会议,虽然这个会议直到现在连召开的日期都还没有确定！①

可能，农民会继续**保持**他们同资产阶级的协议，保持他们目前通过工兵代表苏维埃不仅在形式上而且在实际上同资产阶级达成的协议。

有各种各样的可能。忘记土地运动和土地纲领，将是极大的错误。但是忘记**现实**，同样会是极大的错误，因为现实向我们表明了资产阶级同农民已达成**协议的事实**，或者用更确切的、少带法律含义而多带经济和阶级含义的话来说，就是资产阶级同农民已实行**阶级合作**的事实。

只有这一事实不再成为事实，只有农民离开资产阶级，夺取土地、夺取政权来反对资产阶级，只有那时，才是资产阶级民主革命的新阶段，而这一点要留待以后专门去谈了。

一个马克思主义者只想到将来可能有这样的阶段，而忘记在农民同资产阶级达成**协议**的**现在**自己所负的责任，他就会变成一个小资产者。因为他在实际上会鼓动无产阶级去**信任**小资产阶级（"它，这个小资产阶级，这些农民，在资产阶级民主革命的范围内就一定会同资产阶级分开"）。他只想到"可能"有一个愉快而甜蜜的未来，那时农民**不再**是资产阶级的尾巴，社会革命党人、齐赫泽、策列铁里、斯切克洛夫之流**不再**是资产阶级政府的附属品，他只想到"可能"有这样一个愉快的未来而忘记了**不愉快的现在**，忘记了农民目前还是资产阶级的尾巴，社会革命党人和社会民主党人目前还在充当资产阶级政

---

①为了使我的话不被人误解，我马上要预先声明：我绝对赞成雇农和农民**苏维埃立刻**夺取**全部**土地，但是，它们**自己**要严格遵守秩序和纪律，丝毫不能毁坏机器、建筑物和牲畜，万万不能破坏经济和粮食生产，而要**加强**生产，因为士兵需要**加倍**的粮食，人民也不应当再挨饿。

府的附属品,充当李沃夫"陛下"的反对派[148]。

我们上面所假设的这种人,很像甜蜜蜜的路易·勃朗和媚人的考茨基分子,决不像一个革命的马克思主义者。

但是,我们会不会有陷入主观主义的危险,会不会有想"跳过"尚未完成的(农民运动尚未失去作用的)资产阶级民主革命而进到社会主义革命的危险呢?

如果我说"不要沙皇,而要**工人**政府"[149],那就有这种危险。但是我说的**不是**这个,而是别的。我是说,在俄国,**除了**工人、雇农、士兵和农民代表苏维埃外,**不能**有别的政府(资产阶级政府除开不算)。我是说,目前俄国的政权**只能**从古契柯夫和李沃夫的手里转到这些苏维埃的手里,而在这些苏维埃中,占大多数的**恰巧**是农民和士兵,如果不用生活上的、习俗上的、职业上的说法,而用阶级的说法,用科学的马克思主义的用语来说,那么占大多数的恰巧是小资产阶级。

在我的提纲中,绝对保险一点也没有跳过尚未失去作用的农民运动或整个小资产阶级运动,一点也没有由工人政府"夺取政权"的**儿戏**,一点也没有布朗基主义[59]的冒险行动,因为我直接提到了巴黎公社的经验。正像大家所知道的,也正像马克思在1871年、恩格斯在1891年所详细论述过的①,这种经验完全排斥布朗基主义,完全根据大多数人的**自觉**行动,充分保证**大多数人**实行直接的、绝对的统治和发挥群众的积极性。

我在提纲中非常明确地把问题归结为要在工人、雇农、农民和士兵代表苏维埃**内部扩大影响**。为了避免对这一点产生任何怀疑,我

---

①见《马克思恩格斯选集》第2卷人民出版社1972年版第324—336、371—386页。——编者注

在提纲中**两次**着重指出,必须进行耐心的、坚持不懈的、"根据**群众的实际**需要"的"说明"工作。

愚昧无知的人或普列汉诺夫先生这类马克思主义的叛徒,可以叫喊什么无政府主义、布朗基主义等等。谁只要肯思索和学习,谁就不能不知道,布朗基主义是主张由少数人夺取政权,而工人等等代表苏维埃却**明明**是**大多数**人民的公开的直接的组织。在这样的苏维埃**内部**扩大影响,自然不会而且绝对**不会**陷入布朗基主义的泥潭。这样做,也不会陷入无政府主义的泥潭,因为无政府主义就是否认在从资产阶级统治向无产阶级统治**过渡**的时期**必须有国家和国家政权**。而我则用丝毫不会引起误会的明确态度,**坚决主张**在这个时期必须有国家,不过根据马克思的学说和巴黎公社的经验,这种国家不是通常的资产阶级议会制国家,而是**没有**常备军、**没有**同人民对立的警察、**没有**居于人民之上的官吏的国家。

普列汉诺夫先生在他的《统一报》¹⁵⁰上拼命地叫喊无政府主义,这只不过是再次证明他背离了马克思主义。我在《真理报》(第26号)上曾向普列汉诺夫挑战,要他谈一谈马克思和恩格斯在1871、1872、1875年在国家问题上是怎样教导的①,普列汉诺夫先生对于这个问题的实质只能是默不作答,只能像被激怒了的资产阶级那样咆哮一通。

前马克思主义者普列汉诺夫先生,**完全**不懂马克思主义关于国家的学说。顺便提一下,在他那本论无政府主义的德文小册子¹⁵¹里,就已经可以看出这种不懂的迹象了。

> 选自《列宁全集》第2版第29卷
> 第136—143页

---

① 见《列宁全集》第2版第29卷第118页。——编者注

国家与革命

马克思主义关于国家的学说与
无产阶级在革命中的任务[152]

（1917年8—9月）

第一版序言

国家问题，现在无论在理论方面或在政治实践方面，都具有特别

这是列宁系统阐述马克思主义国家学说、无产阶级革命和无产阶级专政理论的重要著作。这部著作捍卫和发展了历史唯物主义和科学社会主义的基本理论。在这部著作中，列宁根据马克思恩格斯的国家学说和无产阶级专政理论的基本观点，阐明了国家的起源和本质、国家的基本特征和职能，论述了无产阶级国家政权即无产阶级专政的作用，批判了机会主义和修正主义对马克思主义国家学说和无产阶级专政理论的歪曲，强调只有承认阶级斗争、同时承认无产阶级专政的人才是马克思主义者。列宁阐发了马克思在《哥达纲领批判》中提出的关于共产主义社会分为第一阶段和高级阶段的学说，论述了这两个阶段的基本特征，指明它们是共产主义在经济上成熟程度不同的两个阶段，并把马克思所说的"共产主义社会第一阶段"或低级阶段称为社会主义。列宁论述了无产阶级专政和民主的关系，揭示了无产阶级民主和资产阶级民主的本质区别，阐明了国家消亡的社会经济基础，指出只有到了共产主义社会的高级阶段国家才会消亡，而在资本主义向共产主义的过渡时期必须保持国家，这个时期的国家只能是无产阶级的革命专政。

重大的意义。帝国主义战争大大加速和加剧了垄断资本主义变为国家垄断资本主义的过程。国家同势力极大的资本家同盟日益密切地融合在一起,它对劳动群众的骇人听闻的压迫愈来愈骇人听闻了。各先进国家(我们指的是它们的"后方")变成了工人的军事苦役监狱。

旷日持久的战争造成的空前惨祸和灾难,使群众生活痛苦不堪,使他们更加愤慨。国际无产阶级革命正在显著地发展。这个革命对国家的态度问题,已经具有实践的意义了。

在几十年较为和平的发展中积聚起来的机会主义成分,造成了在世界各个正式的社会党内占统治地位的社会沙文主义流派。这个流派(在俄国有普列汉诺夫、波特列索夫、布列什柯夫斯卡娅、鲁巴诺维奇以及以稍加掩饰的形式出现的策列铁里先生、切尔诺夫先生之流;在德国有谢德曼、列金、大卫等;在法国和比利时有列诺得尔、盖得、王德威尔得;在英国有海德门和费边派[103],等等)是口头上的社会主义、实际上的沙文主义,其特点就在于这些"社会主义领袖"不仅对于"自己"民族的资产阶级的利益,而且正是对于"自己"国家的利益,采取卑躬屈膝的迎合态度,因为大多数所谓大国早就在剥削和奴役很多弱小民族。而帝国主义战争正是为了瓜分和重新瓜分这种赃物而进行的战争。如果不同"国家"问题上的机会主义偏见作斗争,使劳动群众摆脱资产阶级影响、特别是摆脱帝国主义资产阶级影响的斗争就无法进行。

首先,我们要考察一下马克思和恩格斯的国家学说,特别详细地谈谈这个学说被人忘记或遭到机会主义歪曲的那些方面。其次,我们要专门分析一下歪曲这个学说的主要代表人物,即在这次战争中如此可悲地遭到破产的第二国际(1889—1914年)的最著名领袖卡尔·考茨基。最后,我们要给俄国1905年革命、特别是1917年革命的经验,作一个基本的总结。后面这次革命的第一个阶段看来现在(1917年8月初)正在结束,但整个这次革命只能认为是帝国主义战争引起的无产阶级社会主义革命的链条中的一个环节。因此,无产阶级社会主义革命对国家的态度问题不仅具有政治实践的意义,而且具有最迫切的意义,这个问题是要向群众说明,为了使自己从资本的枷锁下解放出来,他们在最近的将来应当做些什么。

作　者

1917年8月

第二版序言

本版,即第2版,几乎没有变动,仅在第2章中增加了第3节。

作　者

1918年12月17日于莫斯科

第 一 章
阶级社会和国家

1. 国家是阶级矛盾不可调和的产物

　　马克思的学说在今天的遭遇,正如历史上被压迫阶级在解放斗争中的革命思想家和领袖的学说常有的遭遇一样。当伟大的革命家在世时,压迫阶级总是不断迫害他们,以最恶毒的敌意、最疯狂的仇恨、最放肆的造谣和诽谤对待他们的学说。在他们逝世以后,便试图把他们变为无害的神像,可以说是把他们偶像化,赋予他们的**名字**某种荣誉,以便"安慰"和愚弄被压迫阶级,同时却阉割革命学说的**内容**,磨去它的革命锋芒,把它庸俗化。现在资产阶级和工人运动中的机会主义者在对马克思主义做这种"加工"的事情上正一致起来。他们忘记、抹杀和歪曲这个学说的革命方面,革命灵魂。他们把资产阶级可以接受或者觉得资产阶级可以接受的东西放在第一位来加以颂扬。现在,一切社会沙文主义者都成了"马克思主义者",这可不是说着玩的!那些德国的资产阶级学者,昨天还是剿灭马克思主义的专家,现在却愈来愈频繁地谈论起"德意志民族的"马克思来了,似乎马克思培育出了为进行掠夺战争而组织得非常出色的工人联合会!

列宁1917年7—8月在拉兹利夫藏匿地写作《国家与革命》

〔苏〕M.索科洛夫作

在这种情况下,在对马克思主义的种种歪曲空前流行的时候,我们的任务首先就是要**恢复**真正的马克思的国家学说。为此,必须大段大段地引证马克思和恩格斯本人的著作。当然,大段的引证会使文章冗长,并且丝毫无助于通俗化。但是没有这样的引证是绝对不行的。马克思和恩格斯著作中所有谈到国家问题的地方,至少一切有决定意义的地方,一定要尽可能完整地加以引证,使读者能够独立地了解科学社会主义创始人的全部观点以及这些观点的发展,同时也是为了确凿地证明并清楚地揭示现在占统治地位的"考茨基主义"对这些观点的歪曲。

我们先从传播最广的弗·恩格斯的《家庭、私有制和国家的起源》一书讲起,这本书已于1894年在斯图加特出了第6版。我们必须根据德文原著来译出引文,因为俄文译本虽然很多,但多半不是译得不全,就是译得很糟。

恩格斯在总结他所作的历史的分析时说:"国家决不是从外部强加于社会的一种力量。国家也不像黑格尔所断言的是'伦理观念的现实','理性的形象和现实'。[153]毋宁说,国家是社会在一定发展阶段上的产物;国家是表示:这个社会陷入了不可解决的自我矛盾,分裂为不可调和的对立面而又无力摆脱这些对立面。而为了使这些对立面,这些经济利益互相冲突的阶级,不致在无谓的斗争中把自己和社会消灭,就需要有一种表面上站在社会之上的力量来抑制冲突,把冲突保持在'秩序'的范围以内;这种从社会中产生但又居于社会之上并且日益同社会相异化的力量,就是国家。"(德文第6版第177—178页)[1]

这一段话十分清楚地表达了马克思主义关于国家的历史作用

①见《马克思恩格斯选集》第4卷人民出版社1972年版第166页。——编者注

和意义这一问题的基本思想。国家是阶级矛盾**不可调和**的产物和表现。在阶级矛盾客观上**不能**调和的地方、时候和条件下，便产生国家。反过来说，国家的存在证明阶级矛盾不可调和。

对马克思主义的歪曲正是从这最重要的和根本的一点上开始的，这种歪曲来自两个主要方面。

一方面，资产阶级的思想家，特别是小资产阶级的思想家——他们迫于无可辩驳的历史事实不得不承认，只有存在阶级矛盾和阶级斗争的地方才有国家——这样来"稍稍纠正"马克思，把国家说成是阶级**调和**的机关。在马克思看来，如果阶级调和是可能的话，国家既不会产生，也不会保持下去。而照市侩和庸人般的教授和政论家们说来（往往还善意地引用马克思的话作根据！），国家正是调和阶级的。在马克思看来，国家是阶级**统治**的机关，是一个阶级**压迫**另一个阶级的机关，是建立一种"秩序"来抑制阶级冲突，使这种压迫合法化、固定化。在小资产阶级政治家看来，秩序正是阶级调和，而不是一个阶级对另一个阶级的压迫；抑制冲突就是调和，而不是剥夺被压迫阶级用来推翻压迫者的一定的斗争手段和斗争方式。

例如，在1917年革命中，当国家的意义和作用问题正好显得极为重要，即作为立刻行动而且是大规模行动的问题在实践上提出来的时候，全体社会革命党人[51]和孟什维克一下子就完全滚到"国家""调和"阶级这种小资产阶级理论方面去了。这两个政党的政治家写的无数决议和文章，都浸透了这种市侩的庸俗的"调和"论。至于国家是一定阶级的统治机关，这个阶级**不可能**与同它对立的一方（同它对抗的阶级）调和，这是小资产阶级民主派始终不能了解的。我国社会革命党人和孟什维克根本不是社会主义者（我们布尔什维克一直都在这样证明），而是唱着准社会主义的高调的小资产阶级民主派，他们对国家的态度就是最明显的表现之一。

另一方面，"考茨基主义"对马克思主义的歪曲要巧妙得多。"在理论上"，它既不否认国家是阶级统治的机关，也不否认阶级矛盾不可调和。但是，它忽视或抹杀了以下一点：既然国家是阶级矛盾不可调和的产物，既然它是站**在社会之上**并且"**日益**同社会**相异化**"的力量，那么很明显，被压迫阶级要求得解放，不仅非进行暴力革命不可，**而且非消灭**统治阶级所建立的、体现这种"异化"的国家政权机构不可。这个在理论上不言而喻的结论，下面我们会看到，是马克思对革命的任务作了具体的历史的分析后十分明确地得出来的。正是这个结论被考茨基……"忘记"和歪曲了，这一点我们在下面的叙述中还要详细地证明。

2. 特殊的武装队伍，监狱等等

恩格斯继续说："……国家和旧的氏族〈或克兰〉组织[154]不同的地方，第一点就是它按地区来划分它的国民。……"

我们现在觉得这种划分"很自然"，但这是同血族或氏族的旧组织进行了长期的斗争才获得的。

"……第二个不同点，是公共权力的设立，这种公共权力已不再同自己组织为武装力量的居民直接符合了。这种特殊的公共权力之所以需要，是因为自从社会分裂为阶级以后，居民的自动的武装组织已经成为不可能了。…… 这种公共权力在每一个国家里都存在。构成这种权力的，不仅有武装的人，而且还有物质的附属物，如监狱和各种强制机关，这些东西都是以前的氏族〈克兰〉社会所没有的。……"①

恩格斯在这里阐明了被称为国家的那种"力量"的概念,即从社会中产生但又居于社会之上并且日益同社会相异化的力量的概念。这种力量主要是什么呢?主要是拥有监狱等等的特殊的武装队伍。

应该说这是特殊的武装队伍,因为任何国家所具有的公共权力已经"不再"同武装的居民,即同居民的"自动的武装组织""直接符合"了。

同一切伟大的革命思想家一样,恩格斯也竭力促使有觉悟的工人去注意被流行的庸俗观念认为最不值得注意、最习以为常的东西,被根深蒂固的甚至可说是顽固不化的偏见奉为神圣的东西。常备军和警察是国家政权的主要强力工具,但是,难道能够不是这样吗?

19世纪末,大多数欧洲人认为只能是这样。恩格斯的话正是对这些人说的。他们没有经历过,也没有亲眼看到过一次大的革命。他们完全不了解什么是"居民的自动的武装组织"。对于为什么要有特殊的、居于社会之上并且同社会相异化的武装队伍(警察、常备军)这个问题,西欧和俄国的庸人总是喜欢借用斯宾塞或米海洛夫斯基的几句话来答复,说这是因为社会生活复杂化、职能分化等等。

这种说法似乎是"科学的",而且很能迷惑一般人;它掩盖了社会分裂为不可调和地敌对的阶级这个主要的基本的事实。

如果没有这种分裂,"居民的自动的武装组织",就其复杂程度、技术水平等等来说,固然会不同于拿着树棍的猿猴群或原始人或组成克兰社会的人们的原始组织,但这样的组织是可能有的。

①见《马克思恩格斯选集》第4卷人民出版社1972年版第166—167页。——编者注

这样的组织所以不可能有,是因为文明社会已分裂为敌对的而且是不可调和地敌对的阶级。如果这些阶级都有"自动的"武装,就会导致它们之间的武装斗争。于是国家形成了,特殊的力量即特殊的武装队伍建立起来了。每次大革命在破坏国家机构的时候,我们都看到赤裸裸的阶级斗争,我们都清楚地看到,统治阶级是如何力图恢复替它服务的特殊武装队伍,被压迫阶级又是如何力图建立一种不替剥削者服务,而替被剥削者服务的新型的同类组织。

恩格斯在上面的论述中从理论上提出的问题,正是每次大革命实际地、明显地而且是以大规模的行动提到我们面前的问题,即"特殊的"武装队伍同"居民的自动的武装组织"之间的相互关系问题。我们在下面会看到,欧洲和俄国历次革命的经验是怎样具体地说明这个问题的。

现在我们再来看恩格斯的论述。

他指出,有时,如在北美某些地方,这种公共权力极其微小(这里指的是资本主义社会中罕见的例外,指的是帝国主义以前时期北美那些自由移民占多数的地方),但一般说来,它是在加强:

"……随着国内阶级对立的尖锐化,随着彼此相邻的各国的扩大和它们人口的增加,公共权力就日益加强。就拿我们今天的欧洲来看吧,在这里,阶级斗争和侵略竞争已经使公共权力猛增到势将吞食整个社会甚至吞食国家的高度。……"①

这段话至迟是在上一世纪90年代初期写的。恩格斯最后的序言②

---

① 见《马克思恩格斯选集》第4卷人民出版社1972年版第167页。——编者注

② 指恩格斯的《家庭、私有制和国家的起源》一书德文第4版序言(见《马克思恩格斯选集》第4卷人民出版社1972年版第4—16页)。——编者注

注明的日期是1891年6月16日。当时向帝国主义的转变,无论就托拉斯的完全统治或大银行的无限权力或大规模的殖民政策等等来说,在法国还是刚刚开始,在北美和德国更要差一些。此后,"侵略竞争"进了一大步,尤其是到了20世纪第二个10年的初期,世界已被这些"竞争的侵略者",即进行掠夺的大国瓜分完了。从此陆海军备无限增长,1914—1917年由于英德两国争夺世界霸权即由于瓜分赃物而进行的掠夺战争,使贪婪的国家政权对社会一切力量的"吞食"快要酿成大灾大难了。

恩格斯在1891年就已指出,"侵略竞争"是各个大国对外政策最重要的特征之一,但是在1914—1917年,即正是这个竞争加剧了许多倍而引起了帝国主义战争的时候,社会沙文主义的恶棍们却用"保卫祖国"、"保卫共和国和革命"等等词句来掩盖他们维护"自己"资产阶级强盗利益的行为!

3. 国家是剥削被压迫阶级的工具

为了维持特殊的、站在社会之上的公共权力,就需要捐税和国债。

恩格斯说:"……官吏既然掌握着公共权力和征税权,他们就作为社会机关而站**在社会之上**。从前人们对于氏族〈克兰〉社会的机关的那种自由的、自愿的尊敬,即使他们能够获得,也不能使他们满足了……" 于是制定了官吏神圣不可侵犯的特别法律。"一个最微不足道的警察"却有比克兰代表更大的"权威",然而,即使是文明国家掌握军权的首脑,也会对"不是用强迫手段获得"社会"尊敬"的克兰首领表示羡慕。①

这里提出了作为国家政权机关的官吏的特权地位问题。指出了这样一个基本问题:究竟什么东西使他们居于社会**之上**?我们在下面就会看到,这个理论问题在1871年如何被巴黎公社实际地解决了,而在1912年又如何被考茨基反动地抹杀了。

"……由于国家是从控制阶级对立的需要中产生的,同时又是在这些阶级的冲突中产生的,所以,它照例是最强大的、在经济上占统治地位的阶级的国家,这个阶级借助于国家而在政治上也成为占统治地位的阶级,因而获得了镇压和剥削被压迫阶级的新手段。……"不仅古代国家和封建国家是剥削奴隶和农奴的机关,"现代的代议制的国家"也"是资本剥削雇佣劳动的工具。但也例外地有这样的时期,那时互相斗争的各阶级达到了这样势均力敌的地步,以致国家权力作为表面上的调停人而暂时得到了对于两个阶级的某种独立性。……"②17世纪和18世纪的专制君主制,法兰西第一帝国和第二帝国的波拿巴主义,德国的俾斯麦,都是如此。

我们还可以补充说,在开始迫害革命无产阶级以后,在苏维埃由于小资产阶级民主派的领导而**已经**软弱无力,资产阶级又**还**没有足够的力量来直接解散它的时候,共和制俄国的克伦斯基政府也是如此。

恩格斯继续说,在民主共和国内,"财富是间接地但也是更

---

① 见《马克思恩格斯选集》第4卷人民出版社1972年版第167—168页。——编者注

② 同上书,第168页。——编者注

可靠地运用它的权力的",它所采用的第一个方法是"直接收买官吏"(美国),第二个方法是"政府和交易所结成联盟"(法国和美国)。①

目前,在任何民主共和国中,帝国主义和银行统治都把这两种维护和实现财富的无限权力的方法"发展"到了非常巧妙的地步。例如,在俄国实行民主共和制的头几个月里,也可以说是在社会革命党人和孟什维克这些"社会党人"同资产阶级在联合政府中联姻的蜜月期间,帕尔钦斯基先生暗中破坏,不愿意实施遏止资本家、制止他们进行掠夺和借军事订货盗窃国库的种种措施,而在帕尔钦斯基先生退出内阁以后(接替他的自然是同他一模一样的人),资本家"奖赏"给他年薪12万卢布的肥缺,这究竟是怎么一回事呢?是直接的收买,还是间接的收买?是政府同辛迪加结成联盟,还是"仅仅"是一种友谊关系?切尔诺夫、策列铁里、阿夫克森齐耶夫、斯柯别列夫之流究竟起着什么作用?他们是盗窃国库的百万富翁的"直接"同盟者,还是仅仅是间接的同盟者?

"财富"的无限权力在民主共和制下**更可靠**,是因为它不依赖政治机构的某些缺陷,不依赖资本主义的不好的政治外壳。民主共和制是资本主义所能采用的最好的政治外壳,所以资本一掌握(通过帕尔钦斯基、切尔诺夫、策列铁里之流)这个最好的外壳,就能十分巩固十分可靠地确立自己的权力,以致在资产阶级民主共和国中,无论人员、无论机构、无论政党的**任何**更换,都不会使这个权力动摇。

还应该指出,恩格斯十分肯定地认为,普选制是资产阶级统治

---

① 见《马克思恩格斯选集》第4卷人民出版社1972年版第169页。——编者注

的工具。他显然是考虑到了德国社会民主党的长期经验,说普选制是

> "测量工人阶级成熟性的标尺。在现今的国家里,普选制不
> 能而且永远不会提供更多的东西"①。

小资产阶级民主派,如我国的社会革命党人和孟什维克,以及他们的同胞兄弟西欧一切社会沙文主义者和机会主义者,却正是期待从普选制中得到"更多的东西"。他们自己相信而且要人民也相信这种荒谬的想法:普选制"在**现今的**国家里"能够真正体现大多数劳动者的意志,并保证实现这种意志。

我们在这里只能指出这种荒谬的想法,只能指出,恩格斯这个十分明白、准确而具体的说明,经常在"正式的"(即机会主义的)社会党的宣传鼓动中遭到歪曲。至于恩格斯在这里所唾弃的这种想法的全部荒谬性,我们在下面谈到马克思和恩格斯对"**现今的**"国家的看法时还会详细地加以阐明。

恩格斯在他那部流传最广的著作中,把自己的看法总结如下:

> "所以,国家并不是从来就有的。曾经有过不需要国家、而
> 且根本不知国家和国家权力为何物的社会。在经济发展到一定
> 阶段而必然使社会分裂为阶级时,国家就由于这种分裂而成为
> 必要了。现在我们正在以迅速的步伐接近这样的生产发展阶
> 段,在这个阶段上,这些阶级的存在不仅不再必要,而且成了生
> 产的直接障碍。阶级不可避免地要消失,正如它们从前不可避
> 免地产生一样。随着阶级的消失,国家也不可避免地要消失。在
> 自由平等的生产者联合体的基础上按新方式组织生产的社会,

---

① 见《马克思恩格斯选集》第4卷人民出版社1972年版第169页。——编者注

将把全部国家机器放到那时它应该去的地方,即放到古物陈列馆去,同纺车和青铜斧陈列在一起。"①

这一段引文在现代社会民主党的宣传鼓动书刊中很少遇到,即使遇到,这种引用也多半好像是对神像鞠一下躬,也就是为了例行公事式地对恩格斯表示一下尊敬,而丝毫不去考虑,先要经过多么广泛而深刻的革命,才能"把全部国家机器放到古物陈列馆去"。他们甚至往往不懂恩格斯说的国家机器究竟是什么。

4. 国家"自行消亡"和暴力革命

恩格斯所说的国家"自行消亡"这句话是这样著名,这样经常地被人引证,又这样清楚地表明了通常那种把马克思主义篡改为机会主义的手法的实质,以致对它必须详细地考察一下。现在我们把谈到这句话的整段论述援引如下:

"无产阶级将取得国家政权,并且首先把生产资料变为国家财产。但是,这样一来它就消灭了作为无产阶级的自身,消灭了一切阶级差别和阶级对立,也消灭了作为国家的国家。到目前为止还在阶级对立中运动着的社会,都需要有国家,即需要一个剥削阶级的组织,以便维持它的外部的生产条件,特别是用暴力把被剥削阶级控制在当时的生产方式所决定的那些压迫条件下(奴隶制、农奴制或依附农制、雇佣劳动制)。国家

---

① 见《马克思恩格斯选集》第4卷人民出版社1972年版第170页。——编者注

是整个社会的正式代表,是社会在一个有形的组织中的集中表现,但是,说国家是这样的,这仅仅是说,它是当时独自代表整个社会的那个阶级的国家:在古代是占有奴隶的公民的国家,在中世纪是封建贵族的国家,在我们的时代是资产阶级的国家。当国家终于真正成为整个社会的代表时,它就使自己成为多余的了。当不再有需要加以镇压的社会阶级的时候,当阶级统治和根源于至今的生产无政府状态的生存斗争已被消除,而由此产生的冲突和极端行动也随着被消除了的时候,就不再有什么需要镇压了,也就不再需要国家这种实行镇压的特殊力量了。国家真正作为整个社会的代表所采取的第一个行动,即以社会的名义占有生产资料,同时也是它作为国家所采取的最后一个独立行动。那时,国家政权对社会关系的干预将先后在各个领域中成为多余的事情而自行停止下来。那时,对人的统治将由对物的管理和对生产过程的领导所代替。国家不是‘被废除’的,**它是自行消亡的**。应当以此来衡量‘自由的人民国家’这个用语,这个用语在鼓动的意义上暂时有存在的理由,但归根到底是没有科学根据的;同时也应当以此来衡量所谓无政府主义者提出的在一天之内废除国家的要求。”(《反杜林论(欧根·杜林先生在科学中实行的变革)》德文第3版第301—303页)①

我们可以确有把握地说,在恩格斯这一段思想极其丰富的论述中,被现代社会党的社会主义思想实际接受的只有这样一点:和无政

---

① 见《马克思恩格斯选集》第3卷人民出版社1972年版第320—321页。——编者注

府主义的国家"废除"说不同,按马克思的观点,国家是"自行消亡"的。这样来削剪马克思主义,无异是把马克思主义变成机会主义,因为这样来"解释",就只会留下一个模糊的观念,似乎变化就是缓慢的、平稳的、逐渐的,似乎没有飞跃和风暴,没有革命。对国家"自行消亡"的普遍的、流行的、大众化的(如果能这样说的话)理解,无疑意味着回避革命,甚至是否定革命。

实际上,这样的"解释"是对马克思主义最粗暴的、仅仅有利于资产阶级的歪曲,所以产生这种歪曲,从理论上说,是由于忘记了我们上面完整地摘引的恩格斯的"总结性"论述中就已指出的那些极重要的情况和想法。

第一,恩格斯在这段论述中一开始就说,无产阶级将取得国家政权,"这样一来也消灭了作为国家的国家"。这是什么意思,人们是"照例不"思索的。通常不是完全忽略这一点,就是认为这是恩格斯的一种"黑格尔主义的毛病"。其实这句话扼要地表明了最伟大的一次无产阶级革命的经验,即1871年巴黎公社的经验,关于这一点,我们在下面还要详细地加以论述。实际上恩格斯在这里所讲的是以无产阶级革命来"消灭"**资产阶级的**国家,而他讲的自行消亡是指社会主义革命**以后无产阶级**国家制度残余。按恩格斯的看法,资产阶级国家不是"自行消亡"的,而是由无产阶级在革命中来"**消灭**"的。在这个革命以后,自行消亡的是无产阶级的国家或半国家。

第二,国家是"实行镇压的特殊力量"。恩格斯这个出色的极其深刻的定义在这里说得十分清楚。从这个定义可以得出这样的结论:资产阶级对无产阶级,即一小撮富人对千百万劳动者"实行镇压的特殊力量",应该由无产阶级对资产阶级"实行镇压的特殊力量"(无产阶级专政)来代替。这就是"消灭作为国家的国家"。这就是以社会的名义占有生产资料的"行动"。显然,以一种(无产阶级的)"特殊力量"来代替另一种(资产阶级的)"特殊力量",**这样一种**更替是决不能通过"自行消亡"来实现的。

第三,恩格斯所说的"自行消亡",甚至更突出更鲜明地说的"自行停止",是十分明确而肯定地指"国家以整个社会的名义占有生产资料**以后**即社会主义革命**以后**的时期。我们大家都知道,这时"国家"的政治形式是最完全的民主。但是那些无耻地歪曲马克思主义的机会主义者,却没有一个人想到恩格斯在这里所说的就是**民主**的"自行停止"和"自行消亡"。乍看起来,这似乎是很奇怪的。但是,只有那些没有想到民主**也**是国家、因而在国家消失时民主也会消失的人,才会觉得这是"不可理解"的。资产阶级的国家只有革命才能"消灭"。国家本身,就是说最完全的民主,只能"自行消亡"。

第四,恩格斯在提出"国家自行消亡"这个著名的原理以后,立刻就具体地说明这个原理是既反对机会主义者又反对无政府主义者的。而且恩格斯放在首位的,是从"国家自行消亡"这个原理中得出的反对机会主义者的结论。

可以担保,在1万个读过或听过国家"自行消亡"论的人中,有9 990人完全不知道或不记得恩格斯从这个原理中得出的结论**不仅**是反对无政府主义者的。其余的10个人中可能有9个人不知道什么是"自由的人民国家",不知道为什么反对这个口号就是反对机会主义者。历史竟然被写成这样!伟大的革命学说竟然这样被人不知不觉地篡改成了流行的庸俗观念。反对无政府主义者的结论被千百次地重复,庸俗化,极其简单地灌到头脑中去,变成固执的偏见。而反对机会主义者的结论,却被抹杀和"忘记了"!

"自由的人民国家"是70年代德国社会民主党人的纲领性要求

和流行口号。这个口号除了对于民主概念的市侩的、夸张的描写，没有任何政治内容。由于当时是在合法地用这个口号暗示民主共和国，恩格斯也就从鼓动的观点上同意"暂时"替这个口号"辩护"。但这个口号是机会主义的，因为它不仅起了粉饰资产阶级民主的作用，而且表现出不懂得社会主义对任何国家的批评。我们赞成民主共和国，因为这是在资本主义制度下对无产阶级最有利的国家形式。但是，我们决不应该忘记，即使在最民主的资产阶级共和国里，人民仍然摆脱不了当雇佣奴隶的命运。其次，任何国家都是对被压迫阶级"实行镇压的特殊力量"。因此**任何**国家都**不是**自由的，都**不是**人民的。在70年代，马克思和恩格斯一再向他们党内的同志解释这一点。[155]

第五，在恩格斯这同一本著作中，除了大家记得的关于国家自行消亡的论述，还有关于暴力革命意义的论述。恩格斯从历史上对于暴力革命的作用所作的评述变成了对暴力革命的真正的颂扬。但是，"谁都不记得"这一点，这个思想的意义在现代社会党内是照例不谈、甚至照例不想的，这些思想在对群众进行的日常宣传鼓动中也不占任何地位。其实，这些思想同国家"自行消亡"论是紧紧联在一起的，是联成一个严密的整体的。

请看恩格斯的论述：

"……暴力在历史中还起着另一种作用〈除作恶以外〉，革命的作用；暴力，用马克思的话说，是每一个孕育着新社会的旧社会的助产婆[①]；它是社会运动借以为自己开辟道路并摧毁僵

[①] 参看《马克思恩格斯选集》第2卷人民出版社1972年版第256页。——编者注

化的垂死的政治形式的工具——关于这些,杜林先生一个字也没有提到。他只是带着叹息和呻吟的口吻承认这样一种可能性:为了推翻进行剥削的经济,也许需要暴力,这很遗憾!因为暴力的任何应用都会使应用暴力的人道德堕落。尽管每一次革命的胜利都引起了道德上和精神上的巨大高涨,他还要这么说!而且这话是在德国说的,在那里,人民可能被迫进行的暴力冲突至少有一个好处,即扫除三十年战争[79]的屈辱在民族意识中造成的奴才气。而这种枯燥的、干瘪的、软弱无力的传教士的思维方式,竟要强迫历史上最革命的政党来接受!"(德文第3版第193页;第2编第4章末)[①]

怎样才能把恩格斯从1878年起至1894年即快到他逝世的时候为止,一再向德国社会民主党人提出的这一颂扬暴力革命的论点,同国家"自行消亡"的理论结合在一个学说里呢?

人们通常是借助折中主义把这两者结合起来,他们随心所欲(或者为了讨好当权者),无原则地或诡辩式地时而抽出这个论述时而抽出那个论述,而且在100次中有99次(如果不是更多的话)正是把"自行消亡"论摆在首位。用折中主义代替辩证法,这就是目前正式的社会民主党书刊中在对待马克思主义的态度上最常见最普遍的现象。这种做法,自然并不新鲜,甚至在希腊古典哲学史上也是可以见到的。把马克思主义篡改为机会主义的时候,用折中主义冒充辩证法最容易欺骗群众,能使人感到一种似是而非的满足,似乎考虑到了过程的一切方面、发展的一切趋势、一切相互矛盾的影

[①] 见《马克思恩格斯选集》第3卷人民出版社1972年版第223—224页。——编者注

响等等,但实际上并没有对社会发展过程作出任何完整的革命的解释。

我们在前面已经说过,在下面还要更详尽地说明,马克思和恩格斯关于暴力革命不可避免的学说是针对资产阶级国家说的。资产阶级国家由无产阶级国家(无产阶级专政)代替,**不能通过**"自行消亡",根据一般规律,只能通过暴力革命。恩格斯对暴力革命的颂扬同马克思的屡次声明完全符合(我们可以回忆一下,《哲学的贫困》和《共产党宣言》这两部著作的结尾部分[①],曾自豪地公开声明暴力革命不可避免;我们还可以回忆一下,约在30年以后,马克思在1875年批判哥达纲领[156]的时候,曾无情地抨击了这个纲领的机会主义),这种颂扬决不是"过头话",决不是夸张,也决不是论战伎俩。必须系统地教育群众**这样**来认识而且正是这样来认识暴力革命,这就是马克思和恩格斯**全部**学说的基础。现在占统治地位的社会沙文主义流派和考茨基主义流派对马克思和恩格斯学说的背叛,最突出地表现在这两个流派都把**这方面的**宣传和鼓动忘记了。

无产阶级国家代替资产阶级国家,非通过暴力革命不可。无产阶级国家的消灭,即任何国家的消灭,只能通过"自行消亡"。

马克思和恩格斯在研究每一个革命形势,分析每一次革命的经验教训时,都详细而具体地发展了他们的这些观点。我们现在就来谈谈他们学说中这个无疑是最重要的部分。

---

① 见《马克思恩格斯选集》第1卷人民出版社1972年版第160—161页和第285—286页。——编者注

第 二 章
国家与革命。1848—1851年的经验

1.革命的前夜

　　成熟的马克思主义的头两部著作《哲学的贫困》和《共产党宣言》,恰巧是在1848年革命前夜写成的。由于这种情况,这两部著作除了叙述马克思主义的一般原理,还在一定程度上反映了当时具体的革命形势。因此,我们来研究一下这两部著作的作者从1848—1851年革命的经验作出结论以前不久关于国家问题的言论,也许更为恰当。

　　马克思在《哲学的贫困》中写道:"……工人阶级在发展进程中将创造一个消除了阶级和阶级对立的联合体来代替旧的资产阶级社会;从此再不会有任何原来意义的政权了,因为政权正是资产阶级社会内部阶级对立的正式表现。"(1885年德文版第182页)①

　　拿马克思和恩格斯在几个月以后(1847年11月)写的《共产党宣

---

①见《马克思恩格斯选集》第1卷人民出版社1972年版第160页。——编者注

言》中的下面的论述,同这一段关于国家在阶级消灭之后消失的思想的一般论述对照一下,是颇有教益的:

"……在叙述无产阶级发展的最一般的阶段的时候,我们循序探讨了现存社会内部或多或少隐蔽着的国内战争,直到这个战争爆发为公开的革命,无产阶级用暴力推翻资产阶级而建立自己的统治……

……前面我们已经看到,工人革命的第一步就是使无产阶级转化成〈直译是上升为〉统治阶级,争得民主。

无产阶级将利用自己的政治统治,一步一步地夺取资产阶级的全部资本,把一切生产工具集中在国家即组织成为统治阶级的无产阶级手里,并且尽可能快地增加生产力的总量。"(1906年德文第7版第31页和第37页)①

在这里我们看到马克思主义在国家问题上一个最卓越最重要的思想即"无产阶级专政"(马克思和恩格斯在巴黎公社以后开始这样说)[157]这个思想的表述,其次我们还看到给国家下的一个非常引人注意的定义,这个定义也属于马克思主义中"被忘记的言论":"**国家即组织成为统治阶级的无产阶级。**"

国家的这个定义,在正式社会民主党的占支配地位的宣传鼓动书刊中不仅从来没有解释过,而且恰巧被人忘记了,因为它同改良主义是根本不相容的,它直接打击了"民主的和平发展"这种常见的机会主义偏见和市侩的幻想。

无产阶级需要国家,———一切机会主义者,社会沙文主义者和

---

① 见《马克思恩格斯选集》第 1 卷人民出版社1972年版第263页和第272页。
——编者注

考茨基主义者,都这样重复,硬说马克思的学说就是如此,但是"忘记"补充:马克思认为,第一,无产阶级所需要的只是逐渐消亡的国家,即组织得能立刻开始消亡而且不能不消亡的国家;第二,劳动者所需要的"国家","即组织成为统治阶级的无产阶级"。

国家是特殊的强力组织,是镇压某一个阶级的暴力组织。无产阶级要镇压的究竟是哪一个阶级呢?当然只是剥削阶级,即资产阶级。劳动者需要国家只是为了镇压剥削者的反抗,而能够领导和实行这种镇压的只有无产阶级,因为无产阶级是唯一彻底革命的阶级,是唯一能够团结一切被剥削劳动者对资产阶级进行斗争、把资产阶级完全铲除的阶级。

剥削阶级需要政治统治是为了维持剥削,也就是为了极少数人的私利,去反对绝大多数人。被剥削阶级需要政治统治是为了彻底消灭一切剥削,也就是为了绝大多数人的利益,去反对极少数的现代奴隶主——地主和资本家。

小资产阶级民主派,这些用阶级妥协的幻想来代替阶级斗争的假社会主义者,对社会主义改造也想入非非,他们不是把改造想象为推翻剥削阶级的统治,而是想象为少数和平地服从那已经理解到本身任务的多数。这种小资产阶级空想同认为国家是超阶级的观点有密切的联系,它在实践中导致出卖劳动阶级的利益,法国1848年革命和1871年革命的历史就表明了这一点,19世纪末和20世纪初英、法、意和其他国家的"社会党人"参加资产阶级内阁的经验也表明了这一点。

马克思一生都在反对这种小资产阶级社会主义,即目前在俄国由社会革命党和孟什维克党复活起来的这种小资产阶级社会主义。马克思把阶级斗争学说一直贯彻到政权学说、国家学说之中。

只有无产阶级才能推翻资产阶级的统治,因为无产阶级是一个特殊阶级,它的生存的经济条件为它推翻资产阶级的统治作了准备,使它有可能、有力量达到这个目的。资产阶级在分离和分散农民及一切小资产阶级阶层的同时,却使无产阶级团结、联合和组织起来。只有无产阶级,由于它在大生产中的经济作用,才能成为**一切**被剥削劳动群众的领袖,这些被剥削劳动群众受资产阶级的剥削、压迫和摧残比起无产阶级来往往有过之而无不及,可是他们不能为自己的解放**独立地**进行斗争。

阶级斗争学说经马克思运用到国家和社会主义革命问题上,必然导致承认无产阶级的**政治统治**,无产阶级的专政,即不与任何人分掌而直接依靠群众武装力量的政权。只有使无产阶级转化成**统治阶级**,从而能把资产阶级必然要进行的拼死反抗镇压下去,并组织**一切**被剥削劳动群众去建立新的经济结构,才能推翻资产阶级。

无产阶级需要国家政权,中央集权的强力组织,暴力组织,既是为了镇压剥削者的反抗,也是为了**领导**广大民众即农民、小资产阶级和半无产者来"调整"社会主义经济。

马克思主义教育工人的党,也就是教育无产阶级的先锋队,使它能够夺取政权并**引导全体人民**走向社会主义,指导并组织新制度,成为所有被剥削劳动者在不要资产阶级并反对资产阶级而建设自己社会生活的事业中的导师、领导者和领袖。反之,现在占统治地位的机会主义却把工人的党教育成为一群脱离群众而代表工资优厚的工人的人物,只图在资本主义制度下"苟且偷安",为了一碗红豆汤而出卖自己的长子权158,也就是放弃那领导人民反对资产阶级的革命领袖作用。

"国家即组织成为统治阶级的无产阶级",——马克思的这个理论同他关于无产阶级在历史上的革命作用的全部学说,有不可分割的联系。这种作用的最高表现就是无产阶级实行专政,无产阶级实行政治统治。

既然无产阶级需要国家这样一个**反对**资产阶级的**特殊**暴力组织,那么自然就会得出一个结论:不预先消灭和破坏资产阶级为**自己**建立的国家机器,根本就不可能建立这样一个组织!在《共产党宣言》中已接近于得出这个结论,马克思在总结1848—1851年革命的经验时也就谈到了这个结论。

2. 革命的总结

关于我们感到兴趣的国家问题,马克思在《路易·波拿巴的雾月十八日》一书中总结1848—1851年的革命时写道:

"……然而革命是彻底的。它还处在通过涤罪所[159]的历程中。它在有条不紊地完成自己的事业。1851年12月2日〈路易·波拿巴政变的日子〉以前,它已经完成了它的前一半预备工作,现在它在完成另一半。它先使议会权力臻于完备,为的是能够推翻这个权力。现在,当它已达到这一步时,它就来使**行政权力**臻于完备,使它表现为最纯粹的形式,使它孤立,使它成为和自己对立的唯一的对象,**以便集中自己的一切破坏力量来反对这个权力**〈黑体是我们用的〉。而当革命完成自己这后一半准备工作的时候,欧洲就会站起来欢呼说:掘得好,老田鼠![160]

这个行政权力有庞大的官僚和军事组织,有复杂而巧妙的国家机器,有50万人的官吏队伍和50万人的军队,——这个俨如密网一般缠住法国社会全身并堵塞其一切毛孔的可怕的寄生机体,是在专制君主制时代,在封建制度崩溃时期产生的,同时这个寄生机体又加速了封建制度的崩溃。"第一次法国革命发展了中央集权,"但是它同时也就扩大了政府权力的容量、职能和帮手的数目。拿破仑完成了这个国家机器"。正统王朝和七月王朝"并没有增添什么新的东西,不过是扩大了分工……

……最后,议会制共和国在它反对革命的斗争中,除采用高压手段而外,还不得不加强政府权力的工具和集中化。**一切变革都是使这个机器更加完备,而不是把它摧毁**〈黑体和着重号是我们用的〉。那些争夺统治权而相继更替的政党,都把这个庞大国家建筑物的夺得视为自己胜利的主要战利品。"(《路易·波拿巴的雾月十八日》1907年汉堡第4版第98—99页)①

马克思主义在这一段精彩的论述里,与《共产党宣言》相比,向前迈进了一大步。在那里,国家问题还提得非常抽象,只用了最一般的概念和说法。在这里,问题提得具体了,并且作出了非常准确、明确、实际而具体的结论:过去一切革命都是使国家机器更加完备,而这个机器是必须打碎,必须摧毁的。

这个结论是马克思主义国家学说中主要的基本的东西。正是这个基本的东西,不仅被占统治地位的正式社会民主党完全**忘记了**,而

---

①见《马克思恩格斯选集》第1卷人民出版社1972年版第691—692页。——编者注

且被第二国际最著名的理论家卡·考茨基公然**歪曲了**（这点我们在下面就会看到）。

在《共产党宣言》中对历史作了一般的总结，使人们认识到国家是阶级统治的机关，还使人们得出这样一个必然的结论：无产阶级如果不先夺取政权，不取得政治统治，不把国家变为"组织成为统治阶级的无产阶级"，就不能推翻资产阶级；这个无产阶级国家在它取得胜利以后就会立刻开始消亡，因为在没有阶级矛盾的社会里，国家是不需要的，也是不可能存在的。在这里还没有提出究竟应当怎样（从历史发展的观点来看）以无产阶级国家来代替资产阶级国家的问题。

马克思在1852年提出并加以解决的正是这个问题。马克思忠于自己的辩证唯物主义哲学，他以1848—1851伟大革命年代的历史经验作为依据。马克思的学说在这里也像其他任何时候一样，是用深刻的哲学世界观和丰富的历史知识阐明的**经验总结**。

国家问题现在提得很具体：资产阶级的国家，资产阶级统治所需要的国家机器在历史上是怎样产生的？在历次资产阶级革命进程中和面对着各被压迫阶级的独立行动，国家机器如何改变，如何演变？无产阶级在对待这个国家机器方面的任务是什么？

资产阶级社会所特有的中央集权的国家政权，产生于专制制度崩溃的时代。最能表明这个国家机器特征的有两种机构，即官吏和常备军。马克思和恩格斯的著作中屡次谈到，这两种机构恰巧同资产阶级有千丝万缕的联系。每个工人的经验都非常清楚非常有力地说明了这种联系。工人阶级是根据亲身的体验来学习领会这种联系的，正因为这样，工人阶级很容易懂得并且很深刻地理解这种联系不可避免的道理，而小资产阶级民主派不是无知地、轻率地否认这个道理,便是更轻率地加以"一般地"承认而忘记作出相应的实际结论。

官吏和常备军是资产阶级社会身上的"寄生物",是使这个社会分裂的内部矛盾所产生的寄生物,而且正是"堵塞"生命的毛孔的寄生物。目前在正式的社会民主党内占统治地位的考茨基机会主义,认为把国家看做**寄生机体**是无政府主义独具的特性。当然,这样来歪曲马克思主义,对于那些空前地玷污社会主义、竟把"保卫祖国"的概念应用于帝国主义战争来替这个战争辩护和粉饰的市侩,是大有好处的,然而这毕竟是无可置疑的歪曲。

经过从封建制度崩溃以来欧洲所发生的为数很多的各次资产阶级革命,这个官吏和军事机构逐渐发展、完备和巩固起来。还必须指出,小资产阶级被吸引到大资产阶级方面去并受它支配,在很大程度上就是通过这个机构,这个机构给农民、小手工业者、商人等等的上层分子以比较舒适、安闲和荣耀的职位,使这些职位的占有者居于人民**之上**。看一看俄国在1917年2月27日以后这半年中发生的情况吧:以前优先给予黑帮分子[77]的官吏位置,现已成为立宪民主党人[75]、孟什维克和社会革命党人猎取的对象。实际上他们根本不想进行任何认真的改革,力图把这些改革推迟"到立宪会议召集的时候",而且又把立宪会议慢吞吞地推迟到战争结束再举行!至于瓜分战利品,攫取部长、副部长、总督等等职位,却没有延期,没有等待任何立宪会议!玩弄联合组阁的把戏,其实不过是全国上下一切中央和地方管理机关中瓜分和重新瓜分"战利品"的一种表现。各种改革都延期了,官吏职位已经瓜分了,瓜分方面的"错误"也由几次重新瓜分纠正了,——这无疑就是1917年2月27日—8月27日这半年的总结,客观的总结。

但是在各资产阶级政党和小资产阶级政党之间(拿俄国的例子来讲,就是在立宪民主党、社会革命党和孟什维克之间)"重新瓜分"官吏机构的次数愈多,各被压迫阶级,以无产阶级为首,就会愈清楚地认识到自己同**整个**资产阶级社会不可调和的敌对性。因此,一切资产阶级政党,甚至包括最民主的和"革命民主的"政党,都必须加强高压手段来对付革命的无产阶级,巩固高压机构,也就是巩固原有的国家机器。这样的事变进程迫使革命"**集中自己的一切破坏力量**"去反对国家政权,迫使革命提出这样的任务:不是去改善国家机器,而是**破坏**它、**消灭**它。

这样提出任务,不是根据逻辑的推论,而是根据事变的实际发展,根据1848—1851年的生动经验。马克思在1852年还没有具体提出**用什么东西**来代替这个必须消灭的国家机器的问题,从这里可以看出,马克思是多么严格地以实际的历史经验为依据。那时在这个问题上,经验还没有提供材料,后来在1871年,历史才把这个问题提到日程上来。在1852年,要以观察自然历史那样的精确性下断语,还只能说,无产阶级革命已**面临**"集中自己的一切破坏力量"来反对国家政权的任务,即"摧毁"国家机器的任务。

这里可能会发生这样的问题:把马克思的经验、观察和结论加以推广,用到比1848—1851年这三年法国历史更广阔的范围上去是否正确呢?为了分析这个问题,我们先重温一下恩格斯的一段话,然后再来研究实际材料。

恩格斯在《雾月十八日》第3版序言里写道:"⋯⋯法国是这样一个国家,在那里历史上的阶级斗争,比起其他各国来每一次都达到更加彻底的结局;因而阶级斗争借以进行、阶级斗争的结果借以表现出来的变换不已的政治形式,在那里也表现得最为鲜明。法国在中世纪是封建制度的中心,从文艺复兴时代起是统一等级君主制的典型国家,它在大革命时期粉碎了封建制度,建立了纯粹的资产阶级统治,这种统治所具有的典型性是欧洲任何其他国家所没有的。而奋起向上的无产阶级反对占统治地位的资产阶级的斗争在这里也以其他各国所没有的尖锐形式表现出来。"(1907年版第4页)①

最后一句评语已经过时了,因为从1871年起,法国无产阶级的革命斗争就停顿了,虽然这种停顿(无论它会持续多久)丝毫不排除法国在将来的无产阶级革命中有可能成为使阶级斗争达到彻底的结局的典型国家。

现在我们来概括地看一看19世纪末20世纪初各先进国家的历史。我们可以看到,这里更缓慢地、更多样地、范围更广阔得多地进行着那同一个过程:一方面,无论在共和制的国家(法国、美国、瑞士),还是在君主制的国家(英国、一定程度上的德国、意大利、斯堪的纳维亚国家等),都逐渐形成"议会权力";另一方面,在不改变资产阶级制度基础的情况下,各资产阶级政党和小资产阶级政党瓜分着和重新瓜分着官吏职位这种"战利品",为争夺政权进行着斗争;最后,"行政权力",它的官吏和军事机构,日益完备和巩固起来。

毫无疑问,这是一般资本主义国家现代整个演变过程的共同特征。法国在1848—1851年这3年内迅速地、鲜明地、集中地显示出来的,就是整个资本主义世界所特有的那种发展过程。

----

①见《马克思恩格斯选集》第1卷人民出版社1972年版第601—602页。——编者注

特别是帝国主义,即银行资本时代,资本主义大垄断组织的时代,垄断资本主义转变为国家垄断资本主义的时代表明,无论在君主制的国家,还是在最自由的共和制的国家,由于要加强高压手段来对付无产阶级,"国家机器"就大大强化了,它的官吏和军事机构就空前膨胀起来了。

现在,全世界的历史无疑正在较之1852年广阔得无比的范围内,把无产阶级革命引向"集中自己的一切力量"去"破坏"国家机器。

至于无产阶级将用什么东西来代替这个国家机器,关于这一点,巴黎公社提供了极有教益的材料。

3. 1852年马克思对问题的提法①

1907年,梅林把1852年3月5日马克思给魏德迈的信摘要登在《新时代》杂志[17]上(第25年卷第2册第164页)。在这封信里有这样一段精彩的论述:

"至于讲到我,无论是发现现代社会中阶级的存在还是发现这些阶级间的斗争,都不是我的功劳。在我以前很久,资产阶级的历史学家就叙述过这种阶级斗争的历史发展,资产阶级的经济学家也对这些阶级作过经济的剖析。我新做的工作就是证明了:(1)阶级的存在仅仅同生产的一定的历史发展

---

①第2版增加的一节。

阶段相联系;(2)阶级斗争必然导致无产阶级专政;(3)这个专政本身不过是达到消灭一切阶级和达到无阶级社会的过渡。……"①

在这一段话里,马克思极其鲜明地表达了两点:第一,他的学说同先进的和最渊博的资产阶级思想家的学说之间的主要的和根本的区别;第二,他的国家学说的实质。

马克思学说中的主要之点是阶级斗争。人们时常这样说,这样写。但这是不正确的。根据这个不正确的看法,往往会对马克思主义进行机会主义的歪曲,把马克思主义篡改为资产阶级可以接受的东西。因为阶级斗争学说**不是**由马克思**而是**由资产阶级**在**马克思**以前**创立的,一般说来是资产阶级**可以接受的**。谁要是**仅仅**承认阶级斗争,那他还不是马克思主义者,他还可以不超出资产阶级思想和资产阶级政治的范围。把马克思主义局限于阶级斗争学说,就是阉割马克思主义,歪曲马克思主义,把马克思主义变为资产阶级可以接受的东西。只有承认阶级斗争、**同时也**承认**无产阶级专政**的人,才是马克思主义者。马克思主义者同平庸的小资产者(以及大资产者)之间的最深刻的区别就在这里。必须用这块试金石来检验是否**真正**理解和承认马克思主义。无怪乎当欧洲的历史**在实践上**向工人阶级提出这个问题时,不仅一切机会主义者和改良主义者,而且所有"考茨基主义者"(动摇于改良主义和马克思主义之间的人),都成了**否认**无产阶级专政的可怜的庸人和小资产阶级民主派。1918年8月即本书第1版刊行以后很久出版的考

①见《马克思恩格斯选集》第4卷人民出版社1972年版第332—333页。——编者注

茨基的小册子《无产阶级专政》,就是**口头上**假意承认马克思主义而**实际上**市侩式地歪曲马克思主义和卑鄙地背弃马克思主义的典型(见我的小册子《无产阶级革命和叛徒考茨基》1918年彼得格勒和莫斯科版①)。

以过去的马克思主义者卡·考茨基为主要代表的现代机会主义,完全符合马克思对**资产阶级**立场所作的上述评语,因为这种机会主义把承认阶级斗争的领域局限于资产阶级关系的领域。(而在这个领域内,在这个领域的范围内,任何一个有知识的自由主义者都不会拒绝"在原则上"承认阶级斗争!)机会主义恰巧**不把**承认阶级斗争**贯彻**到最主要之点,**贯彻**到从资本主义向共产主义**过渡**的时期,**贯彻**到**推翻**资产阶级并完全**消灭**资产阶级的时期。实际上,这个时期必然是阶级斗争空前残酷、阶级斗争的形式空前尖锐的时期,因而这个时期的国家就不可避免地应当是**新型**民主的(对无产者和一般穷人是民主的)和**新型**专政的(对资产阶级是专政的)国家。

其次,只有懂得**一个**阶级的专政不仅对一般阶级社会是必要的,不仅对推翻了资产阶级的**无产阶级**是必要的,而且对介于资本主义和"无阶级社会"即共产主义之间的整整一个**历史时期**都是必要的,——只有懂得这一点的人,才算掌握了马克思国家学说的实质。资产阶级国家的形式虽然多种多样,但本质是一样的:所有这些国家,不管怎样,归根到底一定都是**资产阶级专政**。从资本主义向共产主义过渡,当然不能不产生非常丰富和多样的政治形式,但本质必然是一样的:都是**无产阶级专政**。[161]

①见《列宁全集》第2版第35卷第229—327页。——编者注

第 三 章

国家与革命。1871年巴黎公社的经验。
马克思的分析

1. 公社战士这次尝试的英雄主义何在?

大家知道,在巴黎公社出现以前几个月,即1870年秋,马克思曾经告诫巴黎工人说,推翻政府的尝试会是一种绝望的愚蠢举动。①但是,当1871年3月工人**被迫**进行决战的时候,当起义已经成为事实的时候,尽管当时有种种恶兆,马克思还是以极其欢欣鼓舞的心情来迎接无产阶级革命。马克思并没有固执己见,学究式地非难运动"不合时宜",像臭名昭彰的俄国马克思主义叛徒普列汉诺夫那样:普列汉诺夫在1905年11月曾写文章鼓励工人农民进行斗争,而在1905年12月以后却自由派式地大叫什么"本来就用不着拿起武器"[162]。

然而,马克思不仅是为"冲天的"(他的用语)公社战士的英雄主义感到欢欣鼓舞[163],他还从这次群众性的革命运动(虽然它没有达

①参看《马克思恩格斯选集》第2卷人民出版社1972年版第350页。——编者注

到目的)中看到了有极重大意义的历史经验,看到了全世界无产阶级革命的一定进步,看到了比几百种纲领和议论更为重要的实际步骤。分析这个经验,从这个经验中得到策略教训,根据这个经验来重新审查自己的理论,这就是马克思为自己提出的任务。

马克思认为对《共产党宣言》必须作的唯一"修改",就是他根据巴黎公社战士的革命经验作出的。

在《共产党宣言》德文新版上由两位作者署名的最后一篇序言,注明的日期是1872年6月24日。在这篇序言中,作者卡尔·马克思和弗里德里希·恩格斯说,《共产党宣言》这个纲领"现在有些地方已经过时了"。

接着他们说:"……特别是公社已经证明:'工人阶级不能简单地掌握现成的国家机器,并运用它来达到自己的目的。'……"①

这段引文中单引号内的话,是两位作者从马克思的《法兰西内战》一书中借用来的。②

总之,马克思和恩格斯认为巴黎公社的这个基本的主要的教训具有非常重大的意义,所以他们把这个教训加进《共产党宣言》,作为一个极其重要的修改。

非常值得注意的是,正是这个极其重要的修改被机会主义者歪曲了,而《共产党宣言》的读者有十分之九,甚至有百分之九十九,大概都不知道这个修改所包含的意思。我们在下面专论歪曲的那一章

①见《马克思恩格斯选集》第1卷人民出版社1972年版第229页。——编者注

②见《马克思恩格斯选集》第2卷人民出版社1972年版第372页。——编者注

里，还要对这种歪曲加以详细说明。现在只须指出，对于我们所引证的马克思的这句名言，流行的庸俗的"理解"就是认为马克思在这里是强调缓慢发展的思想，不主张夺取政权等等。

实际上**恰巧相反**。马克思的意思是说工人阶级应当**打碎**、**摧毁**"现成的国家机器"，而不只是简单地夺取这个机器。

1871年4月12日，即正当巴黎公社存在的时候，马克思在给库格曼的信中写道：

　　"……如果你读一下我的《雾月十八日》的最后一章，你就会看到，我认为法国革命的下一次尝试再不应该像以前那样把官僚军事机器从一些人的手里转到另一些人的手里，而应该把它**打碎**〈黑体和着重号是马克思用的；原文是zerbrechen〉，这正是大陆上任何一次真正的人民革命的先决条件。我们英勇的巴黎同志们的尝试正是这样。"（《新时代》第20年卷（1901—1902）第1册第709页）[1]（马克思给库格曼的书信至少有两种俄文版本，其中有一种是由我编辑和作序[2]的。）

"把官僚军事国家机器打碎"这几个字，已经简要地表明了马克思主义关于无产阶级在革命中在对待国家方面的任务问题的主要教训。而正是这个教训，不仅被人完全忘记了，而且被现时对马克思主义所作的流行的即考茨基主义的"解释"公然歪曲了！

至于马克思提到的《雾月十八日》中的有关地方，我们在前面已经全部引用了。

---

①见《马克思恩格斯选集》第4卷人民出版社1972年版第392页。——编者注

②见本书第103—112页。——编者注

在以上引证的马克思的这段论述中,有两个地方是值得特别指出的。第一,他把他的结论只限于大陆。这在1871是可以理解的,那时英国还是一个纯粹资本主义的、但是没有军阀并在很大程度上没有官僚的国家的典型。所以马克思把英国除外,当时在英国,革命,甚至是人民革命,被设想有可能而且确实有可能**不以**破坏"现成的国家机器"为先决条件。

现在,在1917年,在第一次帝国主义大战时期,马克思的这个限制已经不能成立了。英国和美国这两个全世界最大的和最后的盎格鲁-撒克逊"自由制"(从没有军阀和官僚这个意义来说)的代表,已经完全滚到官僚和军阀支配一切、压制一切这样一种一般欧洲式的污浊血腥的泥潭中去了。现在,无论在英国或美国,都要以**打碎**、**破坏**"现成的"(是1914—1917年间在这两个国家已制造出来而达到了"欧洲式的"、一般帝国主义的完备程度的)"国家机器",作为"任何一次真正的人民革命的先决条件"。

第二,马克思说破坏官僚军事国家机器是"任何一次真正的**人民**革命的先决条件",这个非常深刻的见解是值得特别注意的。"人民"革命这一概念出自马克思的口中似乎是很奇怪的,俄国的普列汉诺夫分子和孟什维克,这些愿意以马克思主义者自命的司徒卢威信徒,也许会说马克思是"失言"。他们把马克思主义歪曲成了非常贫乏的自由主义:在他们看来,除了资产阶级革命和无产阶级革命的对立,再没有任何东西,而且他们对这种对立的理解也是非常死板的。

如果以20世纪的革命为例,那么无论葡萄牙革命[164]或土耳其革命[165],当然都应该算是资产阶级革命。但是无论前者或后者,都不是"人民"革命,因为人民群众,人民的大多数,在这两次革命中都没有很积极地、独立地起来斗争,都没有明显地提出自己的经济要求和政治要求。反之,1905—1907年的俄国资产阶级革命,虽然没有取得像葡萄牙革命和土耳其革命某些时候得到的那些"辉煌"成绩,但无疑是一次"真正的人民"革命,因为人民群众,人民的大多数,惨遭压迫和剥削的社会最"底层",曾经独立奋起,给整个革命进程打上了自己的烙印:提出了**自己的**要求,**自己**尝试着按照自己的方式建立新社会来代替正被破坏的旧社会。

1871年,欧洲大陆上任何一个国家的无产阶级都没有占人民的大多数。当时只有把无产阶级和农民都包括进来的革命,才能成为真正把大多数吸引到运动中来的"人民"革命。当时的"人民"就是由这两个阶级构成的。这两个阶级因为都受"官僚军事国家机器"的压迫、摧残和剥削而联合起来。**打碎**这个机器,**摧毁**这个机器,——这就是"人民",人民的大多数,即工人和大多数农民的真正利益,这就是贫苦农民同无产者自由联盟的"先决条件",而没有这个联盟,民主就不稳固,社会主义改造就没有可能。

大家知道,巴黎公社曾力求为自己开辟实现这个联盟的道路,但是,由于许多内部和外部的原因,没有达到目的。

所以马克思在谈到"真正的人民革命"时,极严格地估计到了1871年欧洲大陆上多数国家中实际的阶级对比关系,但他丝毫没有忘记小资产阶级的特点(关于这些特点,他说得很多而且常常说)。另一方面,他又确认,"打碎"国家机器是工人和农民双方的利益所要求的,这个要求使他们联合起来,在他们面前提出了铲除"寄生物"、用一种新东西来代替的共同任务。

究竟用什么东西来代替呢?

2. 用什么东西来代替被打碎的国家机器呢?

　　1847年,马克思在《共产党宣言》中对这个问题的回答还十分抽象,确切些说,只是指出了任务,而没有指出解决任务的方法。以"无产阶级组织成为统治阶级"来代替,以"争得民主"来代替,这就是《共产党宣言》的回答。①

　　无产阶级组织成为统治阶级会采取什么样的具体形式,究竟怎样才能组织得同最完全最彻底地"争得民主"这点相适应,对于这个问题,马克思并没有陷于空想,而是期待群众运动的**经验**来解答。

　　马克思在《法兰西内战》一书中对公社的经验(尽管经验很少)作了极仔细的分析。现在我们把该书中最重要的地方摘录下来:

　　　　起源于中世纪的"中央集权的国家政权及其遍布各地的机关——常备军、警察、官僚、僧侣和法官",在19世纪发展起来了。随着资本和劳动之间阶级对抗的发展,"国家政权也就愈益具有压迫劳动的公共权力的性质,具有阶级统治机器的性质。在每次标志着阶级斗争的一定进步的革命以后,国家政权的纯粹压迫性质就愈益公开地显露出来"。在1848—1849年革命以后,国家政权就成为"资本对劳动作战的全国性武器"。第二帝国把这种情况固定下来了。

　　　　"公社就是帝国的直接对立物。""公社正是""一种不仅应该消灭阶级统治的君主制形式,而且应该消灭阶级统治本身的

　　①参看《马克思恩格斯选集》第1卷人民出版社1972年版第272页。——编者注

共和国的""一定的形式"。……

无产阶级社会主义共和国的这种"一定的"形式究竟是怎样的呢?它已开始建立的国家是怎样的呢?

> "……公社的第一个法令就是废除常备军而用武装的人民来代替它。……"

现在一切愿意以社会党自命的政党的纲领中都载有这个要求。但是它们的纲领究竟有什么价值,这从我国社会革命党人和孟什维克的行径中看得最清楚,因为他们恰巧是在2月27日革命以后就已在实际上拒绝实现这个要求!

> "公社是由巴黎各区普选选出的城市代表组成的。这些代表对选民负责,随时可以撤换。其中大多数自然都是工人,或者是公认的工人阶级的代表。……
>
> ……一向作为中央政府的工具的警察,立刻失去了一切政治职能,而变为公社的随时可以撤换的负责机关。其他各行政部门的官吏也是一样。从公社委员起,自上至下一切公职人员,都只应领取相当于**工人工资**的薪金。国家高级官吏所享有的一切特权以及支付给他们的办公费,都随着这些官吏的消失而消失了。……公社在废除了常备军和警察这两种旧政府物质权力的工具以后,立刻着手摧毁精神压迫的工具,即僧侣势力……法官已失去其表面的独立性……他们今后应该由选举产生,对选民负责,并且可以撤换。……"①

由此可见,公社用来代替被打碎的国家机器的,似乎"仅仅"是更

---

① 见《马克思恩格斯选集》第2卷人民出版社1972年版第371—375页。——编者注

完全的民主:废除常备军,一切公职人员完全由选举产生并完全可以撤换。但是这个"仅仅",事实上意味着两类根本不同的机构的大更替。在这里恰巧看到了一个"量转化为质"的例子:民主实行到一般所能想象的最完全最彻底的程度,就由资产阶级民主转化成无产阶级民主,即由国家(=对一定阶级实行镇压的特殊力量)转化成一种已经不是原来意义上的国家的东西。

镇压资产阶级及其反抗,仍然是必要的。这对公社尤其必要,公社失败的原因之一就是在这方面做得不够坚决。但是实行镇压的机关在这里已经是居民的多数,而不像过去奴隶制、农奴制、雇佣奴隶制时代那样总是居民的少数。既然是人民这个大多数**自己**镇压他们的压迫者,实行镇压的"特殊力量"**也就不需要了**!国家就在这个意义上**开始消亡**。大多数人可以代替享有特权的少数人(享有特权的官吏、常备军长官)的特殊机构,自己来直接行使这些职能,而国家政权职能的行使愈是全民化,这个国家政权就愈不需要了。

在这方面特别值得注意的是马克思着重指出的公社所采取的一项措施:取消支付给官吏的一切办公费和一切金钱上的特权,把国家**所有**公职人员的薪金减到"**工人工资**"的水平。这里恰巧最明显地表现出一种**转变**:从资产阶级的民主转变为无产阶级的民主,从压迫者的民主转变为被压迫阶级的民主,从国家这个对一定阶级实行镇压的"**特殊力量**"转变为由大多数人——工人和农民用**共同的力量**来镇压压迫者。正是在这特别明显的一点上,也许是国家问题的最重要的一点上,人们把马克思的教训忘得最干净!通俗的解释(这种解释多不胜数)是不提这一点的。人们把这一点看做已经过时的"幼稚的东西","照例"不讲它,正如基督教徒在获得国教地位以后,把带有民主精神和革命精神的早期基督教的种种"幼稚的东西""忘记了"

一样。

降低国家高级官吏的薪金,看来"不过"是幼稚的原始的民主制度的要求。现代机会主义的"创始人"之一,以前的社会民主主义者爱·伯恩施坦曾不止一次地重复资产阶级那种嘲笑"原始的"民主制度的庸俗做法。他同一切机会主义者一样,同现在的考茨基主义者一样,完全不懂得:第一,如果不在某种程度上"返回"到"原始的"民主制度,从资本主义过渡到社会主义**是不可能的**(因为,不这样做,怎么能够过渡到由大多数居民以至全体居民行使国家职能呢?);第二,以资本主义和资本主义文化为基础的"原始民主制度"同原始时代或资本主义以前时代的原始民主制度是不一样的。资本主义文化**创立了**大生产——工厂、铁路、邮政、电话等等,**在这个基础上**,旧的"国家政权"的大多数职能已经变得极其简单,已经可以简化为登记、记录、检查这样一些极其简单的手续,以致每一个识字的人都完全能够胜任这些职能,行使这些职能只须付给普通的"工人工资",并且可以(也应当)把这些职能中任何特权制、"长官制"的痕迹铲除干净。

一切公职人员毫无例外地完全由选举产生并可以**随时**撤换,把他们的薪金减到普通的"工人工资"的水平,这些简单的和"不言而喻"的民主措施使工人和大多数农民的利益完全一致起来,同时成为从资本主义通向社会主义的桥梁。这些措施关系到对社会进行的国家的即纯政治的改造,但是这些措施自然只有同正在实行或正在准备实行的"剥夺剥夺者"联系起来,也就是同变生产资料资本主义私有制为公有制联系起来,才会显示出全部意义和作用。

马克思写道:"公社实现了所有资产阶级革命都提出的廉价政府的口号,因为它取消了两项最大的开支,即军队和官吏。"①

农民同小资产阶级其他阶层一样,他们当中只有极少数人能够"上升",能够"出人头地"(从资产阶级的意义来说),即变成富人,变成资产者,或者变成生活富裕和享有特权的官吏。在任何一个有农民的资本主义国家(这样的资本主义国家占大多数),大多数农民是受政府压迫而渴望推翻这个政府、渴望有一个"廉价"政府的。能够实现这一要求的**只有**无产阶级,而无产阶级实现了这一要求,也就是向国家的社会主义改造迈进了一步。

3. 取消议会制

马克思写道:"公社不应当是议会式的,而应当是工作的机关,兼管行政和立法的机关。……

……普选制不是为了每三年或六年决定一次,究竟由统治阶级中的什么人在议会里代表和镇压(ver-und zertreten)人民,而是应当为组织在公社里的人民服务,正如个人选择的权利为任何一个工厂主服务,使他们能为自己的企业找到工人、监工和会计一样。"②

由于社会沙文主义和机会主义占了统治地位,这个在1871年对议会制提出的精彩的批评,现在也属于马克思主义中"被忘记的言

①见《马克思恩格斯选集》第2卷人民出版社1972年版第377页。——编者注

②同上书,第375页和第376页。——编者注

论"之列。部长和职业议员们，现今的无产阶级叛徒和"专讲实利的"社会党人，把批评议会制完全让给无政府主义者去做，又根据这个非常正当的理由宣布，对议会制的**任何**批评都是"无政府主义"！！难怪"先进的"议会制国家的无产阶级一看到谢德曼、大卫、列金、桑巴、列诺得尔、韩德逊、王德威尔得、斯陶宁格、布兰亭、比索拉蒂之流的"社会党人"就产生恶感，而日益同情无政府工团主义，尽管无政府工团主义是机会主义的同胞兄弟。

但是，马克思从来没有像普列汉诺夫和考茨基等人那样，把革命的辩证法看做是一种时髦的空谈或动听的词藻。马克思善于无情地摒弃无政府主义，鄙视它甚至不会利用资产阶级议会这个"畜圈"，特别是在显然不具备革命形势的时候，但同时马克思又善于给议会制一种真正革命无产阶级的批评。

每隔几年决定一次究竟由统治阶级中的什么人在议会里镇压人民、压迫人民，——这就是资产阶级议会制的真正本质，不仅在议会制的立宪君主国内是这样，而且在最民主的共和国内也是这样。

但是，如果提出国家问题，如果把议会看做国家的一种机构，从无产阶级在**这**方面的任务的角度加以考察，那么摆脱议会制的出路何在呢？怎样才可以不要议会制呢？

我们不得不一再指出，马克思从研究公社得出的教训竟被忘得这样干净，以致对议会制的批评，除了无政府主义的或反动的批评，任何其他的批评都简直为现代的"社会民主党人"（应读做：现代的社会主义叛徒）所不知道了。

摆脱议会制的出路，当然不在于取消代表机构和选举制，而在于把代表机构由清谈馆变为"工作"机构。"公社不应当是议会式的，而应当是工作的机构，兼管行政和立法的机构。"

"不应当是议会式的，而应当是工作的"机构，这正好击中了现代的议员和社会民主党的议会"哈巴狗"的要害！请看一看任何一个议会制的国家，从美国到瑞士，从法国到英国和挪威等等，那里真正的"国家"工作是在幕后做的，是由各部、官厅和司令部进行的。议会专门为了愚弄"老百姓"而从事空谈。这是千真万确的事实，甚至在俄罗斯共和国这个资产阶级民主共和国里，在还没有来得及建立真正的议会以前，议会制的所有这些弊病就已经显露出来了。带有腐朽的市侩习气的英雄们，如斯柯别列夫和策列铁里之流，切尔诺夫和阿夫克森齐耶夫之流，竟把苏维埃糟蹋成最卑鄙的资产阶级的议会，把它变成了清谈馆。在苏维埃里，"社会党人"部长先生们用空谈和决议来愚弄轻信的农民。在政府里，不断地更换角色，一方面为的是依次让更多的社会革命党人和孟什维克尝尝高官厚禄的"甜头"，另一方面为的是"转移"人民的"视线"。而在官厅里，在司令部里，却在"干着""国家"工作！

执政的"社会革命党"的机关报《人民事业报》[166]不久以前在一篇社论中，用"大家"都以政治卖淫为业的"上流社会"中的人物的无比坦率的口吻自供说，甚至在"社会党人"（请原谅我用这个名词！）主管的各部中，整个官吏机构实际上还是旧的，还在按旧的方式行使职权，十分"自由地"暗中破坏革命的创举！即使没有这个自供，社会革命党人和孟什维克参加政府的实际情况不也证明了这一点吗？这里值得注意的只是，同立宪民主党人一起待在官场里的切尔诺夫、鲁萨诺夫、晋季诺夫之流以及《人民事业报》的其他编辑先生，是这样的不知羞耻，竟满不在乎地在公众面前像谈小事情一样厚着脸皮说，在"他们的"各部中一切照旧！！革命民主的词句是用来愚弄乡下佬的，官吏的官厅的拖拉作风则是为了博得资本家的"欢心"，这就是"真诚"联合的**实质**。

在公社用来代替资产阶级社会贪污腐败的议会的那些机构中，发表意见和讨论的自由不会流为骗局，因为议员必须亲自工作，亲自执行自己通过的法律，亲自检查实际执行的结果，亲自对自己的选民直接负责。代表机构仍然存在，然而议会制这种特殊的制度，这种立法和行政的分工，这种议员们享有的特权地位，在这里**是不存在的**。没有代表机构，我们不可能想象什么民主，即使是无产阶级民主；而没有议会制，我们却能够想象和**应该**想象，除非我们对资产阶级社会的批评是空谈，除非推翻资产阶级统治的愿望不是我们真正的和真诚的愿望，而是像孟什维克和社会革命党人，像谢德曼、列金、桑巴、王德威尔得之流的那种骗取工人选票的"竞选"词句。

非常有教益的是：马克思在谈到既为公社需要、又为无产阶级民主需要的**那种**官吏的职能时，拿"任何一个工厂主"雇用的人员来作比喻，即拿雇用"工人、监工和会计"的普通资本主义企业来作比喻。

马克思没有丝毫的空想主义，就是说，他没有虚构和幻想"新"社会。相反，他把**从**旧社会**诞生**新社会的过程、从前者进到后者的过渡形式，作为一个自然历史过程来研究。他以无产阶级群众运动的实际经验为依据，竭力从这个经验中取得实际教训。他向公社"学习"，就像一切伟大的革命思想家不怕向被压迫阶级的伟大运动的经验学习而从来不对这些运动作学究式的"训诫"（像普列汉诺夫说"本来就用不着拿起武器"，或者像策列铁里说"阶级应当自己约束自己"）一样。

要一下子、普遍地、彻底地取消官吏，是谈不到的。这是空想。但是一下子**打碎**旧的官吏机器，立刻开始建立一个新的机器来逐步取消任何官吏，这并**不是**空想，这是公社的经验，这是革命无产阶级当前的直接任务。

资本主义使"国家"管理的职能简化了,使我们有可能抛弃"长官职能",把全部问题归结为无产者组织起来(成为统治阶级)以全社会名义雇用"工人、监工和会计"。

我们不是空想主义者。我们并不"幻想"**一下子**就可以不要任何管理,不要任何服从;这种由于不懂得无产阶级专政的任务而产生的无政府主义幻想,与马克思主义根本不相容,实际上只会把社会主义革命拖延到人们变成另一种人的时候。我们不是这样,我们希望由现在的人来实行社会主义革命,而现在的人没有服从、没有监督、没有"监工和会计"是不行的。

但是所需要的服从,是对一切被剥削劳动者的武装先锋队——无产阶级的服从。国家官吏的特殊"长官职能"可以并且应该立即开始、在一天之内就开始用"监工和会计"的简单职能来代替,这些职能现在只要有一般市民的水平就完全能够胜任,行使这些职能只须付给"工人工资"就完全可以了。

我们工人**自己**将以资本主义创造的成果为基础,依靠自己的工人的经验,建立由武装工人的国家政权维护的最严格的铁的纪律,来组织大生产,把国家官吏变成我们的委托的简单执行者,变成对选民负责的、可以撤换的、领取微薄薪金的"监工和会计"(当然还要用各式各样的和各种等级的技术人员),——这就是**我们**无产阶级的任务,无产阶级革命实现时就可以而且应该从这里**开始**做起。在大生产的基础上,这个开端自然会导致任何官吏逐渐"消亡",使一种不带引号的、与雇佣奴隶制不同的秩序逐渐建立起来,在这种秩序下,日益简化的监督职能和填制表报的职能将由所有的人轮流行使,然后将成为一种习惯,最后就不再成其为特殊阶层的**特殊**职能了。

19世纪70年代,有一位聪明的德国社会民主党人认为**邮政**是社会主义经济的模型。这是非常正确的。目前邮政是按国家**资本主义**垄断组织的样式组成的一种经济。帝国主义逐渐把所有托拉斯都变为这种样式的组织。这里压在那些工作繁重、忍饥挨饿的"粗笨的"劳动者头上的仍然是那个资产阶级的官僚机构。但是管理社会事务的机构在这里已经准备好了。只要推翻资本家,用武装工人的铁拳粉碎这些剥削者的反抗,摧毁现代国家的官僚机器,我们就会有一个除掉了"寄生物"而技术装备程度很高的机构,这个机构完全可以由已经联合起来的工人自己使用,雇用一些技术人员、监工和会计,对**所有**这些人的工作如同对**所有**"国家"官吏的工作一样,付给工人的工资。这就是在对待一切托拉斯方面具体、实际而且立即可行的任务,它使劳动者免除剥削,并考虑到了实际上已经由公社开始了的尝试(特别是在国家建设方面)。

把**整个**国民经济组织得像邮政一样,做到在武装的无产阶级的监督和领导下使技术人员、监工和会计,如同**所有**公职人员一样,都领取不超过"工人工资"的薪金,这就是我们最近的目标。这样的国家,在这样的经济基础上的国家,才是我们所需要的。这样才能取消议会制而保留代表机构,这样才能使劳动阶级的这些机构免除资产阶级的糟蹋。

4. 组织起民族的统一

"……在公社没有来得及进一步加以发挥的全国组织纲要上说得十分清楚,公社应该成为甚至最小村落的政治形式……" 巴黎的"全国代表会议"也应当由各个公社选举出来。

"……那时还会留给中央政府的为数不多然而非常重要的职能,则不应该像有人故意捏造的那样予以废除,而应该交给公社的官吏,即交给那些严格负责的官吏。

民族的统一不是应该破坏,相反地应该借助于公社制度组织起来,应该通过这样的办法来实现,即消灭以民族统一的体现者自居同时却脱离民族、凌驾于民族之上的国家政权,这个国家政权只不过是民族躯体上的寄生赘瘤。旧政府权力的纯粹压迫机关应该铲除,而旧政府权力的合理职能应该从妄图站在社会之上的权力那里夺取过来,交给社会的负责的公仆。"①

叛徒伯恩施坦所著的有赫罗斯特拉特[167]名声的《社会主义的前提和社会民主党的任务》一书,再清楚不过地表明现代社会民主党内的机会主义者是多么不理解,或者更确切些说,是多么不愿意理解马克思的这些论述。伯恩施坦正是在谈到马克思的上述这些话时写道:这个纲领"就其政治内容来说,在一切要点上都十分类似蒲鲁东主张的联邦制…… 尽管马克思和'小资产者'蒲鲁东〈伯恩施坦把"小资产者"这几个字放在引号内,想必他是表示讽刺〉之间有其他种种分歧,可是在这几点上,他们的思路是再接近不过的"。伯恩施坦接着又说:自然,地方自治机关的意义在增长,但是"民主的第一个任务是不是就像马克思和蒲鲁东所想象的那样是废除〈Auflösung——直译是解散、融解〉现代国家和完全改变〈Umwandlung——变革〉其组织(由各省或各州的会议选出代表组织全国会议,而各省或各州的会议

---

① 见《马克思恩格斯选集》第2卷人民出版社1972年版第375—376页。——编者注

则由各公社选出代表组成），从而使全国代表机关的整个旧形式完全消失，对此我是有怀疑的"。（伯恩施坦《前提》1899年德文版第134页和第136页）

把马克思关于"消灭国家政权——寄生物"的观点同蒲鲁东的联邦制混为一谈，这简直是骇人听闻的事！但这不是偶然的，因为机会主义者从来没有想到，马克思在这里谈的根本不是同集中制对立的联邦制，而是要打碎在一切资产阶级国家里都存在的旧的资产阶级的国家机器。

机会主义者所想到的，只是在自己周围、在充满市侩的庸俗习气和"改良主义的"停滞现象的环境中他所看到的东西，即只是"地方自治机关"！至于无产阶级革命，机会主义者连想都不会去想了。

这是很可笑的。但值得注意的是，在这一点上竟没有人同伯恩施坦进行过争论。许多人都曾驳斥过伯恩施坦，特别是俄国著作界的普列汉诺夫和欧洲著作界的考茨基，但是，无论前者或后者都**没有**谈到伯恩施坦对马克思的**这一**歪曲。

机会主义者根本不会革命地思考，根本不会思考革命，他们竟把"联邦制"强加在马克思头上，把他同无政府主义的始祖蒲鲁东混为一谈。而想成为正统派马克思主义者、想捍卫革命的马克思主义学说的考茨基和普列汉诺夫却对此默不作声！这就是考茨基主义者和机会主义者极端庸俗地认识马克思主义同无政府主义的区别的根源之一。关于这种庸俗的观点，我们以后还要讲到。

在上述的马克思关于公社经验的论述中根本没有一点联邦制的痕迹。马克思和蒲鲁东相同的地方，恰巧是机会主义者伯恩施坦看不到的。而马克思和蒲鲁东不同的地方，恰巧是伯恩施坦认为相同的。

　　马克思和蒲鲁东相同的地方,就在于他们两人都主张"打碎"现代国家机器。马克思主义同无政府主义(不管是蒲鲁东或巴枯宁)这一相同的地方,无论机会主义者或考茨基主义者都不愿意看见,因为他们在这一点上离开了马克思主义。

　　马克思同蒲鲁东和巴枯宁不同的地方,恰巧就在联邦制问题上(更不用说无产阶级专政的问题了)。联邦制在原则上是从无政府主义的小资产阶级观点产生出来的。马克思是主张集中制的。在他上述的论述中,丝毫也没有离开集中制。只有对国家充满市侩"迷信"的人们,才会把消灭资产阶级国家机器看成是消灭集中制!

　　无产阶级和贫苦农民把国家政权掌握在自己手中,十分自由地按公社体制组织起来,把所有公社的行动**统一**起来去打击资本,粉碎资本家的反抗,把铁路、工厂、土地以及其他私有财产交给**整个**民族、整个社会,难道这不是集中制吗?难道这不是最彻底的民主集中制、而且是无产阶级的集中制吗?

　　伯恩施坦根本不会想到可能有自愿的集中制,可能使各公社自愿统一为一个民族,可能使无产阶级的公社在破坏资产阶级统治和资产阶级国家机器的事业中自愿融合在一起。伯恩施坦同其他所有的庸人一样,以为集中制是只能从上面、只能由官吏和军阀强迫实行和维持的东西。

　　马克思似乎预料到会有人歪曲他的这些观点,所以特意着重指出,如果非难公社要破坏民族的统一、废除中央政权,那就是故意捏造。马克思特意使用"组织起民族的统一"这样的说法,以便提出自觉的、民主的、无产阶级的集中制来同资产阶级的、军阀的、官吏的集中制相对立。

　　但是……充耳不闻比聋子还糟。现代社会民主党内的机会主义者正是充耳不闻消灭国家政权、铲除寄生物这样的话。

5. 消灭寄生物——国家

我们已经引用了马克思有关的言论,现在还应当补充几段。

马克思写道:"……新的历史创举通常遭到的命运就是被误认为是对旧的、甚至已经过时的社会生活形式的抄袭,只要它们稍微与这些形式有点相似。于是这个摧毁〈bricht——打碎〉现代国家政权的新公社,也就被误认为是……中世纪公社的复活。……是……许多小邦的联盟〈孟德斯鸠,吉伦特派[168]〉……是反对过分的中央集权的古老斗争的扩大形式。……

……公社制度将把靠社会供养而又阻碍社会自由发展的寄生赘瘤——'国家'迄今所吞食的一切力量归还给社会机体。仅仅这一点就会把法国的复兴向前推进了。……

……公社制度会使农村生产者在精神上受各省主要城市的领导,保证他们能够得到城市工人做他们利益的天然代表者。公社的存在自然而然会带来地方自治,但这种地方自治已经不是用来对抗现在已被废弃的国家政权的东西了。"①

"消灭国家政权"这个"寄生赘瘤","铲除"它,"破坏"它;"国家政权现在已被废弃",——这就是马克思评价和分析公社的经验时在国家问题上使用的说法。

---

①见《马克思恩格斯选集》第2卷人民出版社1972年版第376—377页。——编者注

所有这些都是在将近半世纪以前写的,现在必须把这些话发掘出来,使广大群众能够认识马克思主义的本来面目。马克思观察了他经历的最后一次大革命之后作出的结论,恰巧在新的无产阶级大革命时代到来的时候被人忘记了。

"……人们对公社有各种不同的解释以及公社代表各种不同的利益,证明公社是一个高度灵活的政治形式,而一切旧有的政府形式在本质上都是压迫性的。公社的真正秘密就在于:它实质上是**工人阶级的政府**,是生产者阶级同占有者阶级斗争的结果,是终于发现的、可以使劳动在经济上获得解放的政治形式。

如果没有最后这个条件,公社制度就没有实现的可能,就是骗人的东西。……"①

空想主义者致力于"发现"可以对社会进行社会主义改造的各种政治形式。无政府主义者根本不考虑政治形式问题。现代社会民主党内的机会主义者则把议会制民主国家的资产阶级政治形式当做不可逾越的极限,对这个"典范"崇拜得五体投地,宣布**摧毁**这些形式的任何意图都是无政府主义。

马克思从社会主义和政治斗争的全部历史中得出结论:国家一定会消失;国家消失的过渡形式(从国家到非国家的过渡),将是"组织成为统治阶级的无产阶级"。但是,马克思并没有去**发现**这个未来的政治**形式**。他只是对法国历史作了精确的观察,对它进行了分析,得出了1851年所导致的结论:事情已到了**破坏**资产阶级的国家机器的地步。

---

① 见《马克思恩格斯选集》第2卷人民出版社1972年版第378页。——编者注

当无产阶级的群众革命运动已经爆发的时候，马克思就来研究这个运动究竟**发现了**什么样的形式，虽然这个运动遭到了挫折，虽然这个运动为期很短而且有显著的弱点。

公社就是无产阶级革命"终于发现的"、可以使劳动在经济上获得解放的形式。

公社就是无产阶级革命**打碎**资产阶级国家机器的第一次尝试和"终于发现的"、可以而且应该用来**代替**已被打碎的国家机器的政治形式。

我们往下就会看到，俄国1905年革命和1917年革命在另一个环境和另一种条件下继续着公社的事业，证实着马克思这种天才的历史的分析。

第 四 章
续前。恩格斯的补充说明

马克思对公社经验的意义问题指出了基本的要点。恩格斯不止一次地谈到这个问题，说明马克思的分析和结论，并且有时非常有力非常突出地阐明这个问题的**其他**方面，因此我们必须特别来谈谈这些说明。

1.《住宅问题》

恩格斯在他论住宅问题的著作(1872年)①中,已经考虑到了公社的经验,几次谈到了革命在对待国家方面的任务。很有意思的是,他在谈到这个具体问题时,一方面明显地说明了无产阶级国家同现今的国家相似的地方,根据这些相似的地方我们可以把两者都称为国家;另一方面又明显地说明了两者不同的地方,或者说,说明了向消灭国家的过渡。

"怎样解决住宅问题呢?在现代社会里,解决这个问题同解决其他一切社会问题完全一样,即靠供求关系在经济上的逐渐均衡来解决,但是这样解决之后,这个问题还会不断产生,就是说,一点也没有解决。社会革命将怎样解决这个问题呢?这不仅要以时间地点为转移,而且也同一些意义深远的问题有关,其中最重要的问题之一就是消灭城乡对立的问题。既然我们不必为未来社会的组织臆造种种空想方案,也就用不着在这上面浪费时间。但有一点是肯定的,现在各大城市中有足够的住宅,只要合理使用,就可以立即帮助解决真正的住宅**缺乏**问题。当然,要实现这一点,就必须剥夺现在的房主,让没有房子住或现在住得很挤的工人搬到这些住宅里去。只要无产阶级取得了政权,这种为社会福利所要求的措施就会像现代国家剥夺其他东西和占据住宅那样容易实现了。"(1887年

---

① 见《马克思恩格斯选集》第2卷人民出版社1972年版第459—550页。——编者注

德文版第22页 ）①

这里没有考察国家政权形式的改变，只谈到国家政权活动的内容。剥夺和占据住宅是根据现今国家的命令进行的。无产阶级的国家，从形式上来讲，也会"下令"占据住宅和剥夺房屋。但是很明显，旧的执行机构，即同资产阶级相联系的官吏机构，是根本不能用来执行无产阶级国家的命令的。

"……必须指出，由劳动人民实际占有一切劳动工具和全部工业，是同蒲鲁东主义⁵³的'赎买'办法完全相反的。如果采用后一种办法，单个劳动者将成为某一所住宅、某一块农民土地、某些劳动工具的所有者；如果采用前一种办法，则'劳动人民'将成为全部住宅、工厂和劳动工具的集体所有者。这些住宅、工厂等等，至少是在过渡时期未必会毫无代价地交给个人或协作社使用。同样，消灭土地私有制并不要求消灭地租，而是要求把地租——虽然是用改变过的形式——转交给社会。所以，由劳动人民实际占有一切劳动工具，无论如何都不排除承租和出租的保存。"（第68页）②

我们在下一章将要考察在这段论述中触及的问题，即关于国家消亡的经济基础的问题。恩格斯非常谨慎，他说无产阶级国家"至少是在过渡时期未必"会毫无代价地分配住宅。把属于全民的住宅租给单个家庭就既要征收租金，又要实行一定的监督，还要规定分配住宅的某种标准。这一切都需要有一定的国家形式，但决不需要那种公职人员享有特权地位的特殊的军事和官僚机构。至于过渡到免费分配

①见《马克思恩格斯选集》第2卷人民出版社1972年版第485页。——编者注
②同上书，第544—545页。——编者注

住宅,那是与国家的完全"消亡"联系着的。

恩格斯谈到布朗基主义者[59]在公社以后因受到公社经验的影响而转到马克思主义的原则立场上的时候,曾顺便把这个立场表述如下:

"……无产阶级必须采取政治行动,必须实行专政,作为向废除阶级并和阶级一起废除国家的过渡……"(第55页)①

一些喜欢咬文嚼字的批评家或者"从事剿灭马克思主义"的资产阶级分子大概以为,在这里承认"废除国家",在上述《反杜林论》的一段论述中又把这个公式当做无政府主义的公式加以否定,是矛盾的。如果机会主义者把恩格斯也算做"无政府主义者",那并没有什么奇怪,因为社会沙文主义者给国际主义者加上无政府主义的罪名现在是愈来愈时行了。

国家会随着阶级的废除而废除,马克思主义向来就是这样教导我们的。《反杜林论》的那段人所共知的关于"国家消亡"的论述,并不是简单地斥责无政府主义者主张废除国家,而是斥责他们鼓吹可以"在一天之内"废除国家。

现在占统治地位的"社会民主主义"学说把马克思主义在消灭国家问题上对无政府主义的态度完全歪曲了,因此我们来回忆一下马克思和恩格斯同无政府主义者的一次论战,是特别有益的。

2. 同无政府主义者的论战

这次论战发生在1873年。马克思和恩格斯曾经把驳斥蒲鲁

---

①见《马克思恩格斯选集》第2卷人民出版社1972年版第527页。——编者注

东主义者即"自治论者"或"反权威主义者"的文章[169]寄给意大利的一个社会主义文集。这些文章在1913年才译成德文发表在《新时代》上。

马克思讥笑无政府主义者否认政治时写道:"……如果工人阶级的政治斗争采取革命的形式,如果工人建立起自己的革命专政来代替资产阶级专政,那他们就犯了侮辱原则的莫大罪行,因为工人为了满足自己低微的起码的日常需要,为了粉碎资产阶级的反抗,竟不放下武器,不废除国家,而赋予国家以一种革命的暂时的形式。……"(《新时代》第32年卷(1913—1914)第1册第40页)①

请看,马克思在驳斥无政府主义者时,仅仅是反对这样地"废除"国家!马克思完全不是反对国家将随阶级的消失而消失,或国家将随阶级的废除而废除,而是反对要工人拒绝使用武器,拒绝使用有组织的暴力,**即拒绝**使用应为"粉碎资产阶级的反抗"这一目的服务的**国家**。

马克思故意着重指出无产阶级所必需的国家具有"革命的**暂时的形式**",以免人们歪曲他同无政府主义斗争的真正意思。无产阶级需要国家只是暂时的。在废除国家是**目的**这个问题上,我们和无政府主义者完全没有分歧。我们所断言的是,为了达到这个目的,就必须暂时利用国家权力的工具、手段、方法去**反对**剥削者,正如为了消灭阶级,就必须实行被压迫阶级的暂时专政一样。马克思在驳斥无政府主义者时,把问题提得非常尖锐,非常明确:工人在推翻资本家的压

①见《马克思恩格斯选集》第2卷人民出版社1972年版第555—556页。——编者注

迫时,应当"放下武器"呢,还是应当利用它来反对资本家以粉碎他们的反抗?一个阶级有系统地利用武器反对另一个阶级,这不是国家的"暂时的形式"又是什么呢?

每一个社会民主党人都应该问问自己:他在同无政府主义者论战时是**这样**提出国家问题的吗?第二国际大多数正式的社会党是**这样**提出国家问题的吗?

恩格斯更加详尽更加通俗地阐明了这同一个思想。他首先讥笑了蒲鲁东主义者的糊涂观念,讥笑他们把自己称为"反权威主义者",也就是否认任何权威、任何服从、任何权力。恩格斯说,试拿工厂、铁路、在汪洋大海上航行的轮船来说吧,这是一些使用机器的、很多人有计划地共同工作的复杂技术设施,如果没有一定的服从,因而没有一定的权威或权力,那就没有一样能够开动起来,这难道还不明显吗?

恩格斯写道:"……如果我拿这种论据来反对最顽固的反权威主义者,那他们就只能给我如下的回答:'是的!这是对的,但是这里所说的并不是我们赋予我们的代表的那种权威,**而是某种委托**。'这些人以为,只要改变一下某一事物的名称,就可以改变这一事物本身。……"①

恩格斯指出,权威和自治都是相对的概念,它们的应用范围是随着社会发展阶段的不同而改变的,把它们看做绝对的东西是荒谬的;并且补充说,使用机器和大规模生产的范围在日益扩大。然后恩格斯从权威问题的一般论述转到国家问题。

他写道:"……如果自治论者仅仅是想说,未来的社会组织

---

① 见《马克思恩格斯选集》第2卷人民出版社1972年版第553页。——编者注

只会在生产条件所必然要求的限度内允许权威存在，那也许还可以同他们说得通。但是，他们闭眼不看一切使权威成为必要的事实，只是拼命反对字眼。

为什么反权威主义者不只是限于高喊反对政治权威，反对国家呢？所有的社会主义者都认为，国家以及政治权威将由于未来的社会革命而消失，这就是说，社会职能将失去其政治性质，而变为维护社会利益的简单的管理职能。但是，反权威主义者却要求在那些产生政治国家的社会关系废除以前，一举把政治国家废除。他们要求把废除权威作为社会革命的第一个行动。

这些先生见过革命没有？革命无疑是天下最权威的东西。革命就是一部分人用枪杆、刺刀、大炮，即用非常权威的手段强迫另一部分人接受自己的意志。获得胜利的政党迫于必要，不得不凭借它的武器对反动派造成的恐惧，来维持自己的统治。要是巴黎公社不依靠对付资产阶级的武装人民这个权威，它能支持一天以上吗？反过来说，难道我们没有理由责备公社把这个权威用得太少了吗？总之，二者必居其一。或者是反权威主义者自己不知所云，如果是这样，那他们只是在散布糊涂观念；或者他们是知道的，如果是这样，那他们就是在背叛无产阶级的事业。在这两种情况下，他们都只是为反动派效劳。"（第39页）①

在这些论述中涉及了在考察国家消亡时期的政治与经济的相互关系（下一章要专门论述这个问题）时应该考察的问题。那就是关于社会职能由政治职能变为简单管理职能的问题和关于"政治国

①见《马克思恩格斯选集》第2卷人民出版社1972年版第553—554页。——编者注

家"的问题。后面这个说法（它特别容易引起误会）指出了国家消亡有一个过程：正在消亡的国家在它消亡的一定阶段，可以叫做非政治国家。

恩格斯这些论述中最精彩的地方，仍然是他用来反驳无政府主义者的问题提法。愿意做恩格斯的学生的社会民主党人，从1873年以来同无政府主义者争论过无数次，但他们在争论时所采取的态度，恰巧**不是**马克思主义者可以而且应该采取的。无政府主义者关于废除国家的观念是糊涂的，而且是**不革命的**，恩格斯就是这样提问题的。无政府主义者不愿看见的，正是革命的产生和发展，正是革命在对待暴力、权威、政权、国家方面的特殊任务。

现代社会民主党人通常对无政府主义的批评，可以归结为一种十足的市侩式的庸俗论调："我们承认国家，而无政府主义者不承认！"这样的庸俗论调自然不能不使那些稍有头脑的革命的工人感到厌恶。恩格斯就不是这样谈问题的。他着重指出，所有的社会主义者都承认国家的消失是社会主义革命的结果。然后他具体地提出革命的问题，这个问题恰巧是机会主义的社会民主党人通常避而不谈而可以说是把它留给无政府主义者去专门"研究"的。恩格斯一提出这个问题就抓住了关键：公社难道不应该**更多地**运用**国家**即武装起来并组织成为统治阶级的无产阶级这个**革命**政权吗？

现在占统治地位的正式的社会民主党，对于无产阶级在革命中的具体任务问题，通常是简单地用庸人的讥笑来敷衍，至多也不过是含糊地用诡辩来搪塞，说什么"将来再看吧"。因此无政府主义者有权责备这样的社会民主党，责备他们背弃了对工人进行革命教育的任务。恩格斯运用最近这次无产阶级革命的经验，正是为了十分具体地研究一下无产阶级无论在对待银行方面还是在对待国家方面应该做什么和怎样做。

3. 给倍倍尔的信

恩格斯在1875年3月18—28日给倍倍尔的信中有下面这样一段话,这段话在马克思和恩格斯关于国家问题的著作中,如果不算是最精彩的论述,也得算是最精彩的论述之一。附带说一下,据我们所知,倍倍尔第一次发表这封信是在他1911年出版的回忆录(《我的一生》)第2卷里,也就是在恩格斯写好并发出这封信的36年之后。

恩格斯在给倍倍尔的信里批判了也被马克思在给白拉克的有名的信里批判过的哥达纲领草案,并且特别谈到了国家问题,他写道:

"……自由的人民国家变成了自由国家。从字面上看,自由国家就是可以自由对待本国公民的国家,即具有专制政府的国家。应当抛弃这一切关于国家的废话,特别是在出现了已经不是原来意义上的国家的巴黎公社以后。无政府主义者用'人民国家'这一个名词把我们挖苦得很够了,虽然马克思驳斥蒲鲁东的著作[170]以及后来的《共产党宣言》都已经直接指出,随着社会主义社会制度的建立,国家就会自行解体和消失。既然国家只是在斗争中、在革命中用来对敌人实行暴力镇压的一种暂时的机关,那么,说自由的人民国家,就纯粹是无稽之谈了:当无产阶级还**需要**国家的时候,它需要国家不是为了自由,而是为了镇压自己的敌人,一到有可能谈自由的时候,国家本身就不再存在了。因此,我们建议把**国家**一词全部改成'公团'(Gemeinwesen),这是一个很好的德文古词,相当于法文的'公

社'。"(德文原版第321—322页)①

应当指出：这封信是谈党纲的，这个党纲马克思在离这封信仅仅几星期以后的一封信(马克思的信写于1875年5月5日)里曾作过批判；当时恩格斯和马克思一起住在伦敦。因此，恩格斯在最后一句话里用"我们"二字，无疑是以他自己和马克思的名义向德国工人党的领袖建议，把"国家"一词**从党纲中去掉**，用"**公团**"来代替。

如果向为了迁就机会主义者而伪造出来的现代"马克思主义"的首领们建议这样来修改党纲，那他们该会怎样狂吠，骂这是"无政府主义"啊！

让他们狂吠吧。资产阶级会因此称赞他们的。

我们还是要做我们自己的事情。在修改我们的党纲时，绝对必须考虑恩格斯和马克思的意见，以便更接近真理，以便清除对马克思主义的歪曲而恢复马克思主义，以便更正确地指导工人阶级争取自身解放的斗争。在布尔什维克当中大概不会有人反对恩格斯和马克思的建议。困难也许只是在用词上。德文中有两个词都作"公团"解释，恩格斯用的那个词**不是**指单个的公团，而是指公团的总和即公团体系。俄文中没有这样一个词，也许只好采用法文中的"公社"一词，虽然这也有它的不足之处。

"巴黎公社已经不是原来意义上的国家"，——这是恩格斯在理论上最重要的论断。看了上文以后，这个论断是完全可以理解的。公社已经**不再是**国家了，因为公社所要镇压的不是大多数居民，而是少数居民(剥削者)；它已经打碎了资产阶级的国家机器；居民已经自己上台来代替实行镇压的**特殊**力量。所有这一切都已经不是原来意义

---

① 见《马克思恩格斯选集》第3卷人民出版社1972年版第30页。——编者注

上的国家了。如果公社得到巩固，那么公社的国家痕迹就会自行"消亡"，它就用不着"废除"国家机构，因为国家机构将无事可做而逐渐失去其作用。

"无政府主义者用'人民国家'这一个名词挖苦我们"，——恩格斯的这句话首先是指巴枯宁和他对德国社会民主党人的攻击说的。恩格斯认为这种攻击有正确之处，**因为**"人民国家"像"自由的人民国家"一样，都是无稽之谈，都是背离社会主义的。恩格斯竭力纠正德国社会民主党人反对无政府主义者的斗争，使这个斗争在原则上正确，使它摆脱在"国家"问题上的种种机会主义偏见。真可惜！恩格斯的这封信竟被搁置了36年。我们在下面可以看到，即使在这封信发表以后，考茨基实际上还是顽固地重犯恩格斯告诫过的那些错误。

倍倍尔在1875年9月21日写回信给恩格斯，信中也谈到他"完全同意"恩格斯对纲领草案的意见，并说他责备了李卜克内西的让步态度（倍倍尔的回忆录德文版第2卷第334页）。但是把倍倍尔的《我们的目的》这本小册子拿来，我们却可以看到国家问题上一种完全错误的论调：

"国家应当由基于**阶级统治**的国家变成**人民国家**。"（《我们的目的》1886年德文版第14页）

这就是倍倍尔那本小册子**第9**版（第9版！）中的话！难怪德国社会民主党竟听任一些人如此顽固地重复关于国家问题的机会主义论调，特别是在恩格斯所作的革命解释被搁置起来而整个生活环境又长期使人"忘记"革命的时候。

1929—1949年我国出版的列宁《国家与革命》的部分中译本

4. 对爱尔福特纲领草案的批判

在分析马克思主义的国家学说时,不能不提到恩格斯在1891年6月29日寄给考茨基而过了10年以后才在《新时代》上发表的对爱尔福特纲领[171]草案的批判,因为这篇文章主要就是批判社会民主党在**国家**结构问题上的**机会主义**观点的。

顺便指出,恩格斯还对经济问题作了一个非常宝贵的指示,这说明恩格斯是如何细心、如何深刻地考察了现代资本主义的形态的变化,因而他才能在一定程度上预先想到当前帝国主义时代的任务。这个指示是恩格斯由于该纲领草案用"无计划性"这个词来说明资本主义的特征而作的,他写道:

> "……如果我们从股份公司进而来看那支配着和垄断着整个工业部门的托拉斯,那么,那里不仅私人生产停止了,而且无计划性也没有了。"(《新时代》第20年卷(1901—1902)第1册第8页)①

这里抓住了对现代资本主义即帝国主义的理论评价中最主要的东西,即资本主义转化为垄断**资本主义**。后面这四个字必须用黑体加以强调,因为目前最普遍的一种错误就是资产阶级改良主义者所断言的什么垄断资本主义或国家垄断资本主义**已经不**是资本主义,已经可以称为"国家社会主义",如此等等。完全的计划性当然是托拉斯所从来没有而且也不可能有的。但是尽管托拉斯有计划性,尽管资本大王们能预先考虑到一国范围内甚至国际范围内的生产规模,尽

---

① 见《马克思恩格斯全集》第1版第22卷第270页。——编者注

管他们有计划地调节生产,我们还是处在**资本主义**下,虽然是在它的新阶段,但无疑还是处在资本主义下。在无产阶级的真正代表看来,**这种**资本主义之"接近"社会主义,只是证明社会主义革命已经接近,已经不难实现,已经可以实现,已经刻不容缓,而决不是证明可以容忍一切改良主义者否认社会主义革命和粉饰资本主义。

现在我们回过来讲国家问题。恩格斯在这里作了三方面的特别宝贵的指示:第一是关于共和国问题;第二是关于民族问题同国家结构的联系;第三是关于地方自治。

关于共和国,恩格斯把这点作为批判爱尔福特纲领草案的重点。如果我们还记得当时爱尔福特纲领在整个国际社会民主党中具有怎样的意义,它怎样成了整个第二国际的典范,那么可以毫不夸大地说,恩格斯在这里是批判了整个第二国际的机会主义。

恩格斯写道:"草案的政治要求有一个很大的缺点。**这里没有说**〈黑体是恩格斯用的〉本来应当说的东西。"①

接着,恩格斯解释道:德国的宪法实质上是1850年最反动的宪法的抄本;帝国国会,正如威廉·李卜克内西所说的,只是"专制制度的遮羞布";想在把各小邦的存在合法化、把德意志各小邦的联盟合法化的宪法的基础上实现"将一切劳动资料转变成公有财产","显然是荒谬的"。

"谈论这个问题是危险的",——恩格斯补充说,因为他深知在德国不能在纲领中公开提出建立共和国的要求。但是,恩格斯并不因为这个理由很明显,"大家"都满意,就这样算了。他接着说:"但是,无论如何,事情总是要去解决的。这样做是多么必

①见《马克思恩格斯全集》第1版第22卷第272页。——编者注

要,正好现在由在很大一部分社会民主党报刊中散布的机会主义证明了。现在有人因害怕反社会党人法²¹重新恢复,或者回想起在这项法律统治下发表的几篇过早的声明,就忽然想要党承认在德国的现行法律秩序下,可以通过和平方式实现党的一切要求。……"①

德国社会民主党人那样行事是害怕非常法重新恢复,——恩格斯把这个主要事实提到首位,毫不犹豫地称之为机会主义,而且指出,正是因为在德国没有共和制和自由,所以幻想走"和平"道路是十分荒谬的。恩格斯非常谨慎,没有束缚自己的手脚。他承认,在有共和制或有充分自由的国家里,和平地向社会主义发展是"可以设想"(仅仅是"设想"!)的,但是在德国,他重复说:

"……在德国,政府几乎有无上的权力,帝国国会及其他一切代议机关毫无实权,因此,在德国宣布某种类似的做法,而且在没有任何必要的情况下宣布这种做法,就是揭去专制制度的遮羞布,自己去遮盖那赤裸裸的东西。……"②

德国社会民主党把这些指示"束之高阁",党的大多数正式领袖果然就成了专制制度的遮羞者。

"……这样的政策归根到底只能把党引入迷途。人们把一般的抽象的政治问题提到首要地位,从而把那些在重大事件一旦发生,政治危机一旦来临就会自行提到日程上来的迫切的具体问题掩盖起来。这除了使党突然在决定性的时刻束手无策,使党在具有决定意义的问题上由于从未进行过讨论而认识模

①见《马克思恩格斯全集》第1版第22卷第273页。——编者注
②同上。——编者注

糊和意见不一而外,还能有什么结果呢?……

为了眼前暂时的利益而忘记根本大计,只图一时的成就而不顾后果,为了运动的现在而牺牲运动的未来,这种做法可能也是出于'真诚的'动机。但这是机会主义,始终是机会主义,而且'真诚的'机会主义也许比其他一切机会主义更危险。……

如果说有什么是毋庸置疑的,那就是,我们的党和工人阶级只有在民主共和国这种政治形式下,才能取得统治。民主共和国甚至是无产阶级专政的特殊形式,法国大革命已经证明了这一点。……"①

恩格斯在这里特别明确地重申了贯穿在马克思的一切著作中的基本思想,这就是:民主共和国是走向无产阶级专政的捷径。因为这样的共和国虽然丝毫没有消除资本的统治,因而也丝毫没有消除对群众的压迫和阶级斗争,但是,它必然会使这个斗争扩大、展开、明朗化和尖锐化,以致一旦出现满足被压迫群众的根本利益的可能性,这种可能性就必然通过而且只有通过无产阶级专政即无产阶级对这些群众的领导得到实现。对于整个第二国际来说,这也是马克思主义中"被忘记的言论",而孟什维克党在俄国1917年革命头半年的历史则把这种忘却揭示得再清楚不过了。

恩格斯在谈到同居民的民族成分有关的联邦制共和国问题时写道:

"应当用什么东西来代替现在的德国呢?〈它拥有反动的君主制宪法和同样反动的小邦分立制,这种分立制把"普鲁士主义"的种种特点固定下来,而不是使它们在德国的整体中被融

---

① 见《马克思恩格斯全集》第1版第22卷第273—274页。——编者注

解掉〉在我看来，无产阶级只能采取单一而不可分的共和国的形式。联邦制共和国一般说来现在还是美国广大地区所必需的，虽然在它的东部已经成为障碍。在英国，联邦制共和国将是前进一步，因为在这里，两个岛上居住着四个民族，议会虽然是统一的，但是却有三种立法体系同时并存。联邦制共和国在小小的瑞士早已成为障碍，它之所以还能被容忍，只是因为瑞士甘愿充当欧洲国家体系中纯粹消极的一员。对德国说来，实行瑞士式的联邦制，那就是倒退一大步。联邦制国家和单一制国家有两点区别，这就是：每个加盟的邦，即每个州都有它特别的民事立法、刑事立法和法院组织；其次，与国民议院并存的还有联邦议院，在联邦议院中，每一个州无分大小，都以一州的资格参加表决。"在德国，联邦制国家是向单一制国家的过渡，所以不是要使1866年和1870年的"来自上面的革命"又倒退回去，而是要用"来自下面的运动"来加以补充。①

恩格斯对国家形式问题不但不抱冷淡态度，相反，他非常细致地努力去分析的正是过渡形式，以便根据每一个别场合的具体历史特点来弄清各该场合的过渡形式是**从什么到什么**的过渡。

恩格斯同马克思一样，从无产阶级和无产阶级革命的观点出发坚持民主集中制，坚持单一而不可分的共和国。他认为联邦制共和国或者是一种例外，是发展的障碍，或者是由君主国向集中制共和国的过渡，是在一定的特殊条件下的"前进一步"。而在这些特殊条件中，民族问题占有突出的地位。

恩格斯同马克思一样，虽然无情地批判了小邦制的反动性和在

①见《马克思恩格斯全集》第1版第22卷第275—276页。——编者注

一定的具体情况下用民族问题来掩盖这种反动性的行为,但是他们在任何地方都丝毫没有忽视民族问题的倾向,而荷兰和波兰两国的马克思主义者在反对"自己"小国的狭隘市侩民族主义的极正当的斗争中,却常常表现出这种倾向。

在英国,无论从地理条件、从共同的语言或从数百年的历史来看,似乎已经把各个小地区的民族问题都"解决了"。可是,甚至在这个国家里,恩格斯也注意到一个明显的事实,即民族问题还没有完全消除,因此他承认建立联邦制共和国是"前进一步"。自然,这里他丝毫没有放弃批评联邦制共和国的缺点,丝毫没有放弃为实现单一制的、民主集中制的共和国而最坚决地进行宣传和斗争。

但是,恩格斯绝对不像资产阶级思想家和包括无政府主义者在内的小资产阶级思想家那样,从官僚制度的意义上去了解民主集中制。在恩格斯看来,集中制丝毫不排斥这样一种广泛的地方自治,这种自治在各个市镇和省自愿坚持国家统一的同时,绝对能够消除任何官僚制度和任何来自上面的"发号施令"。

恩格斯在发挥马克思主义对于国家问题的纲领性观点时写道:"……因此,需要单一制的共和国,但并不是像现在法兰西共和国那样的共和国,现在的法兰西共和国同1798年建立的没有皇帝的帝国没有什么不同。从1792年到1798年,法国的每个省、每个市镇,都有美国式的完全的自治权,这是我们也应该有的。至于应当怎样组织自治和怎样才可以不要官僚制,这已经由美国和法兰西第一共和国给我们证明了,而现在又有澳大利亚、加拿大以及英国的其他殖民地给我们证明了。这种省〈州〉的和市镇的自治是比例如瑞士的联邦制更自由得多的制度,在瑞士的联邦制中,州对Bund〈即对整个联邦国家〉而言固然有很大的独立性,但它对专区和市镇也具有独立性。州政府任命专区区长和市镇长官,这在讲英语的国家里是绝对没有的,而我们将来也坚决不要这样的官吏,就像不要普鲁士的Landrat和Regierungsrat〈专员、县长、省长以及所有由上面任命的官吏〉一样。"根据这一点,恩格斯建议把党纲关于自治问题的条文表述如下:"省〈省或州〉、专区和市镇通过由普选选出的官吏实行完全的自治。取消由国家任命的一切地方的和省的政权机关。"①

在被克伦斯基和其他"社会党人"部长的政府封闭的《真理报》147(1917年5月28日第68号)上我已经指出过,在这一点上(自然远不止这一点),我国所谓革命民主派的所谓社会党人代表们是如何令人气愤地**背弃民主主义**。②自然,这些通过"联合"而把自己同帝国主义资产阶级拴在一起的人,对我指出的这些是充耳不闻的。

必须特别指出的是,恩格斯用事实和最确切的例子推翻了一种非常流行的、特别是在小资产阶级民主派中间非常流行的偏见,即认为联邦制共和国一定要比集中制共和国自由。这种看法是不正确的。恩格斯所举的1792—1798年法兰西集中制共和国和瑞士联邦制共和国的事实推翻了这种偏见。真正民主的集中制共和国赋予的自由比联邦制共和国要**多**。换句话说,在历史上,地方、州等等能够享有**最多**自由的是**集中制**共和国,而不是联邦制共和国。

对于这个事实,以及关于联邦制共和国与集中制共和国和关于地方自治这整个问题,无论过去和现在,我们党的宣传鼓动工作都没

---

① 见《马克思恩格斯全集》第1版第22卷第276—277页。——编者注
② 参看《列宁全集》第2版第30卷第180—183页。——编者注

有充分注意。

5.1891年为马克思的《内战》所写的导言

恩格斯在为《法兰西内战》第3版写的导言中(导言注明的日期是1891年3月18日,最初刊载在《新时代》杂志上),除了顺便就有关对国家的态度的问题提出一些值得注意的意见,还对公社的教训作了极其鲜明的概括。这个概括,由于考虑到了公社以后20年的全部经验而作得非常深刻,并且是专门用来反对流行于德国的"对国家的迷信"的,完全可以称为马克思主义在国家问题上的**最高成就**。

恩格斯指出:法国每次革命以后工人总是武装起来了;"因此,掌握国家大权的资产者的第一个信条就是解除工人的武装。于是,在每次工人赢得革命以后就产生新的斗争,其结果总是工人失败……"①

对各次资产阶级革命的经验作出的这个总结,真是又简短,又明了。这里正好抓住了问题的实质,也是国家问题的实质(**被压迫阶级有没有武装**?)。正是这个实质却是那些受资产阶级思想影响的教授以及小资产阶级民主派常常避而不谈的。在1917年的俄国革命中,泄露资产阶级革命的这个秘密的荣幸(卡芬雅克式的荣幸[172])落到了"孟什维克"、"也是马克思主义者"的策列铁里身上。他在6月11日的"具有历史意义的"演说[173]中,脱口说出了资产阶级要解除彼得格勒工人武装的决定,当然,他把这个决定既说成是他自己的决定,

---

① 见《马克思恩格斯选集》第2卷人民出版社1972年版第326页。——编者注

又说成这就是"国家的"需要！

策列铁里在6月11日发表的具有历史意义的演说，当然会成为每一个研究1917年革命的历史学家都要援引的一个最明显的例证，证明策列铁里先生所率领的社会革命党人同孟什维克的联盟如何转到资产阶级方面来**反对**革命的无产阶级。

恩格斯顺便提出的另外一个也是有关国家问题的意见是谈宗教的。大家知道，德国社会民主党随着它的日益腐化而愈来愈机会主义化，愈来愈对"宣布宗教为私人的事情"这个有名的公式进行庸俗的歪曲。就是说，把这个公式歪曲成似乎宗教问题**对于**革命无产阶级**政党也**是私人的事情！！恩格斯起来反对的就是这种对无产阶级革命纲领的完全背叛，但恩格斯在1891年还只看到自己党内机会主义的**最小的**萌芽，因此他说得很谨慎：

> "因为参加公社的差不多都是工人或公认的工人代表，所以它所通过的决议也就完全是无产阶级性质的。有些决议把共和派资产阶级只是由于怯懦才不肯实行的、然而是工人阶级自由活动的必要基础的那些改革以法令形式确定下来，例如实行宗教**对国家来说**仅仅是私人事情的原则。有些决议则直接有利于工人阶级，并且在某种程度上深深刺入了旧社会制度的内脏。……"①

恩格斯故意强调"对国家来说"这几个字，目的是要击中德国机会主义的要害，因为德国机会主义宣布宗教**对党来说**是私人的事情，这样也就把革命无产阶级政党降低到最庸俗的"自由思想派"那班市

---

①见《马克思恩格斯选集》第2卷人民出版社1972年版第330—331页。——编者注

侩的水平,这种市侩可以容许不信宗教,但是拒绝执行对麻醉人民的宗教鸦片进行**党的**斗争的任务。

将来研究德国社会民主党的历史学家在探讨该党1914年遭到可耻的破产的根源时,会找到许多关于这个问题的有趣的材料:从该党思想领袖考茨基的论文中为机会主义打开大门的暧昧言论起,直到党对1913年的与教会分离的运动[174]的态度止。

现在我们来看一看恩格斯在公社以后20年是怎样为斗争的无产阶级总结公社教训的。

下面就是恩格斯认为最重要的教训:

"……正是军队、政治警察、官僚这种旧的中央集权政府的压迫权力,即由拿破仑在1798年建立,以后一直被每届新政府当做合意的工具接收并利用来反对自己的敌人的权力,——正是这种权力应该在全国各地覆没,正如它已在巴黎覆没一样。

公社一开始就得承认,工人阶级在获得统治时,不能继续运用旧的国家机器来进行管理;工人阶级为了不致失去刚刚争得的统治,一方面应当铲除全部旧的、一直被利用来反对它的压迫机器,另一方面应当以宣布它自己所有的代表和官吏毫无例外地可以随时撤换,来保证自己有可能防范他们。……"①

恩格斯一再着重指出,不仅在君主国,而且**在民主共和国**,国家依然是国家,也就是说仍然保留着它的基本特征:把公职人员,"社会公仆",社会机关,变为社会的**主人**。

"……为了防止国家和国家机关由社会公仆变为社会主人——这种现象在至今所有的国家中都是不可避免的——公社采

---

① 见《马克思恩格斯选集》第2卷人民出版社1972年版第334页。——编者注

取了两个正确的办法。第一,它把行政、司法和国民教育方面的一切职位交给由普选选出的人担任,而且规定选举者可以随时撤换被选举者。第二,它对所有公职人员,不论职位高低,都只付给跟其他工人同样的工资。公社所曾付过的最高薪金是6 000法郎①。这样,即使公社没有另外给各代表机构的代表以限权委托书,也能可靠地防止人们去追求升官发财了。……"②

恩格斯在这里接触到了一个有趣的界限,在这个界限上,彻底的民主**变成了**社会主义,同时也**要求**实行社会主义。因为,要消灭国家就必须把国家机关的职能变为非常简单的监督和计算的手续,使大多数居民,而后再使全体居民,都能够办理,都能够胜任。而要完全消除升官发财的思想,就必须使国家机关中那些无利可图但是"荣耀的"职位**不**能成为在银行和股份公司内找到肥缺的桥梁,像在一切最自由的资本主义国家内所**经常**看到的那样。

但是,恩格斯并没有犯有些马克思主义者在民族自决权问题上所犯的那种错误:他们说民族自决权在资本主义下是不可能实现的,而在社会主义下则是多余的。这种似乎很巧妙但实际上并不正确的论断,对于**任何一种**民主制度,包括给官吏发微薄薪金的办法在内,都可以套得上,因为在资本主义下彻底的民主制度是不可能的,而在社会主义下则任何民主都是会**消亡**的。

这是一种诡辩,正像一句古老的笑话所说的:一个人掉了一根头发,他是否就成了秃子呢?

---

①名义上约等于2 400卢布,但按现在的汇率计算,约等于6 000卢布。有些布尔什维克提议,例如在市杜马内,给9 000卢布的薪金,而不提议**全国以6 000卢布(这个数目是足够的)为**最高薪金,这是完全不可饶恕的。175

②见《马克思恩格斯选集》第2卷人民出版社1972年版第335页。——编者注

彻底发展民主,找出彻底发展的种种**形式**,用**实践**来检验这些形式等等,这一切都是为社会革命进行斗争的基本任务之一。任何单独存在的民主制度都不会产生社会主义,但在实际生活中民主制度永远不会是"单独存在",而总是"共同存在"的,它也会影响经济,推动**经济的**改造,受经济发展的影响等等。这就是活生生的历史辩证法。

恩格斯继续写道:

"……这种炸毁旧的国家政权并以新的真正民主的国家政权来代替的情形,已经在《内战》第3章中作了详细的描述。但是这里再一次简单地谈到这种代替的几个特点,这是必要的,因为恰巧在德国,对国家的迷信,已经从哲学方面转到资产阶级甚至很多工人的一般意识中去了。按照哲学家的学说,国家是'观念的实现',或是译成了哲学语言的尘世的上帝王国,也就是永恒的真理和正义所借以实现或应当借以实现的场所。由此就产生了对国家以及一切有关国家的事物的盲目崇拜,由于人们从小就习惯于认为全社会的公共事业和公共利益只能用旧的方法来处理和保护,即通过国家及其收入极多的官吏来处理和保护,这种崇拜就更容易生根。人们以为,如果他们不再迷信世袭君主制而拥护民主共和制,那就已经是非常大胆地向前迈进了一步。实际上,国家无非是一个阶级镇压另一个阶级的机器,这一点即使在民主共和制下也丝毫不比在君主制下差。国家再好也不过是无产阶级在争取阶级统治的斗争胜利以后所继承下来的一个祸害;胜利了的无产阶级也将同公社一样,不得不立即尽量除去这个祸害的最坏方面,直到在新的自由的社会条件下成长起来的一代能够把这全部国家废物完全抛掉为止。"①

恩格斯告诫德国人,叫他们在以共和制代替君主制的时候不要忘记社会主义关于一般国家问题的原理。他的告诫现在看起来好像是直接对策列铁里和切尔诺夫之流先生们的教训,因为他们在"联合的"实践中正好表现出对国家的迷信和盲目崇拜!

还应当指出两点:(1)恩格斯说,在民主共和制下,国家之为"一个阶级压迫另一个阶级的机器","丝毫不"比在君主制下"差",但这决不等于说,压迫的**形式**对于无产阶级是无所谓的,像某些无政府主义者所"教导"的那样。阶级斗争和阶级压迫采取更广泛、更自由、更公开的**形式**,能够大大便于无产阶级为消灭一切阶级而进行的斗争。

(2)为什么只有新的一代才能够把这全部国家废物完全抛掉呢?这个问题是同民主的消除问题联系着的,现在我们就来谈这个问题。

6.恩格斯论民主的消除

恩格斯在谈到"社会民主党人"这个名称**在科学上**不正确的时候,曾连带说到这一点。

恩格斯在给自己那本19世纪70年代主要是论述"国际"问题的文集(《〈人民国家报〉国际问题论文集》)作序(1894年1月3日,即恩格斯逝世前一年半)的时候写道,在所有的文章里,他都用"共产党

---

① 见《马克思恩格斯选集》第2卷人民出版社1972年版第335—336页。——编者注

人"这个名词,**而不用**"社会民主党人",因为当时法国的蒲鲁东派和德国的拉萨尔派⁵⁸都自称为社会民主党人。

　　恩格斯接着写道:"……因此对马克思和我来说,用如此有伸缩性的名称来表示我们特有的观点是绝对不行的。现在情况不同了,这个词〈"社会民主党人"〉也许可以过得去(m a g passieren),虽然对于经济纲领不单纯是一般社会主义的而直接是共产主义的党来说,对于政治上的最终目的是消除整个国家因而也消除民主的党来说,这个词还是不确切的〈unpassend,不恰当的〉。然而,对**真正的**〈黑体是恩格斯用的〉政党说来,名称总是不完全符合的;党在发展,名称却不变。"①

　　辩证法家恩格斯到临终时仍然忠于辩证法。他说:马克思和我有过一个很好的科学上很确切的党的名称,可是当时没有一个真正的即群众性的无产阶级政党。现在(19世纪末)真正的政党是有了,可是它的名称在科学上是不正确的。但这不要紧,"可以过得去",只要党**在发展**,只要党意识到它的名称在科学上不确切,不让这一点妨碍它朝着正确的方向发展就行!

　　也许哪一位爱开玩笑的人会用恩格斯的话来安慰我们布尔什维克说:我们有真正的政党,它在很好地发展;就连"布尔什维克"这样一个毫无意义的奇怪的名词,这个除了表示我们在1903年布鲁塞尔—伦敦代表大会¹⁷⁶上占多数这一完全偶然的情况外并没有什么其他意思的名词,也还"可以过得去"……　现在,由于共和党人和"革命"市侩民主派在7、8月间对我党实行迫害¹⁷⁷,"布尔什维克"这个名词获得了全民的荣誉,除此而外,这种迫害还表明我党在**真正的**

---

①见《马克思恩格斯全集》第1版第22卷第490页。——编者注

发展过程中迈进了多么巨大的具有历史意义的一步,在这个时候,也许连我自己也对我在4月间提出的改变我党名称的建议①表示怀疑了。也许我要向同志们提出一个"妥协办法":把我们党称为共产党,而把布尔什维克这个名词放在括号内……

但是党的名称问题远不及革命无产阶级对国家的态度问题重要。

人们通常在谈论国家问题的时候,老是犯恩格斯在这里所告诫的而我们在前面也顺便提到的那个错误。这就是:老是忘记国家的消灭也就是民主的消灭,国家的消亡也就是民主的消亡。

乍看起来,这样的论断似乎是极端古怪而难于理解的;甚至也许有人会担心,是不是我们在期待一个不遵守少数服从多数的原则的社会制度,因为民主也就是承认这个原则。

不是的。民主和少数服从多数的原则**不是**一个东西。民主就是承认少数服从多数的**国家**,即一个阶级对另一个阶级、一部分居民对另一部分居民使用有系统的**暴力**的组织。

我们的最终目的是消灭国家,也就是消灭任何有组织有系统的暴力,消灭任何加在人们头上的暴力。我们并不期待一个不遵守少数服从多数的原则的社会制度。但是,我们在向往社会主义的同时深信:社会主义将发展为共产主义,而对人们使用暴力,使一个人**服从另一个人**、使一部分居民**服从**另一部分居民的任何必要也将随之消失,因为人们**将习惯于**遵守公共生活的起码规则,而**不需要暴力**和**服从**。

为了强调这个习惯的因素,恩格斯就说到了新的**一代**,他们是

①参看《列宁全集》第2版第29卷第101、110、116页。——编者注

"在新的自由的社会条件下成长起来的一代,能够把这全部国家废物完全抛掉",——这里所谓国家是指任何一种国家,其中也包括民主共和制的国家。

为了说明这一点,就必须分析国家消亡的经济基础问题。

第 五 章
国家消亡的经济基础

马克思在他的《哥达纲领批判》(即1875年5月5日给白拉克的信,这封信直到1891年才在《新时代》第9年卷第1册上发表,有俄文单行本)①中对这个问题作了最详尽的说明。在这篇出色的著作中,批判拉萨尔主义的论战部分可以说是遮盖了正面论述的部分,即遮盖了对共产主义发展和国家消亡之间的联系的分析。

1. 马克思如何提出问题

如果把马克思在1875年5月5日给白拉克的信同我们在前面研究过的恩格斯在1875年3月28日给倍倍尔的信粗略地对照一下,也

---

① 见《马克思恩格斯选集》第3卷人民出版社1972年版第3—25页。——编者注

许会觉得马克思比恩格斯带有浓厚得多的"国家派"色彩,也许会觉得这两位著作家对国家的看法有很大差别。

恩格斯建议倍倍尔根本抛弃关于国家的废话,把国家一词从纲领中完全去掉而用"公团"一词来代替;恩格斯甚至宣布公社已经不是原来意义上的国家。而马克思却谈到"未来共产主义社会的国家制度"①,这就是说,似乎他认为就是在共产主义下也还需要国家。

但这种看法是根本不对的。如果仔细研究一下就可以知道,马克思和恩格斯对国家和国家消亡问题的看法是完全一致的,上面所引的马克思的话指的正是**正在消亡的**国家制度。

很清楚,确定**未来的**"消亡"的日期,这是无从谈起的,何况它显然还是一个很长的过程。马克思和恩格斯之间仿佛存在差别,是因为他们研究的题目不同,要解决的任务不同。恩格斯的任务是要清楚地、尖锐地、概括地向倍倍尔指明,当时流行的(也是拉萨尔颇为赞同的)关于国家问题的偏见是十分荒谬的。而马克思只是在论述另一个题目即共产主义社会的**发展**时,顺便提到了**这个**问题。

马克思的全部理论,就是运用最彻底、最完整、最周密、内容最丰富的发展论去考察现代资本主义。自然,他也就要运用这个理论去考察资本主义的**即将到来的**崩溃和**未来**共产主义的**未来的**发展。

究竟根据什么**材料**可以提出未来共产主义的未来发展问题呢?

这里所根据的是,共产主义是从资本主义中**产生出来**的,它是历史地从资本主义中发展出来的,它是资本主义所**产生**的那种社会力量发生作用的结果。马克思丝毫不想制造乌托邦,不想凭空猜测无法知道的事情。马克思提出共产主义的问题,正像一个自然科学家已

---

① 见《马克思恩格斯选集》第3卷人民出版社1972年版第21页。——编者注

经知道某一新的生物变种是怎样产生以及朝着哪个方向演变才提出该生物变种的发展问题一样。

马克思首先扫除了哥达纲领在国家同社会的相互关系问题上造成的糊涂观念。

他写道:"……现代社会就是存在于一切文明国度中的资本主义社会,它或多或少地摆脱了中世纪的杂质,或多或少地由于每个国度的特殊的历史发展而改变了形态,或多或少地有了发展。'现代国家'却随国境而异。它在普鲁士德意志帝国同在瑞士不一样,在英国同在美国不一样。所以,'现代国家'是一种虚构。

但是,不同的文明国度中的不同的国家,不管它们的形式如何纷繁,却有一个共同点:它们都建立在资本主义多少已经发展了的现代资产阶级社会的基础上。所以,它们具有某些根本的共同特征。在这个意义上可以谈'现代国家制度',而未来就不同了,到那时'现代国家制度'现在的根基即资产阶级社会已经消亡了。

于是就产生了一个问题:在共产主义社会中国家制度会发生怎样的变化呢?换句话说,那时有哪些同现在的国家职能相类似的社会职能保留下来呢?这个问题只能科学地回答;否则,即使你把'人民'和'国家'这两个词联接一千次,也丝毫不会对这个问题的解决有所帮助。……"[1]

马克思这样讥笑了关于"人民国家"的一切空话以后,就来提出

---

[1] 见《马克思恩格斯选集》第3卷人民出版社1972年版第20—21页。——编者注

问题,并且好像是告诫说:要对这个问题作出科学的解答,只有依靠确实肯定了的科学材料。

由整个发展论和全部科学十分正确地肯定了的首要的一点,也是从前被空想主义者所忘记、现在又被害怕社会主义革命的现代机会主义者所忘记的那一点,就是在历史上必然会有一个从资本主义向共产主义**过渡**的特殊时期或特殊阶段。

2. 从资本主义到共产主义的过渡

马克思继续写道:"……在资本主义社会和共产主义社会之间,有一个从前者变为后者的革命转变时期。同这个时期相适应的也有一个政治上的过渡时期,这个时期的国家只能是**无产阶级的革命专政**。……"[①]

这个结论是马克思根据他对无产阶级在现代资本主义社会中的作用的分析,根据关于这个社会发展情况的材料以及关于无产阶级与资产阶级对立的利益不可调和的材料所得出的。

从前,问题的提法是这样的:无产阶级为了求得自身的解放,应当推翻资产阶级,夺取政权,建立自己的革命专政。

现在,问题的提法已有些不同了:从向着共产主义发展的资本主义社会过渡到共产主义社会,非经过一个"政治上的过渡时期"不可,而这个时期的国家只能是无产阶级的革命专政。

这个专政和民主的关系又是怎样的呢?

---

①见《马克思恩格斯选集》第3卷人民出版社1972年版第21页。——编者注

我们看到,《共产党宣言》是干脆把"无产阶级转化成统治阶级"和"争得民主"①这两个概念并列在一起的。根据上述一切,可以更准确地断定民主在从资本主义向共产主义过渡时是怎样变化的。

在资本主义社会里,在它最顺利的发展条件下,比较完全的民主制度就是民主共和制。但是这种民主制度始终受到资本主义剥削制度狭窄框子的限制,因此它实质上始终是少数人的即只是有产阶级的、只是富人的民主制度。资本主义社会的自由始终与古希腊共和国的自由即奴隶主的自由大致相同。由于资本主义剥削制度的条件,现代的雇佣奴隶被贫困压得喘不过气,结果都"无暇过问民主","无暇过问政治",大多数居民在通常的平静的局势下都被排斥在社会政治生活之外。

德国可以说是证实这一论断的最明显的例子,因为在这个国家里,宪法规定的合法性保持得惊人地长久和稳定,几乎有半世纪之久(1871—1914年),而在这个时期内,同其他国家的社会民主党相比,德国社会民主党又做了多得多的工作来"利用合法性",来使工人参加党的比例达到举世未有的高度。

这种在资本主义社会里能看到的有政治觉悟的积极的雇佣奴隶所占的最大的百分比究竟是多少呢?1 500万雇佣工人中有100万是社会民主党党员!1 500万雇佣工人中有300万是工会会员!

极少数人享受民主,富人享受民主,——这就是资本主义社会的民主制度。如果仔细地考察一下资本主义民主的结构,那么无论在选举权的一些"微小的"(似乎是微小的)细节上(居住年限、妇女

①见《马克思恩格斯选集》第1卷人民出版社1972年版第272页。——编者注

被排斥等等），或是在代表机构的办事手续上，或是在行使集会权的实际障碍上（公共建筑物不准"叫化子"使用！），或是在纯粹资本主义的办报原则上，等等，到处都可以看到对民主制度的重重限制。用来对付穷人的这些限制、例外、排斥、阻碍，看起来似乎是很微小的，特别是在那些从来没有亲身体验过贫困、从来没有接近过被压迫阶级群众的生活的人（这种人在资产阶级的政论家和政治家中，如果不占百分之九十九，也得占十分之九）看起来是很微小的，但是这些限制加在一起，就把穷人排斥和推出政治生活之外，使他们不能积极参加民主生活。

马克思正好抓住了资本主义民主的这一**实质**，他在分析公社的经验时说：这就是容许被压迫者每隔几年决定一次究竟由压迫阶级中的什么人在议会里代表和镇压他们！①

但是从这种必然是狭隘的、暗中排斥穷人的、因而也是彻头彻尾虚伪骗人的资本主义民主向前发展，并不像自由派教授和小资产阶级机会主义者所想象的那样，是简单地、直线地、平稳地走向"日益彻底的民主"。不是的。向前发展，即向共产主义发展，必须经过无产阶级专政，不可能走别的道路，因为再没有其他人也没有其他道路能够**粉碎**剥削者资本家的**反抗**。

而无产阶级专政，即被压迫者先锋队组织成为统治阶级来镇压压迫者，不能仅仅只是扩大民主。**除了**把民主制度大规模地扩大，使它**第一次**成为穷人的、人民的而不是富人的民主制度**之外**，无产阶级专政还要对压迫者、剥削者、资本家采取一系列剥夺自由的措施。为

---

①参看《马克思恩格斯选集》第2卷人民出版社1972年版第376页。——编者注

了使人类从雇佣奴隶制下面解放出来,我们必须镇压这些人,必须用强力粉碎他们的反抗,——显然,凡是实行镇压和使用暴力的地方,也就没有自由,没有民主。

读者总还记得,恩格斯在给倍倍尔的信中很好地阐明了这一点,他说:"无产阶级需要国家不是为了自由,而是为了镇压自己的敌人,一到有可能谈自由的时候,国家本身就不再存在了。"①

人民这个大多数享有民主,对人民的剥削者、压迫者实行强力镇压,即把他们排斥于民主之外,——这就是民主在从资本主义向共产主义**过渡**时改变了的形态。

只有在共产主义社会中,当资本家的反抗已经彻底粉碎,当资本家已经消失,当阶级已经不存在(即社会各个成员在同社会生产资料的关系上已经没有差别)的时候,——**只有**在那个时候,"国家才会消失,才**有可能谈自由**"。只有在那个时候,真正完全的、真正没有任何例外的民主才有可能,才会实现。也只有在那个时候,民主才开始**消亡**,道理很简单:人们既然摆脱了资本主义奴隶制,摆脱了资本主义剥削制所造成的无数残暴、野蛮、荒谬和丑恶的现象,也就会逐渐**习惯于**遵守多少世纪以来人们就知道的、千百年来在一切行为守则上反复谈到的、起码的公共生活规则,而不需要暴力,不需要强制,不需要服从,**不需要**所谓国家这种实行强制的**特殊机构**。

"国家**消亡**"这个说法选得非常恰当,因为它既表明了过程的渐进性,又表明了过程的自发性。只有习惯才能够发生而且一定会发生这样的作用,因为我们在自己的周围千百万次地看到,如果没有剥削,如果根本没有令人气愤、引起抗议和起义而使**镇压**成为必要的现

---

① 见《马克思恩格斯选集》第3卷人民出版社1972年版第30页。——编者注

象,那么人们是多么容易习惯于遵守他们所必需的公共生活规则。

总之,资本主义社会里的民主是一种残缺不全的、贫乏的和虚伪的民主,是只供富人、只供少数人享受的民主。无产阶级专政,向共产主义过渡的时期,将第一次提供人民享受的、大多数人享受的民主,同时对少数人即剥削者实行必要的镇压。只有共产主义才能提供真正完全的民主,而民主愈完全,它也就愈迅速地成为不需要的东西,愈迅速地自行消亡。

换句话说,在资本主义下存在的是原来意义上的国家,即一个阶级对另一个阶级、而且是少数人对多数人实行镇压的特殊机器。很明显,剥削者少数要能有系统地镇压被剥削者多数,就必须实行极凶狠极残酷的镇压,就必须造成大量的流血,而人类在奴隶制、农奴制和雇佣劳动制下就是这样走过来的。

其次,在从资本主义向共产主义**过渡**的时候镇压**还是**必要的,但这已经是被剥削者多数对剥削者少数的镇压。实行镇压的特殊机构,特殊机器,即"国家",**还是**必要的,但这已经是过渡性质的国家,已经不是原来意义上的国家,因为由**昨天**还是雇佣奴隶的多数人去镇压剥削者少数人,相对来说,还是一件很容易、很简单和很自然的事情,所流的血会比镇压奴隶、农奴和雇佣工人起义流的少得多,人类为此而付出的代价要小得多。而且在实行镇压的同时,还把民主扩展到绝大多数居民身上,以致对实行镇压的**特殊机器**的需要就开始消失。自然,剥削者没有极复杂的实行镇压的机器就镇压不住人民,但是**人民**镇压剥削者却只需要有很简单的"机器",即几乎可以不要"机器",不要特殊的机构,而只需要有简单的**武装群众的组织**(如工兵代表苏维埃,——我们先在这里提一下)。

最后,只有共产主义才能够完全不需要国家,因为**没有人**需要加以镇压了，——这里所谓"没有人"是指**阶级**而言，是指对某一部分居民进行有系统的斗争而言。我们不是空想主义者，我们丝毫也不否认**个别人**采取极端行动的可能性和必然性，同样也不否认有镇压**这种**行动的必要性。但是，第一，做这件事情用不着什么实行镇压的特殊机器，特殊机构，武装的人民自己会来做这项工作，而且做起来非常简单容易，就像现代社会中任何一群文明人强行拉开打架的人或制止虐待妇女一样。第二，我们知道，产生违反公共生活规则的极端行动的根本社会原因是群众受剥削和群众贫困。这个主要原因一消除，极端行动就必然开始"**消亡**"。虽然我们不知道消亡的速度和过程怎样，但是，我们知道这种行动一定会消亡。而这种行动一消亡，国家也就随之**消亡**。

关于这个未来，马克思并没有陷入空想，他只是较详细地确定了**现在**所能确定的东西，即共产主义社会低级阶段和高级阶段之间的差别。

3. 共产主义社会的第一阶段

马克思在《哥达纲领批判》中，详细地驳斥了拉萨尔关于劳动者在社会主义下将领取"不折不扣的"或"全部的劳动产品"的思想。马克思指出，从整个社会的全部社会劳动中，必须扣除后备基金、扩大生产的基金和机器"磨损"的补偿等等，然后从消费品中还要扣除用做管理费用以及用于学校、医院、养老院等等的基金。

马克思不像拉萨尔那样说些含糊不清的笼统的话（"全部劳动产品归劳动者"），而是对社会主义社会必须怎样管理的问题作了冷

静的估计。马克思**具体地**分析了这种没有资本主义存在的社会的生活条件,他说:

> "我们这里所说的〈在分析工人党的纲领时〉是这样的共产主义社会,它不是在它自身基础上已经**发展了的**,恰好相反,是刚刚从资本主义社会中**产生出来的**,因此它在各方面,在经济、道德和精神方面都还带着它脱胎出来的那个旧社会的痕迹。"[①]

就是这个刚刚从资本主义脱胎出来的在各方面还带着旧社会痕迹的共产主义社会,马克思称之为共产主义社会的"第一"阶段或低级阶段。

生产资料已经不是个人的私有财产。它们已归全社会所有。社会的每个成员完成一定份额的社会必要劳动,就从社会领得一张凭证,证明他完成了多少劳动量。他根据这张凭证从消费品的社会储存中领取相应数量的产品。这样,扣除了用做社会基金的那部分劳动量,每个劳动者从社会领回的正好是他给予社会的。

似乎"平等"就实现了。

但是,当拉萨尔把这样的社会制度(通常叫做社会主义,而马克思称之为共产主义的第一阶段)说成是"公平的分配",说成是"每人有获得同等劳动产品的平等的权利"的时候,他是错误的,于是马克思对他的错误进行了分析。

马克思说:这里确实有"平等的权利",但这**仍然是**"资产阶级权利",这个"资产阶级权利"同任何权利一样,**是以不平等为前提的**。任何权利都是把**同一**标准应用在**不同的**人身上,即应用在事实上各不相同、各不同等的人身上,因而"平等的权利"就是破坏平等,就是不

---

① 见《马克思恩格斯选集》第3卷人民出版社1972年版第10页。——编者注

公平。的确,每个人付出与别人同等份额的社会劳动,就能领取同等份额的社会产品(作了上述各项扣除之后)。

然而各个人是不同等的:有的强些,有的弱些;有的结了婚,有的没有结婚,有的子女多些,有的子女少些,如此等等。

马克思总结说:"……因此,在提供的劳动相同、从而由社会消费基金中分得的份额相同的条件下,某一个人事实上所得到的比另一个人多些,也就比另一个人富些,如此等等。要避免所有这些弊病,权利就不应当是平等的,而应当是不平等的。……"①

可见,在共产主义第一阶段还不能做到公平和平等,因为富裕的程度还会不同,而不同就是不公平。但是人**剥削**人已经不可能了,因为已经不能把工厂、机器、土地等**生产资料**攫为私有了。马克思通过驳斥拉萨尔泛谈**一般**"平等"和"公平"的含糊不清的小资产阶级言论,指出了共产主义社会的**发展进程**,说明这个社会最初**只能**消灭私人占有生产资料这一"不公平"现象,却**不能**立即消灭另一不公平现象:"按劳动"(而不是按需要)分配消费品。

庸俗的经济学家,包括资产阶级教授,包括"我们的"杜冈在内,经常谴责社会主义者,说他们忘记了人与人的不平等,说他们"幻想"消灭这种不平等。我们看到,这种谴责只能证明资产阶级思想家先生们的极端无知。②

马克思不仅极其准确地估计到了人们不可避免的不平等,而且

---

① 见《马克思恩格斯选集》第3卷人民出版社1972年版第12页。——编者注
② 对杜冈的批判,还可参看《列宁全集》第2版第24卷第390—393页。——编者注

还估计到：仅仅把生产资料转归全社会公有（通常所说的"社会主义"）还**不能消除**分配方面的缺点和"资产阶级权利"的不平等，只要产品"按劳动"分配，"资产阶级权利"就会**继续通行**。

> 马克思继续说道："……但是这些弊病，在经过长久阵痛刚刚从资本主义社会产生出来的共产主义社会第一阶段，是不可避免的。权利决不能超出社会的经济结构以及由经济结构制约的社会的文化发展。……"①

因此，在共产主义社会的第一阶段（通常称为社会主义），"资产阶级权利"**没有**完全取消，而只是部分地取消，只是在已经实现的经济变革的限度内取消，即只是在同生产资料的关系上取消。"资产阶级权利"承认生产资料是个人的私有财产。而社会主义则把生产资料变为**公有**财产。**在这个范围内**，也只是在这个范围内，"资产阶级权利"才不存在了。

但是它在它的另一部分却依然存在，依然是社会各个成员间分配产品和分配劳动的调节者（决定者）。"不劳动者不得食"这个社会主义原则**已经**实现了；"对等量劳动给予等量产品"这个社会主义原则也**已经**实现了。但是，这还不是共产主义，还没有消除对不同等的人的不等量（事实上是不等量的）劳动给予等量产品的"资产阶级权利"。

马克思说，这是一个"弊病"，但在共产主义第一阶段是不可避免的，因为，如果不愿陷入空想主义，那就不能认为，在推翻资本主义之后，人们立即就能学会**不要任何权利准则**而为社会劳动，况且资本主义的废除**不能立即为这种**变更**创造**经济前提。

---

① 见《马克思恩格斯选集》第3卷人民出版社1972年版第12页。——编者注

可是,除了"资产阶级权利"以外,没有其他准则。所以就这一点说,还需要有国家在保卫生产资料公有制的同时来保卫劳动的平等和产品分配的平等。

国家正在消亡,因为资本家已经没有了,阶级已经没有了,因而也就没有什么**阶级**可以**镇压**了。

但是,国家还没有完全消亡,因为还要保卫那个确认事实上的不平等的"资产阶级权利"。要使国家完全消亡,必须有完全的共产主义。

4. 共产主义社会的高级阶段

马克思接着说:

"……在共产主义社会高级阶段,在迫使个人奴隶般地服从分工的情形已经消失之后;在脑力劳动和体力劳动的对立也随之消失之后;在劳动已经不仅仅是谋生的手段,而且本身成了生活的第一需要之后;在随着个人的全面发展生产力也增长起来,而集体财富的一切源泉都充分涌流之后,——只有在那个时候,才能完全超出资产阶级权利的狭隘眼界,社会才能在自己的旗帜上写上:'各尽所能,按需分配'。"①

只是现在我们才可以充分地认识到,恩格斯无情地讥笑那种把"自由"和"国家"这两个名词连在一起的荒谬见解,是多么正确。还有国家的时候就没有自由。到有自由的时候就不会有国家了。

国家完全消亡的经济基础就是共产主义的高度发展,那时脑力

①见《马克思恩格斯选集》第3卷人民出版社1972年版第12页。——编者注

劳动和体力劳动的对立已经消失,因而现代**社会**不平等的最重要的根源之一也就消失,而这个根源光靠把生产资料转为公有财产,光靠剥夺资本家,是决不能立刻消除的。

这种剥夺会使生产力有蓬勃发展的**可能**。我们看到,资本主义目前已经在令人难以置信地**阻碍**这种发展,而在现代已经达到的技术水平的基础上本来是可以大有作为的,因此我们可以绝对有把握地说,剥夺资本家一定会使人类社会的生产力蓬勃发展。但是,生产力将以什么样的速度向前发展,将以什么样的速度发展到打破分工、消灭脑力劳动和体力劳动的对立、把劳动变为"生活的第一需要",这都是我们所不知道而且也**不可能**知道的。

因此,我们只能谈国家消亡的必然性,同时着重指出这个过程是长期的,指出它的长短将取决于共产主义**高级阶段**的发展速度,而把消亡的日期或消亡的具体形式问题作为悬案,因为现在还**没有**可供解决这些问题的材料。

当社会实现"各尽所能,按需分配"的原则时,也就是说,当人们已经十分习惯于遵守公共生活的基本规则,他们的劳动生产率已经极大地提高,以致他们能够自愿地**尽其所能**来劳动的时候,国家才会完全消亡。那时,就会超出"资产阶级权利的狭隘眼界",超出这种使人像夏洛克[178]那样冷酷地斤斤计较,不愿比别人多做半小时工作,不愿比别人少得一点报酬的狭隘眼界。那时,分配产品就无需社会规定每人应当领取的产品数量;每人将"按需"自由地取用。

从资产阶级的观点看来,很容易把这样的社会制度说成是"纯粹的乌托邦",并冷嘲热讽地说社会主义者许诺每个人都有权利向社会领取任何数量的巧克力糖、汽车、钢琴等等,而对每个公民的劳动不加任何监督。就是今天,大多数资产阶级"学者"也还在用这样的嘲讽来搪塞,他们这样做只是暴露他们愚昧无知和替资本主义进行自私的辩护。

说他们愚昧无知,是因为没有一个社会主义者想到过要"许诺"共产主义高级发展阶段的到来,而伟大的社会主义者在**预见**这个阶段将会到来时所设想的前提,既不是现在的劳动生产率,也**不是现在的**庸人,这种庸人正如波米亚洛夫斯基作品[179]中的神学校学生一样,很会"无缘无故地"糟蹋社会财富的储存和提出不能实现的要求。

在共产主义的"高级"阶段到来以前,社会主义者要求社会**和国家**对劳动量和消费量实行**极严格的**监督,不过这种监督应当从剥夺资本家和由工人监督资本家**开始**,并且不是由官吏的国家而是由**武装工人**的国家来实行。

说资产阶级思想家(和他们的走卒,如策列铁里先生、切尔诺夫先生之流)替资本主义进行自私的辩护,正是因为他们一味争论和空谈遥远的未来,而**不谈目前**政治上的迫切问题:剥夺资本家,把**全体**公民变为**一个**大"辛迪加"即整个国家的工作者和职员,并使这整个辛迪加的全部工作完全服从真正民主的国家,即**工兵代表苏维埃国家**。

其实,当博学的教授,以及附和教授的庸人和策列铁里先生、切尔诺夫先生之流谈到荒诞的乌托邦,谈到布尔什维克的蛊惑人心的许诺,谈到"实施"社会主义不可能做到的时候,他们指的正是共产主义的高级阶段,但是无论是谁都不仅没有许诺过,而且连想也没有想到过"实施"共产主义的高级阶段,因为这根本无法"实施"。

这里我们也就接触到了社会主义和共产主义在科学上的差别问题,这个问题在上面引用的恩格斯说"社会民主党人"这个名称不正确的一段话里已经谈到。共产主义第一阶段或低级阶段同共产主义高级阶段之间的差别在政治上说将来也许很大,但现在在资本主义下来着重谈论它就很可笑了,把这个差别提到首要地位的也许只有个别无政府主义者(在克鲁泡特金之流、格拉弗、科尔纳利森和其他无政府主义"大师"们已经"像普列汉诺夫那样"变成了社会沙文主义者,或者如少数没有丧失廉耻和良心的无政府主义者之一格耶所说,变成了无政府主义卫国战士以后,如果无政府主义者当中还有人丝毫没有学到什么东西的话)。

但是社会主义同共产主义在科学上的差别是很明显的。通常所说的社会主义,马克思把它称做共产主义社会的"第一"阶段或低级阶段。既然生产资料已成为**公有**财产,那么"共产主义"这个名词在这里也是可以用的,只要不忘记这还**不是**完全的共产主义。马克思的这些解释的伟大意义,就在于他在这里也彻底地运用了唯物主义辩证法,即发展学说,把共产主义看成是**从**资本主义**中**发展出来的。马克思没有经院式地臆造和"虚构"种种定义,没有从事毫无意义的字面上的争论(什么是社会主义,什么是共产主义),而是分析了可以称为共产主义在经济上成熟程度的两个阶段的东西。

在第一阶段,共产主义在经济上还**不**可能完全成熟,完全摆脱资本主义的传统或痕迹。由此就产生一个有趣的现象,这就是在共产主义第一阶段还保留着"**资产阶级**权利的狭隘眼界"。既然在**消费**品的分配方面存在着资产阶级权利,那当然一定要有**资产阶级国家**,因为如果没有一个能够**强制**人们遵守权利准则的机构,权利也就等于零。

可见,在共产主义下,在一定的时期内,不仅会保留资产阶级权利,甚至还会保留资产阶级国家,——但没有资产阶级!

这好像是奇谈怪论，或只是一种玩弄聪明的辩证把戏，那些没有花过一点功夫去研究马克思主义的极其深刻的内容的人，就常常这样来谴责马克思主义。

其实，无论在自然界或在社会中，实际生活随时随地都使我们看到新事物中有旧的残余。马克思并不是随便把一小块"资产阶级"权利塞到共产主义中去，而是抓住了**从资本主义脱胎**出来的社会里那种在经济上和政治上不可避免的东西。

在工人阶级反对资本家以争取自身解放的斗争中，民主具有巨大的意义。但是民主决不是不可逾越的极限，它只是从封建主义到资本主义和从资本主义到共产主义的道路上的阶段之一。

民主意味着平等。很明显，如果把平等正确地理解为消灭**阶级**，那么无产阶级争取平等的斗争以及平等的口号就具有极伟大的意义。但是，民主仅仅意味着**形式上的**平等。一旦社会全体成员**在**占有生产资料**方面**的平等即劳动平等、工资平等实现以后，在人类面前不可避免地立即就会产生一个问题：要更进一步，从形式上的平等进到事实上的平等，即实现"各尽所能，按需分配"的原则。至于人类会经过哪些阶段，通过哪些实际措施达到这个最高目的，那我们不知道，也不可能知道。可是，必须认识到：通常的资产阶级观念，即把社会主义看成一种僵死的、凝固的、一成不变的东西的这种观念，是非常荒谬的；实际上，**只是**从社会主义实现时起，社会生活和个人生活的各个领域才会开始出现迅速的、真正的、确实是群众性的即有**大多数**居民参加然后有全体居民参加的前进运动。

民主是国家形式，是国家形态的一种。因此，它同任何国家一样，也是有组织有系统地对人们使用暴力，这是一方面。但另一方面，民主意味着在形式上承认公民一律平等，承认大家都有决定国家制度和管理国家的平等权利。而这一点又会产生如下的结果：民主在其发展的某个阶段首先把对资本主义进行革命的阶级——无产阶级团结起来，使他们有可能去打碎、彻底摧毁、彻底铲除资产阶级的（哪怕是共和派资产阶级的）国家机器即常备军、警察和官吏，代之以武装的工人群众（然后是人民普遍参加民兵）这样一种**更**民主的机器，但这仍然是国家机器。

在这里，"量转化为质"，因为**这样**高度的民主制度，是同越出资产阶级社会的框子、开始对社会进行社会主义的改造相联系的。如果真是**所有的人**都参加国家管理，那么资本主义就不能支持下去。而资本主义的发展又为真是"所有的人"**能够**参加国家管理创造了**前提**。这种前提就是：在一些最先进的资本主义国家中已经做到的人人都识字，其次是千百万工人已经在邮局、铁路、大工厂、大商业企业、银行业等等巨大的、复杂的、社会化的机构里"受了训练并养成了遵守纪律的习惯"。

在这种**经济**前提下，完全有可能在推翻了资本家和官吏之后，在一天之内立刻着手由武装的工人、普遍武装的人民代替他们去**监督**生产和分配，**计算**劳动和产品。（不要把监督和计算的问题同具有科学知识的工程师和农艺师等等的问题混为一谈，这些先生今天在资本家的支配下工作，明天在武装工人的支配下会更好地工作。）

计算和监督，——这就是把共产主义社会**第一阶段**"调整好"，使它能正常地运转所必需的**主要条件**。在这里，**全体**公民都成了国家（武装工人）雇用的职员。**全体**公民都成了**一个**全民的、国家的"辛迪加"的职员和工人。全部问题在于要他们在正确遵守劳动标准的条件下同等地劳动，同等地领取报酬。对这些事情的计算和监督已被资本主义**简化**到了极点，而成为非常简单、任何一个识字的人都能胜任的手续——进行监察和登记,算算加减乘除和发发有关的字据。①

当**大多数**人对资本家(这时已成为职员)和保留着资本主义恶习的知识分子先生们开始独立进行和到处进行这种计算即这种监督的时候,这种监督就会成为真正包罗万象的、普遍的和全民的监督,对它就绝对无法逃避、"无处躲藏"了。

整个社会将成为一个管理处,成为一个劳动平等和报酬平等的工厂。

但是,无产阶级在战胜资本家和推翻剥削者以后在全社会推行的这种"工厂"纪律,决不是我们的理想,也决不是我们的最终目的,而只是为了彻底肃清社会上资本主义剥削制造成的卑鄙丑恶现象**和为了继续**前进所必需的一个**阶段**。

当社会全体成员或者哪怕是大多数成员**自己**学会了管理国家,自己掌握了这个事业,对极少数资本家、想保留资本主义恶习的先生们和深深受到资本主义腐蚀的工人们"调整好"监督的时候,对任何管理的需要就开始消失。民主愈完全,它成为多余的东西的时候就愈接近。由武装工人组成的、"已经不是原来意义上的国家"的"国家"愈民主,则**任何**国家就会愈迅速地开始消亡。

因为当**所有的人**都学会了管理,都来实际地独立地管理社会生产,对寄生虫、老爷、骗子等等"资本主义传统的保持者"独立地进行计算和监督的时候,逃避这种全民的计算和监督就必然会成为极难

---

① 当国家的最主要职能简化为由工人自己来进行的这样一种计算和监督的时候,国家就不再是"政治国家","社会职能就由政治职能变为简单的管理职能"(参看上面第4章第2节恩格斯同无政府主义者的论战)。

得逞的、极罕见的例外，可能还会受到极迅速极严厉的惩罚（因为武装工人是重实际的人，而不是重感情的知识分子；他们未必会让人跟自己开玩笑），以致人们对于人类一切公共生活的简单的基本规则就会很快从**必须**遵守变成**习惯于**遵守了。

到那时候，从共产主义社会的第一阶段过渡到它的高级阶段的大门就会敞开，国家也就随之完全消亡。

第 六 章
马克思主义被机会主义者庸俗化

国家对社会革命的态度和社会革命对国家的态度问题，像整个革命问题一样，是第二国际（1889—1914年）最著名的理论家和政论家们很少注意的。但是，在机会主义逐渐滋长而使第二国际在1914年破产的过程中，最突出的一点就是：甚至当他们直接遇到这个问题的时候，他们还是**竭力回避**或者不加理会。

总的看来可以说，由于在无产阶级革命对国家的态度问题上采取了有利于机会主义和助长机会主义的**躲躲闪闪的态度**，结果就产生了对马克思主义的**歪曲**和对马克思主义的完全庸俗化。

为了说明（哪怕是简要地说明）这个可悲的过程，我们就拿最著名的马克思主义理论家普列汉诺夫和考茨基来说吧。

1. 普列汉诺夫与无政府主义者的论战

普列汉诺夫写了一本专门论述无政府主义对社会主义的态度问题的小册子，书名叫《无政府主义和社会主义》，于1894年用德文出版。

普列汉诺夫竟有这样的本事，能够论述这个主题而完全回避反对无政府主义的斗争中最现实、最迫切、政治上最重要的问题，即革命对国家的态度和整个国家问题！他的这本小册子有两部分特别突出：一部分是历史文献，其中有关于施蒂纳和蒲鲁东等人思想演变的宝贵材料；另一部分是庸俗的，其中有关于无政府主义者与强盗没有区别这样拙劣的议论。

这两个主题拼在一起十分可笑，很足以说明普列汉诺夫在俄国革命前夜以及革命时期的全部活动，因为在1905—1917年，普列汉诺夫正是这样表明自己是在政治上充当资产阶级尾巴的半学理主义者[74]，半庸人。

我们已经看到，马克思和恩格斯在同无政府主义者论战时，怎样极其详尽地说明了自己在革命对国家的态度问题上的观点。恩格斯在1891年出版马克思的《哥达纲领批判》时写道："我们〈即恩格斯和马克思〉那时正在同巴枯宁及其无政府主义者进行最激烈的斗争，——那时离〈第一〉国际海牙代表大会[15]闭幕才两年。"[1]

无政府主义者正是企图把巴黎公社宣布为所谓"自己的"，说它证实了他们的学说，然而他们根本不懂得公社的教训和马克思对这

---

[1]见《马克思恩格斯选集》第3卷人民出版社1972年版第2页。——编者注

些教训的分析。对于是否需要**打碎**旧的国家机器以及**用什么东西**来代替这两个具体政治问题,无政府主义者连一个比较接近真理的答案都没有提出过。

但是在谈"无政府主义和社会主义"时回避整个国家问题,**不理会**马克思主义在公社以前和以后的全部发展,那就必然会滚到机会主义那边去。因为机会主义求之不得的,正是完全**不提**我们刚才所指出的那两个问题。光是这一点,**已经**是机会主义的胜利了。

2. 考茨基与机会主义者的论战

考茨基的著作译成俄文的无疑比译成其他各国文字的要多得多。难怪有些德国社会民主党人开玩笑说,在俄国读考茨基著作的人比在德国还多(附带说一说,在这个玩笑里含有比开这个玩笑的人所料到的更深刻得多的历史内容:俄国工人在1905年对世界最优秀的社会民主主义文献中的最优秀的著作表现了空前强烈的、前所未见的需求,他们得到的这些著作的译本和版本也远比其他各国多,这样就把一个比较先进的邻国的丰富经验加速地移植到我国无产阶级运动这块所谓新垦的土地上来了)。

考茨基在俄国特别出名,是因为他除了对马克思主义作了通俗的解释,还同机会主义者及其首领伯恩施坦进行了论战。但是有一个事实几乎是没有人知道的,而如果想要考察一下考茨基在1914—1915年危机最尖锐时期怎样堕落到最可耻地表现出张皇失措和替社会沙文主义辩护的地步,那又不能放过这个事实。这个事实就是:考茨基在起来反对法国最著名的机会主义代表(米勒兰和饶勒斯)和德国最著名的机会主义代表（伯恩施坦）之前，表现过很大的动摇。1901—1902年在斯图加特出版的、捍卫革命无产阶级观点的、马克思主义的《曙光》[180]，曾不得不同考茨基进行**论战**，把他在1900年巴黎国际社会党代表大会[181]上提出的决议叫做"橡皮性"决议，因为这个决议对机会主义者的态度是暧昧的，躲躲闪闪的，调和的。在德国的书刊中还刊载过一些考茨基的信件，这些信件也表明他在攻击伯恩施坦之前有过很大的动摇。

但是另一件事情的意义更重大得多，这就是：现在，当我们来研究考茨基最近背叛马克思主义的**经过**的时候，就从他同机会主义者的论战本身来看，从他提问题和解释问题的方法来看，我们也看到，他恰恰是在国家问题上一贯倾向于机会主义。

我们拿考茨基反对机会主义的第一部大作《伯恩施坦与社会民主党的纲领》来说。考茨基详细地驳斥了伯恩施坦。但是下面的情况值得注意。

伯恩施坦在他著的有赫罗斯特拉特名声的《社会主义的前提》一书中，指责马克思主义为"**布朗基主义**"（此后，俄国机会主义者和自由派资产者千百次地重复这种指责，用以攻击革命马克思主义的代表布尔什维克）。而且伯恩施坦还特别谈到马克思的《法兰西内战》，企图（我们已经看到，这是枉费心机）把马克思对公社的教训的观点同蒲鲁东的观点混为一谈。伯恩施坦特别注意马克思在《共产党宣言》的1872年序言中着重指出的结论，这个结论说："工人阶级不能简单地掌握现成的国家机器，并运用它来达到自己的目的。"①

---

①见《马克思恩格斯选集》第1卷人民出版社1972年版第229页。——编者注

伯恩施坦非常"喜爱"这句名言,所以他在自己那本书里至少重复了三遍,并且把它完全歪曲成机会主义的见解。

我们已经看到,马克思是想说工人阶级应当**打碎**、**摧毁**、**炸毁**(Sprengung——炸毁,是恩格斯用的字眼)全部国家机器。但在伯恩施坦看来,似乎马克思说这句话是告诫工人阶级**不要**在夺取政权时采取过激的革命手段。

不能想象对马克思思想的歪曲还有比这更严重更不像样的了。

而考茨基在详尽驳斥伯恩施坦主义[57]的时候是怎样做的呢?

他不去分析机会主义在这一点上对马克思主义的彻头彻尾的歪曲。他引证了我们在前面引证过的恩格斯为马克思的《内战》所写的导言中的一段话,然后就说:根据马克思的意见,工人阶级不能**简单地掌握现成的**国家机器,但一般说来它是**能够**掌握这个机器的。仅此而已。至于伯恩施坦把同马克思的真正思想**完全相反的东西**硬加在马克思的身上,以及马克思从1852年起就提出无产阶级革命负有"打碎"国家机器的任务[182],考茨基却只字不提。

结果是:马克思主义同机会主义在无产阶级革命的任务问题上的最本质的差别被考茨基抹杀了!

考茨基在"**反驳**"伯恩施坦时写道:"关于无产阶级专政问题,我们可以十分放心地留待将来去解决。"(德文版第172页)

这不是**反驳**伯恩施坦,同他进行论战,实际上是向他**让步**,是把阵地让给机会主义,因为机会主义者现在所需要的,恰恰是把关于无产阶级革命的任务的一切根本问题都"十分放心地留待将来去解决"。

马克思和恩格斯在1852年到1891年这40年当中,教导无产阶级应当打碎国家机器。而考茨基在1899年，当机会主义者在这一点上完全背叛马克思主义的时候，却用打碎国家机器的具体形式问题来**偷换**要不要打碎这个机器的问题，把我们无法预先知道具体形式这种"无可争辩的"（也是争不出结果的）庸俗道理当做护身符！！

在马克思和考茨基之间，在他们对无产阶级政党组织工人阶级进行革命准备这一任务所持的态度上，存在着一条不可逾越的鸿沟。

我们再拿考茨基后来一部更成熟的、在很大程度上也是为了驳斥机会主义的错误而写的著作来说。这就是他那本论"社会革命"的小册子。作者在这里把"无产阶级革命"和"无产阶级制度"的问题作为自己专门的研究课题。作者发表了许多极宝贵的见解，但是恰恰**回避了**国家问题。在这本小册子里，到处都在谈夺取国家政权，并且只限于此，也就是说，考茨基选择的说法是向机会主义者让步的，因为他认为**不**破坏国家机器也**能**夺得政权。恰巧马克思在1872年认为《共产党宣言》这个纲领中已经"过时的"东西①，考茨基却在1902年把它**恢复了**。

在这本小册子里，专门有这样一节："社会革命的形式与武器"。其中既讲到群众性的政治罢工，又讲到国内战争，又讲到"现代大国的强力工具即官僚和军队"，但是一个字也没有提到公社已经给了工人什么教训。可见，恩格斯告诫人们特别是告诫德国社会党人不要"盲目崇拜"国家，不是没有原因的。

考茨基把问题说成这样：胜利了的无产阶级"将实现民主纲领"。接着他叙述了纲领的各条。至于1871年在以无产阶级民主代替资产

---

①参看《马克思恩格斯选集》第1卷人民出版社1972年版第228—229页。
——编者注

阶级民主的问题上所提出的一些新东西,他却一个字也没有提到。考茨基用下面这种听起来好像"冠冕堂皇"的陈词滥调来搪塞:

> "不言而喻,在现行制度下我们是不能取得统治的。革命本身要求先要进行持久的和深入的斗争来改变我们目前的政治结构和社会结构。"

毫无疑义,这是"不言而喻"的,正如马吃燕麦和伏尔加河流入里海[119]的真理一样。所可惜的是他通过"深入的"斗争这种空洞而浮夸的言词**回避了**革命无产阶级的迫切问题:**无产阶级**革命对国家、对民主的态度与以往非无产阶级革命不同的"深入的地方"**究竟在哪里**。

考茨基回避这个问题,**实际上**就是在这个最重要的问题上向机会主义让步,但他**在口头上**却气势汹汹地向它宣战,强调"革命这个思想"的意义(如果怕向工人宣传革命的具体教训,那么试问这种"思想"还有多大价值呢?),或者说"革命的理想主义高于一切",或者宣称英国工人现在"几乎与小资产者不相上下"。

> 考茨基写道:"在社会主义社会里同时并存的可以有……各种形式上极不相同的企业:官僚的〈??〉、工会的、合作社的、个人的"…… "例如,有些企业非有官僚〈??〉组织不可,铁路就是这样。在这里,民主组织可以采取这样的形式:工人选出代表来组成某种类似议会的东西,由这个议会制定工作条例并监督官僚机构的管理工作。有些企业可以交给工会管理,另外一些企业则可以按合作原则来组织。"(1903年日内瓦版俄译本第148页和第115页)

这种论断是错误的,它比马克思和恩格斯在70年代用公社的教训作例子来说明的倒退了一步。

从必须有所谓"官僚"组织这一点看来,铁路同大机器工业的一切企业,同任何一个工厂、大商店和大型资本主义农业企业根本没有区别。在所有这些企业中,技术条件都绝对要求严格地遵守纪律,要求每个人十分准确地执行给他指定的那一份工作,不然就会有完全停产或损坏机器和产品的危险。在所有这些企业中,工人当然要"选出代表来组成**某种类似议会的东西**"。

但是关键就在于这个"某种类似议会的东西"**不**会是资产阶级议会机构式的议会。关键就在于,这个"某种类似议会的东西"**不**会仅仅"制定条例和监督官僚机构的管理工作",像思想没有超出资产阶级议会制框子的考茨基所想象的那样。在社会主义社会里,由工人代表组成的"某种类似议会的东西"当然会"制定条例和监督""机构的""管理工作",**可是**这个机构却**不**会是"官僚的"机构。工人在夺得政权之后,就会把旧的官僚机构打碎,把它彻底摧毁,彻底粉碎,而用仍然由这些工人和职员组成的新机构来代替它;为了**防止**这些人变成官僚,就会立即采取马克思和恩格斯详细分析过的措施:(1)不但选举产生,而且随时可以撤换;(2)薪金不得高于工人的工资;(3)立刻转到使**所有的人**都来执行监督和监察的职能,使**所有的人**暂时都变成"官僚",因而使**任何人**都不能成为"官僚"。

考茨基完全没有弄清楚马克思的话:"公社不应当是议会式的,而应当是工作的机关,兼管行政和立法的机关。"①

考茨基完全不理解资产阶级议会制与无产阶级民主制度的区别,资产阶级议会制是把民主(**不是人民享受的**)同官僚制(**反人民的**)结合在一起,而无产阶级民主制度则立即采取措施来根除官僚制,它能够把这些措施实行到底,直到官僚制完全消灭,人民的民主完全实现。

考茨基在这里暴露出来的仍然是那个对国家的"盲目崇拜",对

---

① 见《马克思恩格斯选集》第2卷人民出版社1972年版第375页。——编者注

官僚制的"迷信"。

现在来研究考茨基最后的也是最好的一部反对机会主义者的著作,即他的《取得政权的道路》的小册子(好像没有俄文版本,因为它是在1909年我们国内最反动的时期出版的[183])。这本小册子是一个很大的进步,因为它不像1899年所写的反对伯恩施坦的小册子那样泛谈革命纲领,也不像1902年写的小册子《社会革命》那样不涉及社会革命到来的时间问题而泛谈社会革命的任务,它谈的是那些使我们不得不承认"革命纪元"**已经到来**的具体情况。

作者明确地指出,阶级矛盾一般都在尖锐化,而帝国主义在这方面起着特别巨大的作用。在西欧"1789—1871年的革命时期"之后,东方从1905年起也开始了同样的时期。世界大战已经迫在眉睫。"无产阶级已经不能再说革命为时过早了。""我们已经进入革命时期。""革命的纪元开始了。"

这些话是说得非常清楚的。应当把考茨基的这本小册子当做一个尺度来衡量一下,看看德国社会民主党在帝国主义战争以前**答应要做**什么,在战争爆发时它(包括考茨基本人)又堕落到多么卑鄙的地步。考茨基在这本小册子里写道:"目前的形势会引起这样一种危险:人们很容易把我们〈即德国社会民主党〉看得比实际上温和。"事实表明,德国社会民主党实际上比它表面看来要温和得多,要机会主义得多!

更值得注意的是,考茨基虽然如此明确地说革命纪元已经开始,但是就在他这本自称为专门分析"**政治**革命"问题的小册子里,却又完全回避了国家问题。

所有这些回避问题、保持缄默、躲躲闪闪的做法加在一起,就必然使他完全滚到机会主义那边去,这一点我们马上就要谈到。

德国社会民主党,以考茨基为代表,好像是在声明说:我仍然坚持革命观点(1899年);我特别承认无产阶级的社会革命是不可避免的(1902年);我承认革命的新纪元已经到来(1909年);但是,一涉及无产阶级革命在对待国家方面的任务问题,我还是要从马克思在1852年所说的话向后倒退(1912年)。

在考茨基与潘涅库克的论战中,问题就是这样明摆着的。

3. 考茨基与潘涅库克的论战

潘涅库克以"左翼激进"派的一个代表的资格出来反对考茨基,在这个派别内有罗莎·卢森堡、卡尔·拉狄克等人,这个派别坚持革命策略,一致确信考茨基已经转到"中派"立场而无原则地摇摆于马克思主义和机会主义之间。这个看法已经由战争充分证明是正确的,在战时,"中派"(有人称它为马克思主义的派别是错误的),即"考茨基派",充分暴露了它的丑态。

潘涅库克在一篇谈到了国家问题的文章《群众行动与革命》(《新时代》第30年卷(1912)第2册)里,说考茨基的立场是"消极的激进主义"立场,是"毫无作为的等待论"。"考茨基不愿看到革命的过程。"(第616页)潘涅库克这样提出问题,就接触到了我们所关心的关于无产阶级革命在对待国家方面的任务问题。

> 他写道:"无产阶级的斗争不单纯是**为了**国家政权而反对资产阶级的斗争,而且是**反对**国家政权的斗争……   无产阶级革命的内容,就是用无产阶级的强力工具去消灭和取消〈Auflösung——直译是解散〉国家的强力工具……   只有当斗争的最后结果是国家组织的完全破坏时,斗争才告终止。多数人的组织的

优越性的证明,就是它能消灭占统治地位的少数人的组织。"(第548页)

潘涅库克表达自己思想的时候在措辞上有很大的缺点,但是意思还是清楚的,现在来看一看考茨基**怎样**反驳这种思想倒是很有意思的。

> 考茨基写道:"到现在为止,社会民主党人与无政府主义者之间的对立,就在于前者想夺取国家政权,后者却想破坏国家政权。潘涅库克则既想这样又想那样。"(第724页)

如果说潘涅库克的说法犯了不明确和不具体的毛病(他的文章中其他一些与本题无关的缺点,这里暂且不谈),那么考茨基倒恰恰是把潘涅库克指出的**具有原则意义的**实质抓住了,而就在这个**根本的具有原则意义的**问题上,他完全离开了马克思主义立场,完全转到机会主义那边去了。他对社会民主党人与无政府主义者的区别所作的说明是完全不对的,马克思主义完全被他歪曲和庸俗化了。

马克思主义者与无政府主义者之间的区别在于:(1)马克思主义者的目的是完全消灭国家,但他们认为,只有在社会主义革命把阶级消灭之后,即导向国家消亡的社会主义建立起来之后,这个目的才能实现;无政府主义者则希望在一天之内完全消灭国家,他们不懂得实现这个消灭的条件。(2)马克思主义者认为无产阶级在夺得政权之后,必须彻底破坏旧的国家机器,用武装工人的组织组成的、公社那种类型的新的国家机器来代替它;无政府主义者主张破坏国家机器,但是,他们完全没有弄清楚无产阶级将**用什么**来代替它以及无产阶级将**怎样**利用革命政权;无政府主义者甚至否定革命无产阶级应利用国家政权,否定无产阶级的革命专政。(3)马克思主义者主张通过利用现代国家来使无产阶级进行革命的准备;无政府主义者则否定这一点。

在这场争论中,代表马克思主义的恰恰是潘涅库克而不是考茨基,因为正是马克思教导我们说,无产阶级不能简单地夺取国家政权,也就是说,不能只是使旧的国家机构转到新的人手中,而应当打碎、摧毁这个机构,用新的机构来代替它。

考茨基离开马克思主义而转到机会主义者那边去了,因为正是机会主义者所完全不能接受的破坏国家机器的思想在他那里完全不见了,而他把"夺取"解释成简单地获得多数,这也给机会主义者留下了后路。

考茨基为了掩饰自己对马克思主义的歪曲,就采用了书呆子的办法:"引证"马克思本人的话。马克思在1850年曾说必须"坚决使权力集中于国家政权掌握之下"[184]。考茨基就得意扬扬地问道:潘涅库克是不是想破坏"集中制"呢?

这不过是一种把戏,正像伯恩施坦说马克思主义和蒲鲁东主义都主张用联邦制代替集中制一样。

考茨基的"引证"是牛头不对马嘴。集中制无论在旧的国家机器或新的国家机器的条件下,都是可能实现的。工人们自愿地把自己的武装力量统一起来,这就是集中制,但这要以"完全破坏"常备军、警察和官僚这种集中制的国家机构为基础。考茨基采取了十足的欺骗手段,回避了大家都知道的马克思和恩格斯关于公社的言论,却搬出一些文不对题的引证来。

考茨基继续写道:"……也许是潘涅库克想要取消官吏的国家职能吧?但是,我们无论在党组织或在工会组织内都非有官吏不可,更不必说在国家管理机关内了。我们的纲领不是要求取消国家官吏,而是要求由人民选举官吏…… 现在我们谈的并不是'未来的国家'的管理机构将采取什么样的形式,而是**在我们**

夺取国家政权以前〈黑体是考茨基用的〉我们的政治斗争要不要消灭〈auflöst
——直译是解散〉国家政权。哪一个部和它的官吏可以取消呢?”他列举了教育
部、司法部、财政部、陆军部。“不,现有各部中没有一个部是我们反政府的政治
斗争要取消的⋯⋯ 为了避免误会,我再说一遍:现在谈的不是获得胜利的社
会民主党将赋予‘未来的国家’以什么样的形式,而是我们作为反对党应该怎样
去改变现今的国家。”(第725页)

　　这显然是故意歪曲。潘涅库克提出的正是**革命**问题。这无论在
他那篇文章的标题上或在上面所引的那段话中都讲得很清楚。考茨
基跳到“反对党”问题上去,正是以机会主义观点偷换革命观点。照他
的意思:现在我们是反对党,到夺取政权**以后**我们再专门来谈。**革命
不见了**!这正是机会主义者所需要的。

　　这里所说的不是反对党,也不是一般的政治斗争,而正是**革命**。
革命就是无产阶级**破坏**“管理机构”和**整个**国家机构,用武装工人组
成的新机构来代替它。考茨基暴露了自己对“各部”的“盲目崇拜”,试
问,为什么不可以由——譬如说——拥有全权的工兵代表苏维埃设
立的各种专家委员会去代替“各部”呢?

　　问题的本质完全不在于将来是否保留“各部”,是否设立“各种专
家委员会”或其他什么机构,这根本不重要。问题的本质在于:是保存
旧的国家机器(它与资产阶级有千丝万缕的联系,并且浸透了因循守
旧的恶习)呢,还是**破坏**它并用**新的**来代替它。革命不应当是新的阶
级利用**旧的**国家机器来指挥、管理,而应当是新的阶级**打碎**这个机
器,利用**新的**机器来指挥、管理,——这就是考茨基所抹杀或者完全
不理解的马克思主义的**基本**思想。

　　他提出的官吏问题,清楚地表明他不理解公社的教训和马克
思的学说。他说:“我们无论在党组织或在工会组织内都非有官吏
不可⋯⋯”

我们**在资本主义下**,在**资产阶级统治**下是非有官吏不可的。无产阶级受资本主义的压迫,劳动群众受资本主义的奴役。在资本主义下,由于雇佣奴隶制和群众贫困的整个环境,民主制度受到束缚、限制、阉割和弄得残缺不全。因为这个缘故,而且仅仅因为这个缘故,我们政治组织和工会组织内的公职人员是受到了资本主义环境的腐蚀(确切些说,有被腐蚀的趋势),是有变为官僚的趋势,也就是说,是有变为脱离群众、站**在群众之上**、享有特权的人物的趋势。

这就是官僚制的**实质**,在资本家被剥夺以前,在资产阶级被推翻以前,**甚至**无产阶级的公职人员也免不了在一定程度上"官僚化"。

在考茨基看来,既然选举产生的公职人员还会存在,那也就是说,官吏在社会主义下也还会存在,官僚还会存在!这一点恰恰是不对的。马克思正是以公社为例指出,在社会主义下,公职人员将不再是"官僚"或"官吏",其所以能如此,那是**因为**除了选举产生,**还可以**随时撤换,**并且还**把薪金减到工人平均工资的水平,**并且还**以"工作的即兼管行政和立法的"机构去代替议会式的机构。①

实质上,考茨基用来反驳潘涅库克的全部论据,特别是考茨基说我们无论在工会组织或在党组织内都非有官吏不可这个绝妙的理由,证明考茨基是在重复过去伯恩施坦用来反对马克思主义的那一套"理由"。伯恩施坦在他那本背叛变节的作品《社会主义的前提》中,激烈反对"原始"民主的思想,反对他所称为"学理主义的民主制度"的东西,即实行限权委托书制度,公职人员不领报酬,中央代表机关软弱无力等等。为了证明这种"原始"民主制度的不中用,伯恩施坦就援引了维伯夫妇所阐述的英国工联的经验185。据说,工联根据自己

---

①见《马克思恩格斯选集》第2卷人民出版社1972年版第375页。——编者注

70年来在"完全自由"（德文版第137页）的条件下发展的情形，确信原始的民主制度已不中用，因而用普通的民主制度，即与官僚制相结合的议会制代替了它。

其实，工联并不是在"完全自由"的条件下，**而是在完全的资本主义奴役下**发展的，在这种奴役下，对普遍存在的邪恶现象、暴虐、欺骗以及把穷人排斥在"最高"管理机关之外的现象，自然非作种种让步"不可"。在社会主义下，"原始"民主的许多东西都必然会复活起来，因为人民**群众**在文明社会史上破天荒第一次站起来了，不仅**独立地**参加投票和选举，**而且独立地**参加**日常管理**。在社会主义下，**所有的人**将轮流来管理，因此很快就会习惯于不要任何人来管理。

马克思以其天才的批判分析才能，从公社所采取的实际措施中看到了一个**转变**。机会主义者因为胆怯，因为不愿意与资产阶级断然决裂而害怕这个转变，不愿意承认这个转变；无政府主义者则由于急躁或由于根本不懂得大规模社会变动的条件而不愿意看到这个转变。"根本用不着考虑破坏旧的国家机器，我们没有各部和官吏可不行啊！"——机会主义者就是这样议论的，他们满身庸人气，实际上不但不相信革命和革命的创造力，而且还对革命害怕得要死（像我国孟什维克和社会革命党人害怕革命一样）。

"只需要考虑破坏旧的国家机器，用不着探究以往无产阶级革命的**具体**教训，用不着分析应当**用什么**来代替和**怎样**代替要破坏的东西。"——无政府主义者（当然是无政府主义者当中的优秀分子，而不是那些追随克鲁泡特金之流的先生去做资产阶级尾巴的无政府主义者）就是这样议论的；所以他们就采取**拼命的**策略，而不是为完成具体的任务以大无畏的精神同时考虑到群众运动的实际条件来进行革命的工作。

马克思教导我们要避免这两种错误,教导我们要以敢于舍身的勇气去破坏全部旧的国家机器,同时又教导我们要具体地提问题:看,公社就是通过实行上述种种措施来扩大民主制度和根绝官僚制,得以在数星期内**开始**建立**新的**无产阶级的国家机器。我们要学习公社战士的革命勇气,要把他们的实际措施看做是具有实际迫切意义并立即可行的那些措施的一个**轮廓**,如果**沿着这样的道路前进**,我们就一定能彻底破坏官僚制。

彻底破坏官僚制的可能性是有保证的,因为社会主义将缩短工作日,使**群众**能过新的生活,使**大多数**居民无一例外地**人人**都来执行"国家职能",这也就会使任何国家**完全消亡**。

> 考茨基继续写道:"……群众罢工的任务在任何时候都不能是**破坏**国家政权,而只能是促使政府在某个问题上让步,或用一个同情无产阶级的政府去代替敌视无产阶级的政府…… 可是,在任何时候,在任何条件下,这〈即无产阶级对敌对政府的胜利〉都不能导致国家政权的**破坏**,而只能引起**国家政权内部**力量对比的某种**变动**…… 因此,我们政治斗争的目的,和从前一样,仍然是以取得议会多数的办法来夺取国家政权,并且使议会变成政府的主宰。"(第726、727、732页)

这真是最纯粹最庸俗的机会主义,是口头上承认革命而实际上背弃革命。考茨基的思想仅限于要一个"同情无产阶级的政府",这与1847年《共产党宣言》宣告"无产阶级组织成为统治阶级"[1]比较起来,是倒退到了庸人思想的地步。

考茨基只得去同谢德曼、普列汉诺夫和王德威尔得之流实行他所爱好的"统一"了,因为他们都赞成为争取一个"同情无产阶级的"政府而斗争。

---

[1]见《马克思恩格斯选集》第1卷人民出版社1972年版第272页。——编者注

我们却要同这些社会主义的叛徒决裂，要为破坏全部旧的国家机器而斗争，使武装的无产阶级自己**成为政府**。这二者有莫大的区别。

考茨基只得成为列金和大卫之流，普列汉诺夫、波特列索夫、策列铁里和切尔诺夫之流的亲密伙伴了，因为他们完全赞同为争取"国家政权内部力量对比的变动"而斗争，为"取得议会多数和争取一个主宰政府的全权议会"而斗争，——这是一个极为崇高的目的，在这个目的下，一切都可以为机会主义者接受，一切都没有超出资产阶级议会制共和国的框子。

我们却要同机会主义者决裂；整个觉悟的无产阶级将同我们一起进行斗争，不是去争取"力量对比的变动"，而是去**推翻资产阶级**，**破坏**资产阶级的议会制，建立公社类型的民主共和国或工兵代表苏维埃共和国，建立无产阶级的革命专政。

*　　　*　　　*

在国际社会主义运动中比考茨基更右的派别，在德国有《社会主义月刊》派[186]（列金、大卫、科尔布以及其他许多人，其中还包括斯堪的纳维亚人斯陶宁格和布兰亭），在法国和比利时有饶勒斯派[138]和王德威尔得，在意大利党[187]内有屠拉梯、特雷维斯以及其他右翼代表，在英国有费边派和"独立党人"（即"独立工党"[140]，实际上始终依附于自由派的党），如此等等。所有这些无论在议会工作中或在党的政论方面都起着很大作用而且往往是主要作用的先生，都公开否认无产阶级专政，实行露骨的机会主义。在这些先生看来，无产阶级"专政"是与民主"矛盾"的！！他们在实质上跟小资产阶级民主派并没有重大的区别。

鉴于这种情况，我们有理由得出结论：第二国际的绝大多数正式代表已经完全滚到机会主义那边去了。公社的经验不仅被忘记了,而且被歪曲了。他们不仅没有教导工人群众说,工人们应当起来的时候快到了,应当打碎旧的国家机器、代之以新的国家机器从而把自己的政治统治变为对社会进行社会主义改造的基础的时候快到了,——他们不仅没有这样做,反而教导工人群众相反的东西,而他们对"夺取政权"的理解,则给机会主义留下无数的后路。

当着国家,当着军事机构由于帝国主义竞赛而强化的国家已经变成军事怪物,为着解决究竟由英国还是德国、由这个金融资本还是那个金融资本来统治世界的争执而去屠杀千百万人的时候,在这样的时候歪曲和避而不谈无产阶级革命对国家的态度问题,就不能不产生极大的影响。①

---

① 手稿上还有下面这一段:

"第 七 章

1905年和1917年俄国革命的经验

这一章的题目非常大,可以而且应当写几卷书来论述它。这本小册子自然就只能涉及与无产阶级在革命中在对待国家政权方面的任务直接有关的最主要的经验教训了。"(手稿到此中断。)——俄文版编者注

第 一 版 跋

这本小册子是在1917年8、9月间写成的。我当时已经拟定了下一章即第7章《1905年和1917年俄国革命的经验》的提纲。但这一章除了题目以外,我连一行字也没有来得及写,因为1917年十月革命前夜的政治危机"妨碍"了我。对于这种"妨碍",只有高兴。但是本书第2册(《1905年和1917年俄国革命的经验》)看来只好长时间拖下去了;做出"革命的经验"是会比论述"革命的经验"更愉快、更有益的。

作 者

1917年11月30日于彼得格勒

选自《列宁全集》第2版第31卷
第1—116页

《共产主义》[188]

为东南欧国家办的共产国际杂志(德文版),
维也纳,自1920年2月1日第1—2期合刊至
1920年5月8日第18期

(1920年6月12日)

  维也纳出版的《共产主义》杂志是一份出色的杂志,它提供了很多有关奥地利、波兰和其他国家共产主义运动发展情况的令人极感兴趣的材料,同时也登载了国际运动的新闻、关于匈牙利和德国的文章、关于总任务和策略等等的文章。但是只要把杂志翻一下就立刻可以发现,它有一个不容忽视的缺点。这就是"共产主义运动中的'左派'幼稚病"的明显症候,这个杂志正害着这种幼稚病,我的那本在彼得格勒刚刚出版的小册子[189]分析了这种病症。

  我想现在就扼要地指出《共产主义》这份出色的杂志的幼稚病的三个症候。在第6期(1920年3月1日)上登载了卢·乔·同志的一篇文章:《论议会活动问题》,编辑部称它为供讨论的文章,而库·贝·同志,即《论抵制议会的问题》一文(1920年5月8日第18期)的作者(幸而)干脆否定了这篇文章,也就是声明他不同意这篇文章。

  本文是列宁针对《共产主义》杂志的错误倾向发表的评论。列宁认为,空谈马克思主义,对十分明确的历史情况不作具体分析,不去努力抓住最本质的东西,这是一种不容忽视的缺点和病症。他强调指出:马克思主义的精髓,马克思主义的活的灵魂,就是对具体情况作具体分析。

卢·乔·的文章左得很,糟得很。文章中的马克思主义纯粹是口头上的;"防御"策略和"进攻"策略的区分是臆想出来的;对十分明确的历史情况缺乏具体分析;没有注意到最本质的东西(即必须夺取和学会夺取资产阶级借以影响群众的一切工作部门和机关等等)。

库·贝·同志在第14期(1920年4月17日)《德国发生的事件》一文中批评了德国共产党中央委员会1920年3月21日的声明,我在上面提到的那本小册子中也批评过这个声明。但是我们两人的批评性质根本不同。库·贝·同志是援引马克思的话来进行批评的,但是这些话所指的情况跟目前的情况不同。他全盘否定了德国共产党中央委员会的策略,完全忽略了最主要的东西。他忽略了马克思主义的精髓,马克思主义的活的灵魂:对具体情况作具体分析。既然多数城市工人离开谢德曼派靠拢考茨基派,而在考茨基那个("独立"于正确的革命策略的)党[190]内他们又继续离开右翼靠拢左翼,即实际上靠拢共产主义运动,既然事情是这样,那么是否可以一点不考虑**对这样的工人**采取一些过渡的、妥协的办法呢?布尔什维克在1917年4—5月间实行的实质上正是妥协的政策,那时他们声明,不能简单地把临时政府(李沃夫、米留可夫、克伦斯基等)推翻,因为苏维埃中还有工人支持它,必须首先使这些工人中的多数或者相当一部分人**改变观点**。对于布尔什维克的这一经验,是否可以不加考虑,只字不提呢?

我认为是不可以的。

最后,上面提到的《共产主义》第18期上的库·贝·同志的那篇文章,特别明显、清楚、有效地揭示了他的错误在于赞同目前欧洲那种抵制议会的策略。作者在摒弃"工团主义的抵制"、摒弃"消极的"抵制的同时,臆想出一种特殊的"积极的"(哦,多么"左"呀!……)抵制,这就异常清楚地表明他的论断的错误极其严重。

作者写道："所谓积极的抵制，就是共产党不要满足于传布反对参加选举的口号，为了有利于抵制，就要像党参加了选举那样，像党的鼓动和行动（工作、活动、行为、斗争）指望获得尽可能更多的无产阶级的选票那样，展开广泛的革命的鼓动工作。"（第552页）

这真是精彩的妙论。这比任何批评都更能置反议会派于死地。臆想出"积极的"抵制，"就像"我们参加了选举那样！！大批愚昧无知的和半愚昧无知的工人和农民是认真地参加选举的，因为他们还相信资产阶级民主偏见，还是这些偏见的俘虏。而我们不去帮助这些愚昧无知的（虽然有时也还有"文化水平很高的"）小市民通过自身的经验抛掉他们的偏见，反而要回避参加议会，并以**臆想出**一种没有日常的资产阶级恶习的策略来作消遣！！

好极了，好极了，库·贝·同志！您为反对议会活动进行的辩护，比我的批评能更快地杜绝这种愚蠢行为。

1920年6月12日

选自《列宁全集》第2版第39卷
第127—129页

重要论述摘编

马克思一方面能够吸收并进一步发展同中世纪封建势力和僧侣势力斗争的"18世纪的精神",另一方面又能吸收并进一步发展19世纪初那些哲学家和历史学家的经济主义和历史主义(以及辩证法),这就证明马克思主义的深刻性和它的力量,证明把马克思主义看做是科学上**最新成就**的见解是完全正确的。

《又一次消灭社会主义》(1914年3月),《列宁全集》第2版第25卷第51页

由于古典经济学家发现了价值规律和社会划分为阶级这一基本现象,创立了这门科学,**由于**18世纪的启蒙运动者同前者一起用反封建主义反僧侣主义的斗争进一步丰富了这门科学,**由于**19世纪初的历史学家和哲学家们(尽管他们抱有反动观点)进一步阐明了阶级斗争的问题,发展了辩证方法,并把它用于或开始用于社会生活,从而把这门科学推向前进,马克思主义正是在这条道路上又向前跨出了几大步,所以它是欧洲整个历史科学、经济科学和哲学科学的**最高发展**。这是合乎逻辑的结论。

《又一次消灭社会主义》(1914年3月),《列宁全集》第2版第25卷第51页

旧学校是死读书的学校,它迫使人们学一大堆无用的、累赘的、死的知识,这种知识塞满了青年一代的头脑,把他们变成一个模子倒

出来的官吏。但是，如果你们试图从这里得出结论说，不掌握人类积累起来的知识就能成为共产主义者，那你们就犯了极大的错误。如果以为不必领会共产主义本身借以产生的全部知识，只要领会共产主义的口号，领会共产主义科学的结论就足够了，那是错误的。共产主义是从人类知识的总和中产生出来的，马克思主义就是这方面的典范。

你们读过和听说过：主要由马克思创立的共产主义理论，共产主义科学，即马克思主义学说，已经不仅仅是19世纪一位社会主义者——虽说是天才的社会主义者——的个人著述，而成为全世界千百万无产者的学说；他们已经运用这个学说在同资本主义作斗争。如果你们要问，为什么马克思的学说能够掌握最革命阶级的千百万人的心灵，那你们只能得到一个回答：这是因为马克思依靠了人类在资本主义制度下所获得的全部知识的坚固基础；马克思研究了人类社会发展的规律，认识到资本主义的发展必然导致共产主义，而主要的是他完全依据对资本主义社会所作的最确切、最缜密和最深刻的研究，借助于充分掌握以往的科学所提供的全部知识而证实了这个结论。凡是人类社会所创造的一切，他都有批判地重新加以探讨，任何一点也没有忽略过去。凡是人类思想所建树的一切，他都放在工人运动中检验过，重新加以探讨，加以批判，从而得出了那些被资产阶级狭隘性所限制或被资产阶级偏见束缚住的人所不能得出的结论。

《青年团的任务》（1920年10月2日），《列宁全集》第2版第39卷第298—299页

马克思主义这一革命无产阶级的思想体系赢得了世界历史性的意义，是因为它并没有抛弃资产阶级时代最宝贵的成就，相反却吸

收和改造了两千多年来人类思想和文化发展中一切有价值的东西。

《关于无产阶级文化》(1920年10月),《列宁
全集》第2版第39卷第332页

马克思认为他的理论的全部价值在于这个理论"按其本质来说,它是批判的和革命的"。后一性质的确完全地和无条件地是**马克思主义**所固有的,因为这个理论公开认为自己的任务就是**揭露**现代社会的一切对抗和剥削形式,考察它们的演变,证明它们的暂时性和转变为另一种形式的必然性,**因而也就帮助无产阶级尽可能迅速地、尽可能容易地消灭任何剥削**。这一理论对世界各国社会主义者所具有的不可遏止的吸引力,就在于它把严格的和高度的科学性(它是社会科学的最新成就)同革命性结合起来,并且不仅仅是因为学说的创始人兼有学者和革命家的品质而偶然地结合起来,而是把二者内在地和不可分割地结合在这个理论本身中。实际上,这里直接地提出理论的任务、科学的目的就是帮助被压迫阶级去进行他们已在实际进行的经济斗争。

《什么是"人民之友"以及他们如何攻击社会
民主党人?》(1894年春夏),《列宁全集》第2
版第1卷第291—292页

严格的无产阶级世界观只有一个,这就是**马克思主义**。严格的无产阶级纲领和策略就是国际革命社会民主党的纲领和策略。而正是无产阶级的经验,正是从德国到美国,从英国到意大利的全世界无产阶级运动的经验向我们证明了这一点。从这个运动1848年第一次登上广阔的政治舞台起,已过去半个多世纪了;各国的无产阶级政党

已经形成，并且壮大起来，成为百万大军；它们经历了一系列的革命，经受了各种各样的考验，既有过右倾，也有过左倾，既反对过机会主义，也反对过无政府主义。而整个这一伟大的经验，是对马克思主义世界观和社会民主党纲领的证明。

《新的革命工人联合会》（1905年6月4日〔17
日〕），《列宁全集》第2版第10卷第271页

没有革命的理论，就不可能有被压迫阶级的即历史上最革命的阶级的世界上最伟大的解放运动。革命理论是不能臆造出来的，它是从世界各国的革命经验和革命思想的总和中**生长**出来的。这种理论在19世纪后半期**形成**。它叫做马克思主义。

《一位法裔社会党人诚实的呼声》（1915年8
月），《列宁全集》第2版第27卷第15页

被革命工人极其丰富的新鲜经验光辉地加以证实的马克思主义理论，曾经帮助我们懂得了当前事变的发展完全合乎规律。今后它还将帮助为推翻资本主义雇佣奴隶制而斗争的全世界无产者更加明确自己的斗争目的，更加坚定地沿着既定的方向前进，更加扎实地夺取胜利和巩固胜利。

《争取到的和记载下来的东西》（1919年3月
5日），《列宁全集》第2版第35卷第506页

俄国在半个世纪里，经受了闻所未闻的痛苦和牺牲，表现了空前未有的革命英雄气概，以难以置信的毅力和舍身忘我的精神去探索、学习和实验，经受了失望，进行了验证，参照了欧洲的经验，真是

饱经苦难才找到了马克思主义这个唯一正确的革命理论。

> 《共产主义运动中的"左派"幼稚病》(1920
> 年4—5月),《列宁全集》第2版第39卷第
> 6页

只有不可救药的书呆子,才会单靠引证马克思关于另一历史时代的某一论述,来解决当前发生的独特而复杂的问题。

> 《俄国资本主义的发展》(1895年底—1899
> 年1月),《列宁全集》第2版第3卷第13页

既然马克思主义具有丰富多彩的思想内容,那么在俄国也同在其他国家一样,不同的历史时期时而特别突出马克思主义的这一方面,时而特别突出马克思主义的那一方面,那就不足为奇了。在德国,在1848年以前,特别突出的是马克思主义哲学的形成;在1848年,是马克思主义的政治思想;在50年代和60年代,是马克思的经济学说。在俄国,在革命以前,特别突出的是马克思的经济学说在我国实际中的运用;在革命时期,是马克思主义的政治;在革命以后,是马克思主义的哲学。这并不是说,在任何时候可以忽视马克思主义的某一方面;这只是说,把**注意力主要放在**这一方面或那一方面,并不取决于主观愿望,而取决于总的历史条件。

> 《我们的取消派》(1911年1—2月),《列宁
> 全集》第2版第20卷第129页

马克思主义的原则决不在于背诵词句的多少,不在于必须永远遵守"正统的"公式,而在于促进广泛的工人运动,促进群众的组

织和主动性。

《合法派同反取消派的对话》(1911年4月29
日〔5月12日〕),《列宁全集》第2版第20卷第
240页

马克思和恩格斯多次说过,我们的学说不是教条,而是行动的
指南,我想我们应当首先和特别注意这一点。

马克思和恩格斯的学说不是我们死背硬记的教条。应该把它当
做行动的指南。我们一直这样说,而且我认为,我们的行动是适当的,
我们从来没有陷入机会主义,而只是改变策略。这决不是背弃学说,
决不能叫做机会主义。我以前说过,现在还要再三地说,这个学说不
是教条,而是行动的指南。

《在莫斯科党工作人员大会上关于无产阶级
对小资产阶级民主派的态度的报告》(1918
年11月27日),《列宁全集》第2版第35卷第
219页

马克思主义者从马克思的理论中,无疑地只是借用了宝贵的方
法,没有这种方法,就不能阐明社会关系,所以他们在评判自己对社
会关系的估计时,完全不是以抽象公式之类的胡说为标准,而是以这
种估计是否正确和是否同现实相符合为标准的。

《什么是"人民之友"以及他们如何攻击社会
民主党人?》(1894年春夏),《列宁全集》第2
版第1卷第163—164页

现在一切都**在于实践**,现在已经到了这样一个历史关头:理论

在变为实践,理论由实践赋予活力,由实践来修正,由实践来检验;马克思说的"一步实际运动比一打纲领更重要"这句话,显得尤其正确了,——在对富人和骗子切实进行惩治、限制,对他们充分实行计算和监督的每一步,都比一打冠冕堂皇的关于社会主义的议论更重要。要知道,"我的朋友,理论是灰色的,而生活之树是常青的"。

《怎样组织竞赛?》(1917年12月24—27日〔1918年1月6—9日〕),《列宁全集》第2版第33卷第208—209页

马克思主义是以事实,而不是以可能性为依据的。

马克思主义者**只**能以经过严格证明和确凿证明的**事实**作为自己的政策的前提。

《致尼·达·基克纳泽》(1916年12月14日以后),《列宁全集》第2版第47卷第477页

马克思主义的政策是以**现实的东西**而不是以可能的东西为依据。一种现象转化为另一种现象是可能的,所以我们的策略不是一成不变的。

《致伊·费·阿尔曼德》(1916年12月25日),《列宁全集》第2版第47卷第493页

我们马克思主义者就应该竭尽全力对种种事实进行科学的研究,因为事实是我们政策的基础。

《政论家札记》(1917年8月29日〔9月11日〕),《列宁全集》第2版第32卷第105页

马克思主义要求,任何郑重的政策必须以经得起严格的客观检验的**事实**作为根据。

《政论家札记》(1917年9月1日〔14日〕),《列宁全集》第2版第32卷第120页

在分析任何一个社会问题时,马克思主义理论的绝对要求,就是要把问题提到**一定的**历史范围之内;此外,如果谈到某一国家(例如,谈到这个国家的民族纲领),那就要估计到在同一历史时代这个国家不同于其他各国的具体特点。

《论民族自决权》(1914年2—5月),《列宁全集》第2版第25卷第229页

马克思主义的策略,就在于把**各种不同的**斗争方法结合起来,巧妙地从一种方法过渡到另一种方法,不断提高群众的觉悟,扩大群众的集体行动的广度,其中每一个行动单独来看,有的是进攻性的,有的是防御性的,但是总的说来,它们将导向愈来愈深刻、愈来愈坚决的冲突。

《论工人运动的形式》(1914年4月4日〔17日〕),《列宁全集》第2版第25卷第59页

共产党人要竭尽全力来指导工人运动以及整个社会发展沿着最直最快的道路走向苏维埃政权在全世界的胜利,走向无产阶级专政。这是无可争辩的真理。然而,只要再多走一小步,看来像是朝同一方向多走了一小步,真理就会变成错误。只要像德国和英国的左派共产主义者那样,说我们只承认一条道路,一条笔直的道路,说我们不容许机动、通融和妥协,这就犯了错误,这种错误会使共产主义运动

受到最严重的危害,而且共产主义运动部分地已经受到或正在受到这种危害。右倾学理主义固执地只承认旧形式,而不顾新内容,结果彻底破产了。左倾学理主义则固执地绝对否定某些旧形式,看不见新内容正在通过各种各样的形式为自己开辟道路,不知道我们共产党人的责任,就是要掌握一切形式,学会以最快的速度用一种形式去补充另一种形式,用一种形式去代替另一种形式,使我们的策略适应并非由我们的阶级或我们的努力所引起的任何一种形式的更替。

《共产主义运动中的"左派"幼稚病》(1920年4—5月),《列宁全集》第2版第39卷第82—83页

应当时刻不忘我们的最终目的,随时进行宣传,保卫无产阶级的思想体系——科学社会主义学说,也就是马克思主义——不被歪曲,并使之继续发展。

《政治鼓动和"阶级观点"》(1902年2月1日〔14日〕),《列宁全集》第2版第6卷第251页

在欧洲,在各种社会主义学说中间,马克思主义现在已经取得了完全的统治,而争取实现社会主义制度的斗争,几乎完全是各国社会民主党领导的工人阶级的斗争。但是以马克思主义学说为基础的无产阶级社会主义的这个完全的统治,并不是一下子就巩固起来的,而只是在同各种落后的学说如小资产阶级社会主义、无政府主义等等作了长期斗争以后,才巩固起来的。大约30年以前,马克思主义就是在德国也还没有取得统治地位,当时在德国占优势的,老实说,是介于小资产阶级社会主义和无产阶级社会主义之间的过渡的、混合

的、折中的见解。而在罗曼语国家,如法国、西班牙、比利时,在先进工人中最流行的学说是蒲鲁东主义、布朗基主义、无政府主义,这些学说所反映的显然是小资产者的观点而不是无产者的观点。

究竟是什么原因使马克思主义恰恰在最近几十年获得了这个迅速的和完全的胜利呢?现代社会在经济方面和政治方面的全部发展,革命运动和被压迫阶级的斗争的全部经验,都日益证实马克思主义观点的正确性。小资产阶级的衰落,必定要使一切小资产阶级的偏见迟早归于灭亡,而资本主义的发展和资本主义社会内部阶级斗争的尖锐化,则替无产阶级社会主义的思想作了最好的宣传。

在俄国,各种落后的社会主义学说之所以根深蒂固,自然是由于俄国落后的缘故。最近25年来的全部俄国革命思想史,就是马克思主义同小资产阶级民粹派社会主义作斗争的历史。

《小资产阶级社会主义和无产阶级社会主义》(1905年10月25日〔11月7日〕),《列宁全集》第2版第12卷第37—38页

在停滞时期必然会提到重要地位的理论工作,也同样要求我们团结一致地捍卫社会主义,捍卫马克思主义这个唯一科学的社会主义,在资产阶级反革命派动员一切力量与革命的社会民主党的思想作斗争的时候更应如此。

《论统一》(1910年1月23日和2月1日〔2月5日和14日〕之间),《列宁全集》第2版第19卷第197页

马克思主义的理论,我们的整个世界观以及我党的全部纲领和策略的"**原则基础**"现在被提到党的整个生活的首要地位,这不是偶

然的,而是必然的。在革命遭到挫折之后,社会的**所有**阶级和最广大的人民**群众**对整个世界观(直到宗教问题和哲学问题,直到我们的马克思主义**全部**学说的**原则**)的深刻基础都发生了兴趣,这不是偶然的,而是必然的。被革命卷入由策略问题引起的尖锐斗争中来的群众,在缺乏公开言论的时代,提出了对**一般理论**知识的要求,这也不是偶然的,而是必然的。应当重新对这些群众阐明**马克思主义的基本原理**:捍卫马克思主义理论的任务又提到日程上来了。

《论党内状况》(不晚于1910年12月15日〔28日〕),《列宁全集》第2版第20卷第59—60页

马克思主义是非常深刻的和多方面的学说。因此,在那些背弃马克思主义的人提出的"理由"中,随时可以看到引自马克思著作的**只言片语**(特别是引证得**不**对头的时候),这是不足为奇的。

《给同志们的信》(1917年10月17日〔30日〕),《列宁全集》第2版第32卷第407页

注　释

索　引

注　释

1　《卡尔·马克思(传略和马克思主义概述)》一文是列宁为当时在俄国颇为
驰名的《格拉纳特百科词典》写的一个词条。列宁于1914年春在加里西亚
的波罗宁着手撰写这一词条(1918年单行本的序言中误为写于1913年,见
本书第1页),后因忙于党的工作和《真理报》的工作而不得不中途搁笔。直
到1914年9月他移居伯尔尼以后,才又重新动笔。整个词条于11月初完稿,
11月4日(17日)寄给了编辑部。

　　1915年出版的《格拉纳特百科词典》(第7版)第28卷刊载了这一词条,
署名为:弗·伊林。在书报检查的条件下,编辑部未刊出原稿中的《社会主
义》和《无产阶级阶级斗争的策略》两节,并对原文作了某些修改。词条附
有《马克思主义书目》。1918年,波涛出版社根据《格拉纳特百科词典》的词
条出版了《卡尔·马克思》一文的单行本,但没有附《马克思主义书目》。《卡
尔·马克思》一文的全文于1925年第一次按手稿发表在俄共(布)中央列宁
研究院出版的列宁《论马克思恩格斯及马克思主义》文集中。——1。

2　《莱茵报》即《莱茵政治、商业和工业日报》(《Rheinische Zeitung für Politik,
Handel und Gewerbe》),是对普鲁士专制政体怀有反对情绪的莱茵省资
产阶级人士创办的日报,1842年1月1日—1843年3月31日在科隆出版。马
克思从1842年4月起为该报撰稿,同年10月任该报编辑。在马克思担任编
辑后,该报日益明显地具有革命民主主义的性质。1843年1月19日,普鲁士
政府决定于1843年4月1日封闭《莱茵报》,而在此以前则对它实行特别严
格的检查。鉴于该报股东企图使报纸改取温和态度,以取得政府的宽容,
马克思于1843年3月17日声明退出该报编辑部。——3。

3　指马克思的《摩泽尔记者的辩护》一文(见《马克思恩格斯全集》第1版第1
卷第210—243页)。——4。

4 《德法年鉴》杂志(《Deutsch-Französische Jahrbücher》)是马克思和阿·卢格合编的德文刊物,1844年在巴黎出版。主要由于马克思和资产阶级激进派卢格之间有原则性的意见分歧,杂志只出了一期双刊号(第1—2期合刊)就停刊了。这一期《德法年鉴》载有马克思的《论犹太人问题》和《黑格尔法哲学批判导言》,恩格斯的《国民经济学批判大纲》和《英国状况。评托马斯·卡莱尔的〈过去和现在〉》(见《马克思恩格斯全集》第1版第1卷第419—451、452—467、596—625、626—655页)。这些著作标志着马克思和恩格斯最终转向唯物主义和共产主义。——4。

5 共产主义者同盟是历史上第一个建立在科学社会主义基础上的无产阶级政党,1847年在伦敦成立。共产主义者同盟的前身是1836年成立的正义者同盟,这是一个主要由无产阶级化的手工业工人组成的德国政治流亡者秘密组织,后期也有一些其他国家的人参加。随着形势的发展,正义者同盟的领导成员终于确信马克思和恩格斯的理论正确,并认识到必须使同盟摆脱旧的密谋传统和方式,遂于1847年邀请马克思和恩格斯参加正义者同盟,协助同盟改组。1847年6月,正义者同盟在伦敦召开第一次代表大会,按照恩格斯的倡议把同盟的名称改为共产主义者同盟,因此这次大会也是共产主义者同盟的第一次代表大会。大会还批准了以民主原则作为同盟组织基础的章程草案,并用"全世界无产者,联合起来!"的战斗口号代替了正义者同盟原来的"人人皆兄弟!"的口号。同年11月29日—12月8日举行的同盟第二次代表大会通过了章程,并对章程第1条作了修改,规定同盟的目的是"推翻资产阶级,建立无产阶级统治,消灭旧的以阶级对立为基础的资产阶级社会和建立没有阶级、没有私有制的新社会"。大会委托马克思和恩格斯起草同盟的纲领,这就是1848年2月公布的《共产党宣言》。同盟的中央委员会设在伦敦,除伦敦外,巴黎、布鲁塞尔、瑞士、德国也有同盟的组织。共产主义者同盟成立不久就投入了德国1848—1849年革命,这次革命的实践完全证实了《共产党宣言》所表述的同盟的观点的正确性。1850年9月15日,同盟中央委员会因策略分歧而分裂,中央多数决定把中央委员会所在地由伦敦改为科隆。在普鲁士政府策划的陷害共产主义者同盟盟员的科隆共产党人案件判决后,同盟于1852年11月17日宣布解散。同盟在宣传科学社会主义和培养无产阶级革命战士方面起了重要的作用;它的许多盟员后来积极参加了建立国际工人协会的活动。——5、56。

6　指1848年法国二月革命。——5。

7　指1848年奥地利和普鲁士三月革命。——5。

8　《新莱茵报》(《Neue Rheinische Zeitung》)是德国和欧洲革命民主派中无产阶级一翼的日报,1848年6月1日—1849年5月19日在科隆出版。马克思任该报的主编,编辑部成员恩格斯、恩·德朗克、斐·沃尔弗、威·沃尔弗、格·维尔特、斐·弗莱里格拉特等都是共产主义者同盟的盟员。该报揭露反动的封建君主派和资产阶级反革命势力,主张彻底解决资产阶级民主革命的任务和用民主共和国的形式统一德国,是当时指导群众革命行动的中心。该报创刊不久,就遭到反动报纸的围攻和政府的迫害,1848年9—10月间一度被查封。1849年5月,普鲁士政府借口马克思没有普鲁士国籍而把他驱逐出境,并对其他编辑进行迫害,该报因此被迫停刊。——5、57。

9　指1849年6月13日法国小资产阶级政党山岳党在巴黎组织的游行示威。法国总统路易·波拿巴为了取得天主教会对他的支持,公然出兵协助罗马教皇镇压意大利革命。山岳党遂在立法议会弹劾总统和内阁违宪,因为1848年宪法禁止使用法国军队去反对别国人民的自由。弹劾案被立法议会内的秩序党多数所否决。这次游行示威就是为此而举行的。秩序党内阁下令军队驱散了这次游行示威,并在这以后开始迫害民主主义者,其中包括外侨。——5。

10　指1913年在斯图加特出版的德文版《弗里德里希·恩格斯和卡尔·马克思通信集(1844—1883年)》,共4卷。通信集收入了马克思和恩格斯相互写的书信1 386封(这方面的书信总共约有1 500封),是他们的理论遗产的重要组成部分。通信集还提供了这两位科学共产主义创始人的大量珍贵的生平资料和反映他们的组织活动和理论创作的丰富材料。列宁深入地研究了这部通信集,摘记了其中300封信的要点,摘抄了15封具有重要理论意义的信,并为一部分摘要编了名目索引。根据列宁笔记编成的《〈马克思和恩格斯通信集(1844—1883年)〉提要》,已收入《列宁全集》第2版,列为第58卷。——5。

11　《福格特先生》这部抨击性著作是马克思对路易·波拿巴雇用的密探卡尔·福格特写的诽谤性小册子《我对〈总汇报〉的诉讼》的答复(见《马克思恩格

斯全集》第1版第14卷第397—754页）。——6。

12 国际工人协会（第一国际）是国际无产阶级的第一个群众性的革命组织，1864年9月28日在伦敦建立。马克思为国际工人协会起草了成立宣言和临时章程等重要文件，规定其任务是：团结各国工人，为完全解放工人阶级并消灭任何阶级统治而斗争。国际工人协会的中央领导机关是总委员会，马克思是总委员会的成员。国际工人协会在马克思和恩格斯的指导下，团结了各国工人阶级，传播了科学社会主义，同蒲鲁东主义、工联主义、拉萨尔主义、巴枯宁主义等各种机会主义流派进行了坚决的斗争。国际工人协会积极支持了1871年的巴黎工人起义。巴黎公社失败后，反动势力猖獗，工人运动处于低潮。1872年海牙代表大会以后，国际工人协会实际上已停止活动。根据马克思的建议，国际工人协会于1876年7月在费城代表会议上正式宣布解散。——6、59、62、87、143。

13 指《国际工人协会成立宣言》（见《马克思恩格斯全集》第1版第16卷第5—14页）。——6。

14 巴枯宁分子是指拥护以米·亚·巴枯宁为代表的无政府主义思潮的人，这种思潮产生于19世纪60年代。巴枯宁主义者是小资产阶级革命性及其特有的极端个人主义的代表，鼓吹个人绝对自由，反对任何权威。他们认为国家是剥削和不平等的根源，要求废除一切国家，实行小生产者公社的完全自治，并把这些公社联合成自由的联邦（按巴枯宁主义者的说法就是实现"社会清算"）。巴枯宁主义者反对马克思主义的社会革命学说，否定工人阶级的一切不直接导致"社会清算"的斗争形式，否认建立独立的工人政党的必要性，而主张由"优秀分子"组成的秘密革命团体去领导群众骚乱。19世纪60年代末和70年代初，巴枯宁主义在当时经济上落后的西班牙、意大利、法国南部和瑞士的小资产阶级和一部分工人中得到传播。在巴枯宁主义影响下，也形成了俄国革命民粹主义的一个派别。

　　1868年，巴枯宁在日内瓦建立了无政府主义者的国际组织——社会主义民主同盟。在同盟申请加入第一国际遭到拒绝以后，巴枯宁主义者采取对国际总委员会的决定阳奉阴违的办法，表面上宣布解散这个组织，而实际却继续保留，并于1869年3月以国际日内瓦支部的名义把它弄进了国际。巴枯宁主义者利用社会主义民主同盟的组织在国际内部进行了大量分裂和破坏活动,力图夺取国际总委员会的领导权,受到马克思恩格斯的揭露和批判。1872年9月2—7日举行的第一国际海牙代表大会把巴枯宁和另一位巴枯宁派首领詹·吉约姆开除出国际。19世纪最后25年间,巴枯宁主义者蜕化成了脱离群众的小宗派。——6、123、149。

15　指第一国际海牙代表大会。

第一国际海牙代表大会(即国际工人协会第五次代表大会)于1872年9月2—7日举行。出席大会的有15个全国性组织的65名代表。马克思和恩格斯亲自参加了这次代表大会。这次代表大会是在马克思主义者同无政府主义者进行激烈斗争的形势下召开的。代表大会的主要议程是关于总委员会的权力和关于无产阶级的政治活动这两个问题。大会通过了关于扩大总委员会的权力、关于总委员会会址迁往纽约、关于巴枯宁派秘密组织社会主义民主同盟的活动等问题的决议。这些决议大部分是马克思和恩格斯起草的。代表大会就无产阶级的政治活动这个问题通过的决议指出,无产阶级的伟大任务就是夺取政权,无产阶级应当组织政党,以保证社会革命的胜利和达到消灭阶级的最终目的。大会从理论上、组织上揭露和清算了巴枯宁派反对无产阶级革命、破坏国际工人运动的种种活动,并把该派首领米·亚·巴枯宁和詹·吉约姆开除出国际。海牙代表大会的决议标志着马克思主义对无政府主义者的小资产阶级世界观的胜利,为后来建立各国工人阶级独立的政党奠定了基础。——6、274。

16　指18世纪意大利资产阶级经济学家斐迪南多·加利阿尼。——18。

17　《新时代》杂志(《Die Neue Zeit》)是德国社会民主党的理论刊物,1883—1923年在斯图加特出版。1890年10月前为月刊,后改为周刊。1917年10月以前编辑为卡·考茨基,以后为亨·库诺。1885—1895年间,杂志发表过马克思和恩格斯的一些文章。恩格斯经常关心编辑部的工作,并不时帮助它纠正背离马克思主义的倾向。为杂志撰过稿的还有威·李卜克内西、保·拉法格、格·瓦·普列汉诺夫、罗·卢森堡、弗·梅林等国际工人运动活动家。《新时代》杂志在介绍马克思主义基本理论、宣传俄国1905—1907年革命等方面做了有益的工作。随着考茨基转到机会主义立场,1910年以后,《新时代》杂志成了中派分子的刊物。第一次世界大战期间,它持中派立场,实际上支持社会沙文主义者。——32、103、114、205。

18 宪章派是宪章运动的参加者。宪章运动是19世纪30—50年代英国无产阶级争取实行《人民宪章》的革命运动,是世界上第一次广泛的、真正群众性的、政治性的无产阶级革命运动。19世纪30年代,英国工人运动迅速高涨。伦敦工人协会于1836年成立,1837年起草了一份名为《人民宪章》的法案,1838年5月在伦敦公布。宪章提出了六点政治要求:(一)凡年满21岁的男子皆有选举权;(二)实行无记名投票;(三)废除议员候选人的财产资格限制;(四)给当选议员支付薪俸;(五)议会每年改选一次;(六)平均分配选举区域,按选民人数产生代表。1840年7月成立了全国宪章派协会,这是工人运动史上第一个群众性的工人政党。宪章运动出现过三次高潮。三次请愿均被议会否决,运动也遭镇压。但宪章运动终究迫使英国统治阶级作了某些让步,并对欧洲工人运动的发展产生了重大的影响。马克思和恩格斯积极支持宪章运动,同宪章运动的左翼领袖乔·哈尼、厄·琼斯保持联系,并力图使宪章运动朝着社会主义方向发展。——35、87、141。

19 克拉科夫起义是指1846年2月在波兰克拉科夫爆发的争取民族解放和民主的起义。这次起义是以波兰民主协会为首的各民族解放组织所策划的全波起义的一部分。起义者于1846年2月20日占领了克拉科夫市,2月22日成立了波兰共和国国民政府。该政府发表宣言,号召全国人民起来反对俄、普、奥三个占领国,宣布废除封建义务,并许诺土地归农民所有而不用交纳赎金。这次起义在沙皇俄国和奥地利的联合打击下很快遭到失败,克拉科夫于3月3日失陷。马克思在克拉科夫起义两周年纪念大会上的演说中指出:"克拉科夫革命把民族问题和民主问题以及被压迫阶级的解放看做一回事,这就给整个欧洲作出了光辉的榜样。"(见《马克思恩格斯全集》第1版第4卷第537页)——35。

20 容克是德文Junker的音译,即普鲁士的贵族地主阶级。容克从16世纪起就利用农奴劳动经营大庄园经济,并长期垄断普鲁士军政职位,掌握国家领导权。为适应资本主义关系的发展,普鲁士在19世纪前半期进行了一系列改革,主要是:1807年废除了农奴制;1850年3月颁布了新的《调整地主和农民关系法》,允许农民以高额赎金赎免劳役和其他封建义务。通过这些改革,容克不仅获得了大量赎金,而且掠夺了 $\frac{1}{3}$ 的农民土地;另一方面,广大农民群众则丧失了土地和牲畜,成为半无产者:这就为封建经济转变为资本主义经济创造了条件。在以大地产为基础的容克农场中越来越多地使用雇佣劳动和农业机器,但容克仍保留某些封建特权,包括对自己庄园范围内的农民的审判权。列宁称这种农业资本主义发展道路为普鲁士式的道路。——37、64。

21　**反社会党人非常法**即《反对社会民主党企图危害社会治安的法令》,是德国俾斯麦政府从1878年10月起实行的镇压工人运动的反动法令。这个法令规定取缔德国社会民主党和一切进步工人组织,封闭工人刊物,没收社会主义书报,并可不经法律手续把革命者逮捕和驱逐出境。在反社会党人非常法实施期间,有1 000多种书刊被查禁,300多个工人组织被解散,2 000多人被监禁和驱逐。在工人运动压力下,反社会党人非常法于1890年10月被废除。——38、120、241。

22　根据现有资料判断,这篇文章未能通过书报检查,手稿也未保存下来,其内容可参看马克思1842年7月9日给阿·卢格的信(见《马克思恩格斯全集》第1版第27卷第428—431页)。——39。

23　**《威斯特伐利亚汽船》**杂志(《Das Westphälische Dampfboot》)是德国"真正的"社会主义的刊物(月刊),由奥托·吕宁编辑。1845年1月—1846年12月在比勒菲尔德出版,1847年1月—1848年3月在帕德博恩出版。——40。

24　**劳动解放社**是俄国第一个马克思主义团体,由格·瓦·普列汉诺夫和维·伊·查苏利奇、帕·波·阿克雪里罗得、列·格·捷依奇、瓦·尼·伊格纳托夫于1883年8月在日内瓦建立。劳动解放社把马克思主义创始人的许多重要著作译成俄文,在国外出版后秘密运到俄国,这对马克思主义在俄国的传播起了巨大的作用。普列汉诺夫当时写的《社会主义与政治斗争》、《我们的意见分歧》、《论一元论历史观之发展》等著作有力地批判了民粹主义,用马克思主义的观点分析了俄国社会的现实和俄国革命的一些基本问题。普列汉诺夫起草的劳动解放社的两个纲领草案——1883年的《社会民主主义的劳动解放社纲领》和1885年的《俄国社会民主党人纲领草案》,对于俄国社会民主党的建立具有重要意义,后一个纲领草案的理论部分包含了马克思主义政党纲领的基本成分。劳动解放社在团结俄国社会民主党的力量方面也做了许多工作。它还积极参加社会民主党人的国际活动,和德、法、英等国的社会民主党都有接触。劳动解放社以普列汉诺夫为代表对伯恩施坦主义进行了积极的斗争,在反对俄国的经济派方面也起了重要作用.恩格斯曾给予劳动解放社的活动以高度评价(参看《马克思恩格斯全集》第1版第36卷第301页).列宁认为劳动解放社的历史意义在于它从理论上为俄国社会民主党奠定了基础,向着工人运动迈出了第一步;劳动解放社的主要缺点是:它没有和工人运动结合起来,它的成员对俄国资本主义发展的特点缺乏具体分析,对建立不同于第二国际各党的新型政党的特殊任务缺乏认识等.劳动解放社于1903年8月在俄国社会民主工党第二次代表大会上宣布解散.——40、83。

25 指《纽约每日论坛报》。

《纽约每日论坛报》(《The New-York Daily Tribune》)是一家美国报纸,1841—1924年出版.该报由著名的美国新闻工作者和政治活动家霍勒斯·格里利创办,在50年代中期以前是美国辉格党左翼的机关报,后来是共和党的机关报.在40—50年代,该报站在进步的立场上反对奴隶占有制.1851年8月—1862年3月,马克思曾为该报撰稿.给该报写的文章,很大一部分是马克思约恩格斯写的.在欧洲的反动时期里,马克思和恩格斯曾利用当时这个发行很广的进步报纸,以具体材料来揭露资本主义社会的种种病态.在美国国内战争时期,马克思不再为该报撰稿.马克思所以和《纽约每日论坛报》断绝关系,很大的一个原因是编辑部内主张同各蓄奴州妥协的人势力加强和该报离开了进步立场.——41。

26 这一组文章是恩格斯写的,但在《纽约每日论坛报》上发表时署名马克思.此处是沿用旧说.——41。

27 英国自由党是一个反映工商业资产阶级利益的政党,于19世纪50年代末至60年代初形成.自由党在英国两党制中代替辉格党的位置而与保守党相对立.19世纪至20世纪初,自由党多次执政,在英国政治生活中起了重要的作用.1916—1922年,自由党领袖戴·劳合-乔治领导了自由党和保守党的联合政府.20世纪初,在工党成立后和工人运动发展的条件下,自由党力图保持它对工人的影响,推行自由派改良主义的政策,但也不惜公然动用军队来对付罢工工人.第一次世界大战结束后,自由党的势力急剧衰落,它在英国两党制中的地位为工党所取代.——41、124。

28 《前进报》(《Vorwärts》)是德国社会民主党的中央机关报(日报).该报于1876年10月在莱比锡创刊,编辑是威·李卜克内西和威·哈森克莱维尔。

1878年10月反社会党人非常法颁布后被查禁。1890年10月反社会党人非常法废除后，德国社会民主党哈雷代表大会决定把1884年在柏林创办的《柏林人民报》改名为《前进报》(全称是《前进。柏林人民报》)，从1891年1月起作为中央机关报在柏林出版，由威·李卜克内西任主编。恩格斯曾为《前进报》撰稿，帮助它同机会主义的各种表现进行斗争。1895年恩格斯逝世以后，《前进报》逐渐转入党的右翼手中。它支持过俄国的经济派和孟什维克。第一次世界大战期间持社会沙文主义立场。1933年停刊。——44。

29　《欧洲通报》杂志(《Вестник Европы》)是俄国资产阶级自由派的历史、政治和文学刊物，1866年3月—1918年3月在彼得堡出版。1866—1867年为季刊，后改为月刊。先后参加编辑出版工作的有米·马·斯塔秀列维奇和马·马·柯瓦列夫斯基等。——45。

30　《俄国财富》杂志(《Русское Богатство》)是俄国科学、文学和政治刊物。1876年创办于莫斯科，同年年中迁至彼得堡。1879年以前为旬刊，以后为月刊。1879年起成为自由主义民粹派的刊物。1892年以后由尼·康·米海洛夫斯基和弗·加·柯罗连科领导，成为自由主义民粹派的中心，在其周围聚集了一批后来成为社会革命党、人民社会党和历届国家杜马中的劳动派的著名成员的政论家。在1893年以后的几年中，曾同马克思主义者展开理论上的争论。1906年成为人民社会党的机关刊物。1914—1917年3月以《俄国纪事》为刊名出版。1918年被查封。——45。

31　《德意志帝国立法、行政和国民经济年鉴》(《Jahrbuch für Gesetzgebung, Verwaltung und Volkswirtschaft im Deutschen Reich》)即《施穆勒年鉴》(《Schmollers Jahrbuch》)，是德国政治经济学杂志，1871年创刊，1877年起由德国资产阶级经济学家、讲坛社会主义者弗·岑多尔夫和路·布伦坦诺出版，1881年起由古·施穆勒出版。——46。

32　实证论者是19世纪30年代产生于法国的哲学流派，是对18世纪法国唯物主义和无神论的反动。实证论者自命为"科学的哲学家"，只承认"实证的"、"确实的"事实，实际是只承认主观经验，认为科学只是主观经验的描写。实证论的创始人奥·孔德把实证论等同于科学的思维，而科学思维的任务，在他看来，就是描述和简化经验材料的联系。孔德反对神学，但同时又认为必须有"新的宗教"。他把所有承认客观现实的存在和可知性的理论都宣布为"形而上学",企图证明实证论既"高于"唯物主义也"高于"唯心主义。实证论在英国传播甚广,其主要代表人物是约·斯·穆勒和赫·斯宾塞。穆勒的著作突出地表现了实证论哲学的经验主义,表现了这一哲学拒绝对现实作哲学的解释。斯宾塞用大量自然科学材料来论证实证论。他认为进化是万物的最高法则,但他形而上学地理解进化,否认自然和社会中质的飞跃的可能性,认为进化的目标是确立普遍的"力量均衡"。在社会学方面斯宾塞主张"社会有机论",宣称各个社会集团类似生物机体的不同器官,各自担任严格规定的职能,而为社会的不平等作辩护。在19世纪下半叶,实证论在欧洲其他国家和美洲也相当流行。

恩·马赫和理·阿芬那留斯的经验批判主义是实证论的进一步发展。马赫主义者同早期实证论者有所不同的是更露骨地宣扬主观唯心主义。他们的共同点是反对唯物主义,主张一种"摆脱了形而上学"(即摆脱了唯物主义)的"纯粹经验"的哲学。

20世纪20年代产生的新实证论是实证论发展的新阶段。新实证论宣称哲学的基本问题是"妄命题",而哲学科学的任务只是对科学语言作"句法的"和"语义的"分析。——47、149。

33 《经济评论集》是列宁的第一本文集,1898年10月用弗·伊林的笔名在彼得堡出版。文集包括列宁的以下著作:《评经济浪漫主义》、《1894—1895年度彼尔姆省手工业调查以及"手工"工业中的一般问题》、《民粹主义空想计划的典型》、《我们拒绝什么遗产?》和《论我国工厂统计问题》。——47。

34 《不来梅市民报》(《Bremer Bürger-Zeitung》)是德国社会民主党报纸(日报),于1890—1919年出版。1916年以前是不来梅左派社会民主党人的报纸。1916年,德国社会民主党中央施加压力,迫使当地党组织改组该报编辑部。同年该报转到了考茨基分子和谢德曼分子手里。——49。

35 《说明我国经济发展状况的资料》文集,即《列宁全集》第2版第6卷第15页中提到的《俄国经济发展问题的资料》,于1895年4月由公开的印刷所印了2 000册。除列宁的《民粹主义的经济内容及其在司徒卢威先生的书中受到的批评(马克思主义在资产阶级著作中的反映)》(见《列宁全集》第2版第1卷第297—465页)外,文集还收入了格·瓦·普列汉诺夫的《悲观论是经济现实的反映》、《向我们的论敌进一言(俄国著作界的文明史资料)》,

彼·伯·司徒卢威的《致我的批评者》以及其他文章。沙皇政府先是禁止该文集发行,一年后又将其没收焚毁。保存下来的仅有100册,在彼得堡等城市的社会民主党人手中秘密传阅。——50。

36　《十二年来》是列宁的文集,由彼得堡种子出版社出版。按出版社的计划,该文集应出3卷,但实际上只出了第1卷和第2卷第1分册。

　　《十二年来》文集第1卷于1907年11月中旬出版(封面上印的是1908年)。这一卷不久即被没收,但有很大一部分被抢救出来,并继续秘密流传。第1卷包括下列著作:《民粹主义的经济内容及其在司徒卢威先生的书中受到的批评》、《俄国社会民主党人的任务》、《地方自治机关的迫害者和自由主义的汉尼拔》、《怎么办?》、《进一步,退两步》、《地方自治运动和〈火星报〉的计划》以及《社会民主党在民主革命中的两种策略》。

　　预定编入第2卷的是关于土地问题的著作。鉴于沙皇政府书报检查机关的迫害,第2卷改称《土地问题》文集而不再用《十二年来》文集这一书名。第2卷分两册出版,第1分册于1908年初问世,收有《评经济浪漫主义》、《1894—1895年度彼尔姆省手工业调查以及"手工"工业中的一般问题》以及《土地问题和"马克思的批评家"》(第1—11章)。第2分册是列宁刚刚写成而尚未发表的著作《社会民主党在1905—1907年俄国第一次革命中的土地纲领》。这一分册未能问世,在印刷厂就被警方没收并销毁了。

　　第3卷也因当局的查禁未能出版。按计划,编入该卷的将是列宁在《火星报》、《前进报》、《无产者报》、《新生活报》等布尔什维克机关报上发表过的一批纲领性和论战性文章。——50。

37　指《工作者》文集。

　　《工作者》文集(《Работник》)是国外俄国社会民主党人联合会的不定期刊物,由劳动解放社编辑,1896—1899年在日内瓦出版,读者对象为马克思主义工人小组成员。列宁是出版这个文集的发起人。1895年5月,他在瑞士同格·瓦·普列汉诺夫、帕·波·阿克雪里罗得以及劳动解放社的其他成员商谈了出版这个文集的问题。1895年9月回国以后,他又多方设法为这个文集提供物质支援和组织稿件。到1895年12月被捕为止,他除为文集撰写《弗里德里希·恩格斯》一文外,还给文集编辑部寄去了别人写的几篇通讯。这个文集一共出了6期(3册);另外,还出了附刊《〈工作者〉小报》10期。——53。

38 指《德法年鉴》杂志。见注4。——56。

39 指《反杜林论》,见《马克思恩格斯选集》第3卷人民出版社1972年版第45—
    364页。——58。

40 这是恩格斯的《社会主义从空想到科学的发展》一书1892年俄文版使用的
    书名。恩格斯的这一著作是由《反杜林论》中的三章编成的。——58。

41 指恩格斯的《俄国沙皇政府的对外政策》一文(见《马克思恩格斯全集》第
    1版第22卷第13—57页)。这篇文章是维·伊·查苏利奇以劳动解放社《社会
    民主党人》评论集编辑部的名义约请恩格斯撰写的,刊载于1890年2月和
    8月出版的该评论集第1集和第2集。——58。

42 《社会民主党人》(《Социал-Демократ》)是俄国文学政治评论集,由劳动
    解放社于1890—1892年在伦敦和日内瓦用俄文出版,总共出了4集。第1、
    2、3集于1890年出版,第4集于1892年出版。参加《社会民主党人》评论集工
    作的有格·瓦·普列汉诺夫、帕·波·阿克雪里罗得和维·伊·查苏利奇等。
    这个评论集对于马克思主义在俄国的传播起了很大作用。——58。

43 指恩格斯1872—1873年在莱比锡《人民国家报》上发表的三篇文章:《蒲鲁
    东怎样解决住宅问题》、《资产阶级怎样解决住宅问题》和《再论蒲鲁东和
    住宅问题》。这几篇文章后来以《论住宅问题》为标题出了单行本(见《马克
    思恩格斯选集》第2卷人民出版社1972年版第459—550页)。——58。

44 指恩格斯1875年写的《论俄国的社会问题》和1894年写的《〈论俄国的社会
    问题〉跋》(见《马克思恩格斯选集》第2卷人民出版社1972年版第616—629
    页和《马克思恩格斯全集》第1版第22卷第494—510页)。——58。

45 指马克思的著作《剩余价值理论》。列宁按照恩格斯的提法把这部著作称
    为《资本论》第4卷。恩格斯在《资本论》第2卷序言中写道:"这个手稿的批
    判部分,除了许多在第2卷和第3卷已经包括的部分之外,我打算保留下
    来,作为《资本论》第4卷出版。"(见《马克思恩格斯全集》第1版第24卷第
    4页)《剩余价值理论》见《马克思恩格斯全集》第1版第26卷。——58。

46 参看马克思的《协会临时章程》、《国际工人协会共同章程》和恩格斯的
    《〈共产党宣言〉1890年德文版序言》(见《马克思恩格斯全集》第1版第16

卷第15页、《马克思恩格斯选集》第2卷人民出版社1972年版第136页和第1卷第244页）。——60。

47　指1870年的普法战争。——60。

48　《马克思学说的历史命运》一文是为纪念马克思逝世三十周年而写的，发表于1913年3月1日（14日）《真理报》第50号。——61。

49　《马克思主义的三个来源和三个组成部分》一文是为纪念马克思逝世三十周年而写的，发表于1913年3月《启蒙》杂志第3期。——66。

50　《马克思和恩格斯通信集》一文是列宁为1913年9月德文版四卷本《马克思和恩格斯通信集（1844—1883年）》（参看注10）的出版而计划写的一篇长文的开头部分。1913年10月30日或31（11月12或13）列宁写信给妹妹玛·伊·乌里扬诺娃，说他已读完德文版四卷本《马克思和恩格斯通信集》，认为其中有很多有意义的东西，准备为《启蒙》杂志写一篇关于这部通信集的文章（参看《列宁全集》第2版第53卷第244号文献）。列宁的《马克思和恩格斯通信集》一文原打算发表在1914年的《启蒙》杂志上，1913年12月14日（27日）《无产阶级真理报》第7号曾就此作过报道，但是这篇文章没有写完。直到1920年11月28日恩格斯诞辰一百周年时，文章才在《真理报》第268号上发表。列宁在文章付排前，给它加了一个副标题：《恩格斯是共产主义的创始人之一》，同时加了一个脚注，说明这是1913年或1914年初写的一篇未完成的文章的开头。——73。

51　社会革命党人是俄国最大的小资产阶级政党社会革命党的成员。该党是1901年底—1902年初由一些民粹派团体联合而成的。社会革命党人否认无产阶级和农民之间的阶级差别，抹杀农民内部的矛盾，否认无产阶级在资产阶级民主革命中的领导作用。在土地问题上，社会革命党人主张消灭土地私有制，按照平均使用原则将土地交村社支配，发展各种合作社。在策略方面，社会革命党人采用了社会民主党人进行群众性鼓动的方法，但主要斗争方法还是搞个人恐怖。在第一次世界大战期间，社会革命党的大多数领导人采取了社会沙文主义的立场。

　　　1917年二月革命后，随着广大的小资产阶级群众参加政治生活，社会革命党的影响和党员人数激增（1917年5月已达50万）。社会革命党人和孟什维克在苏维埃中,在土地委员会中都占多数。社会革命党中央实行妥协主义和阶级调和的政策,积极支持资产阶级临时政府,党的首领亚·费·克伦斯基、尼·德·阿夫克森齐耶夫、维·米·切尔诺夫、谢·列·马斯洛夫参加了临时政府。1917年七月事变时期,社会革命党公开转向资产阶级方面。社会革命党中央的妥协政策造成党的分裂,左翼于1917年12月组成了一个独立政党——左派社会革命党。

　　1917年十月革命后,社会革命党人(右派和中派)公开进行反苏维埃的活动,建立地下组织,1918年6月被开除出全俄中央执行委员会。1918—1920年国内战争时期,他们进行反对苏维埃政权的武装斗争,对共产党和苏维埃国家的领导人实行个人恐怖。社会革命党人推行所谓"第三种力量"的蛊惑政策,在1918年充当了小资产阶级反革命活动的主要组织者,在各地参与建立反革命"政府",实际上为资产阶级和地主的反革命统治扫清了道路。1919年8月,一部分社会革命党人组成了人民派,同苏维埃政权合作。该党的极右派则同白卫分子结成公开联盟。内战结束后,社会革命党重新成了俄国国内反革命势力的领导。他们提出"没有共产党人参加的苏维埃"的口号,组织了一系列的叛乱。这些叛乱被平定后,1922年社会革命党彻底瓦解。——78、168、180。

52　人民社会党人是1906年从俄国社会革命党右翼分裂出来的小资产阶级政党人民社会党的成员。人民社会党的领导人有尼·费·安年斯基、韦·亚·米雅柯金、阿·瓦·彼舍霍诺夫、弗·格·博哥拉兹、谢·雅·叶尔帕季耶夫斯基、瓦·伊·谢美夫斯基等。人民社会党提出"全部国家政权应归人民",即归从无产者到资产阶级知识分子的全体劳动者,主张对地主土地进行赎买和实行土地国有化,但不触动份地和经营"劳动经济"的私有土地。在俄国1905—1907年革命趋于低潮时,该党赞同立宪民主党的路线。六三政变后,因没有群众基础,实际上处于瓦解状态。二月革命后,该党开始恢复组织。1917年6月,同劳动派合并为劳动人民社会党。这个党代表富农利益,积极支持资产阶级临时政府,十月革命后参加反革命阴谋活动和武装叛乱,1918年后不复存在。——78。

53　**蒲鲁东主义**是以法国无政府主义者皮·约·蒲鲁东为代表的小资产阶级社会主义流派,产生于19世纪40年代。蒲鲁东主义从小资产阶级立场出发批判资本主义所有制,把小商品生产和交换理想化,幻想使小资产阶级私有制永世长存。它主张建立"人民银行"和"交换银行",认为它们能帮助工人购置生产资料,使之成为手工业者,并能保证他们"公平地"销售自己的产品。蒲鲁东主义反对任何国家和政府,否定任何权威和法律,宣扬阶级调和,反对政治斗争和暴力革命。马克思在《哲学的贫困》这部著作中,对蒲鲁东主义作了彻底的批判。列宁称蒲鲁东主义为不能领会工人阶级观点的市侩和庸人的痴想。蒲鲁东主义被资产阶级的理论家们广泛地利用来鼓吹阶级调和。——78、87、105、149、230。

54　"真正的社会主义",亦称"德国的社会主义",是19世纪40年代在德国出现的小资产阶级社会主义流派。代表人物有莫·赫斯、卡·格律恩、奥·吕宁、赫·克利盖等。"真正的社会主义者"的理论基础是费尔巴哈的人本主义。他们认为社会主义并不是社会经济发展的结果,而是德国哲学发展的逻辑结论;他们用黑格尔和费尔巴哈的一些范畴对法国空想社会主义进行唯心主义的改造,把社会主义归结为实现真正的人的本质的无谓思辨;他们还把社会主义的要求同政治运动对立起来,拒绝进行政治活动,从小市民的利益出发反对资本主义的发展,反对在德国争取资产阶级的民主自由,而用超阶级的"博爱"和"人性"等道德说教来代替革命的阶级斗争。——78、87。

55　《俄国社会民主党人抗议书》是列宁在流放地接到姐姐安·伊·乌里扬诺娃-叶利扎罗娃从彼得堡寄来的一个经济派文件之后于1899年8月写的。列宁的姐姐称这个文件为"青年派的信条",它的作者叶·德·库斯柯娃当时是国外俄国社会民主党人联合会的成员。为了捍卫马克思主义,列宁在米努辛斯克专区叶尔马科夫斯克村召集被流放的马克思主义者开会讨论了这个经济派文件和列宁起草的《抗议书》。与会的17人一致通过并签署了这个《抗议书》,他们是:列宁、娜·康·克鲁普斯卡娅、瓦·瓦·斯塔尔科夫、A. M. 斯塔尔科娃、格·马·克尔日扎诺夫斯基、季·巴·克尔日扎诺夫斯卡娅-涅夫佐罗娃、弗·威·林格尼克、叶·瓦·巴拉姆津、阿·亚·瓦涅耶夫、Д. В. 瓦涅耶娃、米·亚·西尔文、维·康·库尔纳托夫斯基、潘·尼·勒柏辛斯基、奥·波·勒柏辛斯卡娅以及彼得堡工人奥·亚·恩格贝格、亚·西·沙波瓦洛夫、H. H. 帕宁。赞同《抗议书》的还有未出席会议的伊·卢·普罗明斯基、М. Д. 叶菲莫夫、切卡利斯基、柯瓦列夫斯基以及图鲁汉斯克的流放者(尔·马尔托夫等人)和维亚特卡省奥尔洛夫市社会民主党人流放者。

列宁把《抗议书》寄到了国外。格·瓦·普列汉诺夫收到后立即将它发排,供《工人事业》杂志最近一期刊用。然而,参加该杂志编辑部的国外联合会青年派成员,没有通知普列汉诺夫,就于1899年12月将《抗议书》单另印出,并附一篇编后记,说《信条》只反映某些人的看法,这些人的立场对俄国工人运动并无危险,国外俄国社会民主党人联合会内部不存在经济派,等等。1900年初,普列汉诺夫把《抗议书》收入他所编辑的批评经济派的文集《〈工人事业〉编辑部指南》。《列宁全集》俄文第5版收载的本文献,前一部分按手稿刊印,后一部分按《工人事业》杂志单行本刊印,并和《〈工人事业〉编辑部指南》一书核对过。——83。

56 指法国、西班牙、意大利等西南欧国家。——87、149。

57 伯恩施坦主义是德国社会民主党人爱·伯恩施坦的修正主义思想体系,产生于19世纪末20世纪初。伯恩施坦的《社会主义的前提和社会民主党的任务》(1899年)一书是对伯恩施坦主义的全面阐述。伯恩施坦主义在哲学上否定辩证唯物主义和历史唯物主义,用庸俗进化论和诡辩论代替革命的辩证法;在政治经济学上修改马克思主义的剩余价值学说,竭力掩盖帝国主义的矛盾,否认资本主义制度的经济危机和政治危机;在政治上鼓吹阶级合作和资本主义和平长入社会主义,传播改良主义和机会主义思想,反对马克思主义的阶级斗争学说,特别是无产阶级革命和无产阶级专政的学说。伯恩施坦主义得到了德国社会民主党右翼和第二国际其他一些政党的支持。在俄国,追随伯恩施坦主义的有合法马克思主义者、经济派等。——87、121、155、277。

58 拉萨尔派是全德工人联合会的成员,德国小资产阶级社会主义者斐·拉萨尔的拥护者。全德工人联合会在1863年于莱比锡召开的全德工人代表大会上成立,拉萨尔是它的第一任主席。他为联合会制定了纲领和策略基础,规定争取普选权和建立由国家帮助的工人生产合作社为联合会的政治纲领和经济纲领。在实践活动中,拉萨尔派支持奥·俾斯麦的在普鲁士领导下通过王朝战争自上而下统一德国的政策。马克思和恩格斯曾多次尖锐地批判拉萨尔派的理论、策略和组织原则,指出它是德国工人运动中的机会主义派别。——88、118、252。

59 布朗基主义是19世纪法国工人运动中的革命冒险主义的思潮,以路·奥·

布朗基为代表。布朗基主义者不了解无产阶级的历史使命,忽视同群众的联系,主张用密谋手段推翻资产阶级政府,建立革命政权,实行少数人的专政。马克思和列宁高度评价布朗基主义者的革命精神,同时坚决批判他们的密谋策略,指出:布朗基主义企图不通过无产阶级的阶级斗争,而通过少数知识分子的密谋使人类摆脱雇佣奴隶制,是完全错误的。——89、108、139、172、231。

60　国家社会主义是一种企图利用国家权力进行社会改革的资产阶级改良主义思想,主要代表为约·卡·洛贝尔图斯和斐·拉萨尔。洛贝尔图斯主张由普鲁士王朝制定工资标准,实施社会改革,以逐步实现土地和资本的国有化。拉萨尔主张工人依靠国家帮助建立生产合作社,和平地过渡到社会主义。他们抹杀国家的阶级性,企图加强资产阶级国家的统治,麻痹工人阶级的革命意志。国家社会主义的思想对讲坛社会主义有相当大的影响。——89。

61　指拉萨尔派的一个论点:对工人阶级说来,其他一切阶级只组成反动的一帮。这个论点写入了1875年德国社会主义工人党纲领(哥达纲领)。马克思在《哥达纲领批判》中批判了这个论点(见《马克思恩格斯选集》第3卷人民出版社1972年版第13—15页)。——89。

62　"俄国北方工人协会"是俄国工人阶级最早的革命政治组织之一,1878年底在彼得堡成立。创建人是钳工维克多·奥布诺尔斯基和木工斯捷潘·哈尔图林。会员和同情者各约200人。协会只吸收工人参加,其活动是秘密的。协会的纲领认为,工人阶级是社会的先进阶级,工人争得政治权利和自由是从剥削制度下解放出来的必要条件。纲领号召俄国工人同其他国家的无产阶级一道进行阶级斗争,并提出协会的最终目的是"推翻国家现行政治制度和经济制度"。这个纲领也还带有民粹主义影响的某些痕迹。协会在彼得堡各工厂进行革命宣传,领导并积极参加无产阶级的罢工斗争。1880年2月15日,它出版了俄国最早的秘密工人报纸《工人曙光报》创刊号。此后不久,报纸的印刷厂被破坏,协会也由于主要成员被捕而停止活动。——89。

63　"南俄工人协会"是俄国第一个工人革命政治组织,1875年7月间由革命知识分子叶·奥·扎斯拉夫斯基在敖德萨创立。协会有会员60人,同情者150—

200人。协会章程在俄国工人运动史上第一次提到工人反对资本压迫的斗争,指出"只有通过暴力革命"工人的权利才能得到承认,并且和70年代前半期一些民粹主义纲领截然不同,提出了必须进行政治斗争的问题。但是这个章程总的说来还未摆脱民粹主义的世界观。协会成员阅读和传播革命书刊,积极参加组织罢工,并试图在南俄其他工业城市开展协会的活动。协会于1875年底—1876年初被沙皇政府破坏。——89。

64 《工人思想报》(《Рабочая Мысль》)是俄国经济派的报纸,1897年10月—1902年12月先后在彼得堡、柏林、华沙和日内瓦等地出版,共出了16号。头几号由"独立工人小组"发行,从第5号起成为彼得堡工人阶级解放斗争协会的机关报。参加该报编辑部的有尼·尼·洛霍夫-奥尔欣、康·米·塔赫塔廖夫、弗·巴·伊万申、阿·亚·雅库波娃等人。该报号召工人阶级为争取狭隘经济利益而斗争。它把经济斗争同政治斗争对立起来,认为政治斗争不在无产阶级任务之内,反对建立马克思主义的无产阶级政党,主张成立工联主义的合法组织。列宁在《俄国社会民主党中的倒退倾向》(见《列宁全集》第2版第4卷第209—238页)和《怎么办?》(见《列宁全集》第2版第6卷第1—183页)等著作中批判了《工人思想报》的观点。——91,96。

65 《圣彼得堡工人小报》(《С.-Петербургский Рабочий Листок》)是俄国彼得堡工人阶级解放斗争协会的秘密报纸。共出过两号:第1号于1897年2月(报上印的是1月)在俄国油印出版,共印300—400份;第2号于同年9月在日内瓦铅印出版。该报提出要把工人阶级的经济斗争同广泛的政治要求结合起来,并强调必须建立工人政党。——91。

66 《工人报》(《Рабочая Газета》)是基辅社会民主党人小组的秘密报纸,波·李·埃杰尔曼、巴·卢·图恰普斯基、尼·阿·维格多尔契克等任编辑,在基辅出版。共出过两号:第1号于1897年8月出版;第2号于同年12月出版(报纸上印的日期是11月)。图恰普斯基曾受编辑部委派出国同劳动解放社建立联系,得到了格·瓦·普列汉诺夫等给报纸撰稿的许诺。《工人报》和彼得堡工人阶级解放斗争协会也有联系。《工人报》参与了1898年3月召开的俄国社会民主工党第一次代表大会的筹备工作,并被这次代表大会承认为党的正式机关报。代表大会以后不久,《工人报》的印刷所被警察破获和捣毁,已编好待发排的第3号没能出版。1899年该报试图复刊,没有成功。——91。

67　指俄国社会民主工党第一次代表大会。

俄国社会民主工党第一次代表大会于1898年3月1—3日（13—15日）在明斯克秘密举行。倡议召开这次代表大会的是列宁领导的彼得堡工人阶级解放斗争协会；早在1895年12月列宁就在狱中草拟了党纲草案，并提出了召开代表大会的主张。由于彼得堡等地的组织遭到警察破坏，这次代表大会的筹备工作主要由基辅的社会民主党组织担任。出席代表大会的有6个组织的9名代表：彼得堡、莫斯科、基辅和叶卡捷琳诺斯拉夫的工人阶级解放斗争协会的代表各1名，基辅《工人报》小组的代表2名，崩得的代表3名。大会通过了把各地斗争协会和崩得合并为统一的俄国社会民主工党的决议。在民族问题上，大会承认每个民族有自决权。大会选出了由彼得堡工人阶级解放斗争协会代表斯·伊·拉德琴柯、基辅《工人报》代表波·李·埃杰尔曼和崩得代表亚·约·克列梅尔三人组成的中央委员会。《工人报》被承认为党的正式机关报。国外俄国社会民主党人联合会被宣布为党的国外代表机关。

中央委员会在会后以大会名义发表了《俄国社会民主工党宣言》。《宣言》宣布了俄国社会民主工党的成立，把争取政治自由和推翻专制制度作为社会民主工党当前的主要任务，把政治斗争和工人运动的总任务结合了起来。宣言指出：俄国工人阶级应当而且一定能够担负起争取政治自由的事业。这是为了实现无产阶级的伟大使命即建立没有人剥削人的社会制度所必须走的第一步。俄国无产阶级将摆脱专制制度的桎梏，用更大的毅力去继续同资本主义和资产阶级作斗争，一直斗争到社会主义全胜为止（见《苏联共产党代表大会、代表会议和中央全会决议汇编》第1分册人民出版社1964年版第4—6页）。

这次大会没有制定出党纲和党章，也没有形成中央的统一领导，而且大会闭幕后不久大多数代表和中央委员遭逮捕，所以统一的党实际上没有建立起来。——91、98。

68　民意党是俄国土地和自由社分裂后产生的革命民粹派组织，于1879年8月建立。主要领导人是安·伊·热里雅鲍夫、亚·德·米哈伊洛夫、米·费·弗罗连柯、尼·亚·莫罗佐夫、维·尼·菲格涅尔、亚·亚·克维亚特科夫斯基、索·李·佩罗夫斯卡娅等。该党主张推翻专制制度，在其纲领中提出了广泛的民主改革的要求,如召开立宪会议,实现普选权,设置常设人民代表机关,实行言论、信仰、出版、集会等自由和广泛的村社自治,给人民以土地,给被压迫民族以自决权,用人民武装代替常备军等。但是民意党人把民主革命的任务和社会主义革命的任务混为一谈,认为在俄国可以超越资本主义,经过农民革命走向社会主义,并且认为俄国主要革命力量不是工人阶级而是农民。民意党人从积极的"英雄"和消极的"群氓"的错误理论出发,采取个人恐怖的活动方式,把暗杀沙皇政府的个别代表人物作为推翻沙皇专制制度的主要手段。他们在1881年3月1日(13日)刺杀了沙皇亚历山大二世。由于理论上、策略上和斗争方法上的错误,在沙皇政府的严重摧残下,民意党在1881年以后就瓦解了。列宁批判了民意党人的乌托邦式的纲领,但十分敬重他们同沙皇制度英勇斗争的精神。——92、131。

69 国外俄国社会民主党人联合会是根据劳动解放社的倡议,在全体会员承认劳动解放社纲领的条件下,于1894年在日内瓦成立的。联合会为俄国国内出版书刊,它的出版物全部由劳动解放社负责编辑。1896—1899年联合会出版了不定期刊物《工作者》文集和《〈工作者〉小报》。1898年3月,俄国社会民主工党第一次代表大会承认联合会是党的国外代表机关。1898年底,机会主义分子(经济派)在联合会里占了优势。1898年11月,在苏黎世召开的联合会第一次代表大会上,劳动解放社声明,除《工作者》文集以及列宁的《俄国社会民主党人的任务》和《新工厂法》两个小册子外,拒绝为联合会编辑出版物。联合会从1899年4月起出版《工人事业》杂志,由经济派分子担任编辑。1900年4月,在日内瓦举行的联合会的第二次代表大会上,劳动解放社的成员以及与其观点一致的人正式退出联合会,成立了独立的革命组织"社会民主党人"。此后,联合会和《工人事业》杂志就成了经济主义在俄国社会民主党内的代表。1903年,根据俄国社会民主工党第二次代表大会的决议,联合会宣布解散。——93。

70 《我们的纲领》是列宁在流放中为《工人报》写的一组文章中的一篇。1899年崩得中央委员会试图恢复《工人报》时,编辑部曾先后建议列宁参加编辑和撰稿。由于《工人报》复刊未成,这组文章当时也就没有发表。——94。

71 指格·瓦·普列汉诺夫在《伯恩施坦与唯物主义》和《我们为什么应该感谢他?》两篇文章中对爱·伯恩施坦的批判。——95。

72　指德国社会民主党汉诺威代表大会。

　　德国社会民主党汉诺威代表大会于1899年10月9—14日举行。代表大会就"对党的基本观点和策略的攻击"问题通过决议。代表大会之所以讨论这个问题并通过这项专门的决议,是因为以爱·伯恩施坦为首的修正主义者要修改马克思主义理论,并要求重新审查社会民主党的革命政策和策略。奥·倍倍尔就这个问题作了报告。列宁给予这个报告以高度评价(见《列宁全集》第2版第23卷第382—388页)。代表大会以绝对多数票通过了倍倍尔提出的决议。该决议指出:"资产阶级社会的发展至今并未提供任何理由使党放弃或改变自己对它的基本看法。党一如既往立足于阶级斗争,而根据这一点,工人阶级的解放只能是工人阶级本身的事业。因此,党认为工人阶级的历史任务是夺取政权,以便借助于政权,通过生产工具社会化和实行社会主义的生产与交换方式来保障最普遍的幸福生活。"在不拒绝与资产阶级各政党为达到一定的实际目标而进行暂时联合的同时,"党任何时候在自己全部活动中都完全保持独立自主,并把所取得的每一成就只看成是使它接近它的最终目标的一步"。决议最后写道:"党没有任何理由要改变自己的主要要求和基本观点,或改变自己的策略和名称…… 党坚决反对模糊或改变党对待现存国家制度、社会制度以及资产阶级政党的态度的一切尝试。"

　　汉诺威决议虽然否决了修正主义者的要求,但没有对伯恩施坦主义及其代表人物进行有力的批判。这引起了左派社会民主党人(罗·卢森堡等)的不满。伯恩施坦的拥护者也对这个决议投了赞成票。——95。

73　指1896年5—6月彼得堡纺织工人大罢工。罢工的起因是工厂主拒绝向工人支付尼古拉二世加冕礼那几天假日的全额工资。罢工从俄罗斯纺纱厂(即卡林金工厂)开始,很快就席卷了所有纺织工厂,并波及机器、橡胶、造纸、制糖等工厂,参加者达3万多人。这次罢工是在彼得堡工人阶级解放斗争协会领导下进行的。该会散发了传单和宣言,号召工人起来捍卫自己的权利。罢工的基本要求是:把工作日缩短为$10\frac{1}{2}$小时,提高计件单价,按时发放工资等。列宁称这次罢工为著名的彼得堡工业战争。它第一次推动了彼得堡无产阶级结成广泛阵线向剥削者进行斗争,并促进了全俄工人运动的发展。在这次罢工的压力下,沙皇政府加速了工厂法的修订,于1897年6月2日(14日)颁布了将工业企业和铁路工厂的工作日缩短为$11\frac{1}{2}$小时的法令。——97。

74 学理主义指盲目地拘守某种学理，崇尚空谈，脱离实际的表现，意思同"教条主义"相近。——100、131、135、274。

75 立宪民主党人是俄国自由主义君主派资产阶级的主要政党立宪民主党的成员。立宪民主党(正式名称为人民自由党)于1905年10月成立。中央委员中多数是资产阶级知识分子、地方自治人士和自由派地主。主要活动家有帕·尼·米留可夫、谢·安·穆罗姆采夫、瓦·阿·马克拉柯夫、安·伊·盛加略夫、彼·伯·司徒卢威、约·弗·盖森等。立宪民主党提出一条与革命道路相对抗的和平的宪政发展道路，主张俄国实行立宪君主制和资产阶级的自由。在土地问题上，它主张将国家、皇室、皇族和寺院的土地分给无地和少地的农民；私有土地部分地转让，并且按"公平"价格给予补偿；解决土地问题的土地委员会同同等数量的地主和农民组成，并由官员充当他们之间的调解人。1906年春，它曾同政府进行参加内阁的秘密谈判，后来在国家杜马中自命为"负责任的反对派"。第一次世界大战期间，它支持沙皇政府的掠夺政策，曾同十月党等反动政党组成"进步同盟"，要求成立责任内阁，即为资产阶级和地主所信任的政府，力图阻止革命并把战争进行到最后胜利。二月革命后，立宪民主党在资产阶级临时政府中居于领导地位，竭力阻挠土地问题、民族问题等基本问题的解决，并奉行继续帝国主义战争的政策。七月事变后，它支持科尔尼洛夫叛乱，阴谋建立军事独裁。十月革命胜利后，苏维埃政府于1917年11月28日(12月11日)宣布立宪民主党为"人民公敌的党"。该党随之转入地下，继续进行反革命活动，并参与白卫将军的武装叛乱。国内战争结束后，该党上层分子大多数逃亡国外。1921年5月，该党在巴黎召开代表大会时分裂，作为统一的党不复存在。——100、111、128、142、154、202。

76 无题派是指1906年在彼得堡出版的《无题》周刊的组织者和参加者——谢·尼·普罗柯波维奇、叶·德·库斯柯娃、瓦·雅·鲍古查尔斯基、维·韦·波尔土加洛夫、瓦·瓦·希日尼亚科夫等人。无题派是一批原先信奉合法马克思主义和经济主义、后来参加了解放社的俄国资产阶级自由派知识分子，他们公开宣布自己是西欧批判社会主义的拥护者，支持孟什维克和立宪民主党人。列宁称无题派为孟什维克化的立宪民主党人或立宪民主党人化的孟什维克。无题派后来集结在左派立宪民主党的《同志报》周围。——100。

77　黑帮是指1905—1907年沙皇俄国警察当局和一些君主派团体为镇压革命运动、杀害进步人士和制造反犹太人暴行而建立的武装暴徒组织。黑帮队伍的主要来源是小资产阶级的反动阶层、店铺老板、无业游民以及刑事犯罪分子等等。为了同黑帮作斗争，革命工人在布尔什维克党的领导下组织了战斗队、自卫队等。

　　　　在1905—1917年间，黑帮一词也泛指沙皇俄国反动的君主派团体如俄罗斯人民同盟、米迦勒天使长同盟、法制党、十月十七日同盟、工商党以及和平革新党等。他们力图保持旧的专制制度。这些党派和组织的成员通称黑帮分子。——105、144、202。

78　马克思主义奠基人对1848—1849年德国革命的一些最重大问题的观点，是在恩格斯的著作《德国的革命和反革命》(见《马克思恩格斯选集》第1卷人民出版社1972年版第500—597页)中阐述的。

　　　　《德国的革命和反革命》原是一组论述德国1848—1849年革命的文章。1851年8月初，《纽约每日论坛报》向马克思约稿。马克思因忙于经济学研究工作，转请恩格斯为该报写一些关于德国革命的文章。恩格斯在写这些文章时利用了《新莱茵报》和马克思向他提供的一些补充材料，并经常同马克思交换意见。文章寄发之前，也都经马克思看过。文章发表时署名马克思。马克思恩格斯在世时，这些文章没有重新出版过。以后出版的一些单行本也都用马克思的名义。直到1913年马克思和恩格斯的来往书信发表后，才知道这组文章是恩格斯写的。——106。

79　三十年战争指1618—1648年以德意志为主要战场的欧洲国际性战争。这场战争起因于天主教与新教之间的矛盾以及欧洲各国的政治冲突和领土争夺。参加战争的一方是哈布斯堡同盟，包括奥地利和西班牙的哈布斯堡王朝、德意志天主教诸侯，它们得到教皇和波兰的支持。另一方是反哈布斯堡联盟，包括德意志新教诸侯、法国、瑞典、丹麦，它们得到荷兰、英国、俄国的支持。战争从捷克起义反对哈布斯堡王朝的统治开始，几经反复，以哈布斯堡同盟失败告终。根据1648年签订的威斯特伐利亚和约，瑞典、法国等得到了德意志大片土地和巨额赔款。经过这场战争，德意志遭到严重破坏, 在政治上更加处于四分五裂的状态。——106、193。

80　布伦坦诺主义是德国资产阶级经济学家路·布伦坦诺所倡导的改良主义学说。布伦坦诺是德国资产阶级政治经济学中的讲坛社会主义学派的主要代表人物之一。他鼓吹通过工人立法和组织工会就可以在资本主义范围内克服社会矛盾。列宁称布伦坦诺主义是一种承认无产阶级的非革命的"阶级"斗争的自由派资产阶级学说。——107。

81　司徒卢威主义即合法马克思主义, 是19世纪90年代出现在俄国自由派知识分子中的一种思想政治流派, 其主要代表人物是彼·伯·司徒卢威。司徒卢威主义利用马克思经济学说中能为资产阶级所接受的个别论点为俄国资本主义的发展作论证。在批判小生产的维护者民粹派的同时, 司徒卢威赞美资本主义, 号召人们"承认自己的不文明并向资本主义学习", 而抹杀资本主义的阶级矛盾。列宁敏锐地看出司徒卢威主义是国际修正主义的萌芽, 它必然要发展成为资产阶级的民族自由主义。——107。

82　桑巴特主义是自由派资产阶级的一个思想流派, 因德国资产阶级庸俗经济学家威·桑巴特得名。桑巴特在其活动初期是个涂上了薄薄一层马克思主义色彩的社会自由主义的活动家, 后来成为资本主义的辩护士。列宁曾指出, 桑巴特之流"利用马克思的术语, 引证马克思的个别论点, 伪造马克思主义, 从而用布伦坦诺主义偷换马克思主义"(见《列宁全集》第2版第12卷第303页)。——107。

83　这句话出自格·瓦·普列汉诺夫的《再论我们的处境(给X同志的信)》一文(载于1905年12月《社会民主党人日志》第4期)。普列汉诺夫在这篇文章里说:"不合时宜地发动起来的政治罢工导致了莫斯科、索尔莫沃、巴赫穆特等地的武装起义。在这些起义中我们的无产阶级表现得强大、勇敢和具有献身精神。但是他们的力量总还不足以取得胜利。这种情况本来是不难预见到的。因此本来就用不着拿起武器。"(见《普列汉诺夫全集》1926年俄文版第15卷第12页)——108。

84　1905年11月, 格·瓦·普列汉诺夫在《我们的处境》一文中写道:"只是得到左轮手枪或匕首是不够的, 还需要学会使用它们。70年代的革命家们在这方面是行家, 我们的同志们还远不及他们。我们必须尽快填补自己革命教

育中的这一空白。善于使用武器应成为我们中间拥有武器者理所当然地自豪的事情和尚未得到武器者羡慕的事情。"(见《普列汉诺夫全集》1926年俄文版第13卷第352页)——108。

85　指马克思在1870年9月6—9日写的《国际工人协会总委员会关于普法战争的第二篇宣言》(见《马克思恩格斯选集》第2卷人民出版社1972年版第343—352页)。——108。

86　指俄国第一次资产阶级民主革命期间的1905年十二月武装起义。

　　　十二月武装起义是俄国第一次革命的最高点。1905年12月5日(18日),布尔什维克莫斯科市代表会议表达工人的意志,决定宣布总罢工并随即开始武装斗争。次日,布尔什维克领导的莫斯科苏维埃全体会议,通过了同样的决议。12月7日(20日),政治总罢工开始。12月10日(23日)罢工转为武装起义。起义的中心是普列斯尼亚区、莫斯科河南岸区、罗戈日-西蒙诺沃区和喀山铁路区。武装斗争持续了9天,莫斯科工人奋不顾身地进行战斗。但由于起义者缺乏武装斗争的经验、武器不足、同军队的联系不够、打防御战而没有打进攻战以及起义一开始布尔什维克莫斯科委员会的领导人员就遭逮捕等原因,莫斯科起义终于在沙皇政府从其他城市调来军队进行镇压之后遭到失败。1905年12月—1906年1月,继莫斯科之后俄国还有许多城市和地区举行了武装起义。这些零星分散的起义也都遭到了沙皇政府的残酷镇压。关于十二月武装起义,参看列宁《莫斯科起义的教训》一文(见《列宁全集》第2版第13卷第365—372页)。——109、137。

87　套中人是俄国作家安·巴·契诃夫的同名小说的主人公别利科夫的绰号,是因循守旧、害怕变革的典型。——110、138。

88　绝顶聪明的鮈鱼出典于米·叶·萨尔蒂科夫-谢德林的同名讽刺故事。故事说,一条鮈鱼感到处处有丧生的危险,便常常东躲西藏,提心吊胆地度日,而却自以为绝顶聪明。——110。

89　弗·梅林的《与左尔格通信集》一文没有收进本书的这一版。——114。

90　《现代生活》杂志(《Современная Жизнь》)是俄国孟什维克的刊物,1906年4月—1907年3月在莫斯科出版。为杂志撰稿的除格·瓦·普列汉诺夫外还有尔·马尔托夫、帕·波·阿克雪里罗得等人。——114。

91　《评论》文集(《Отклики》)是孟什维克的刊物,1906—1907年在彼得堡出版,共出了3集。第1集以《评论》为书名,另外两集以《〈评论〉社刊》为书名。为文集撰稿的有尔·马尔托夫、费·唐恩、德·柯尔佐夫等。——114。

92　英国社会民主联盟是英国的社会主义组织。这一组织是在民主联盟的基础上于1884年8月成立的。参加联盟的除改良主义者(亨·迈·海德门等)和无政府主义者外,还有一批革命的社会民主党人即马克思主义的拥护者(哈·奎尔奇、汤·曼·、爱·艾威林、爱琳娜·马克思等),他们构成了英国社会主义运动的左翼。恩格斯曾尖锐地批评社会民主联盟有教条主义和宗派主义倾向,脱离英国群众性的工人运动并且忽视这一运动的特点。1907年,社会民主联盟改称英国社会民主党。1911年,英国社会民主党与独立工党中的左派一起组成了英国社会党。1920年,社会党的大部分党员参加了创立英国共产党的工作。——115、155。

93　指非党工人代表大会。

关于召开非党"工人代表大会"的思想是帕·波·阿克雪里罗得于1905年夏首次提出的,得到了其他孟什维克的支持。这一思想概括起来说就是召开各种工人组织代表大会,在这个代表大会上建立社会民主党人、社会革命党人和无政府主义者都参加的合法的"广泛工人政党"。俄国社会民主工党第五次(伦敦)代表大会专门就工人代表大会和非党工人组织问题通过了一项决议,指出孟什维克召开工人代表大会的思想"实质上要导致以长期性的非党工人组织代替社会民主党,而工人代表大会的宣传和组织准备工作必不可免地会导致党的瓦解,并促使广大工人群众接受资产阶级民主派的影响"(见《苏联共产党代表大会、代表会议和中央全会决议汇编》第1分册人民出版社1964年版第208页)。与布尔什维克一起反对召开"工人代表大会"的有波兰和拉脱维亚社会民主党人。列宁对孟什维克召开"工人代表大会"思想的批判,见《革命界的小市民习气》、《孟什维主义的危机》、《知识分子斗士反对知识分子的统治》、《气得晕头转向(关于工人代表大会问题)》(《列宁全集》第2版第14卷第43—53页和第147—171页,第15卷第165—168页和第243—256页)等文。——116。

94　劳动骑士即高尚的劳动骑士团,是美国的群众性工人组织,在美国工人运动的发展中起过重要作用。该团是缝衣工人尤·斯蒂芬斯等人于1869年在费拉德尔菲亚建立的,起初是一个秘密团体。该团最早试图把美国工人阶级在全国范围内组织起来,它联合不分民族的各工种工人,主要是非熟练工人,另外也吸收了一些非无产阶级的和小资产阶级的分子。该团的纲领带有浓厚的拉萨尔主义色彩,曾提出以建立合作社组织、推行合作的工业体系来代替工资制度,并要求实行土地改革。该团于1878年转入公开活动,以后逐步成为美国最有影响的工人组织。1874年仅有成员1万人,1886年已有成员70万人以上。在此期间,该团组织过几次成功的罢工。1886年以后,该团领导人走上否定阶级斗争的道路,该团的影响急剧降低,1893年成员减少到7万人。19世纪末,该团实际上已不存在。——117。

95　《未来》杂志(《Die Zukunft》)是一些德国社会民主党党员办的社会改良主义的杂志,1877年10月—1878年11月在柏林出版。社会慈善家卡·赫希柏格是该杂志的出版者。卡·施拉姆和爱·伯恩施坦是该杂志的撰稿人。马克思和恩格斯尖锐地批评了该杂志的方向。——119。

96　讲坛社会主义者是指德国政治经济学新历史学派的代表人物阿·瓦格纳、古·施穆勒、路·布伦坦诺、威·桑巴特等。19世纪70年代,随着德国资本主义的迅速发展,阶级矛盾日益尖锐,新历史学派的教授们开始在大学讲坛上打着社会主义的幌子鼓吹资产阶级改良主义,以适应资产阶级阻挠马克思主义传播和工人运动发展的需要。他们指责资产阶级自由派忽视劳资问题的解决,资产阶级自由派反过来嘲讽他们那一套为讲坛社会主义。讲坛社会主义者硬说资产阶级国家是超阶级的组织,能够调和敌对的阶级,逐步地实行"社会主义"而不触动资本家的利益。他们把普鲁士政府实施的铁路国有化和俾斯麦策划的国家对烟草和烧酒的专卖都叫做"社会主义"。他们的纲领局限于组织对工人的疾病和不幸事故的保险以及在工厂立法方面采取某些措施,其目的是引诱工人放弃阶级斗争。讲坛社会主义是修正主义的思想来源之一。在俄国,合法马克思主义者宣扬讲坛社会主义的改良主义思想。——119。

97　《社会民主党人报》(《Der Sozialdemokrat》)是反社会党人法施行期间德国社会民主党的中央机关报(周报)。它的主要领导人是威·李卜克内西。1879年9月—1888年9月在苏黎世出版,1888年10月—1890年9月在伦敦出版。1879年9月—1880年1月格·亨·福尔马尔任编辑,1881—1889年爱·

伯恩施坦任编辑。该报虽然在初期存在一些缺点和错误,但在恩格斯持续不断的指导和帮助下,坚持了革命策略,在聚集和组织德国社会民主党的力量方面起了卓越作用。恩格斯曾称赞它是德国党的旗帜。反社会党人法废除后,《社会民主党人报》停刊。——120。

98 《年鉴》即《社会科学和社会政治年鉴》(《Jahrbuch für Sozialwissenschaft und Sozialpolitik》)是社会改良派的杂志,1879—1881年由卡·赫希柏格(用笔名路·李希特尔)在苏黎世出版。共出了3卷。这里谈到的文章题为《德国社会主义运动的回顾(批判性的格言)》,刊登于《年鉴》第1卷。——121。

99 1884年底,德国首相奥·俾斯麦为推行殖民掠夺政策,要求帝国国会批准发给轮船公司补助金,以便开辟通往亚洲东部、澳洲和非洲的定期航线。以奥·倍倍尔和威·李卜克内西为首的社会民主党党团左翼反对发放航运补助金,而以伊·奥尔、约·亨·威·狄茨等为首的党团的右翼多数,在帝国国会就这个问题正式辩论以前,就主张向轮船公司发放补助金。1885年3月,在帝国国会讨论这个问题时,社会民主党党团右翼投票赞成开辟通往亚洲东部和澳洲的航线,同时以政府接受它的一些要求,包括新的船只在德国造船厂建造,作为它同意俾斯麦提案的条件。只是在帝国国会否决了这一要求后,整个党团才投票反对政府的提案。党团多数的行为引起了《社会民主党人报》和一些社会民主党组织的强烈反对。争论极为激烈,几乎造成党的分裂。恩格斯给了社会民主党党团右翼的机会主义立场以坚决批评(参看《马克思恩格斯全集》第1版第36卷第258—259、259—260、265、289、291、314—315、321页)。——121。

100 两个国际社会民主党代表大会是指1889年7月14—20日在巴黎召开的第二国际第一次代表大会和法国可能派与英国社会民主联盟同时在那里召开的代表大会。

  第二国际第一次代表大会是根据法国社会党人的倡议,在其他许多国家的社会党人支持下召开的。以法国可能派和英国社会民主联盟为首的机会主义分子企图把筹备和召开代表大会的工作抓到自己手里,从而使自己成为国际工人运动的领袖。恩格斯坚决反对他们的这种企图,并积极地参加了代表大会的筹备工作。恩格斯在揭露机会主义者的阴谋时,尖锐地批评了德国社会民主党领袖们对待可能派的调和主义态度,同时也批评了法国社会党人在策略上的错误。这次代表大会讨论的主要问题是国际工人立法问题。在就该问题通过的决议中指出,工人们不仅要进行经济斗争,还要进行政治斗争,他们必须建立无产阶级的社会主义政党,把党的工作和工会的工作结合起来。代表大会还通过了八小时工作制和每年庆祝五一国际劳动节的决议。代表大会没有通过建立第二国际的正式决议,但实际上是第二国际的成立代表大会。

可能派及其拥护者召开的代表大会实际上没有取得什么成果。——122。

101　可能派是19世纪80年代至20世纪初法国社会主义运动中以保·布鲁斯等人为首的机会主义派别。该派起初是法国工人党中改良主义的一翼,1882年法国工人党分裂后称为社会主义革命工人党,1883年改称法国劳动社会联盟。该派否定无产阶级的革命纲领和革命策略,模糊工人运动的社会主义目的,主张把工人阶级的活动限制在资本主义制度下"可能"办到的范围内,因此有"可能派"之称。1902年,可能派同其他一些改良主义派别一起组成了以让·饶勒斯为首的法国社会党。

1905年,法国社会党和法兰西社会党合并,统称法国社会党(工人国际法国支部)。——122。

102　指《1889年国际工人代表大会。答〈正义报〉》和《1889年国际工人代表大会。II. 答〈社会民主联盟宣言〉》两文(见《马克思恩格斯全集》第1版第21卷第573—585、591—612页)。——123。

103　费边派是英国改良主义组织费边社的成员。费边社于1884年成立。其成员多为资产阶级知识分子,代表人物有悉·维伯、比·维伯、拉·麦克唐纳、肖伯纳、赫·威尔斯等。费边·马克西姆是古罗马统帅,以在第二次布匿战争(公元前218—前201年)中采取回避决战的缓进待机策略著称。费边社即以此人名字命名。费边派虽然认为社会主义是经济发展的必然结果,但只承认演进的发展道路。他们反对马克思主义的阶级斗争和无产阶级革命学说,鼓吹通过细微的改良来逐渐地改造社会,并宣扬所谓"地方公有社会主义"。1900年费边社加入工党(当时称工人代表委员会),仍保留自己的组织。在工党中,它一直起制定纲领原则和策略原则的思想中心的作

用。第一次世界大战期间,费边派采取了社会沙文主义立场。关于费边派,
参看列宁《社会民主党在1905—1907年俄国第一次革命中的土地纲领》第
四章第7节和《英国的和平主义和英国的不爱理论》(见《列宁全集》第2版第
16卷第322—327页和第26卷第278—284页)。——124、175。

104 "议会迷"是列宁著作中多次出现过的一个词。列宁用它来形容那种认为
议会制度是万能的、议会活动在任何条件下都是政治斗争的唯一的主要
的形式的机会主义者。马克思和恩格斯已使用过这个词。例如,马克思在
《路易·波拿巴的雾月十八日》里写道:"1848年以来,在全欧洲大陆上流行
着一种特殊的病症,即议会迷,染有这种病症的人就变成幻想世界的俘
虏,失去一切理智、一切记忆,失去对外界世俗事物的一切理解……"(见
《马克思恩格斯选集》第1卷人民出版社1972年版第665页)恩格斯在《德
国的革命和反革命》里写道:法兰克福国民议会中的左派"比议会中任何
其他派别更深地感染了议会迷这样一种不治之症,这种症候使它的不幸
的患者充满了一种庄严的信念,似乎整个世界,它的历史和它的未来,都
要由这个很荣幸地得到他们作为议员的代议机关的多数票来支配和决
定"(同上书,第578页)。——126。

105 革命工团主义是19世纪末在一系列西欧国家工人运动中出现的一种小资
产阶级半无政府主义思潮。工团主义者否认工人阶级进行政治斗争的必
要性,否认党的领导作用和无产阶级专政。他们认为,工会(工团)只要组
织工人举行总罢工而不必进行革命,就能推翻资本主义,把生产的管理掌
握在自己手里。列宁曾指出:"在西欧,革命工团主义在许多国家里是机会
主义、改良主义和议会迷的直接的和必然的产物。"(见《列宁全集》第2版
第16卷第181页)——127、155。

106 德卡泽维尔工人罢工是指法国阿韦龙省德卡泽维尔市2 000名矿工的自
发罢工,从1886年1月开始到6月结束,持续了5个月。罢工是由于劳动条
件不堪忍受和阿韦龙矿业公司的资本家残酷剥削工人引起的。罢工开始
时,工人打死了拒绝听取工人要求的矿长瓦特兰。政府把军队开进德卡泽
维尔,这在法国引起了更大的风潮。在巴黎和各省举行了许多抗议集会。
茹·盖得和保·拉法格在巴黎的集会上发言抗议政府和企业主的行为。社
会党报纸《人民呼声报》和《强硬派报》开展了支持罢工者的签名运动。在

法国众议院讨论德卡泽维尔罢工问题时,资产阶级议员,其中包括激进派,支持政府镇压罢工工人。原来参加激进派的工人议员因此脱离了激进派,在众议院中组成了独立的工人党团。恩格斯密切地注视着法国这一事态的发展,认为"法国无产阶级在议院中的这第一次勇敢的独立行动"具有重要意义(见《马克思恩格斯全集》第1版第36卷第438页)。——128。

107　指1877—1878年的俄土战争。俄国在这次战争中取得了胜利。战后,原在奥斯曼帝国统治下的罗马尼亚、塞尔维亚和门的内哥罗正式独立,保加利亚获得自治。土耳其把巴统、卡尔斯和阿尔达汉割让给俄国,把塞浦路斯岛割让给英国。奥匈帝国暂时占领波斯尼亚和黑塞哥维那。土耳其并向俄国赔款8亿法郎。——130。

108　**第一届国家杜马**,亦称维特杜马,因为第一届国家杜马是根据沙皇政府大臣会议主席谢·尤·维特制定的条例于1906年4月27日(5月10日)召开的。

　　在1905年十月全俄政治罢工的冲击下,沙皇尼古拉二世被迫发表了10月17日宣言,宣布召开具有立法职能的国家杜马以代替被革命风暴扫除掉的布里根咨议性杜马,指望以此分化和削弱革命运动,把国家引上和平的君主立宪的发展道路。1905年12月11日,沙皇政府公布了《关于修改国家杜马选举条例的命令》,这一命令原封不动地保留了为选举布里根杜马而制定的以财产资格和阶级不平等为基础的选举制度,只是在原来的三个选民团——土地占有者(地主)选民团、城市(资产阶级)选民团、农民选民团——之外,新增了工人选民团。就分得的复选人数额来说,各选民团的权利不是平等的。地主的1票相当于城市资产阶级的3票、农民的15票、工人的45票。选举不是普遍的,全体妇女、不满25岁的青年、游牧民族、军人、学生、小企业(50人以下的企业)的工人、短工、小手工业者、没有土地的农民都被剥夺了选举权。选举也不是直接的。一般是两级选举制,而为工人规定了三级选举制,为农民规定了四级选举制。

　　十二月起义失败后,沙皇政府一再限制曾经宣布过的杜马的权力。1906年2月20日的诏书给了国务会议以批准或否决国家杜马所通过的法案的权力。1906年4月23日(5月6日)又颁布了经尼古拉二世批准的《国家根本法》,将国家政策的最重要问题置于杜马管辖之外。

　　第一届国家杜马选举于1906年2—3月举行。布尔什维克宣布抵制,但是没有能达到搞垮这次选举的目的。当杜马最终召集起来时,列宁要求利用杜马来进行革命的宣传鼓动并揭露杜马的本质,指出它是人民代表机关的拙劣伪造品。

第一届国家杜马共有代表478人。主席是立宪民主党人谢·安·穆罗姆采夫。第一届国家杜马讨论过人身不可侵犯、废除死刑、信仰和集会自由、公民权利平等等等问题,但是在这届国家杜马中占中心地位的问题是土地问题。在杜马会议上提出的土地纲领主要有两个:一个是立宪民主党人于5月8日(21日)提出的由42名代表签署的法案,它力图保持地主土地所有制,只允许通过"按公平价格"赎买的办法来强制地主转让主要用农民的耕畜和农具耕种的或已出租的土地;另一个是劳动派于5月23日(6月5日)提出的《104人法案》,它要求建立全民地产,把超过劳动土地份额的地主土地及其他私有土地收归国有,按劳动份额平均使用土地。

第一届国家杜马尽管很软弱,它的决议尽管很不彻底,但仍不符合政府的愿望。1906年7月9日(22日)沙皇政府解散了第一届国家杜马。

第二届杜马(第二届国家杜马)于1907年2月20日(3月5日)召开,共有代表518人。主席是立宪民主党人费·亚·戈洛文。尽管当时俄国革命处于低潮时期,而且杜马选举是间接的、不平等的,但由于各政党间的界限比第一届国家杜马时期更为明显,群众的阶级觉悟较前提高,以及布尔什维克参加了选举,所以第二届国家杜马中左派力量有所加强。按政治集团来分,第二届国家杜马的组成是:右派即君主派和十月党54名,立宪民主党和靠近它的党派99名,各民族代表76名,无党派人士50名,哥萨克集团17名,人民社会党16名,社会革命党37名,劳动派104名,社会民主党65名。

同第一届国家杜马一样,第二届国家杜马的中心议题是土地问题。右派和十月党人捍卫1906年11月9日斯托雷平关于土地改革的法令。立宪民主党人大大删削了自己的土地法案,把强制转让土地的成分降到最低限度。劳动派在土地问题上仍然采取在第一届杜马中采取的立场。孟什维克占多数的社会民主党党团提出了土地地方公有化法案,布尔什维克则捍卫全部土地国有化纲领。除土地问题外,第二届国家杜马还讨论了预算、对饥民和失业工人的救济、大赦等问题。在第二届国家杜马中,布尔什维克执行与劳动派建立"左派联盟"的策略,孟什维克则执行支持立宪民主党人的机会主义策略。

沙皇政府在弄清革命力量不强之后,便决定驱散杜马。1907年6月3日

（16日）沙皇政府发动政变，解散了第二届杜马。——131、137、144。

109　指1872年由格·亚·洛帕廷和尼·弗·丹尼尔逊合译的第一个《资本论》俄译本的出版。这也是《资本论》第一次被译成外文。随着《资本论》的出版，70年代在《祖国纪事》、《欧洲通报》等俄国合法杂志上展开了关于《资本论》的广泛辩论。俄国著名的政论家和学者都参加了这场辩论。70年代的革命青年秘密小组和秘密报刊也对《资本论》表现了极大的兴趣。——131。

110　土地平分派指土地平分社的成员，他们坚持过去的土地和自由社的纲领和策略。主要代表人物有普列汉诺夫、米·罗·波波夫、帕·波·阿克雪里罗得、列·格·捷依奇、雅·瓦·斯特凡诺维奇、维·伊·查苏利奇、奥·瓦·阿普捷克曼、瓦·尼·伊格纳托夫、阿·彼·布拉诺夫等。土地平分派出版了《土地平分》杂志和《种子报》。土地平分社的一部分成员——普列汉诺夫、阿克雪里罗得、查苏利奇、捷依奇和伊格纳托夫后来转向马克思主义，于1883年成立了俄国第一个马克思主义团体劳动解放社，另一部分成员则加入了民意党。到1881年底，土地平分社作为组织不再存在。——131。

111　恩格斯在1885年4月23日给维·伊·查苏利奇的信中谈到了普列汉诺夫的《我们的意见分歧》一书和俄国将发生的革命的性质（见《马克思恩格斯全集》第1版第36卷第300—305页）。这封信第一次发表于1925年出版的《劳动解放社》文集第3集。——131。

112　最近的几次谋刺是指1887年3月以列宁的哥哥亚·伊·乌里扬诺夫为首的一批民意党人在彼得堡谋刺沙皇亚历山大三世的事件以及当时流传甚广的关于在加契纳将发生新的谋刺事件的传闻。——132。

113　恩格斯写的《德国维护帝国宪法的运动》中的一章题为《为共和国捐躯！》（见《马克思恩格斯全集》第1版第7卷第190—235页）。——132。

114　《反对抵制》一文载于1907年7月底出版的小册子《论抵制第三届杜马》。小册子刊载的另一篇文章是当时持相反观点的列·波·加米涅夫写的《赞成抵制》，该文所署时间是1907年6月28日（7月11日）。
　　　这本小册子是社会民主党的彼得堡秘密印刷厂印刷的，但伪装成为合法的印刷品，封面上印的出版地点是莫斯科，印刷单位是虚构的哥里宗托夫印刷厂。1907年9月，小册子被沙皇当局没收。——134。

115 布里根杜马是指沙皇政府计划在1906年1月前召开的咨议性国家杜马。1905年8月6日(19日)沙皇颁布了有关设立国家杜马的诏书。与此同时,还颁布了《关于设立国家杜马的法令》和《国家杜马选举条例》。因为这些文件是由内务大臣亚·格·布里根任主席的委员会受沙皇之托起草的,所以这个拟成立的国家杜马被人们称做布里根杜马。根据这些文件规定,在布里根杜马选举中,只有地主、资本家和农民户主有选举权。居民的大多数包括工人、贫苦农民、雇农、民主主义知识分子都被剥夺了选举权。妇女、军人、学生、未满25岁的人和许多被压迫民族被排除在选举之外。杜马只能作为沙皇属下的咨议性机构讨论某些问题,无权通过任何法律。列宁写道,布里根杜马"是对'人民代表机关'的最无耻的嘲弄"(见《列宁全集》第2版第11卷第175页)。布尔什维克号召工人和农民积极抵制布里根杜马,孟什维克则主张在杜马选举中同自由派资产阶级合作。布里根杜马还没有来得及进行选举,1905年十月全俄政治罢工就迫使沙皇颁布了10月17日宣言,保证召开立法杜马。这样,布里根杜马没有召开就被革命风暴扫除了,抵制策略获得了成功。关于布里根杜马的问题,可参看列宁的《宪法交易》、《抵制布里根杜马和起义》、《沙皇与人民和人民与沙皇的一致》、《做君主派资产阶级的尾巴,还是做革命无产阶级和农民的领袖?》(见《列宁全集》第2版第10卷第67—71页,第11卷第160—167、172—180、188—199页)等文。——134。

116 指1905年1月9日事件。

1905年1月9日事件是沙皇大规模枪杀彼得堡和平请愿工人的事件,史称"流血星期日"。1905年1月3日(16日),彼得堡普梯洛夫工厂爆发了罢工,1月7日(20日)罢工发展成全市总罢工。与俄国保安机关有联系的格·阿·加邦神父怀着挑衅的目的,建议工人列队前往冬宫向沙皇呈递请愿书。在讨论请愿书的工人集会上,布尔什维克进行解释工作,指出无产阶级只有进行革命斗争才能争得自己的权利。但工人对沙皇的信仰还很牢固,因此和平请愿未能被阻止。在这种情况下,布尔什维克通过了参加游行示威的决议。沙皇政府从外地调集4万名士兵和警察加强彼得堡的卫戍部队,并于1月8日(21日)批准了驱散请愿队伍的计划。1月9日(22日),14万工人手执圣像和沙皇像向宫廷广场进发。根据彼得堡总督弗拉基米尔·亚历山德罗维奇大公的命令,军队对手无寸铁的工人和他们的妻子儿女开枪,结果有一千多人被打死,两千多人受伤。沙皇的暴行引起了工人的极大愤怒,当天,彼得堡街头就出现了街垒,工人同军警发生了武装冲突。1月9日成了1905—1907年俄国第一次革命的起点。——135。

117　指黑海舰队"波将金公爵号"装甲舰的起义。

"波将金公爵号"装甲舰的起义发生于1905年6—7月间。黑海舰队社会民主党组织中央委员会原准备在1905年秋天发动舰队所有舰只同时起义,但是"波将金号"在单独出航进行射击演习期间于1905年6月14日(27日)过早地自发举行了起义。起义的导火线是该舰指挥官下令将带头拒绝吃用臭肉做的菜汤的水兵枪决。在起义中,水兵们杀死了最可恨的军官,但起义领导人、布尔什维克格·尼·瓦库连丘克在搏斗中牺牲。水兵们选出了以阿·尼·马秋申科为首的军舰委员会。6月14日晚,"波将金号"悬挂红旗驶到正在举行总罢工的敖德萨。但是敖德萨社会民主党组织联络委员会未能说服"波将金号"的船员们登岸来武装工人并与工人共同行动。该舰船员们只在6月15日(28日)向市当局和军队所在地区开了两炮。6月17日(30日),沙皇政府派来两支舰队,企图迫使"波将金号"投降,或将其击沉,但是这些军舰不肯向"波将金号"开火,而且其中的"常胜者乔治号"还转到革命方面来。6月18日(7月1日),"常胜者乔治号"上的一些军士级技术员叛变,将该舰交给了政府当局。当晚,士气沮丧的"波将金号"偕同所属的第267号雷击舰离开敖德萨驶往罗马尼亚的康斯坦察。6月20日(7月3日),"波将金号"军舰委员会在那里发表了《告文明世界书》和《告欧洲各国书》,表明他们反对沙皇制度的决心。6月22日(7月5日),"波将金号"曾驶到费奥多西亚。由于始终得不到煤和食品的补给,水兵们被迫于6月25日(7月8日)在康斯坦察把军舰交给了罗马尼亚当局。与此同时,"普鲁特号"教练舰于6月19日(7月2日)为支持"波将金号"举行起义,选出了以布尔什维克A. M. 彼得罗夫为首的军舰委员会。该舰立即开往敖德萨,但由于"波将金号"已经离开那里而未能与它会合。6月20日(7月3日),没有武器装备的"普鲁特号"被沙皇政府两艘雷击舰扣押。起义的水兵们遭到了沙皇政府的残酷镇压。

俄国社会民主工党中央委员会非常重视"波将金号"的起义。列宁曾委托米·伊·瓦西里耶夫-尤任前往领导起义,但是他没有及时赶到。——135。

118　8月6日的法令是指沙皇政府1905年8月6日(19日)颁布的关于设立国家杜马的法令。参看注115。——135。

119　"马吃燕麦、伏尔加河流入里海"一语出自俄国作家安·巴·契诃夫的短篇小说《文学教师》。小说描写一个名叫伊波利特·伊波利特奇的史地教师,他平时沉默寡言,而一开口总是说些诸如"人不吃东西就不能生存"之类的人所共知的"大道理"。"马吃燕麦、伏尔加河流入里海"是他临终时说的一句话,后来常被人们引用来譬喻空话、废话和老生常谈。——138、279。

120　"幼年的罪孽"一语出自《旧约全书·约伯记》,意指年轻时由于幼稚而犯的错误和过失。——141。

121　十月党人是俄国十月党的成员。十月党(十月十七日同盟)代表和维护大工商业资本家和按资本主义方式经营的大地主的利益,属于自由派的右翼。该党于1905年11月成立,名称取自沙皇1905年10月17日宣言。十月党的主要领导人是大工业家和莫斯科房产主亚·伊·古契柯夫和大地主米·弗·罗将柯,活动家有彼·亚·葛伊甸、德·尼·希波夫、米·亚·斯塔霍维奇、尼·阿·霍米亚科夫等。十月党完全拥护沙皇政府的对内对外政策,支持政府镇压革命的一切行动,主张用调整租地、组织移民、协助农民退出村社等办法解决土地问题。第一次世界大战期间,它号召支持政府,后来参加了军事工业委员会的活动,曾同立宪民主党等结成"进步同盟",主张把帝国主义的掠夺战争进行到最后胜利,并通过温和的改革来阻止人民革命和维护君主制。二月革命后,该党参加了资产阶级临时政府。十月革命后,十月党人反对苏维埃政权,在白卫分子政府中担任要职。——142。

122　莫尔恰林习气意思是阿谀逢迎,奴颜婢膝。莫尔恰林是俄国作家亚·谢·格里鲍耶陀夫的喜剧《智慧的痛苦》中的主人公,他热衷于功名利禄,一心依附权贵,为了得到赏识和提拔,在上司面前总是唯唯诺诺,寡言少语。——142。

123　巴拉莱金是俄国作家米·叶·萨尔蒂科夫-谢德林的讽刺作品《温和谨慎的人们》和《现代牧歌》中的人物,一个包揽词讼、颠倒黑白的律师,自由主义空谈家、冒险家和撒谎家。巴拉莱金这个名字后来成为空谈、撒谎、投机取巧、出卖原则的代名词。——142。

124　指马克思在《国际工人协会总委员会关于普法战争的第二篇宣言》中对法
国工人的下述忠告："在目前的危机中,当敌人几乎已经在敲巴黎城门的
时候,一切推翻新政府的企图都将是绝望的蠢举。法国工人应该执行自己
的公民职责,但同时他们不应当为1792年的民族回忆所迷惑,就像法国农
民曾经为第一帝国的民族回忆所欺骗那样。"(见《马克思恩格斯选集》第
2卷人民出版社1972年版第350页)——143。

125　第三届杜马(第三届国家杜马)是根据1907年6月3日(16日)沙皇解散第二
届杜马时颁布的新的选举条例在当年秋天选举、当年11月1日(14日)召
开的,存在到1912年6月9日(22日)。这届杜马共有代表442人,先后任主席
的有尼·阿·霍米亚科夫、亚·伊·古契柯夫(1910年3月起)和米·弗·罗将柯
(1911年起),他们都是十月党人。这届杜马按其成分来说是黑帮—十月党
人的杜马,是沙皇政府对俄国革命力量实行反革命的暴力和镇压政策的
驯服工具。这届杜马的442名代表中,有右派147名,十月党人154名,立陶
宛—白俄罗斯集团7名,波兰代表联盟11名,进步派28名,穆斯林集团8名,
立宪民主党人54名,劳动派14名,社会民主党人19名。因此它有两个反革
命的多数:黑帮—十月党人多数和十月党人—立宪民主党人多数。沙皇政
府利用前一多数来保证推行斯托雷平的土地政策,在工人问题上采取强
硬政策,对少数民族采取露骨的大国主义政策;而利用后一多数来通过微
小的让步即用改良的办法诱使群众脱离革命。
　　　　第三届杜马全面支持沙皇政府在六三政变后的内外政策。它拨巨款
给警察、宪兵、法院、监狱等部门,并通过了一个大大扩大了军队员额的兵
役法案。第三届杜马的反动性在工人立法上表现得尤为明显,它把几个有
关工人保险问题的法案搁置了3年,直到1911年在新的革命高潮到来的形
势下才予以批准,但保险条件比1903年法案的规定还要苛刻。1912年3月
5日(18日),杜马工人委员会否决了罢工自由法案,甚至不许把它提交杜
马会议讨论。在土地问题上,第三届杜马完全支持斯托雷平的土地法,于
1910年批准了以1906年11月9日(22日)法令为基础的土地法,而拒绝讨论
农民代表提出的一切关于把土地分配给无地和少地农民的提案。在少数
民族问题上,它积极支持沙皇政府的俄罗斯化政策,通过一连串的法律进
一步限制少数民族的基本权利。在对外政策方面,它主张沙皇政府积极干
涉巴尔干各国的内政,破坏东方各国的民族解放运动和革命。

第三届国家杜马的社会民主党党团,尽管工作条件极为恶劣,人数不多,在初期活动中犯过一些错误,但是在列宁的批评和帮助下,工作有所加强,在揭露第三届杜马的反人民政策和对无产阶级和农民进行政治教育等方面都做了大量的工作。——144。

126 六三政变是指俄国沙皇政府在1907年6月3日发动的反动政变,史称六三政变。政变前,沙皇政府保安部门捏造罪名,诬陷社会民主党国家杜马党团准备进行政变。沙皇政府随之要求审判社会民主党杜马代表,并且不待国家杜马调查委员会作出决定,就于6月2日(15日)晚逮捕了他们。6月3日(16日),沙皇政府违反沙皇1905年10月17日宣言中作出的非经国家杜马同意不得颁布法律的诺言,颁布了解散第二届国家杜马和修改国家杜马选举条例的宣言。依照新的选举条例,农民和工人的复选人减少一半(农民复选人由占总数44%减到22%,工人复选人由4%减到2%),而地主和资产阶级的复选人则大大增加(地主和大资产阶级复选人共占总数65%,其中地主复选人占49.4%),这就保证了地主资产阶级的反革命同盟在第三届国家杜马中居统治地位。新的选举条例还剥夺了俄国亚洲部分土著居民以及某些省份的突厥民族的选举权,并削减了民族地区的杜马席位(高加索由29席减为10席,波兰王国由37席减为14席)。六三政变标志着1905—1907年革命的失败和反革命的暂时胜利,斯托雷平反动时期由此开始。——144。

127 指俄国社会民主工党第四次(统一)代表大会《关于对国家杜马的态度的决议》和第五次代表大会《关于国家杜马的决议》。前者是根据孟什维克提出的草案通过的,后者则是根据布尔什维克提出的草案通过的(见《苏联共产党代表大会、代表会议和中央全会决议汇编》第1分册人民出版社1964年版第153—155、209—210页)。——145。

128 《无产者报》(《Пролетарий》)是布尔什维克的秘密报纸,是根据党的第三次代表大会决定创办的俄国社会民主工党中央机关报(周报)。1905年5月14日(27日)—11月12日(25日)在日内瓦出版,共出了26号。根据1905年4月27日(5月10日)党的中央全会的决定,列宁被任命为《无产者报》的责任编辑,编委会的委员有瓦·瓦·沃罗夫斯基、阿·瓦·卢那察尔斯基和米·斯·奥里明斯基。参加编辑工作的有:娜·康·克鲁普斯卡娅、维·米·韦利奇金

娜、维·阿·卡尔宾斯基、尼·费·纳西莫维奇、伊·阿·泰奥多罗维奇、莉·亚·
福季耶娃等。弗·德·邦契-布鲁耶维奇、谢·伊·古谢夫、安·伊·乌里扬诺
娃-叶利扎罗娃负责为编辑部收集地方通讯稿。克鲁普斯卡娅和福季耶娃
负责编辑部同地方组织和读者的通信联系。《无产者报》继续执行《火星
报》的路线,并保持同《前进报》的继承关系。《无产者报》发表了大约90篇
列宁的文章和短评,印发了俄国社会民主工党第三次代表大会的材料。该
报的发行量达1万份。1905年11月初列宁回俄国后不久停刊,报纸的最后
两号是沃罗夫斯基编辑的。——146。

129　《无产者报》(《Пролетарий》)是俄国布尔什维克的秘密报纸,于1906年8
月21日(9月3日)—1909年11月28日(12月11日)出版,共出了50号。该报
由列宁主编,在不同时期参加编辑部的有亚·亚·波格丹诺夫、约·彼·戈尔
登贝格、约·费·杜勃洛文斯基等。《无产者报》的头20号是在维堡排版送纸
型到彼得堡印刷的,为保密起见报上印的是在莫斯科出版。由于秘密报刊
出版困难,从21号起移至国外出版(第21—40号在日内瓦、第41—50号在
巴黎出版)。《无产者报》是作为俄国社会民主工党莫斯科委员会和彼得堡
委员会的机关报出版的,在头20号中有些号还同时作为莫斯科郊区委员
会、彼尔姆委员会、库尔斯克委员会和喀山委员会的机关报出版,但它实
际上是布尔什维克的中央机关报。该报共发表了100多篇列宁的文章和短
评。《无产者报》第46号附刊上发表了1909年6月在巴黎举行的《无产者报》
扩大编辑部会议的文件。在斯托雷平反动时期,《无产者报》在保存和巩固
布尔什维克组织方面起了卓越的作用。根据俄国社会民主工党中央委员
会1910年一月全体会议的决议,《无产者报》停刊。——146。

130　指俄国社会民主工党第三次代表大会。
　　　俄国社会民主工党第三次代表大会于1905年4月12—27日(4月25
日—5月10日)在伦敦举行。这次代表大会是布尔什维克筹备的,是在列
宁领导下进行的。孟什维克拒绝参加代表大会,而在日内瓦召开了他们
的代表会议。
　　　出席代表大会的有38名代表,其中有表决权的代表24名,有发言权的
代表14名。出席大会的有表决权的代表分别代表21个俄国社会民主工党
的地方委员会、中央委员会和党总委员会(参加党总委员会的中央委员
会代表)。列宁作为敖德萨委员会的代表出席代表大会,当选为代表大会

主席。

代表大会审议了正在俄国展开的革命的根本问题,确定了无产阶级及其政党的任务。代表大会讨论了下列问题:组织委员会的报告;武装起义;在革命前夕对政府政策的态度;关于临时革命政府;对农民运动的态度;党章;对俄国社会民主工党分裂出去的部分的态度;对各民族社会民主党组织的态度;对自由派的态度;同社会革命党人的实际协议;宣传和鼓动;中央委员会的和各地方委员会代表的工作报告等。列宁就大会讨论的所有主要问题拟了决议草案,在大会上作了关于社会民主党参加临时革命政府的报告和关于支持农民运动的决议的报告,并就武装起义、在革命前夕对政府政策的态度、社会民主党组织内工人和知识分子的关系、党章、关于中央委员会活动的报告等问题作了发言。

代表大会制定了党在资产阶级民主革命中的战略计划,这就是:要孤立资产阶级,使无产阶级同农民结成联盟,成为革命的领袖和领导者,为争取革命胜利——推翻专制制度、建立民主共和国、消灭农奴制的一切残余——而斗争。从这一战略计划出发,代表大会规定了党的策略路线。大会提出组织武装起义作为党的主要的和刻不容缓的任务。大会指出,在人民武装起义取得胜利后,必须建立临时革命政府来镇压反革命分子的反抗,实现俄国社会民主工党的最低纲领,为向社会主义革命过渡准备条件。

代表大会重新审查了党章,通过了列宁提出的关于党员资格的党章第1条条文,取消了党内两个中央机关(中央委员会和中央机关报)的制度,建立了党的统一的领导中心——中央委员会,明确规定了中央委员会的权力和它同地方委员会的关系。

代表大会谴责了孟什维克的行为和他们在组织问题和策略问题上的机会主义。鉴于《火星报》已落入孟什维克之手并执行了机会主义路线,俄国社会民主工党第三次代表大会委托中央委员会创办新的中央机关报——《无产者报》。代表大会选出了以列宁为首的中央委员会,参加中央委员会的还有亚·亚·波格丹诺夫、列·波·克拉辛、德·西·波斯托洛夫斯基和阿·伊·李可夫。——146。

131 指孟什维克日内瓦代表会议。

孟什维克日内瓦代表会议与俄国社会民主工党第三次代表大会同时

于1905年4月举行。由于参加的人数很少(只有9个委员会的代表出席),孟
什维克宣布自己的这次会议为党的工作者代表会议。代表会议就武装起
义、农民中的工作、夺取政权和参加临时政府、对其他革命党派和反对派
的态度等问题通过了决议。列宁在《倒退的第三步》、《〈工人论党内分裂〉
一书序言》(见《列宁全集》第2版第10卷第299—308页和第11卷第151—
157页)等著作中揭露了日内瓦代表会议决议的机会主义性质,并对这些
决议作了非常有力的批判。——146。

132　《马克思主义和修正主义》一文最初发表于《卡尔·马克思(1818—1883)》
文集,署名弗拉·伊林。文集是为纪念马克思逝世25周年而编的,由克德罗
夫出版社于1908年10月在彼得堡出版。除列宁的这篇文章外,文集还收有
尤·涅夫佐罗夫的《卡·马克思的生平和活动》、尼·罗日柯夫的《卡尔·马克
思和阶级斗争》、弗·巴扎罗夫的《论马克思主义的哲学基础问题》、罗·卢
森堡的《纪念卡·马克思》、格·季诺维也夫的《马克思和恩格斯》、尤·加米
涅夫的《从民主主义到社会主义》、普·奥尔洛夫斯基的《论俄国马克思主
义的历史》、米·塔甘斯基的《马克思论俄国》等文。——148。

133　青年黑格尔派也称黑格尔左派,是德国的一个唯心主义哲学派别,产生于
19世纪30—40年代,是当时德国资产阶级激进派的思想代表。主要代表人
物有阿·卢格、布·鲍威尔、戴·施特劳斯、麦·施蒂纳等。马克思和恩格斯在
《神圣家族》、《德意志意识形态》等著作中批判了青年黑格尔派。——149。

134　新康德主义者是在复活康德哲学的口号下宣扬主观唯心主义的资产阶级
哲学派别。新康德主义19世纪中叶产生于德国,创始人是奥·李普曼和弗·
阿·朗格。1865年李普曼出版了《康德及其追随者》一书。该书每一章都以
"回到康德那里去!"的口号结束。他还提出纠正康德承认"自在之物"这一
"根本错误"。朗格则企图用生理学来论证不可知论。新康德主义后来形成
两大学派:马堡学派(赫·柯亨、保·格·纳托尔普等)和弗赖堡学派(威·文
德尔班、亨·李凯尔特等)。前者企图利用自然科学的成就,特别是利用数
学方法向物理学的渗透,来论证唯心主义,后者则把社会科学与自然科学
对立起来,宣称历史现象有严格的独特性,不受任何规律性的支配。两个
学派都用科学的逻辑根据问题来取代哲学的基本问题。新康德主义者从
右边批判康德,宣布"自在之物"是认识所趋向的"极限概念"。他们否认物

质世界的客观存在,认为认识的对象并不是自然界和社会的规律性,而仅仅是意识的现象。新康德主义的不可知论不是"羞羞答答的唯物主义",而是唯心主义的变种,断言科学没有力量认识和改变现实。新康德主义者公开反对马克思主义,用"伦理社会主义"来对抗马克思主义。他们依据自己的认识论,宣布社会主义是人类竭力追求但不可能达到的"道德理想"。新康德主义曾被爱·伯恩施坦、康·施米特等人利用来修正马克思主义。俄国的合法马克思主义者企图把新康德主义同马克思主义结合起来。格·瓦·普列汉诺夫、保·拉法格和弗·梅林都批判对马克思主义所作的新康德主义的修正。列宁揭露了新康德主义的反动实质并指出了它同其他资产阶级哲学流派(内在论者、马赫主义、实用主义等等)的联系。——150。

135　《关于马克思主义哲学的论丛》是一本哲学论文集,收载了7篇论文:弗·亚·巴扎罗夫的《现代的神秘主义和实在论》、雅·亚·别尔曼的《论辩证法》、阿·瓦·卢那察尔斯基的《无神论》、帕·索·尤什凯维奇的《从经验符号论观点看现代唯心论》、亚·亚·波格丹诺夫的《偶像之国和马克思主义哲学》、O. И.格尔方德的《狄慈根的哲学和现代实证论》、谢·亚·苏沃洛夫的《社会哲学的基础》。该书于1908年由种子出版社在彼得堡出版。——151。

136　米勒兰主义是主张社会党人参加资产阶级反动政府的机会主义流派,因法国社会党人亚·艾·米勒兰于1899年参加瓦尔德克-卢梭的资产阶级政府而得名。列宁认为米勒兰主义是一种修正主义和叛卖行为,社会改良主义者参加资产阶级政府必定会充当资本家的傀儡,成为这个政府欺骗群众的工具。——154。

137　盖得派是19世纪80年代至20世纪初法国社会主义运动中以茹·盖得为首的一个派别,基本成员是19世纪70年代末期团结在盖得创办的《平等报》周围的进步青年知识分子和先进工人。1879年组成了法国工人党。1880年在勒阿弗尔代表大会上制定了马克思主义纲领。在米勒兰事件上持反对加入资产阶级内阁的立场。1901年与其他反入阁派一起组成法兰西社会党。1905年法兰西社会党与饶勒斯派的法国社会党合并为统一的法国社会党(工人国际法国支部)。第一次世界大战爆发后,盖得和相当大一部分盖得派分子转到了社会沙文主义方面,盖得、马·桑巴参加了法国政府。1920年,以马·加香为首的一部分左翼盖得派分子在建立法国共产党方面起了重要作用。——155。

138　饶勒斯派是19世纪末20世纪初法国社会主义运动中以让·饶勒斯为首的右翼改良派。饶勒斯派对马克思主义基本原理持修正态度,认为社会主义的胜利不会通过无产阶级同资产阶级的阶级斗争而取得,这一胜利将是民主主义思想繁荣的结果。他们还赞同蒲鲁东主义关于合作社的主张,认为在资本主义条件下合作社的发展有助于逐渐向社会主义过渡。在米勒兰事件上,饶勒斯派竭力为亚·艾·米勒兰参加资产阶级内阁的背叛行为辩护。1902年,饶勒斯派成立了改良主义的法国社会党。1905年该党和盖得派的法兰西社会党合并成统一的法国社会党(工人国际法国支部)。第一次世界大战期间,在法国社会党领导中占优势的饶勒斯派采取了社会沙文主义立场,公开支持帝国主义战争。——155、289。

139　布鲁斯派是19世纪80年代至20世纪初法国社会主义运动中以保·布鲁斯等人为首的机会主义派别。该派起初是法国工人党中改良主义的一翼,1882年法国工人党分裂后称为社会主义革命工人党,1883年改称法国劳动社会联盟。该派否定无产阶级的革命纲领和革命策略,模糊工人运动的社会主义目的,主张把工人阶级的活动限制在资本主义制度下"可能"办到的范围内,因此也被称为可能派。1902年,布鲁斯派同其他一些改良主义派别一起组成了以让·饶勒斯为首的法国社会党。

　　1905年,法兰西社会党和法国社会党合并,统称法国社会党(工人国际法国支部)。——155。

140　独立工党是英国改良主义政党,1893年1月成立。领导人有凯尔-哈第、拉·麦克唐纳、菲·斯诺登等。党员主要是"新工联"和一些老工会的成员以及受费边派影响的知识分子和小资产阶级分子。独立工党从建党时起就采取资产阶级改良主义立场,把主要注意力放在议会斗争和同自由主义政党进行议会交易上。列宁称它是始终依附资产阶级的机会主义政党。1900年,该党作为集体党员加入工党。在第一次世界大战期间,该党领袖采取资产阶级和平主义立场。——155、289。

141　整体派是20世纪初意大利社会党内的一个派别,整体社会主义的拥护者,其领袖是恩·费里。整体派在一些问题上同持机会主义立场的改良主义派进行了斗争。——155。

142　路标派是指俄国立宪民主党的著名政论家、反革命自由派资产阶级的代表人物尼·亚·别尔嘉耶夫、谢·尼·布尔加柯夫、米·奥·格尔申宗、亚·索·伊兹哥耶夫、波·亚·基斯嘉科夫斯基、彼·伯·司徒卢威和谢·路·弗兰克。1909年春,他们把自己的论述俄国知识分子的一批文章编成文集在莫斯科出版,取名为《路标》,路标派这一名称即由此而来。——159。

143　马赫主义即经验批判主义,是一种主观唯心主义的哲学流派,19世纪末—20世纪初在西欧广泛流行,创始人是奥地利物理学家、哲学家恩斯特·马赫和德国哲学家理查·阿芬那留斯。在斯托雷平反动年代,俄国社会民主党内有一部分知识分子接受经验批判主义的影响,出现了一些马赫主义者,其代表人物是孟什维克中的尼·瓦连廷诺夫、帕·索·尤什凯维奇和布尔什维克中的弗·亚·巴扎罗夫、亚·亚·波格丹诺夫、阿·瓦·卢那察尔斯基等人。俄国马赫主义者以发展马克思主义为幌子,实际上在修正马克思主义哲学原理。列宁在《唯物主义和经验批判主义》一书中揭露了经验批判主义的反动实质,捍卫了马克思主义哲学免遭修正主义者的歪曲,在新的历史条件下发展了辩证唯物主义和历史唯物主义。——161。

144　召回主义是1908年在布尔什维克中间出现的一种机会主义思潮,主要代表人物有亚·亚·波格丹诺夫、格·阿·阿列克辛斯基、安·弗·索柯洛夫(斯·沃尔斯基)、阿·瓦·卢那察尔斯基、马·尼·利亚多夫等。召回派以革命词句作掩护要求从第三届国家杜马中召回俄国社会民主党的代表,并停止在合法和半合法组织中进行工作,宣称在反动条件下党只应进行不合法的工作。召回主义的变种是最后通牒主义。最后通牒派主张向社会民主党杜马党团提出最后通牒,要求党团必须无条件服从党中央委员会的决定,否则即将社会民主党杜马代表召回。召回派的政策使党脱离群众,把党变成为没有能力聚集力量迎接新的革命高潮的宗派组织。
　　同召回派的斗争是从1908年春天开始的。1908年3—4月在讨论第三届国家杜马社会民主党党团头5个月工作总结时,莫斯科的一些区通过了召回主义的决议。5月,在莫斯科市党代表会议上,召回派提出的决议案仅以18票对14票被否决。1908年6月4日(17日)《无产者报》第31号发表了莫斯科党代表会议的材料,并根据列宁的建议从这一号起开始讨论对杜马和社会民主党杜马党团的态度问题。与此同时,在各个党组织的内部都同召回派展开了斗争。1908年秋,在彼得堡党组织选举出席第五次全国代表会议的代表时,召回派和最后通牒派制定了一个特别纲领,作为彼得堡委员会扩大会议的决议案。由于这个决议案在各个党组织得不到广泛支持,召回派才未敢在代表会议上公开提出自己的特别纲领。在代表会议以后,根据列宁的意见,《无产者报》登载了召回派的这个纲领。列宁并写了一系列文章,对召回主义进行批判。

召回派的领袖人物波格丹诺夫和卢那察尔斯基还同孟什维克取消派尼·瓦连廷诺夫、帕·索·尤什凯维奇一起在报刊上攻击马克思主义理论基础——辩证唯物主义和历史唯物主义。卢那察尔斯基并宣扬必须建立新的宗教,把社会主义同宗教结合起来。

1909年,召回派、最后通牒派和造神派组成发起小组,在意大利卡普里岛创办了一所实际上是反党派别中心的党校。1909年6月,《无产者报》扩大编辑部会议通过决议,指出"布尔什维主义作为俄国社会民主工党中的一个派别,同召回主义和最后通牒主义毫无共同之处",并号召布尔什维克同这些违背革命马克思主义的反党派别进行最坚决的斗争。在这次会议上,召回派的鼓舞者波格丹诺夫被开除出布尔什维克的队伍。——161。

145　指《马克思主义和修正主义》(见本书第148—156页)。——163。

146　《论策略书》这本小册子在1917年内由彼得格勒布尔什维克的波涛出版社出了3版,每一版都附有列宁的《四月提纲》。小册子的第1版是在4月27日(5月10日)前、即在俄国社会民主工党(布)第七次全国代表会议4月29日(5月12日)表决关于目前形势的决议案的前几天出版的。——166。

147　《真理报》(《Правда》)是俄国布尔什维克的合法报纸(日报),根据俄国社会民主工党第六次(布拉格)全国代表会议的决定创办,1912年4月22日(5月5日)起在彼得堡出版。《真理报》是群众性的工人报纸,拥有大批工人通讯员和工人作者,靠工人自愿捐款出版,同时也是布尔什维克党的实际上的机关报。《真理报》编辑部还担负着党的很大一部分组织工作,如约见基层组织的代表,汇集各工厂党的工作的情况,转发党的指示等。列宁在国外领导《真理报》,他筹建编辑部,确定办报方针,组织撰稿力量,并经常给编辑部以工作指示。1912—1914年,《真理报》刊登了300多篇列宁的文章。

《真理报》经常受到沙皇政府的迫害。1912—1914年出版的总共645

号报纸中,就有190号受到种种阻挠和压制。报纸被封8次,每次都变换名称继续出版。1914年7月8日,即在第一次世界大战前夕,沙皇政府下令禁止《真理报》出版。

　　1917年二月革命后,《真理报》于3月5日(18日)复刊,成为俄国社会民主工党中央委员会和彼得堡委员会的机关报。列宁于4月3日(16日)回到俄国,5日(18日)就加入了编辑部,直接领导报纸的工作。1917年七月事变中,《真理报》编辑部于7月5日(18日)被士官生捣毁。7—10月,该报不断受到资产阶级临时政府的迫害,先后改称《〈真理报〉小报》、《无产者报》、《工人日报》、《工人之路报》。1917年10月27日(11月9日),《真理报》恢复原名,继续作为俄国社会民主工党中央委员会的机关报出版。1918年3月16日起,《真理报》改在莫斯科出版。——167、245。

148　陛下的反对派一语出自俄国立宪民主党领袖帕·尼·米留可夫的一次讲话。1909年6月19日(7月2日),米留可夫在伦敦市长举行的早餐会上说:"在俄国存在着监督预算的立法院的时候,俄国反对派始终是陛下的反对派,而不是反对陛下的反对派。"(见1909年6月21日(7月4日)《言语报》第167号)——172。

149　"不要沙皇,而要工人政府"这个口号是亚·李·帕尔乌斯在1905年提出的,后来成了俄国托洛茨基分子的一个论点。——172。

150　《统一报》(《Единство》)是俄国孟什维克护国派极右翼集团统一派的报纸,在彼得格勒出版。1914年5—6月出了4号。1917年3—11月为日刊。1917年12月—1918年1月用《我们的统一报》的名称出版。编辑部成员有格·瓦·普列汉诺夫、维·伊·查苏利奇、柳·伊·阿克雪里罗得、格·阿·阿列克辛斯基、尼·瓦·瓦西里耶夫、列·格·捷依奇和尼·伊·约尔丹斯基。该报持极端沙文主义立场,主张和资产阶级合作,支持资产阶级临时政府,反对社会主义革命,用下流报刊的手法攻击布尔什维克,对苏维埃政权持敌对态度。——173。

151　指格·瓦·普列汉诺夫的著作《无政府主义和社会主义》。该书最初于1894年用德文在柏林出版。——173。

152　《国家与革命(马克思主义关于国家的学说与无产阶级在革命中的任务)》

一书写于1917年8—9月,1918年5月在彼得格勒出版。在此以前,1917年12月17日(30日),《真理报》发表了它的序言和第1章的头两节。

　　为了撰写关于马克思主义对国家态度问题的著作,列宁于1916年秋和1917年初在苏黎世精心研究了马克思和恩格斯的国家学说,并把收集到的材料汇集成了一本笔记,取名为《马克思主义论国家》(见《列宁全集》第2版第31卷第130—222页)。因笔记本封面为蓝色,通称"蓝皮笔记"。1917年4月列宁从瑞士回到俄国后,由于忙于革命实际活动,不能立即进行国家问题的著述,但也没有把这一计划完全搁置一边。1917年6月,他曾拟了一张研究马克思主义对国家态度问题的书单,并了解过彼得格勒公共图书馆的工作制度。1917年七月事变后,列宁匿居在拉兹利夫,才得以着手写作《国家与革命》一书。为此他请人把"蓝皮笔记"送到拉兹利夫,后又请人送来了马克思和恩格斯的著作《反杜林论》、《哲学的贫困》和《共产党宣言》(德文版和俄文版)等。8月上旬到芬兰的赫尔辛福斯后,他继续专心写作。按原定计划,本书共7章。列宁写完了前6章,拟了第7章《1905年和1917年俄国革命的经验》的详细提纲和《结束语》的提纲(同上书,第230—231页和第241—242页)。列宁曾写信告诉出版者,如果第7章完稿太晚,或者分量过大,那就有必要把前6章单独出版,作为第1分册。本书最初就是作为第1分册出版的。

　　在本书手稿的第1页上,为了应付临时政府的检查,作者署了一个从未用过的笔名:弗·弗·伊万诺夫斯基。但是这本书到1918年才出版,因此也就没有使用这个笔名而用了大家都知道的笔名:弗·伊林(尼·列宁)。1919年本书再版时,列宁在第2章中加了《1852年马克思对问题的提法》一节。——174。

153　乔·威·弗·黑格尔在他的《法哲学原理》的结尾部分阐述了国家的理论。马克思对黑格尔这一理论的详细分析和批判见《黑格尔法哲学批判》(《马克思恩格斯全集》第1版第1卷第245—404页)和《〈黑格尔法哲学批判〉导言》(《马克思恩格斯选集》第1卷人民出版社1972年版第1—15页)。——179。

154　氏族组织是原始社会的社会组织形式。氏族是基本的社会经济单位,由有血缘关系的亲族组成,内部严禁通婚。若干氏族为一个部落,若干部落结成部落联盟。在氏族组织中,人们适应当时生产力发展的水平,过着原始共产主义的生活：生产资料公有，集体从事生产，产品平均分配，没有阶级，没有剥削。氏族约产生于旧石器时代晚期，最初为母权制，到新石器时代的晚期逐步过渡到父权制。氏族组织随着私有财产的出现和国家的产生而解体。关于氏族组织，可参看马克思的《路易斯·亨·摩尔根〈古代社会〉一书摘要》(见《马克思恩格斯全集》第1版第45卷第328—571页)和恩格斯的《家庭、私有制和国家的起源》(见《马克思恩格斯选集》第4卷人民出版社1972年版第1—175页)。

  克兰是克尔特民族(主要是爱尔兰人、苏格兰人和威尔士人)对氏族的称呼。——181。

155 指马克思的《哥达纲领批判》(第4节)、恩格斯的《反杜林论》以及恩格斯1875年3月18—28日给奥·倍倍尔的信(参看《马克思恩格斯选集》第3卷人民出版社1972年版第19—25、320—321和26—33页)。——192。

156 **哥达纲领**即德国社会主义工人党纲领。这个纲领是在德国两个社会党——爱森纳赫派(1869年成立的社会民主工党)和拉萨尔派(1863年成立的全德工人联合会)——于1875年5月在哥达举行的合并代表大会上通过的。哥达纲领比爱森纳赫派的纲领倒退了一步，它是爱森纳赫派不惜一切代价追求合并、向拉萨尔派作了无原则的妥协和让步的产物。纲领宣布党的目的是解放工人阶级和建立社会主义社会，但是回避了社会主义革命和无产阶级夺取政权的问题，并写进了一系列拉萨尔主义的论点，如所谓"铁的工资规律"，所谓对无产阶级说来其他一切阶级都是反动的一帮，工人阶级只有通过普选权和由国家帮助建立生产合作社才能达到自己的目的，应当用一切合法手段建立所谓"自由国家"等。马克思和恩格斯对哥达纲领的草案作了彻底的批判(见《马克思恩格斯选集》第3卷人民出版社1972年版第1—25页)，但是他们的意见没有被认真考虑。哥达纲领于1891年被爱尔福特纲领代替。——194。

157 列宁在写《国家与革命》时还不知道马克思在1871年以前已经有了"无产阶级专政"的提法。他在《马克思主义论国家》这本笔记中曾写道："查对一下，马克思和恩格斯**在1871年以前**是否说到过'无产阶级专政'？似乎没有！"(见《列宁全集》第2版第31卷第149页)在《国家与革命》出版以后，列宁才看到了马克思1852年3月5日给约·魏德迈的信。《国家与革命》再版时,列宁作了相应的补充。——196。

158　出典于圣经《旧约全书·创世记》第25章。故事说,一天,雅各熬红豆汤,其
　　　兄以扫打猎回来,累得昏了,求雅各给他汤喝。雅各说,须把你的长子名分
　　　让给我。以扫就起了誓,出卖了自己的长子权。这个典故常被用来比喻因
　　　小失大。——198。

159　涤罪所亦译炼狱,按天主教教义,是生前有一般罪愆的灵魂在升入天堂以
　　　前接受惩戒、洗刷罪过的地方。通过涤罪所是经历艰苦磨难的譬喻。——
　　　199。

160　"掘得好,老田鼠!"出自英国作家威·莎士比亚的悲剧《哈姆莱特》第1幕第
　　　5场。马克思曾不止一次地使用善于掘土的老田鼠这一形象来比喻为新社
　　　会开路的革命。——199。

161　关于无产阶级专政有多种多样形式的论点,列宁最早是在1916年写的《论
　　　面目全非的马克思主义和"帝国主义经济主义"》(见《列宁全集》第2版第
　　　28卷第115—170页)一文中提出来的。但这篇文章直到1924年才在杂志上
　　　公开发表。列宁在1919年写的《无产阶级专政时代的经济和政治》和1923
　　　年写的《论我国革命》(《列宁全集》第2版第37卷第263—277页和第43卷第
　　　369—372页)中也都涉及了这一问题。——207。

162　指格·瓦·普列汉诺夫在《我们的处境》和《再论我们的处境(给X同志的
　　　信)》两篇文章(载于1905年11、12月《社会民主党人日志》第3、4期)中发表
　　　的意见。——208。

163　指1871年4月12日马克思给路·库格曼的信(见《马克思恩格斯选集》第4卷
　　　人民出版社1972年版第392—393页)。——208。

164　指1910年的葡萄牙资产阶级革命。1910年10月4日,葡萄牙共和派在陆海
　　　军部队支持下举行起义,迫使国王逃亡英国。5日,宣布成立共和国,组成
　　　了资产阶级临时政府。临时政府实行了某些民主改革,但农民的土地问题
　　　没有解决,赋税和高利贷盘剥没有减轻。这次革命是一次极不彻底的资产
　　　阶级革命。——211。

165　指1908—1909年的土耳其资产阶级革命,史称青年土耳其革命。1908年7

月,驻马其顿的军队在青年土耳其党人的领导下发动了革命。他们提出恢复1876年宪法的口号,希望把封建神权的奥斯曼帝国变成资产阶级的立宪君主国。土耳其苏丹阿卜杜尔-哈米德二世被迫签署了召开议会的诏书。1909年4月,忠于苏丹的军队发动了叛乱。叛乱被击败后,议会废黜了阿卜杜尔-哈米德二世,选举马赫穆德五世为苏丹,青年土耳其党人组织了新政府。新政府同封建势力、买办阶级和帝国主义相勾结,成为他们利益的代表者。这次革命没有发动也不敢发动广大群众,是一次极不彻底的资产阶级上层的革命。——211。

166 《人民事业报》(《Дело Нарoда》)是俄国社会革命党的报纸(日报),1917年3月15日(28日)起在彼得格勒出版,1917年6月起成为该党中央机关报。先后担任编辑的有B.B.苏霍姆林、维·米·切尔诺夫、弗·米·晋季诺夫等,撰稿人有尼·德·阿夫克森齐耶夫、阿·拉·郭茨、亚·费·克伦斯基等。该报反对布尔什维克党,号召工农群众同资本家和地主妥协、继续帝国主义战争、支持资产阶级临时政府。该报对十月革命持敌对态度,鼓动用武力反抗革命力量。1918年1月14日(27日)被苏维埃政府封闭。以后曾用其他名称及原名(1918年3—6月)出版。1918年10月在捷克斯洛伐克军和白卫社会革命党叛乱分子占领的萨马拉出了4号。1919年3月20—30日在莫斯科出了10号后被查封。——219。

167 赫罗斯特拉特是公元前4世纪希腊人。据传说,他为了扬名于世,在公元前356年纵火焚毁了被称为世界七大奇观之一的以弗所城阿尔蒂米斯神殿。后来,赫罗斯特拉特的名字成了不择手段追求名声的人的通称。——223。

168 吉伦特派是18世纪末法国资产阶级革命时期的一个政治集团,代表共和派工商业资产阶级和农业资产阶级,主要是外省的资产阶级的利益。它的许多领导人是立法议会和国民公会中的吉伦特省代表,所以后世历史学家给它取了这个名称。吉伦特派主张各省自治,成立联邦。——226。

169 指马克思的《政治冷淡主义》和恩格斯的《论权威》这两篇文章(见《马克思恩格斯选集》第2卷人民出版社1972年版第555—560、551—554页)。——232。

170 指马克思的《哲学的贫困》(见《马克思恩格斯全集》第1版第4卷第71—

198页）。——236。

171　爱尔福特纲领指1891年10月举行的德国社会民主党爱尔福特代表大会通过的党纲。它取代了1875年的哥达纲领。爱尔福特纲领以马克思主义关于资本主义生产方式必然灭亡和被社会主义生产方式所代替的学说为基础,强调工人阶级必须进行政治斗争,指出了党作为这一斗争的领导者的作用。它是德国社会民主党历史上第一个也是唯一的马克思主义的纲领。它的通过标志着马克思主义对拉萨尔主义等小资产阶级思潮的胜利。但是爱尔福特纲领也有一些重大缺点,主要是避而不谈无产阶级专政的问题。恩格斯对该党执行委员会制定的纲领草案提出了批评意见(见《马克思恩格斯全集》第1版第22卷第263—280页)。代表大会通过的纲领是以《新时代》杂志编辑部的草案为基础的。——239。

172　列宁谈到伊·格·策列铁里在1917年6月11日(24日)的演说中声言要解除工人武装的问题时,曾不止一次地拿法国将军路·欧·卡芬雅克的行为来对比。关于这个问题,可参看《现在和"将来出现"卡芬雅克分子的阶级根源是什么?》一文(见《列宁全集》第2版第30卷第314—317页)。——246。

173　1917年6月11日(24日),俄国临时政府部长、孟什维克伊·格·策列铁里在全俄苏维埃第一次代表大会主席团、彼得格勒工兵代表苏维埃执行委员会、农民代表苏维埃执行委员会和代表大会各党团委员会联席会议上发表讲话,诬蔑布尔什维克准备在1917年6月10日举行的游行示威是企图推翻资产阶级临时政府和"夺取政权的阴谋"。策列铁里声称要解除工人的武装,说什么"对于那些不善于恰当掌握手中武器的革命者,要从他们手中把武器夺走。必须解除布尔什维克的武装。不能让他们迄今拥有的过多的技术兵器留在他们手里。不能让机关枪和武器留在他们手里"。——246。

174　与教会分离的运动,又称退出教会的运动,是第一次世界大战前在德国发生的群众性的反教会运动。1914年1月,德国社会民主党的理论刊物《新时代》杂志发表了修正主义者保尔·格雷的《与教会分离运动和社会民主党》一文,开始就党对待反教会运动的态度问题展开讨论。格雷断言党应当对这一运动取中立态度,应当禁止党员以党的名义进行反宗教和反教会的宣传。而德国社会民主党的著名活动家们在讨论过程中始终没有批判格雷的错误。——248。

175 这里说的是1917年下半年的纸币。俄国的纸卢布在第一次世界大战期间贬值得很厉害。——249。

176 指俄国社会民主工党第二次代表大会。

俄国社会民主工党第二次代表大会于1903年7月17日（30日）—8月10日（23日）召开。7月24日（8月6日）前，代表大会在布鲁塞尔开了13次会议。后因比利时警察将一些代表驱逐出境，代表大会移至伦敦继续开了24次会议。

代表大会是《火星报》筹备的。列宁为代表大会起草了一系列文件，并详细拟订了代表大会的议程和议事规程。

出席代表大会的有43名有表决权的代表，他们代表着26个组织（劳动解放社、《火星报》组织、崩得国外委员会和中央委员会、俄国革命社会民主党人国外同盟、国外俄国社会民主党人联合会以及俄国社会民主党的20个地方委员会和联合会），共有51票（有些代表有两票）。出席代表大会的有发言权的代表共14名。代表大会的成分不一，其中有《火星报》的拥护者，也有《火星报》的反对者以及不坚定的动摇分子。

列宁被选入代表大会常务委员会，主持了多次会议，几乎就所有问题发了言。他还是纲领委员会、章程委员会和代表资格审查委员会的委员。

代表大会要解决的最重要的问题是批准党纲、党章以及选举党的中央领导机关。列宁及其拥护者在大会上同机会主义分子作了坚决的斗争。代表大会否决了机会主义分子要按照西欧各国社会民主党的纲领的精神来修改《火星报》编辑部制定的纲领草案的一切企图。大会先逐条讨论和通过党纲草案，然后由全体代表一致通过了整个纲领（有1票弃权）。在讨论党章时，会上就建党的组织原则问题展开了尖锐的斗争。由于得到反火星派和"泥潭派"（中派）的支持，尔·马尔托夫提出的为不坚定分子入党大开方便之门的党章第1条条文，以微弱的多数票为大会所通过。但是代表大会还是基本上批准了列宁制定的党章。

大会票数的划分起初是：火星派33票，"泥潭派"（中派）10票，反火星派8票（3名工人事业派分子和5名崩得分子）。在彻底的火星派（列宁派）和"温和的"火星派（马尔托夫派）之间发生分裂后，彻底的火星派暂时处于少数地位。但是,8月5日(18日)7名反火星派分子(2名工人事业派分子和5名崩得分子)因不同意代表大会的决议而退出了大会。在选举中央机关时,得到反火星派分子和"泥潭派"的支持的马尔托夫派(共7人)成为少数派,共有20票(马尔托夫派9票,"泥潭派"10票,反火星派1票),而团结在列宁周围的20名彻底的火星派分子成为多数派,共有24票。列宁及其拥护者在选举中得到了胜利。代表大会选举列宁、马尔托夫和格·瓦·普列汉诺夫为中央机关报《火星报》编辑部成员,格·马·克尔日扎诺夫斯基、弗·威·林格尼克和弗·亚·诺斯科夫为中央委员会委员,普列汉诺夫为党总委员会委员。从此,列宁及其拥护者被称为布尔什维克(俄语多数派一词的音译),而机会主义分子则被称为孟什维克(俄语少数派一词的音译)。

俄国社会民主工党第二次代表大会具有重大的历史意义。列宁说:"布尔什维主义作为一种政治思潮,作为一个政党而存在,是从1903年开始的。"(见《列宁全集》第2版第39卷第4页)——252。

177　"七月事变"后,布尔什维克被加上了"力图占领城市"、"强奸"苏维埃意志、"侵犯苏维埃的权力"等等罪名。反革命势力炮制了所谓列宁和德国总参谋部有联系的案件,指控列宁是德国间谍。7月6日(19日),临时政府发出逮捕列宁的命令。与此同时,《真理报》编辑部和印刷厂以及布尔什维克党中央办公处所被捣毁。7月22日(8月4日)的报纸登载消息说,将以叛国和组织武装暴动的罪名审讯列宁和其他几位布尔什维克。列宁从7月5日(18日)起被迫转入地下。——252。

178　夏洛克是英国作家威·莎士比亚的喜剧《威尼斯商人》中的人物,一个残忍冷酷的高利贷者。他曾根据借约提供的权利,要求从没有如期还债的商人安东尼奥身上割下一磅肉。——267。

179　指19世纪俄国民主主义作家尼·格·波米亚洛夫斯基于1862—1863年所写的《神学校特写》。——268。

180　《曙光》杂志(《Заря》)是俄国马克思主义的科学政治刊物,由《火星报》编辑部编辑,1901—1902年在斯图加特出版,共出了4期(第2、3期为合刊)。杂志宣传马克思主义,批判民粹主义和合法马克思主义、经济主义、伯恩施坦主义等机会主义错误思潮。杂志第1期曾刊登格·瓦·普列汉诺夫的

《略论最近一次巴黎国际社会党代表大会》一文，批评了卡·考茨基在第二国际第五次代表大会上提出的决议案。——276。

181　指第二国际第五次代表大会。

　　　第二国际第五次代表大会于1900年9月23—27日在巴黎举行。出席大会的有参加第二国际的各国社会党的代表791名。俄国代表团由24名代表组成，在大会上分裂为以波·尼·克里切夫斯基为首的多数派和以格·瓦·普列汉诺夫为首的少数派。代表大会注意的中心问题，是与1899年法国社会党人亚·艾·米勒兰加入资产阶级的瓦尔德克-卢梭政府这一事件有关的"夺取公共权力和同资产阶级政党联盟"的问题。大会就这一问题通过了卡·考茨基提出的决议案，其中说："个别社会党人参加资产阶级政府，不能认为是夺取政权的正常的开端，而只能认为是迫不得已采取的暂时性的特殊手段。"俄国代表团多数派投票赞成考茨基的这个含糊其词的"橡皮性"决议案，少数派支持茹·盖得提出的谴责米勒兰主义的决议案。代表大会还通过了建立由各国社会党代表组成的社会党国际局和在布鲁塞尔设立国际局书记处的决议。——276。

182　指马克思在《路易·波拿巴的雾月十八日》中提出的观点（见《马克思恩格斯选集》第1卷人民出版社1972年版第690—691页）。——277。

183　卡·考茨基的小册子《取得政权的道路（关于长入革命的政论）》的俄译本是1918年出版的。——281。

184　这句话出自《中央委员会告共产主义者同盟书》（见《马克思恩格斯选集》第1卷人民出版社1972年版第390页）。《告同盟书》是马克思和恩格斯于1850年3月底写的，1885年恩格斯把它作为附录发表在马克思的《揭露科隆共产党人案件》一书中。——284。

185　指悉·维伯和比·维伯的著作《产业民主》（德文版和俄文版的书名译为《英国工联主义的理论和实践》）。——286。

186　《社会主义月刊》派是围绕《社会主义月刊》杂志而形成的集团。

　　　《社会主义月刊》（《Sozialistische Monatshefte》）是德国机会主义者的主要刊物，也是国际修正主义者的刊物之一，1897—1933年在柏林出版。编辑和出版者为右翼社会民主党人约·布洛赫。撰稿人有爱·伯恩施

坦、康·施米特、弗·赫茨、爱·大卫、沃·海涅、麦·席佩尔等。第一次世界大
战期间持社会沙文主义立场。——289。

187　指意大利社会党。

意大利社会党于1892年8月在热那亚代表大会上成立,最初叫意大利
劳动党,1893年改称意大利劳动社会党,1895年开始称意大利社会党。从
该党成立起,党内的革命派就同机会主义派进行着尖锐的思想斗争。1912
年在艾米利亚雷焦代表大会上,改良主义分子伊·博诺米、莱·比索拉蒂等
被开除出党。从第一次世界大战爆发到1915年5月意大利参战,意大利社
会党一直反对战争,提出了"反对战争,赞成中立!"的口号。1914年12月,
拥护资产阶级帝国主义政策、主张战争的叛徒集团(贝·墨索里尼等)被开
除出党。意大利社会党人曾于1914年同瑞士社会党人一起在卢加诺召开
了联合代表会议,并积极参加了齐美尔瓦尔德(1915年)和昆塔尔(1916
年)国际社会党代表会议。但是,意大利社会党基本上采取中派立场。1916
年底意大利社会党在党内改良派的影响下走上了社会和平主义的道路。
俄国十月社会主义革命胜利后,意大利社会党积极支持保卫苏维埃俄国
的运动,1919年宣布参加共产国际。1921年1月15—21日在里窝那举行的
第十次代表大会上,处于多数地位的中派拒绝同改良派决裂,拒绝完全承
认加入共产国际的21项条件;该党左翼代表于21日退出代表大会并建立
了意大利共产党。——289。

188　《共产主义》杂志(《Kommunismus》)是共产国际东欧书记处的机关刊物
(周刊),1920—1921年在维也纳出版,共出了81期。该刊主编是伊斯列
尔。——292。

189　指《共产主义运动中的"左派"幼稚病》一书(见《列宁全集》第2版第39卷第
1—95页)。——292。

190　指德国独立社会民主党。

德国独立社会民主党是中派政党,1917年4月在哥达成立。代表人物
是卡·考茨基、胡·哈阿兹、鲁·希法亭、格·累德堡等。基本核心是中派组
织"工作小组"。该党以中派言词作掩护,宣传同公开的社会沙文主义者
"团结",放弃阶级斗争。1917年4月—1918年底,斯巴达克派曾参加该党,
但保持组织上和政治上的独立,继续进行秘密工作,并帮助工人党员摆

脱中派领袖的影响。1920年10月，德国独立社会民主党在该党哈雷代表大会上发生了分裂，很大一部分党员于1920年12月同德国共产党合并。右派分子单独成立了一个党，仍称德国独立社会民主党，存在到1922年。——293。

人 名 索 引

A

阿德勒，维克多（Adler, Victor 1852—1918）——奥地利社会民主党创建人和领袖之一。早年是资产阶级激进派，19世纪80年代中期参加工人运动。1883年和1889年曾与恩格斯会晤，1889—1895年同恩格斯有通信联系。他是1888年12月31日—1889年1月1日奥地利社会民主党成立大会上通过的党纲的主要起草人之一。在克服奥地利社会民主主义运动的分裂和建立统一的党方面做了许多工作。但在党的一系列重要政策问题上（包括民族问题在内）倾向改良主义立场。1886年创办《平等》周刊。1889年起任奥地利社会民主党中央机关报《工人报》编辑。1905年起为议员。第一次世界大战期间持中派立场，鼓吹阶级和平，反对工人阶级的革命发动。1918年11月短期担任奥地利资产阶级共和国的外交部长。——58。

阿尔曼德，伊涅萨·费多罗夫娜（Арманд, Инесса Федоровна 1874—1920）——1904年加入俄国社会民主工党，长期从事国际共产主义运动和妇女运动。曾在莫斯科、彼得堡和国外做党的工作，积极参加1905—1907年革命。多次被捕和流放。1909年流亡国外，起初住在布鲁塞尔，1910年移居巴黎。曾当选为俄国社会民主工党国外组织委员会书记。1911年参加了布尔什维克隆瑞莫党校的工作。1912年秘密回国，作为党中央代表在彼得堡为筹备第四届国家杜马选举做了大量工作。第一次世界大战期间出席了国际妇女社会党人代表会议、国际青年代表会议以及齐美尔瓦尔德代表会议和昆塔尔代表会议。十月革命后任党的莫斯科省委委员、莫斯科省执行委员会委员和省国民经济委员会主席。1918年起任俄共（布）中央妇女部部长。——163—165。

阿夫克森齐耶夫，尼古拉·德米特里耶维奇（Авксентьев, Николай Дмитриевич 1878—1943）——俄国社会革命党领袖之一，该党中央委员。1905年为彼得堡工人代表苏维埃委员。斯托雷平反动时期和新的革命高涨年代参加社会革命党右翼，任社会革命党中央机关报《劳动旗帜》编委。第一次世界大战期间是

社会沙文主义者，为护国派报刊《在国外》、《新闻报》、《号召报》撰稿。1917年
二月革命后任彼得格勒苏维埃执行委员会委员、全俄农民代表苏维埃执行委
员会主席、第二届联合临时政府内务部长，10月任反革命的俄罗斯共和国临
时议会(预备议会)主席。十月革命后是反革命叛乱的策划者之一。1918年是
所谓乌法督政府的主席；后流亡国外，继续反对苏维埃政权。——186、219。

阿克雪里罗得，帕维尔·波里索维奇(Аксельрод, Павел Борисович 1850—
1928)——俄国孟什维克领袖之一。19世纪70年代是民粹派分子。1883年参与
创建劳动解放社。1900年起是《火星报》和《曙光》杂志编辑部成员。俄国社会
民主工党第二次代表大会后是孟什维主义的思想家。1905年提出召开广泛的
工人代表大会的反马克思主义主张。斯托雷平反动时期和新的革命高涨年代
是取消派的思想领袖，参加孟什维克取消派的《社会民主党人呼声报》编辑
部；1912年加入"八月联盟"。第一次世界大战期间表面上是中派，实际持社会
沙文主义立场，曾参加齐美尔瓦尔德代表会议和昆塔尔代表会议，属于右翼。
1917年二月革命后任彼得格勒苏维埃执行委员会委员，支持资产阶级临时政
府。十月革命后侨居国外，敌视苏维埃政权，鼓吹武装干涉苏维埃俄国。——
90、136。

艾威林，爱德华(Aveling, Edward 1851—1898)——英国社会主义者，作家和
政论家；马克思的小女儿爱琳娜的丈夫。1884年起为社会民主联盟盟员，后为
社会主义同盟创建人之一。起初宣传达尔文主义和无神论，同马克思和恩格
斯结识后不久即成为马克思主义者。80年代末至90年代初为非熟练工人和失
业工人群众运动和新工联运动的组织者之一。1893—1895年参加独立工党。
艾威林是马克思《资本论》第一卷和恩格斯《社会主义从空想到科学的发展》
英文版的译者之一，写有一些宣传马克思主义和达尔文主义以及工人运动问
题的著作。——7。

爱琳娜——见马克思-艾威林，爱琳娜。

奥尔，伊格纳茨(Auer, Ignaz 1846—1907)——德国社会民主党人，职业是鞍
匠。1874年起任德国社会民主工党(即爱森纳赫派)书记，1875年该党同拉萨
尔派合并后任德国社会主义工人党书记。1877—1878年编辑社会民主党的
《柏林自由新闻报》。多次当选为帝国国会议员。后来转向改良主义，成为德国
社会民主党机会主义派领袖之一。——122。

B

巴枯宁，米哈伊尔·亚历山德罗维奇（Бакунин, Михаил Александрович 1814—1876）——俄国无政府主义和民粹主义创始人和理论家之一。1840年起侨居国外，曾参加德国1848—1849革命。1849年因参与领导德累斯顿起义被判死刑，后改为终身监禁。1851年被引渡给沙皇政府，囚禁期间向沙皇写了《忏悔书》。1861年从西伯利亚流放地逃往伦敦。1868年参加第一国际活动后，在国际内部组织秘密团体——社会主义民主同盟，妄图夺取总委员会的领导权。鼓吹无政府主义，宣称个人"绝对自由"是整个人类发展的最高目的，国家是产生一切不平等的根源；否定包括无产阶级专政在内的一切国家；不理解无产阶级的历史作用，公开反对建立工人阶级的独立政党，主张工人放弃政治斗争。由于进行分裂国际的阴谋活动，1872年在海牙代表大会上被开除出第一国际。——6、131、225、238、274。

巴扎罗夫，弗·（**鲁德涅夫，弗拉基米尔·亚历山德罗维奇**）（Базаров, В.(Руднев, Владимир Александрович) 1874—1939）——俄国哲学家和经济学家。1896年参加社会民主主义运动。1904—1907年是布尔什维克，曾为布尔什维克报刊撰稿。斯托雷平反动时期背弃布尔什维主义，宣传造神说和经验批判主义，是用马赫主义修正马克思主义的主要代表人物之一。1917年是孟什维克国际主义者，《新生活报》的编辑之一；反对十月革命。1921年起在国家计划委员会工作。和伊·伊·斯克沃尔佐夫-斯捷潘诺夫合译了《资本论》（第1—3卷，1907—1909年）和马克思的其他一些著作。晚年从事文艺和哲学著作的翻译工作。他的经济学著作涉及经济平衡表问题。他的哲学著作追随马赫主义，主要著作有《无政府主义的共产主义和马克思主义》（1906）、《两条战线》（1910）等。——151。

白恩士，约翰·埃利奥特（Burns, John Eliot 1858—1943）——英国工人运动活动家，改良主义者；职业是机械师。19世纪80年代是工联领导人之一，参加过多次罢工，领导了1889年伦敦码头工人大罢工。曾是英国社会民主联盟盟员，但不久退出该组织。1889年进入伦敦郡参议会。1892年被选入议会，在议会中不顾工人阶级的利益，主张同资本家合作。1905—1914年任地方自治大臣，1914年任贸易大臣。1914年8月因不同意政府关于参加第一次世界大战的决定而辞职。以后脱离政治活动。——129。

白拉克，威廉（Bracke, Wilhelm 1842—1880）——德国工人运动活动家，图书出版人和经销人。1865年起是全德工人联合会会员。1869年参与创建德国社会民主工党(即爱森纳赫派)。1871年创办出版社,是党的书刊的主要出版人和发行人之一。1877—1879年是社会民主党国会党团成员。曾进行反对拉萨尔派的斗争,反对党内的无政府主义和机会主义分子,但不够彻底。——120、236、254、255。

鲍威尔,埃德加尔(Bauer, Edgar 1820—1886)——德国政论家,青年黑格尔派。1848—1849年革命后流亡英国,1861年大赦后为普鲁士官员。马克思和恩格斯在《神圣家族,或对批判的批判所做的批判》一书中批判了他的唯心主义观点。——56。

鲍威尔,布鲁诺(Bauer, Bruno 1809—1882)——德国哲学家,青年黑格尔派。1834—1839年在柏林大学、1839—1842年在波恩大学任讲师。否定黑格尔的绝对观念,宣称自我意识是绝对的,认为"批判的个人"的脑力活动是历史的动力。马克思和恩格斯在《神圣家族,或对批判的批判所做的批判》和《德意志意识形态》这两部著作中批判了他的唯心主义观点。1848年以后从资产阶级激进派向右演变,1866年后成为民族自由党人、俾斯麦的拥护者。在基督教史方面著作甚多。——3—4、56。

贝克尔,约翰·菲力浦(Becker, Johann Philipp 1809—1886)——德国工人运动和国际工人运动活动家,马克思和恩格斯的朋友和战友。青年时代是制刷工。30年代起参加革命运动。在1849年巴登—普法尔茨起义时指挥民团。1848—1849年革命失败后从民主共和主义者转变为马克思和恩格斯的拥护者。60年代是第一国际的积极活动家,在瑞士的国际德国人支部的组织者之一,《先驱》杂志的编辑。——58—59、113、132。

倍倍尔,奥古斯特(Bebel, August 1840—1913)——德国工人运动和国际工人运动活动家,德国社会民主党和第二国际的创建人和领袖之一,马克思和恩格斯的朋友和战友;旋工出身。19世纪60年代前半期开始政治活动,1867年当选为德国工人协会联合会主席,1868年该联合会加入第一国际。1869年与威·李卜克内西共同创建了德国社会民主工党(即爱森纳赫派),该党于1875年与拉萨尔派合并为德国社会主义工人党,后又改名为社会民主党。多次当选国会议员,利用国会讲坛揭露帝国政府反动的内外政策。1870—1871年普法战争期间持国际主义立场,在国会中投票反对军事拨款,支持巴黎公社,为此曾被捕和被控叛国,断断续续在狱中度过将近六年时间。在反社会党人非常法施行时期,有成效地领导了党的地下活动和议会活动。19世纪90年代和20世纪初同党内的改良主义和修正主义进行斗争,反对伯恩施坦及其拥护者对马克思主义理论的歪曲和庸俗化。倍倍尔是出色的政论家和演说家,对德国和欧洲工人运动的发展有很大影响。马克思和恩格斯高度评价他的活动,同时也批评了他的一些错误。——73、119、120、122、123、128、130、236—238、254、255、260。

比索拉蒂,莱奥尼达(Bissolati, Leonida 1857—1920)——意大利社会党创建人和右翼改良派领袖之一。1896—1903年和1908—1912年任社会党中央机关报《前进报》主编。1897年起为议员。1912年因支持意大利政府进行侵略战争被开除出社会党,后组织了改良社会党。第一次世界大战期间是社会沙文主义者,主张意大利站在协约国方面参战。1916—1918年参加政府,任不管大臣。——218。

俾斯麦,奥托·爱德华·莱奥波德(Bismarck, Otto Eduard Leopold 1815—1898)——德国国务活动家。1862年起任普鲁士首相兼外交大臣,推行铁血政策,建立起以普鲁士为霸主的统一的德意志帝国。1871年1月出任德意志帝国首任首相,维护地主和大资产阶级的利益;曾积极援助法国反革命资产阶级镇压巴黎公社。1878年颁布反社会党人非常法,镇压国内工人运动。从1881年开始又颁布一系列所谓"社会立法",实行疾病、意外灾难、残废和老年保险,企图用小恩小惠拉拢工人。由于内外政策遭受挫折,于1890年3月去职。——37、132、185。

毕希纳,弗里德里希·卡尔·克里斯蒂安·路德维希(Büchner, Friedrich Karl Christian Ludwig 1824—1899)——德国生理学家和哲学家,庸俗唯物主义的代表,资产阶级改良主义者;职业是医生。1852年起任蒂宾根大学法医学讲师。认为自然科学是世界观的基础,但不重视辩证法,力图复活机械论的自然观和社会观。主要著作有《力和物质》(1855)、《人及其在自然界中的地位》(1869)、《达尔文主义和社会主义》(1894)等。——10、105。

波格丹诺夫(马林诺夫斯基),亚历山大·亚历山德罗维奇(Богданов (Малиновский), Александр Александрович 1873—1928)——俄国社会民主党人,哲学家,社会学家,经济学家;职业是医生。19世纪90年代参加社会民主主义小组。1903年成为布尔什维克。作为多数派委员会常务局成员参加了俄国社会民主工党第三次代表大会的筹备工作,是图拉委员会出席代表大会的代表,在代表大会上被选入中央委员会。曾参加布尔什维克机关报《前进报》和《无产者报》编辑部,是布尔什维克《新生活报》的编辑。参加了党的第五次(伦敦)代表大会的工作。斯托雷平反动时期和新的革命高涨年代领导召回派,是前进集团的领袖。在哲学上试图建立自己的体系——经验一元论(经验批判主义的变种)。1909年6月因进行派别活动被开除出党。第一次世界大战期间持国际主义立场。十月革命后是共产主义科学院院士,在莫斯科大学讲授经济学。1918年是无产阶级文化派的思想家。1921年起从事老年医学和血液学的研究。1926年起任由他创建的输血研究所所长。——151。

波米亚洛夫斯基,尼古拉·格拉西莫维奇(Помяловский, Николай Герасимович 1835—1863)——俄国民主主义作家,写有《神学校特写》(1862—1863)等著作。作品抨击俄国的官僚专制制度,反对强暴和专横,得到车尔尼雪夫斯基和高尔基的高度评价。——268。

波拿巴,路易——见拿破仑第三。

波特列索夫,亚历山大·尼古拉耶维奇(Потресов, Александр Николаевич 1869—1934)——俄国孟什维克领袖之一。19世纪90年代初参加马克思主义小组。1896年加入彼得堡工人阶级解放斗争协会,后被捕,1898年流放维亚特卡省。1900年出国,参与创办《火星报》和《曙光》杂志。俄国社会民主工党第二次代表大会后是孟什维克刊物的主要撰稿人和领导人。斯托雷平反动时期和新的革命高涨年代是取消派思想家。第一次世界大战期间是社会沙文主义者。1917年在反布尔什维克的资产阶级《日报》中起领导作用。十月革命后侨居国外,为克伦斯基的《白日》周刊撰稿,攻击苏维埃政权。——175、289。

伯恩施坦,爱德华(Bernstein, Eduard 1850—1932)——德国社会民主党和第二国际右翼领袖之一,修正主义的鼻祖。1872年加入社会民主党,曾是欧·杜林的信徒。1879年和卡·赫希柏格、卡·施拉姆在苏黎世发表《德国社会主义运动的回顾》一文,主张放弃革命斗争,适应俾斯麦制度,受到马克思、恩格斯的严厉批评。1881—1890年任党的中央机关报《社会民主党人报》编辑。从90年代中期起同马克思主义彻底决裂。1896—1898年以《社会主义问题》为题在《新时代》杂志上发表一组文章,1899年发表了《社会主义的前提和社会民主党的任务》一书,从经济、政治和哲学方面对马克思主义的理论和策略作了全面的修正。1902年起为国会议员。第一次世界大战期间持中派立场。1917年参加德国独立社会民主党,1919年公开转到右派方面。1918年十一月革命失败后出任艾伯特——谢德曼政府的财政部长助理。——41、73、95、119、120、123、124、150、154、216、223、224、225、275—277、281、284、286。

柏姆-巴维克,欧根·冯(Böhm-Bawerk, Eugen von 1851—1914)——奥地利经

济学家,奥地利学派的代表人物。1881年起在因斯布鲁克大学和维也纳大学任教授。曾三次出任奥地利财政大臣,还担任过奥地利科学院院长。在《经济财物价值理论纲要》(1886)、《资本与利息》(1884—1889)、《卡尔·马克思的理论及其批判》(1896)等著作中,企图推翻马克思的劳动价值论和剩余价值论。系统地论证了边际效用价值论,并提出所谓时差利息论,认为利息的基础是人们对现在财货和未来财货主观评价的差别,以此掩盖资本主义的矛盾和资本对劳动的剥削。——151、153。

勃朗,路易(Blanc, Louis 1811—1882)——法国小资产阶级社会主义者,历史学家。19世纪30年代成为巴黎著名的新闻工作者,1838年创办自己的报纸《进步评论》。1848年二月革命期间参加临时政府,领导所谓研究工人问题的卢森堡委员会,推行妥协政策,诱使工人放弃革命斗争。1848年六月起义失败后流亡英国,是在伦敦的小资产阶级流亡者的领导人之一。1870年回国。1871年当选为国民议会议员,对巴黎公社抱敌视态度。否认资本主义制度下阶级矛盾的不可调和性,反对无产阶级革命,主张同资产阶级妥协,幻想依靠资产阶级国家帮助建立工人生产协作社来改造资本主义社会。主要著作有《劳动组织》(1839)、《十年史,1830—1840》(1841—1844)、《法国革命史》(12卷,1847—1862)等。——78、172。

布尔加柯夫,谢尔盖·尼古拉耶维奇(Булгаков, Сергей Николаевич 1871—1944)——俄国经济学家、哲学家和神学家。19世纪90年代是合法马克思主义者,后来成了"马克思的批评家"。他修正马克思关于土地问题的学说,企图证明小农经济稳固并优于资本主义大经济,用土地肥力递减规律来解释人民群众的贫困化;还试图把马克思主义同康德的批判认识论结合起来。后来转向宗教哲学和基督教。1901—1906年和1906—1918年先后在基辅大学和莫斯科大学任政治经济学教授。1905—1907年革命失败后追随立宪民主党,为《路标》文集撰稿。1918年起是正教司祭。1923年侨居国外。1925年起在巴黎的俄国神学院任教授。主要著作有《论资本主义生产条件下的市场》(1897)、《资本主义和农业》(1900)、《经济哲学》(1912)等。——105。

布兰亭,卡尔·亚尔马(Branting, Karl Hjalmar 1860—1925)——瑞典社会民主党和第二国际创建人和领袖之一,持机会主义立场。1887—1917年(有间断)任瑞典社会民主党中央机关报《社会民主党人报》编辑。1896年起为议员。1907年当选为党的执行委员会主席。第一次世界大战期间是社会沙文主义者。1917年参加埃登的自由党—社会党联合政府,支持武装干涉苏维埃俄国。

1920、1921—1923、1924—1925年领导社会民主党政府,1921—1923年兼任外交大臣。曾参与创建和领导伯尔尼国际。——218、289。

布朗基,路易·奥古斯特(Blanqui, Louis-Auguste 1805—1881)——法国革命家,空想共产主义的代表人物。曾参加巴黎1830—1870年间的各次起义和革命,组织并领导四季社以及其他秘密革命团体。在从事革命活动的五十多年间,有三十余年是在狱中度过的。1871年巴黎公社时期被反动派囚禁在凡尔赛,缺席当选为公社委员。他憎恨资本主义制度,但不懂得组织工人革命政党和依靠广大群众的重要意义,认为只靠少数人密谋,组织暴动,即可推翻旧社会,建立新社会。马克思、恩格斯和列宁高度评价布朗基的革命功绩,同时也尖锐地批评了他的宗派主义倾向和密谋策略。——110。

布朗热,乔治·厄内斯特(Boulanger, Georges-Ernest 1837—1891)——法国将军。1886—1887年任陆军部长。为了在法国建立自己的军事专政,打着对德国进行复仇战争的旗号,领导法国沙文主义运动。1889年他和保皇党的秘密联系被揭穿后,逃往比利时,在那里自杀。他所鼓吹的沙文主义运动,通称布朗热主义。——164、165。

布列什柯–布列什柯夫斯卡娅,叶卡捷琳娜·康斯坦丁诺夫娜(Брешко-Брешковская, Екатерина Константиновна 1844—1934)——俄国社会革命党的组织者和领导人之一,属该党极右翼。19世纪70年代初参加革命运动,是"到民间去"活动的参加者。1874—1896年服苦役和流放。1899年同格·安·格尔舒尼一起参与创建俄国政治解放工人党,该党于1902年并入社会革命党。曾参加1905—1907年革命。多次当选为社会革命党中央委员。1917年二月革命后极力支持资产阶级临时政府,主张把帝国主义战争继续进行到"最后胜利"。十月革命后反对苏维埃政权。1919年去美国,后住在法国。在国外继续反对苏维埃俄国,主张策划新的武装干涉,参加了巴黎白俄流亡分子的《白日》周刊的工作。——175。

布鲁凯尔,路易·德(Brouckère, Louis de 1870—1951)——比利时工人党领袖和理论家之一,第一次世界大战前领导该党左翼。在第二国际斯图加特代表大会上就社会党同工会的关系问题发了言。第一次世界大战期间是社会沙文主义者,战后是工人党总委员会常务局成员和第二国际执行委员会委员。后参加政府,任参议员和比利时驻国际联盟代表。1919年起任布鲁塞尔大学教授,1926年起是比利时科学院院士。——155。

布鲁斯,保尔·路易·玛丽(Brousse, Paul Louis Marie 1844—1912)——法国社

会党人,社会改良主义思想家。1871年巴黎公社的参加者。公社失败后侨居西班牙,后到瑞士。侨居期间结识了米·亚·巴枯宁,追随无政府主义派。1880年回到法国,加入工人党,在党内狂热地反对马克思主义派,成为可能派的思想家和领袖之一。曾任巴黎市政委员会委员。90年代起在法国工人运动中不再起任何作用。——123。

C

策杰尔包姆,尤·奥·——见马尔托夫,尔·。

策列铁里,伊拉克利·格奥尔吉耶维奇(Церетели, Ираклий Георгиевич 1881—1959)——俄国孟什维克领袖之一。1902年参加社会民主主义运动。第二届国家杜马代表,在杜马中领导社会民主党党团,参加土地委员会。斯托雷平反动时期和新的革命高涨年代是取消派分子。第一次世界大战期间是中派分子。1917年二月革命后任彼得格勒苏维埃执行委员会委员、第一届中央执行委员会主席团委员,护国派分子。1917年5—7月任临时政府邮电部长,七月事变后任内务部长,是迫害布尔什维克的主谋之一。十月革命后领导立宪会议中的反苏维埃联盟;是格鲁吉亚孟什维克反革命政府首脑之一。1921年格鲁吉亚建立苏维埃政权后流亡法国。1923年是社会主义工人国际的组织者之一。1940年移居美国。——168、171、175、186、219、220、246、247、251、268、289。

查苏利奇,维拉·伊万诺夫娜(Засулич, Вера Ивановна 1849—1919)——俄国民粹主义运动和社会民主主义运动活动家。1868年在彼得堡参加革命小组。1879年加入土地平分社。1880年侨居国外,逐步同民粹主义决裂,转到马克思主义立场上。1883年参与创建劳动解放社。80—90年代翻译了马克思的《哲学的贫困》和恩格斯的《社会主义从空想到科学的发展》,写了《国际工人协会史纲要》等著作;为劳动解放社的出版物以及《新言论》和《科学评论》杂志撰稿,发表过一系列文艺批评文章。1900年起是《火星报》和《曙光》杂志编辑部成员。俄国社会民主工党第二次代表大会后成为孟什维克领袖之一,参加孟什维克的《火星报》编辑部。1905年回国。斯托雷平反动时期和新的革命高涨年代是取消派分子。第一次世界大战期间是社会沙文主义者。1917年是孟什维克统一派分子。对十月革命持否定态度。——58、131。

D

大卫,爱德华(David, Eduard 1863—1930)——德国社会民主党右翼领袖之一，经济学家；德国机会主义者杂志《社会主义月刊》创办人之一。1893年加入社会民主党。公开修正马克思主义关于土地问题的学说，否认资本主义经济规律在农业中的作用。1903年出版《社会主义和农业》一书，宣扬小农经济稳固，维护所谓土地肥力递减规律。1903—1918年和1920—1930年为国会议员，社会民主党国会党团领袖之一。第一次世界大战期间是社会沙文主义者。1919年2月任魏玛共和国国民议会第一任议长。1919—1920年任内政部长，1922—1927年任中央政府驻黑森的代表。——175、218、289。

狄慈根，约瑟夫（Dietzgen, Joseph　1828—1888）——德国制革工人，社会民主党人，哲学家。曾参加德国1848年革命，革命失败后流亡国外。漂泊美国和欧洲20年，一面做工，一面从事哲学研究。1869年回到德国，结识了前来德国访友的马克思，积极参加德国社会民主党的工作。1884年再度去美国，曾主编北美社会主义工人党机关报《社会主义者报》。在哲学上独立地得出了辩证唯物主义的结论，尖锐地批判了哲学唯心主义和庸俗唯物主义，捍卫了认识论中的唯物主义反映论，同时也犯了一些错误，如夸大人类知识的相对性，把物质和意识混为一谈，但这不能贬低狄慈根在哲学上的功绩。主要著作有《人脑活动的实质》(1869)、《一个社会主义者在认识论领域中的漫游》(1887)、《哲学的成就》(1887)等。1919年《狄慈根全集》(共三卷)在斯图加特出版。——105、113。

杜冈——见杜冈-巴拉诺夫斯基，米·伊·。

杜冈-巴拉诺夫斯基，米哈伊尔·伊万诺维奇（杜冈）(Туган-Барановский, Михаил Иванович(Туган)　1865—1919)——俄国经济学家和历史学家。1895—1899年任彼得堡大学政治经济学讲师，1913年起任彼得堡综合技术学院教授。19世纪90年代是合法马克思主义的代表人物，曾为《新言论》和《开端》等杂志撰稿，积极参加同自由主义民粹派的论战。20世纪初起公开维护资本主义，修正马克思主义的基本原理，成了"马克思的批评家"。1905—1907年革命期间加入立宪民主党。十月革命后成为乌克兰反革命势力的骨干分子。1917—1918年任乌克兰中央拉达的财政部长。主要著作有《现代英国的工业危机及其原因和对人民生活的影响》(1894)、《俄国工厂今昔》第一卷(1898)等。——264。

杜林，欧根·卡尔(Dühring, Eugen Karl　1833—1921)——德国哲学家和经济学家。毕业于柏林大学，1863—1877年为柏林大学讲师。70年代起以"社会主义改革家"自居，反对马克思主义，妄图创立新的理论体系。在哲学上把唯心主义、庸俗唯物主义和实证论混合在一起;在政治经济学方面反对马克思的劳动价值学说和剩余价值学说;在社会主义理论方面以资产阶级改良主义精神阐述自己的社会主义体系,反对科学社会主义。恩格斯在《反杜林论》一书中系统地批判了他的观点。主要著作有《国民经济学和社会主义批判史》(1871)、《国民经济学和社会经济学教程》(1873)、《哲学教程》(1875)等。——57、105、118、149、151、193。

杜能,约翰·亨利希(Thünen, Johann Heinrich 1783—1850)——德国经济学家,农业经济专家,大地主。鼓吹阶级调和,否认劳动与资本之间的对抗性矛盾。写有农业经济和地租理论方面的著作。——105。

杜西——见马克思-艾威林,爱琳娜。

E

恩格斯,弗里德里希(Engels, Friedrich 1796—1860)——恩格斯的父亲。——53、54、76。

恩格斯,伊丽莎白(爱利莎)·弗兰契斯卡·毛里齐亚(Engels, Elisabeth(Elise) Franziska Mauritia, 父姓范·哈尔 van Haar 1797—1873)——恩格斯的母亲。——76。

F

菲勒克,路易(Viereck, Louis 1851—1921)——德国社会民主党人,机会主义者,欧·杜林的信徒。在实施反社会党人非常法时期是党的右翼领袖之一。1884—1887年为帝国国会议员,在国会中推行机会主义政策。1896年移居美国,脱离工人运动。第一次世界大战期间在美国报界发表亲德文章,积极为德意志帝国效劳。——121、122、128。

费尔巴哈,路德维希·安德列亚斯(Feuerbach, Ludwig Andreas 1804—1872)——德国唯物主义哲学家和无神论者,德国古典哲学代表人物之一,德国资产阶级最激进的民主主义阶层的思想家。1828年起在埃朗根大学任教。他在自己的第一部著作《关于死和不死的思想》(1830)中反对基督教关于灵魂不死的教义;该书被没收,本人遭迫害,并被学校解聘。1836年移居布鲁克贝格村(图林根),在农村生活了近二十五年。在从事哲学活动的初期是唯心主义者,属于青年黑格尔派。到30年代末摆脱了唯心主义;在《黑格尔哲学批判》(1839)和《基督教的本质》(1841)这两部著作中,割断了与黑格尔主义的联系,转向唯物主义立场。费尔巴哈的主要功绩是在唯心主义长期统治德国哲学之后,恢复了唯物主义的权威。他肯定自然界是客观存在的,它不以人的意识为转移;人是自然的产物,人能认识物质世界和客观规律。费尔巴哈的唯物主义是马克思主义哲学的理论来源之一。但他的唯物主义是形而上学的和直观的,是以人本主义的形式出现的,他的历史观仍然是唯心主义的;他把人仅仅看做是一种脱离历史和社会关系而存在的生物,不了解实践在认识和社会发展过程中的作用。晚年关心社会主义文献,读过马克思的《资本论》,并于1870年加入德国社会民主党。在马克思《关于费尔巴哈的提纲》和恩格斯《路德维希·费尔巴哈和德国古典哲学的终结》中对费尔巴哈的哲学作了全面的分析。——3、7—10、39、68。

福尔马尔,格奥尔格·亨利希(Vollmar, Georg Heinrich 1850—1922)——德国社会民主党机会主义派领袖之一,新闻工作者。早年是激进的民主主义者。1876年加入社会民主党,1879—1880年任党的中央机关报《社会民主党人报》编辑。1881年起多次当选帝国国会议员和巴伐利亚邦议会议员。反社会党人非常法废除后,很快转为右倾,提出一系列改良主义主张,建议把党的活动限制在争取改良的斗争上,号召同资产阶级合作,同政府妥协,反对阶级斗争尖锐化,鼓吹"国家社会主义"的优越性,号召社会民主党同自由派联合;在制定党的土地纲领时,维护小土地占有者的利益。第一次世界大战期间是社会沙文主义者。晚年不再积极从事政治活动。——120、125、126。

福格特,卡尔(Vogt, Karl 1817—1895)——德国自然科学家,庸俗唯物主义主要代表之一,小资产阶级民主主义者。曾参加德国1848—1849年革命,是法兰克福国民议会议员。革命失败后流亡瑞士。疯狂反对科学社会主义,参与迫害无产阶级革命家,发表诽谤马克思和恩格斯的声明。马克思在《福格特先生》一文中揭露了他堕落为路易·波拿巴雇用的密探的嘴脸。写过一些动物学、地质学和生理学方面的著作。——10。

G

盖得,茹尔(巴季尔,马蒂约)(Guesde, Jules(Basile, Mathieu) 1845—1922)——法国工人运动和国际工人运动活动家,法国工人党创建人之一,第二国际的组织者和领袖之一。19世纪60年代是资产阶级共和主义者。拥护1871年的巴黎公社,公社失败后流亡瑞士和意大利,一度追随无政府主义者。1876年回国。在马克思、恩格斯影响下逐步转向马克思主义。1877年11月创办《平等报》,宣传社会主义思想,为1879年工人党的建立作了思想准备。1880年和拉法格一起在马克思和恩格斯指导下起草了法国工人党纲领。1880—1901年领导工人党,同无政府主义者和可能派进行了坚决的斗争。1889年积极参加创建第二国际的活动。1893年当选为众议员。1901年盖得及其拥护者建立法兰西社会党,该党于1905年同改良主义的法国社会党合并,盖得为统一的法国社会党的领袖之一。20世纪初逐渐转向中派立场。第一次世界大战一开始即采取社会沙文主义立场,参加了法国资产阶级政府。1920年法国社会党分裂后,支持少数派立场,反对加入共产国际。——175。

格拉弗,让(Grave, Jean　1854—1939)——法国小资产阶级社会主义者,无政府主义理论家。无政府主义刊物《反抗者》和《反抗》的编辑,写过一些论述无政府主义的著作。20世纪初转向无政府工团主义立场。第一次世界大战期间是社会沙文主义者,《工团斗争报》的撰稿人。——269。

格律恩,卡尔(Grün, Karl　1817—1887)——德国政论家,19世纪40年代中期是"真正的社会主义"的主要代表之一。大学时代接近青年黑格尔派,1842—1843年主编资产阶级激进派的《曼海姆晚报》,1848—1849年革命时期为小资产阶级民主派,普鲁士国民议会议员。1850年起侨居布鲁塞尔,1861年回到德国。格律恩的"真正的社会主义"是一种空想学说,根据这种学说,在靠教育、博爱等等建立起来的未来社会中,"真正的"人的本质、"真正的人道主义"才会实现。他把路·费尔巴哈哲学的唯心主义方面同皮·约·蒲鲁东的无政府主义思想结合了起来。马克思和恩格斯批判了"真正的社会主义",认为这是德国小市民利益的表现。主要著作有《法兰西和比利时的社会运动》(1845)、《费尔巴哈和社会主义者》(1845)、《现代哲学》(1876)等。1874年出版了费尔巴哈的两卷遗著。——78、79。

格耶,亚历山大(Ге, Александр　1879—1919)——俄国无政府主义者,生于德国。十月革命后拥护苏维埃政权。曾任第三届和第四届全俄中央执行委员会委员。1918年参加北高加索苏维埃政府。——269。

古契柯夫,亚历山大·伊万诺维奇(Гучков, Александр Иванович　1862—1936)——俄国大资本家,十月党的组织者和领袖。1905—1907年革命期间支持政府残酷镇压工农。1907年5月作为工商界代表被选入国务会议,同年11月被选入第三届国家杜马;1910年3月—1911年3月任杜马主席。第一次世界大战期间是中央军事工业委员会主席和国防特别会议成员。1917年3—5月任临时政府陆海军部长。1917年8月参与策划科尔尼洛夫叛乱。十月革命后反对苏维埃政权，1918年起为白俄流亡分子。——169、172。

H

哈布斯堡王朝（Habsburger）——神圣罗马帝国（1273—1806，有间断）、西班牙王国（1516—1700）、奥地利帝国（1804—1867）和奥匈帝国（1867—1918）的王朝。——106。

海德门，亨利·迈尔斯（Hyndman, Henry Mayers 1842—1921）——英国社会党人。1881年创建民主联盟（1884年改组为社会民主联盟），担任领导职务，直至1892年。1900—1910年是社会党国际局成员。1911年参与创建英国社会党，领导该党机会主义派。第一次世界大战期间是社会沙文主义者。1916年英国社会党代表大会谴责他的社会沙文主义立场后，退出社会党，组建了沙文主义的民族社会党（1918年改名为社会民主联盟）。敌视俄国十月革命，赞成武装干涉苏维埃俄国。——123、175。

韩德逊，阿瑟（Henderson, Arthur 1863—1935）——英国工党和工会运动领袖之一。1903年起为议员，1908—1910年和1914—1917年任工党议会党团主席，1911—1934年任工党书记。第一次世界大战期间是社会沙文主义者。1915—1917年先后参加阿斯奎斯政府和劳合-乔治政府，任教育大臣、邮政大臣和不管大臣等职。1917年二月革命后到俄国鼓吹继续进行战争。1919年参与组织伯尔尼国际，1923年起任社会主义工人国际执行委员会主席。1924年和1929—1931年两次参加麦克唐纳政府，先后任内政大臣和外交大臣。——218。

赫希柏格，卡尔（Höchberg, Karl 1853—1885）——德国著作家，社会改良主义者。1876年加入社会民主党，曾出版《未来》杂志（1877—1878）、《社会科学和社会政治年鉴》（1879—1881）和《政治经济研究》（1879—1882）。反社会党人非常法通过后，在他创办的《社会科学和社会政治年鉴》上发表了他同施拉姆和伯恩施坦合写的《德国社会主义运动的回顾》一文，指责党的革命策略，号召工人阶级同资产阶级结盟并依附于资产阶级，认为“工人阶级没有能力依靠自己的双手获得解放”。这些机会主义观点受到马克思和恩格斯的严厉批评。——118、119、120、121、122。

赫胥黎，托马斯·亨利（Huxley, Thomas Henry 1825—1895）——英国博物学家，达尔文的好友和达尔文学说的普及者。1871—1880年任英国皇家学会秘书，1883—1885年任该会会长。在动物学、古生物学、人类学和比较解剖学等方面进行了研究，证明人和高级猿猴形态相近。在哲学上是自发的“羞羞答答

的"(恩格斯语)唯物主义者,但却否认唯物主义,自称是不可知论者(他第一
次把不可知论这个术语用于哲学)。主要著作有《人类在自然界的地位》
(1863)、《休谟》(1879)、《进化论与伦理学》(1893)等。——9。

黑格尔,乔治·威廉·弗里德里希(Hegel, Georg Wilhelm Friedrich 1770—1831)
——德国哲学家,客观唯心主义者,德国古典哲学的主要代表。1801—1807年
任耶拿大学哲学讲师和教授。1808—1816年任纽伦堡中学校长。1816—1817
年任海德堡大学哲学教授。1818年起任柏林大学哲学教授。黑格尔的哲学是
18世纪末至19世纪初德国唯心主义哲学的最高发展。他根据唯心主义的思维
与存在同一的基本原则,建立了客观唯心主义的哲学体系,并创立了唯心主
义辩证法的理论。认为在自然界和人类出现以前存在着绝对精神,客观世界
是绝对精神、绝对观念的产物;绝对精神在其发展中经历了逻辑阶段、自然阶
段和精神阶段,最终回复到了它自身;整个自然的、历史的和精神的世界都处
于不断的运动、变化和发展中,矛盾是运动、变化的核心。黑格尔哲学的特点
是辩证方法同形而上学体系之间的深刻矛盾。黑格尔的唯心主义辩证法是马
克思主义哲学的理论来源之一。黑格尔的社会政治观点是保守的,他是立宪
君主制的维护者。主要著作有《精神现象学》(1807)、《逻辑学》(1812—1816)、
《哲学全书》(1817)、《法哲学》(1821)、《哲学史讲演录》(1833—1836)、《历史
哲学讲演录》(1837)、《美学讲演录》(1836—1838)等。——3、8—9、10—12、
39、53—54、68、150、179。

侯里欧克,乔治·杰科布(Holyoake, George Jacob 1817—1906)——英国合作
社运动活动家,改良主义者。19世纪30至40年代追随宪章派和欧文派。40年代
起是激进共和派一些定期刊物的出版者和撰稿人。50年代起同资产阶级激进
派日益密切合作,赞成工人既参与合作社企业分红,又参与资本主义企业分
红的理论。——35。

霍亨索伦王朝(Hohenzollen)——勃兰登堡选帝侯世家(1415—1701)、普鲁士
王朝(1701—1918)和德意志皇朝(1871—1918)。——106。

J

基泽韦捷尔,亚历山大·亚历山德罗维奇(Кизеветтер, Александр Алексан-
дрович 1866—1933)——俄国历史学家和政论家,立宪民主党活动家。1904
年参加解放社,1906年当选为立宪民主党中央委员。1909—1911年任莫斯科
大学教授。积极参加了立宪民主党人为进入第一届和第二届国家杜马而进行

的竞选斗争,是第二届国家杜马代表。曾为《俄罗斯新闻》撰稿,参加《俄国思想》杂志编委会,为该杂志的编辑之一。在历史和政论著作中诬蔑1905—1907年革命。列宁在许多著作中批判了基泽韦捷尔的反革命观点。十月革命后竭力反对苏维埃政权,于1922年被驱逐出境,后任布拉格大学俄国史教授。在国外积极参加白俄流亡分子的报刊工作。——142。

基佐,弗朗索瓦·皮埃尔·纪尧姆(Guizot, François-Pierre-Guillaume 1787—1874)——法国历史学家和国务活动家。七月王朝时期历任内政大臣(1830)、公共教育大臣(1832—1837)、外交大臣(1840—1848)和首相(1847—1848)。1840年起实际上操纵了法国的内外政策,1848年二月革命结束了他的政治生涯。基佐是资产阶级阶级斗争理论的创立者之一,企图用这种理论为资产阶级掌权提供论证。但是这种理论只是简单地指出财产关系是阶级差别和阶级斗争的基础。由于资产阶级的局限性,他没有提出私有制的真正起源问题,也不能从阶级关系中揭示出剥削关系;他主张同贵族妥协,敌视人民群众的斗争。主要著作有《英国革命史》、《欧洲文明史》和《法国文明史》等。——16。

晋季诺夫,弗拉基米尔·米哈伊洛维奇(Зензинов, Владимир Михайлович 1880—1953)——俄国社会革命党领袖之一。1906年加入社会革命党战斗组织,1909年起为该党中央委员。第一次世界大战期间是护国派分子。1917年任彼得格勒苏维埃执行委员会委员,主张同资产阶级结盟;是社会革命党机关报《人民事业报》编辑。十月革命后反对苏维埃政权,后为白俄流亡分子。——219。

K

卡贝,艾蒂安(Cabet, Étienne 1788—1856)——法国小资产阶级政论家,空想共产主义的著名代表人物。卡贝认为,对资本主义制度的弊端无须使用暴力,只要采用和平改造社会的方法就能消除。他在《伊加利亚旅行记》(1840)一书中阐述了自己的观点,并试图通过在美洲建立共产制公社的实践来实现这些观点,但遭到彻底失败。马克思把他称为"最有声望然而也是最肤浅的共产主义的代表人物"(《马克思恩格斯全集》第1版第2卷第167页)。——78。

卡梅尚斯基,П. К.(Камышанский, П. К.)——俄国彼得堡高等法院检察官,第二届国家杜马社会民主党党团案件的起诉人。1910年任维亚特卡省省长。——142。

凯利-威士涅威茨基夫人,弗洛伦斯(Kelley-Wischnewetzky, Florence 1859—

1932)——美国社会主义者,后转到改良主义立场。曾将恩格斯的《英国工人阶级状况》一书译成英文;主要研究工人立法和社会政治问题。当过工厂视察员,曾参加美国合作社运动。——116。

康德,伊曼努尔(Kant, Immanuel 1724—1804)——德国哲学家,德国古典唯心主义哲学奠基人。1755—1770年任柯尼斯堡大学讲师,1770—1796年任该校教授。1770年以前致力于研究自然科学,发表了《自然通史和天体论》(1755)一书,提出了关于太阳系起源的星云说。1770年以后致力于"批判地"研究人的认识以及这种认识的方式和界限,发表了《纯粹理性批判》(1781)、《实践理性批判》(1788)、《判断力批判》(1790),分别阐述他的认识论、伦理学、美学等观点。康德哲学的基本特点是调和唯物主义和唯心主义。它承认在意识之外独立存在的物,即"自在之物",认为"自在之物"是感觉的源泉,但又认为"自在之物"是不可知的,是超乎经验之外的,是人的认识能力所不可能达到的"彼岸的"东西,人只能认识他头脑里固有的先验的东西。——9、150。

考茨基,卡尔(Kautsky, Karl 1854—1938)——德国社会民主党和第二国际的领袖和主要理论家之一。1875年加入奥地利社会民主党,1877年加入德国社会民主党。1881年与马克思和恩格斯相识,在他们的影响下转向马克思主义。从19世纪80年代到20世纪初写过一些宣传和解释马克思主义的著作:《卡尔·马克思的经济学说》(1887)、《土地问题》(1899)等。1883—1917年任德国社会民主党理论刊物《新时代》杂志主编。曾参与起草1891年德国社会民主党纲领(爱尔福特纲领)。1910年以后逐渐转到机会主义立场,成为中派领袖。第一次世界大战前夕提出超帝国主义论,大战期间打着中派旗号支持帝国主义战争。1917年参与建立德国独立社会民主党,1922年拥护该党右翼与德国社会民主党合并。1918年后发表《无产阶级专政》等书,攻击俄国十月革命,反对无产阶级专政。——45、46、74、100、101、172、175、181、185、201、206—207、218、224、238、239、248、273、275—286、288、289、293。

科尔布,威廉(Kolb, Wilhelm 1870—1918)——德国社会民主党人,机会主义者和修正主义者,《人民之友报》编辑。第一次世界大战期间是社会沙文主义者。——289。

科尔纳利森,克里斯蒂安(Cornelissen, Christian)——荷兰无政府主义者,克鲁泡特金的追随者,反对马克思主义。第一次世界大战期间是沙文主义者,曾为法国《工团斗争报》撰稿。——269。

克鲁泡特金,彼得·阿列克谢耶维奇(Кропоткин, Петр Алексеевич 1842—

1921)——俄国无政府主义的主要活动家和理论家之一,公爵。1872年出国,在瑞士加入第一国际,属巴枯宁派。回国后作为无政府主义者参加了民粹主义运动,为此于1874年被捕并被监禁在彼得保罗要塞。1876年逃往国外,在瑞士等国从事著述活动,宣传无政府主义,攻击马克思关于阶级斗争和无产阶级专政的学说。第一次世界大战期间是沙文主义者。1917年6月回国,仍坚持资产阶级立场,但在1920年发表了给欧洲工人的一封信,信中承认了十月革命的历史意义,并呼吁欧洲工人制止对苏维埃俄国的武装干涉。写有《科学和无政府主义》、《无政府主义及其哲学》、《1789—1793年法国大革命》以及一些地理学和地质学著作。——269、287。

克伦斯基,亚历山大·费多罗维奇(Керенский, Александр Федорович 1881—1970)——俄国政治活动家,资产阶级临时政府首脑。1917年3月起为社会革命党人。第四届国家杜马代表,劳动派党团领袖。第一次世界大战期间是护国派分子。1917年二月革命后任彼得格勒工兵代表苏维埃副主席、国家杜马临时委员会委员。在临时政府中任司法部长(3—5月)、陆海军部长(5—9月)、总理(7月21日起)兼最高总司令(9月12日起)。执政期间继续进行帝国主义战争,七三事变时镇压工人和士兵,迫害布尔什维克。1917年11月7日彼得格勒爆发武装起义时,从首都逃往前线,纠集部队向彼得格勒进犯,失败后逃亡巴黎。在国外参加白俄流亡分子的反革命活动,1922—1932年编辑《白日》周刊。1940年移居美国。——185、245、293。

库·贝·——见库恩·贝拉。

库恩·贝拉(库·贝·)(Kun Béla(K. B.) 1886—1939)——匈牙利工人运动和国际工人运动活动家,匈牙利共产党创建人和领导人之一。1902年加入匈牙利社会民主党。第一次世界大战初应征入伍,1916年在俄国被俘,在托木斯克战俘中进行革命宣传,同俄国社会民主工党当地组织建立了联系,后加入布尔什维克党。1917年二月革命后任俄国社会民主工党(布)托木斯克省委员会委员。1918年3月组织俄共(布)匈牙利组,任该组主席;同年5月起任俄共(布)外国人团体联合会主席。1918年11月秘密回国,参与创建匈牙利共产党,当选为党的主席。1919年2月被捕,3月获释。匈牙利苏维埃共和国成立后任外交人民委员和陆军人民委员,是苏维埃政权的实际领导人。苏维埃政权被颠覆后流亡奥地利,1920年到苏俄,先后任南方面军革命军事委员会委员、克里木革命委员会主席。1921年起在乌拉尔担任党的领导工作,曾任全俄中央执行委员会主席团委员、俄共(布)中央驻俄国共产主义青年团中央委员会的全权代表、共产国际执行委员会主席团委员等职。——292、293、294。

库格曼,路德维希(Kugelmann, Ludwig 1830—1902)——德国社会民主党人,医生,马克思和恩格斯的朋友。曾参加德国1848—1849年革命。1865年起为第一国际会员,是国际洛桑代表大会(1867)和海牙代表大会(1872)的代表。曾协助马克思出版和传播《资本论》。1862—1874年间经常和马克思通信,反映德国情况。马克思给库格曼的信1902年第一次发表于德国《新时代》杂志,1907年被译成俄文出版,并附有列宁的序言。——37、42、103、106、108、109、111、112、114、141、210。

L

拉布里奥拉,阿尔图罗(Labriola, Arturo 1873—1959)——意大利政治活动家,法学家和经济学家,意大利工团主义运动的领袖之一。写有一些工团主义理论方面的著作,企图使自己的所谓"革命工团主义"纲领趋附马克思主义,同时又对马克思主义加以"纠正"。1911—1912年意土战争期间和第一次世界大战期间采取沙文主义立场。1920—1921年任卓利蒂政府的劳工大臣。1926—1939年侨居国外,反对法西斯主义。1948—1953年为参议员。1949年意大利政府签订侵略性的北大西洋公约后,拉布里奥拉参加了保卫和平运动,1950年被选入世界和平理事会。——155。

拉狄克,卡尔·伯恩哈多维奇(Радек, Карл Бернгардович 1885—1939)——生于东加里西亚。20世纪初参加加里西亚、波兰和德国的社会民主主义运动。1901年起为加里西亚社会民主党的积极成员,1904—1908年在波兰王国和立陶宛社会民主党内工作。1908年到柏林,为德国左派社会民主党人的报刊撰稿。第一次世界大战期间持国际主义立场。1917年加入俄国社会民主工党(布)。十月革命后在外交人民委员部工作。1918年是"左派共产主义者"。在党的第八次代表大会(1919)至第十二次代表大会(1923)上当选为中央委员。1920—1924年任共产国际执行委员会书记、委员和主席团委员。1923年起属托洛茨基反对派。1925—1927年任莫斯科中山大学校长。长期为《真理报》、《消息报》和其他报刊撰稿。1927年被开除出党,1930年恢复党籍,1936年再次被开除出党。——282。

拉法格,保尔(Lafargue, Paul 1842—1911)——法国工人运动和国际工人运动活动家,法国工人党和第二国际的创建人之一;马克思的女儿劳拉的丈夫。1865年初加入第一国际巴黎支部,1866年2月当选为国际总委员会委员。在马克思、恩格斯直接教诲下逐渐接受科学社会主义。巴黎公社时期曾组织波尔多工人声援公社的斗争,并前往巴黎会见公社领导人。公社失败后流亡西班牙,在反对巴枯宁主义者的斗争中起了重要作用。1872年10月迁居伦敦,为创建法国独立的工人政党做了大量工作。1880年和盖得一起在马克思和恩格斯指导下起草了法国工人党纲领,任工人党机关报《平等报》编辑。1882年回到巴黎,和盖得一起领导工人党,同可能派进行了不调和的斗争。1889年积极参加了创建第二国际的活动。1891年当选为众议员。19世纪末20世纪初反对伯恩施坦修正主义,谴责米勒兰加入资产阶级内阁的背叛行为。1905年统一的法国社会党成立后为党的领袖之一。拉法格是马克思主义的理论家和宣传家,在政治经济学、哲学、历史、语言学等方面宣传和捍卫马克思主义思想,但在理论问题上有某些缺点和错误。——7、45、125。

拉法格,劳拉(Lafargue, Laura 1845—1911)——法国工人运动活动家,马克思的二女儿,保尔·拉法格的妻子。为在法国传播马克思主义做了很多工作;与丈夫一起把《共产党宣言》译成了法文,还把马克思的《政治经济学批判》、恩格斯的《路德维希·费尔巴哈和德国古典哲学的终结》以及马克思和恩格斯的其他一些著作译成了法文。——7。

拉葛德尔,于贝尔(Lagardelle, Hubert 生于1874年)——法国小资产阶级政治活动家,无政府工团主义者。写有一些关于法国无政府工团主义史方面的著作,曾担任社会政治杂志《社会主义运动》的编辑。第一次世界大战期间是社会沙文主义者,后来是法国劳动总联合会的活动家。1942—1943年任维希政府的劳工部长,1946年因参加维希政府被判处终身监禁。——155。

拉林,尤·(卢里叶,米哈伊尔·亚历山德罗维奇)(Ларин, Ю.(Лурье, Михаил Александрович) 1882—1932)——1900年参加俄国社会民主主义运动,在敖德萨和辛菲罗波尔工作。1904年起为孟什维克。斯托雷平反动时期和新的革命高涨年代是取消派领袖之一,参加了"八月联盟"。第一次世界大战期间是中派分子。1917年二月革命后领导出版《国际》杂志的孟什维克国际主义派。1917年8月加入布尔什维克党。在彼得格勒参加十月武装起义。十月革命后在苏维埃和经济部门工作,曾任最高国民经济委员会主席团委员、国家计划委员会主席团委员等职。——116。

拉萨尔,斐迪南(Lassalle, Ferdinand 1825—1864)——德国工人运动活动家,小资产阶级社会主义者,德国工人运动中的一个机会主义变种——拉萨尔主义的鼻祖。积极参加了德国1848年革命。欧洲反动年代曾和马克思、恩格斯通

信。19世纪60年代初曾帮助德国工人摆脱资产阶级影响,参与创建全德工人
联合会,当选为联合会主席(1863)。联合会的建立对德国工人运动具有积极
意义,但是拉萨尔把它引上了机会主义道路。拉萨尔主张通过争取普选权和
建立由国家资助的工人生产合作社来解放工人。曾同俾斯麦勾结并支持他在
普鲁士霸权下自上统一德国的政策。马克思、恩格斯、列宁深刻地批判了拉萨
尔主义。——6、36、37、43、73、87、118、255、262、263、264。

朗格,弗里德里希·阿尔伯特(Lange, Friedrich Albert 1828—1875)——德国
哲学家和经济学家,新康德主义创始人之一。1870年起任苏黎世大学教授,
1872年起任马堡大学教授。拥护生理学唯心主义,歪曲唯物主义,认为唯物主
义作为研究自然界的方法是有效的,作为一种哲学理论是站不住脚的,并必
然导致唯心主义。企图用把"自在之物"变成主观概念的办法排除康德的二元
论。在他以资产阶级自由派的观点所写的著作中,歪曲工人运动的实质,站在
社会达尔文主义立场上,把生物学规律搬用于人类社会,拥护马尔萨斯的人
口过剩律,把资本主义看做是人类社会"自然的和永恒的"制度。主要著作有
《工人问题》(1865)、《唯物主义史及当代对唯物主义意义的批判》(1866)等。
——105。

劳拉——见拉法格,劳拉。

李卜克内西,威廉(Liebknecht, Wilhelm 1826—1900)——德国工人运动和国
际工人运动活动家,德国社会民主党的创建人和领袖之一,马克思和恩格斯
的朋友和战友。积极参加德国1848年革命,革命失败后流亡国外,在国外结识
马克思和恩格斯,接受了科学共产主义思想。1850年加入共产主义者同盟。
1862年回国。第一国际成立后,成为国际的革命思想的热心宣传者和国际的
德国支部的组织者之一。1868年起任《民主周报》编辑。1869年与奥·倍倍尔共
同创建了德国社会民主工党(即爱森纳赫派),任党的中央机关报《人民国家
报》编辑。1875年积极促成爱森纳赫派和拉萨尔派的合并。在反社会党人非常
法施行期间是地下党领导人之一。1890年起任党的中央机关报《前进报》的主
编,直至逝世。1867—1870年为北德意志联邦国会议员,1874年起多次被选为
德意志帝国国会议员,善于利用议会讲坛揭露普鲁士容克反动的内外政策。
因革命活动屡遭监禁。他是第二国际的组织者之一。马克思和恩格斯高度评
价他的活动,同时批评了他的某些调和主义性质的错误。——37、73—74、
119、120、122、123、128、238、240。

李嘉图,大卫(Ricardo, David 1772—1823)——英国经济学家,资产阶级古典

政治经济学的完成者。早年从事证券交易所活动,后致力于学术研究。1819年被选为下院议员。在资产阶级反对封建残余的斗争中维护资产阶级的利益,坚持自由竞争原则,要求消除妨碍资本主义生产发展的一切限制。在经济理论上发展了亚当·斯密的价值论,对商品价值决定于生产商品所耗费的劳动时间的原理作了比较透彻的阐述与发展,奠定了劳动价值学说的基础,并在这一基础上着重论证了资本主义的分配问题,发现了工人、资本家、土地所有者之间经济利益上的对立,从而初步揭示了阶级矛盾和阶级斗争的经济根源。但是由于资产阶级立场、观点、方法的限制,把资本主义生产方式看做是永恒的唯一合理的生产方式,在理论上留下了不少破绽和错误(没有分清劳动和劳动力,把价值和生产价格混为一谈,把级差地租同土地肥力递减规律联系起来等等),为后来的庸俗政治经济学所利用。主要著作有《政治经济学及赋税原理》(1817)、《论对农业的保护》(1822)等。——25、69、105。

李沃夫,格奥尔吉·叶夫根尼耶维奇(Львов, Георгий Евгеньевич 1861—1925)
——俄国公爵,大地主,地方自治人士,立宪民主党人。1903—1906年任图拉县地方自治局主席,曾参加1904—1905年地方自治机关代表大会。第一届国家杜马代表。第一次世界大战期间是全俄地方自治机关联合会主席和全俄地方自治机关和城市联合会军需供应总委员会的领导人之一。1917年3—7月任临时政府总理兼内务部长,是七月事变期间血腥镇压彼得格勒工人和士兵的策划者之一。十月革命后逃往法国,参与策划对苏维埃俄国的武装干涉。——169、172、293。

列金,卡尔(Legien, Karl 1861—1920)——德国右派社会民主党人,德国工会领袖之一。1890年起任德国工会总委员会主席。1903年起任国际工会书记处书记,1913年起任主席。1893—1920年(有间断)为德国社会民主党的国会议员。1919—1920年为魏玛共和国国民议会议员。第一次世界大战期间是社会沙文主义者。1918年十一月革命期间同其他右派社会民主党人一起推行镇压革命运动的政策。——175、218、220、289。

列诺得尔,皮埃尔(Renaudel, Pierre 1871—1935)——法国社会党右翼领袖之一。1899年参加社会主义运动。1906—1915年任《人道报》编辑,1915—1918年任社长。1914—1919年和1924—1935年为众议员。第一次世界大战期间是社会沙文主义者。反对社会党参加共产国际,主张社会党人参加资产阶级政府。1927年辞去社会党领导职务,1933年被开除出党。——175、218。

龙格,让(Longuet, Jean 1876—1938)——法国社会党和第二国际领袖之一,政论家,沙尔·龙格和燕妮·马克思的儿子。19世纪末至20世纪初积极为法国和国际的社会主义报刊撰稿。1914年和1924年当选为众议员。第一次世界大战期间领导法国社会党中派——和平主义少数派;是法国中派分子的报纸《人民报》的创办人(1916)和编辑之一。谴责外国武装干涉苏维埃俄国。反对法国社会党加入共产国际,反对建立法国共产党。1920年起是法国社会党中派领袖之一。1921年起是第二半国际执行委员会委员。1923年起是社会主义工人国际领导人之一。30年代主张社会党人和共产党人联合起来反对法西斯主义,参加了反法西斯和反战的国际组织。——7。

龙格,沙尔(Longuet, Charles 1839—1903)——法国工人运动活动家,蒲鲁东主义者,新闻工作者,马克思的女儿燕妮的丈夫。19世纪60年代初积极参加反对第二帝国的共和主义和民主主义运动。1865年侨居比利时,后到英国,同年加入第一国际。1866—1868年和1871—1872年是第一国际总委员会委员,多次参加第一国际代表大会。1871年4月当选为巴黎公社委员。公社失败后流亡英国,1880年大赦后回国。80年代一度参加法国工人党中的机会主义派别"可能派"。——7。

龙格,燕妮(Longuet, Jenny 1844—1883)——国际工人运动活动家,马克思的大女儿,沙尔·龙格的妻子。曾撰文维护爱尔兰芬尼社社员,给流亡国外的巴黎公社战士以帮助。——7。

卢·乔·——见卢卡奇·乔治。

卢格,阿尔诺德(Ruge, Arnold 1802—1880)——德国政论家,青年黑格尔派,资产阶级激进派。1844年同马克思一起在巴黎出版《德法年鉴》,不久与马克思分道扬镳。1848年为法兰克福国民议会议员,属于左派。50年代是侨居英国的德国小资产阶级流亡者的领袖之一。1866年后成为民族自由党人,拥护俾斯麦,写文章支持以普鲁士为霸主统一德国。——4、39、56。

卢卡奇·乔治(卢·乔·)(Lukács György(L. G.) 1885—1971)——匈牙利哲学家和文学批评家。最初是唯心主义者。后来接受马克思主义。1918年加入匈牙利共产党。1919年先后任匈牙利苏维埃共和国教育人民委员和红军第五师政治委员。1919年起多次当选为中央委员。匈牙利苏维埃政权被推翻后流亡奥地利和德国。20年代初期犯过左倾宗派主义的错误。1930年起住在莫斯科,从事学术研究工作。1945年回国后任匈牙利科学院院士和布达佩斯大学教授。卢卡奇写有许多哲学、美学、历史和文学理论方面的著作。——292、293。

卢森堡,罗莎(Luxemburg, Rosa 1871—1919)——德国、波兰和国际工人运动活动家,德国社会民主党和第二国际左翼领袖和理论家之一,德国共产党创建人之一。生于波兰。19世纪80年代后半期开始革命活动,1893年参与创建波兰王国社会民主党,为党的领袖之一。1898年移居德国,积极参加德国社会民主党的活动,反对伯恩施坦主义和米勒兰主义。曾参加俄国第一次革命(在华沙)。1907年在伦敦参加俄国社会民主工党第五次代表大会,在会上支持布尔什维克。第一次世界大战期间持国际主义立场,是建立国际派(后改称斯巴达克派和斯巴达克联盟)的发起人之一。参加领导了德国1918年十一月革命,同年底参与领导德国共产党成立大会,作了党纲报告。1919年1月柏林工人斗争被镇压后,于15日被反革命军队逮捕和杀害。列宁对她评价很高,同时也批评了她的一些错误。——282。

鲁巴诺维奇,伊里亚·阿道福维奇(Рубанович, Илья Адольфович 1860—1920)——俄国社会革命党领袖之一。早年积极参加民意党运动,19世纪80年代侨居巴黎,1893年在巴黎加入老民意党人小组。社会革命党成立后即为该党积极成员。曾参加《俄国革命通报》杂志的工作,该杂志从1902年起成了社会革命党正式机关刊物。他是出席阿姆斯特丹(1904)和斯图加特(1907)国际社会党代表大会的社会革命党代表,社会党国际局成员。第一次世界大战期间是社会沙文主义者。十月革命后反对苏维埃政权。——175。

鲁萨诺夫,尼古拉·谢尔盖耶维奇(Русанов, Николай Сергеевич 1859—1939)——俄国政论家,民意党人,后为社会革命党人。侨居国外时会见过恩格斯。1905年回国,编辑社会革命党的报纸。十月革命后为白俄流亡分子。——219。

罗季切夫,费多尔·伊兹迈洛维奇(Родичев, Федор Измаилович 1853—1932)——俄国地主和地方自治活动家,立宪民主党领袖之一,该党中央委员。1904—1905年地方自治人士代表大会的参加者。第一至第四届国家杜马代表。1917年二月革命后任临时政府芬兰事务委员。十月革命后为白俄流亡分子。——145。

洛贝尔图斯-亚格措夫,约翰·卡尔(Rodbertus-Jagetzow, Johann Karl 1805—1875)——德国经济学家,国家社会主义理论家,资产阶级化的普鲁士贵族利益的表达者,大地主。认为劳动和资本的矛盾可以通过普鲁士容克王朝实行的一系列改革得到解决。由于不了解剩余价值产生的根源和资本主义基本矛盾的实质,认为经济危机的原因在于人民群众的消费不足。认为地租是由于农业中不存在原料的耗费而形成的超额收入。主要著作有《关于我国国家经济状况的认识》(1842)、《给冯·基尔希曼的社会问题书简》(1850—1851、

1884)等。——25。

M

马尔托夫,尔·(**策杰尔包姆,尤利·奥西波维奇**)(Мартов, Л. (Цедербаум, Юлий Осипович) 1873—1923)——俄国孟什维克领袖之一。19世纪90年代初参加社会民主主义运动。1895年参与组织彼得堡工人阶级解放斗争协会。1896年被捕并流放图鲁汉斯克三年。1900年参与创办《火星报》,为该报编委。在俄国社会民主工党第二次代表大会上,领导机会主义少数派,反对列宁的建党原则;从那时起成为孟什维克中央机关的领导成员和孟什维克报刊的编辑。斯托雷平反动时期和新的革命高涨年代是取消派分子,编辑《社会民主党人呼声报》,参与组织"八月联盟"。第一次世界大战期间是中派分子,曾参加齐美尔瓦尔德代表会议和昆塔尔代表会议。1917年二月革命后领导孟什维克国际主义派。十月革命后反对镇压反革命和解散立宪会议。1919年当选为全俄中央执行委员会委员,1919—1920年为莫斯科苏维埃代表。1920年9月侨居德国。曾参与组织第二半国际,在柏林创办和编辑孟什维克杂志《社会主义通报》。——105。

马克思,亨利希(Marx, Heinrich 1777—1838)——马克思的父亲;律师,后为特里尔司法参事;持自由主义观点。——3。

马克思(**冯·威斯特华伦**),燕妮(Marx(von Westphalen), Jenny 1814—1881)——马克思的妻子,他的忠实朋友和助手。——4、7。

马克思-艾威林,爱琳娜(杜西)(Marx-Aveling, Eleanor(Tussy)1855—1898)——英国工人运动和国际工人运动活动家,马克思的小女儿。英国社会主义同盟(1884)和英国独立工党(1893)的创建人之一。马克思逝世后,在恩格斯的直接领导下积极参加非熟练工人的群众运动,是1889年伦敦码头工人大罢工的组织者之一。积极为英国和德国的社会主义报刊撰稿,整理和发表了马克思的著作《工资、价格和利润》以及马克思关于东方问题的一系列文章,著有关于马克思和恩格斯的回忆录。——7、41、129。

马斯洛夫,彼得·巴甫洛维奇(Маслов, Петр Павлович 1867—1946)——俄国经济学家,社会民主党人。写有一些土地问题著作,修正马克思主义政治经济学原理。曾为《生活》、《开端》和《科学评论》杂志撰稿。俄国社会民主工党第二次代表大会后是孟什维克;曾提出孟什维克的土地地方公有化纲领。在俄国社会民主工党第四次(统一)代表大会上代表孟什维克作了关于土地问题的报告,被选入中央机关报编辑部。斯托雷平反动时期和新的革命高涨年代是取消派分子。第一次世界大战期间是社会沙文主义者。十月革命后脱离政治活动,从事教学和科研工作,研究社会主义政治经济学问题。1929年起为苏联科学院院士。——105。

马志尼,朱泽培(Mazzini, Giuseppe 1805—1872)——意大利统一时期的资产阶级革命家,民族解放运动中民主派的领袖和思想家之一。早年参加秘密革命组织"烧炭党",后被捕,流亡国外。1831年在法国马赛建立青年意大利党。积极参加1848年革命,是1849年罗马共和国政府的首脑。1860年支持加里波第对西西里的远征。主张通过革命道路把意大利从异族压迫下解放出来和建立统一的民主共和国,认为起义是基本的斗争手段,但惯于采用密谋策略,忽视农民利益,不懂得解决土地问题的重要性。反对阶级斗争,宣扬通过"劳资合作"来解决工人问题的小资产阶级空想主义计划。——6。

曼,汤姆(Mann, Tom 1856—1941)——英国工人运动活动家。1885年加入社会民主联盟。80年代末积极参加新工联运动,领导过多次罢工,1889年伦敦码头工人大罢工期间主持罢工委员会。1893年参与创建独立工党,属该党左翼。1901—1910年住在澳大利亚和新西兰,参加了这些国家的工人运动。第一次世界大战期间持国际主义立场;积极组织英国工人反对武装干涉苏维埃俄国的斗争。1920年是英国共产党的创建人之一。为争取国际工人运动的统一、反对帝国主义反动派和法西斯主义而进行了积极的斗争。——130。

曼宁,亨利·爱德华(Manning, Henry Edward 1808—1892)——英国教士,1851年改信天主教,英国天主教会的首脑,1868年起为威斯敏斯特大主教,1875年起为红衣主教;以竭诚维护教皇的参政权而闻名。——129。

梅林,弗兰茨(Mehring, Franz 1846—1919)——德国工人运动活动家,德国社会民主党左翼领袖和理论家之一,历史学家、政论家和文艺学家,德国共产党创建人之一。19世纪60年代末起是资产阶级民主主义政论家。1891年加入德国社会民主党,担任党的理论刊物《新时代》杂志的固定撰稿人和编辑,1902—1907年任《莱比锡人民报》主编,积极反对第二国际的机会主义和修正主义,批判考茨基主义。第一次世界大战爆发后坚决谴责帝国主义侵略战争和社会沙文主义者的背叛政策;是国际派(后改称斯巴达克派和斯巴达克联盟)的组织者和领导人之一。1918年参加了建立德国共产党的准备工作。欢迎俄国十月革命,曾撰文驳斥对十月革命的恶毒攻击,维护苏维埃政权。在研究德国中世纪史、德国社会民主党史和马克思主义史方面作出了重大贡献,在整理出版马克思、恩格斯和拉萨尔的遗著方面也做了大量工作,但在其著作中有不少缺点和错误。主要著作有《莱辛传奇》(1893)、《德国社会民主党史》(1897—1898)、《马克思传》(1918)等。——114、118、119、121、124、205。

孟德斯鸠,沙尔(Montesquieu, Charles 1689—1755)——法国启蒙思想家,法学家,社会学家,作家。1716年起任波尔多省高等法院院长。曾先后被选为法兰西学院院士、英国皇家学会会员和柏林皇家科学院院士。反对封建专制,主张实行立宪君主制,并认为实行立法、行政、司法三权分立和联邦制是防止君主制演变成暴君政治的有效手段。提出地理环境决定社会制度的理论,认为一个国家的道德风貌、法律性质、政治制度是由地理条件决定的。主要著作有《波斯人信札》(1721)、《罗马盛衰原因论》(1734)、《论法的精神》(1748)等。——226。

米尔柏格,阿尔图尔(Mülberger, Arthur 1847—1907)——德国小资产阶级政论家,蒲鲁东主义者;职业是医生。1872年在德国社会民主工党中央机关报《人民国家报》上发表了几篇论述住宅问题的文章,受到恩格斯的严厉批评。曾为赫希格格出版的机会主义的《未来》杂志撰稿,写过一些关于法国和德国社会思想史方面的著作,攻击马克思主义。——149。

米海洛夫斯基,尼古拉·康斯坦丁诺维奇(Михайловский, Николай Констан-тинович 1842—1904)——俄国自由主义民粹派理论家,政论家,文艺批评家,实证论哲学家,社会学主观学派代表人物。1860年开始写作活动。1868年起为《祖国纪事》杂志撰稿,后任编辑。1879年与民意党接近。1882年以后写了一系列谈"英雄"与"群氓"问题的文章,建立了完整的"英雄"与"群氓"的理论体系。1884年《祖国纪事》杂志被封闭后,给《北方通报》、《俄国思想》、《俄罗斯新闻》等报刊撰稿。1892年起任《俄国财富》杂志编辑,在该杂志上与俄国马克思主义者进行激烈的论战。——182。

米勒兰,亚历山大·艾蒂安(Millerand, Alexandre Étienne 1859—1943)——法国政治活动家,法国社会党和第二国际的机会主义代表人物。1885年起多次当选议员。原属资产阶级激进派,90年代初参加法国社会主义运动,领导运动中的机会主义派。1898年同让·饶勒斯、泽·卡梅利纳等人组成法国独立社会党人联盟。1899年参加瓦尔德克-卢梭内阁,任工商业部长,同镇压巴黎公社的刽子手加利费合作;这是有史以来社会党人第一次参加资产阶级政府,列宁把这个行动斥之为"实践的伯恩施坦主义"。1904年被开除出法国社会党,此后同阿·白里安、勒·维维安尼等前社会党人一起组成独立社会党人集团。1909—1915年先后任公共工程部长和陆军部长,竭力主张把帝国主义战争进行到底。俄国十月革命后是武装干涉苏维埃俄国的策划者之一。1920年1—9月任总理兼外交部长,1920年9月—1924年6月任法兰西共和国总统。资产阶级左翼政党在大选中获胜后,被迫辞职。1925年和1927年当选为参议员。——275。

米留可夫,帕维尔·尼古拉耶维奇(Милюков, Павел Николаевич 1859—1943)
——俄国立宪民主党领袖,俄国帝国主义资产阶级思想家,历史学家和政论家。1905年10月参与创建立宪民主党,后任该党中央委员会主席和中央机关报《言语报》编辑。第三届和第四届国家杜马代表。第一次世界大战期间为沙皇政府的掠夺政策辩护。1917年二月革命后任第一届临时政府外交部长,推行把战争进行到"最后胜利"的帝国主义政策;同年8月积极参与策划科尔尼洛夫叛乱。十月革命后同白卫分子和武装干涉者合作。1920年起为白俄流亡分子,在巴黎出版《最新消息报》。——141—142、293。

米涅,弗朗索瓦·奥古斯特·玛丽(Mignet, François-Auguste-Marie 1796—1884)
——法国历史学家,资产阶级阶级斗争理论的创立者之一。像波旁王朝复辟时期的其他自由派历史学家一样,他承认阶级斗争在历史上的作用,但把这一斗争仅仅归结为农业贵族和资产阶级之间的斗争。论证了资产阶级夺取政权的历史必然性,但否定人民群众的革命斗争。主要著作有《法国革命史》。——16。

摩莱肖特,雅科布(Moleschott, Jacob 1822—1893)——荷兰学者,先后在苏黎世大学、都灵大学、罗马大学任生理学教授。庸俗唯物主义主要代表之一;持复活机械论的自然观和社会观。主要哲学著作是《生命的循环》(1852);还写有一些生理学著作。——10。

莫斯特,约翰·约瑟夫(Most, Johann Joseph 1846—1906)——德国社会民主党人,后为无政府主义者;职业是装订工人。19世纪60年代参加工人运动,接近社会民主党,成为新闻工作者。1874—1878年为帝国国会议员。在理论上拥护杜林,在政治上信奉"用行动做宣传"的无政府主义思想,认为可以立刻进行无产阶级革命。1878年反社会党人非常法颁布后流亡伦敦,1879年出版无政府主义的《自由》周报,号召工人进行个人恐怖活动,认为这是最有效的革命斗争手段。1880年被开除出社会民主党,1882年起侨居美国,继续出版《自由》周报和进行无政府主义的宣传。晚年脱离工人运动。——38、119、120。

N

拿破仑第一（波拿巴）（Napoléon I（Bonaparte）1769—1821）——法国皇帝，资产阶级军事家和政治家。法国资产阶级革命时期参加革命军。1799年发动雾月政变，自任第一执政，实行军事独裁统治。1804年称帝，建立法兰西第一帝国，颁布《拿破仑法典》，巩固资本主义制度。多次粉碎反法同盟，严重打击了欧洲封建反动势力。但拿破仑的对外战争逐渐变为同英俄争霸和掠夺、奴役别国的侵略战争。1814年欧洲反法联军攻陷巴黎后，被流放于厄尔巴岛。1815年重返巴黎，再登皇位。滑铁卢之役战败后，被流放于大西洋圣赫勒拿岛。——200、248。

拿破仑第三（波拿巴，路易）（Napoléon III（Bonaparte, Louis）1808—1873）——法国皇帝（1852—1870），拿破仑第一的侄子。法国1848年革命失败后被选为法兰西共和国总统。1851年12月2日发动政变，1852年12月称帝。在位期间，对外屡次发动侵略战争，包括同英国一起发动侵略中国的第二次鸦片战争。对内实行警察恐怖统治，强化官僚制度，同时以虚假的承诺、小恩小惠和微小的改革愚弄工人。1870年9月2日在普法战争色当战役中被俘，9月4日巴黎革命时被废黜。马克思在《路易·波拿巴的雾月十八日》一书中对拿破仑第三作了评述。——106、199。

尼古拉·罗曼诺夫——见尼古拉二世（罗曼诺夫）。

尼古拉二世（罗曼诺夫）（Николай II（Романов）1868—1918）——俄国最后一个皇帝，亚历山大三世的儿子。1894年即位，1917年二月革命时被推翻。1918年7月17日根据乌拉尔州工兵代表苏维埃的决定在叶卡捷琳堡被枪决。——167。

P

帕尔钦斯基，彼得·伊阿基莫维奇（Пальчинский, Петр Иакимович 1875—1929）——俄国工程师，煤炭辛迪加的创办人，与银行界关系密切。1917年二月革命后任临时政府工商业部副部长，鼓动企业主怠工，破坏民主组织。1917年11月7日是临时政府所在地冬宫的守卫队长。十月革命后在工业部门组织破坏活动。1929年被枪决。——186。

潘涅库克，安东尼（Pannekoek, Antoinie 1873—1960）——荷兰工人运动活动家，天文学家。1907年是荷兰社会民主工党左翼刊物《论坛报》的创办人之一，1909年参与创建荷兰社会民主党。1910年起与德国左派社会民主党人关系密切,积极为他们的报刊撰稿。第一次世界大战期间是国际主义者,曾参加齐美尔瓦尔德左派理论刊物《先驱》杂志的出版工作。1918—1921年是荷兰共产党党员,参加共产国际的工作。曾采取极左的宗派主义立场,20年代初是极左的德国共产主义工人党领袖之一。1921年退出共产党,不久脱离政治活动。——282—286。

皮达可夫,格奥尔吉·列昂尼多维奇(尤里)(Пятаков, Георгий Леонидович (Юрий) 1890—1937)——1910年加入俄国社会民主工党。1914—1917年先后侨居瑞士和瑞典;曾参加伯尔尼代表会议,为《共产党人》杂志撰稿。1917年二月革命后任党的基辅委员会主席和基辅工人代表苏维埃执行委员会委员。十月革命后任国家银行总委员。1918年12月任乌克兰临时工农政府主席。1920年起历任顿巴斯中央煤炭工业管理局局长、国家计划委员会和最高国民经济委员会副主席、驻法国商务代表、苏联国家银行管理委员会主席、副重工业人民委员等职。——165。

蒲鲁东,皮埃尔·约瑟夫(Proudhon, Pierre-Joseph 1809—1865)——法国政论家,经济学家,社会学家,小资产阶级思想家,无政府主义创始人之一。1840年出版《什么是财产?》一书,从小资产阶级立场出发批判大资本主义所有制,幻想使小私有制永世长存。主张由专门的人民银行发放无息贷款,帮助工人购置生产资料,使他们成为手工业者,再由专门的交换银行保证劳动者"公平地"销售自己的劳动产品,而同时又不触动生产工具和生产资料的资本主义所有制。认为国家是阶级矛盾的主要根源,提出和平"消灭国家"的空想主义方案,对政治斗争持否定态度。1846年出版《经济矛盾的体系,或贫困的哲学》,阐述他的小资产阶级的哲学和经济学观点。马克思在《哲学的贫困》一书中对该书作了彻底的批判。在1848年革命时期被选入制宪议会后,攻击工人阶级的革命发动,赞成1851年12月2日的波拿巴政变。——5、6、40、78、110、223、224、225、236、274、276。

普列汉诺夫,格奥尔吉·瓦连廷诺维奇(Плеханов, Георгий Валентинович 1856—1918)——俄国早期的马克思主义理论家,后来成为孟什维克和第二国际机会主义领袖之一。19世纪70年代参加民粹主义运动,是土地和自由社成员及土地平分社领导人之一。1880年侨居瑞士,逐步同民粹主义决裂。1883年创建俄国第一个马克思主义团体——劳动解放社。翻译和介绍了马克思和恩格斯的许多著作,对马克思主义在俄国的传播起了重要作用;写过不少优秀的马克思主义著作,批判民粹主义、合法马克思主义、经济主义、伯恩施坦

主义、马赫主义。20世纪初是《火星报》和《曙光》杂志编辑部成员。俄国社会民
主工党第二次代表大会后逐渐转向孟什维克。1905—1907年革命时期反对列
宁的民主革命的策略,后来在孟什维克和布尔什维克之间摇摆。斯托雷平反
动时期和新的革命高涨年代反对取消主义,领导了孟什维克护党派。第一次
世界大战期间持社会沙文主义立场。1917年二月革命后返回俄国,支持资产
阶级临时政府。对十月革命持否定态度,但拒绝支持反革命。——45、58、95、
108—109、110、111、112、114、131、135、136、151、173、175、208、218、220、
224、269、273、274、288、289。

Q

齐赫泽,尼古拉·谢苗诺维奇(Чхеидзе, Николай Семенович 1864—1926)
——俄国孟什维克领袖之一。19世纪90年代末参加社会民主主义运动。俄国
社会民主工党第二次代表大会后是孟什维克。第三届和第四届国家杜马代
表,第四届杜马孟什维克党团主席。第一次世界大战期间是中派分子。1917年
二月革命后任国家杜马临时委员会委员、彼得格勒工兵代表苏维埃主席和第
一届中央执行委员会主席,极力支持资产阶级临时政府。1918年起是反革命
的外高加索议会主席,1919年起是格鲁吉亚孟什维克政府——立宪会议主
席。1921年格鲁吉亚建立苏维埃政权后流亡法国。——168、171。

乔治,亨利(George, Henry 1839—1897)——美国经济学家和社会活动家。19
世纪70年代起致力于土地改革运动。认为地租和人民被剥夺了土地是人民贫
困的根本原因;否认劳动和资本之间的对抗,认为资本产生利润是自然规律;
主张由资产阶级国家实行全部土地国有化,然后把土地租给个人。对乔治的
评价可参看马克思1881年6月20日致左尔格的信和恩格斯给《英国工人阶级
状况》美国版所写的序言。——115、116。

切尔诺夫,维克多·米哈伊洛维奇(Чернов, Виктор Михайлович 1873—1952)
——俄国社会革命党领袖和理论家之一。1902—1905年任社会革命党中央机
关报《革命俄国报》编辑。曾撰文反对马克思主义,企图证明马克思的理论不
适用于农业。第一次世界大战期间以左的词句掩盖其社会沙文主义立场,曾
参加齐美尔瓦尔德代表会议和昆塔尔代表会议。1917年5—8月任临时政府农
业部长,对夺取地主土地的农民实行残酷镇压。敌视十月革命。1918年1月任
立宪会议主席;曾领导反革命政府——立宪会议委员会,参与策划反苏维埃
叛乱。1920年流亡国外,继续反对苏维埃政权。——175、186、219、251、268、

289。

秦平,亨利·海德(Champion, Henry Hyde 1859—1928)——英国社会改良主
义者,年轻时当过军官。1882年为抗议格莱斯顿政府发动侵略埃及的战争而
退伍。曾加入社会民主联盟,1887年因在选举中与保守党人勾结被开除出联
盟。曾编辑出版《工人选民》周报。1893年起住在澳大利亚,在社会民主党组织
中工作。——129、130。

<h2 style="text-align:center">R</h2>

饶勒斯,让(Jaurès, Jean 1859—1914)——法国社会主义运动和国际社会主义
运动活动家,法国社会党领袖,历史学家和哲学家。1885年起多次当选议员。
原属资产阶级共和派,90年代初开始转向社会主义。1898年同亚·米勒兰、泽·
卡梅利纳等人组成法国独立社会党人联盟。1899年竭力为米勒兰参加资产阶
级政府的行为辩护。1901年起为社会党国际局成员。1902年与可能派、阿列曼
派等组成改良主义的法国社会党。1903年当选为议会副议长。1904年创办《人
道报》,主编该报直到逝世。1905年法国社会党同盖得领导的法兰西社会党合
并后,成为统一的法国社会党的主要领导人。在理论和实践问题上往往持改
良主义立场,但始终不渝地捍卫民主主义,反对殖民主义和军国主义。由于呼
吁反对临近的帝国主义战争,于第一次世界大战前夕(1914年7月31日)被法
国沙文主义者刺杀。写有法国大革命史等方面的著作。——275。

<h2 style="text-align:center">S</h2>

桑巴,马赛尔(Sembat, Marcel 1862—1922)——法国社会党改良派领袖之一,
新闻工作者。曾为社会党和左翼激进派刊物撰稿。1893年起为众议员。1905年
法国社会党与法兰西社会党合并后,是统一的法国社会党的右翼领袖之一。
第一次世界大战期间是社会沙文主义者。1914年8月—1917年9月任法国帝国
主义"国防政府"公共工程部长。1915年2月参加协约国社会党伦敦代表会议,
会议目的是在社会沙文主义纲领的基础上实现协约国社会党的联合。——
218、220。

桑巴特,威纳尔(Sombart, Werner 1863—1941)——德国经济学家和社会学
家。1890年起任布雷斯劳大学教授,1906年起任柏林大学教授。他的早期著作
受到马克思主义的影响,后来反对历史唯物主义和马克思的经济学说,否认
社会发展的一般规律,强调精神的决定性作用,把资本主义描绘成一种协调

的经济体系。晚年吹捧希特勒法西斯独裁制度,拥护反动的民族社会主义。主
要著作有《19世纪的社会主义和社会运动》(1896)、《现代资本主义》(1902)、
《德国社会主义》(1934)。——141。

沙佩尔,卡尔(Schapper, Karl 1812—1870)——德国工人运动和国际工人运
动活动家。1836—1837年参与创建正义者同盟,1840年参与创建德意志工人
教育协会。马克思和恩格斯把正义者同盟改组为共产主义者同盟后,他积极
参加同盟的活动,任同盟中央委员会委员。德国1848—1849年革命期间是科
隆工人联合会的领导人之一。革命失败后,于1850年7月流亡英国,和奥·维利
希一起领导共产主义者同盟中的冒险主义宗派集团。认识错误后,于1856年
恢复了同马克思和恩格斯的友好关系。1865年经马克思推荐,被增补进第一
国际总委员会。——36。

施蒂纳,麦克斯(**施米特,卡斯帕尔**)(Stirner, Max(Schmidt, Kaspar) 1806—
1856)——德国唯心主义哲学家,青年黑格尔派代表人物之一,唯我论者,无
政府主义先驱。马克思和恩格斯在《德意志意识形态》等著作中多次批判了施
蒂纳的观点。主要著作有《唯一者及其所有物》(1845)。——274。

施拉姆,卡尔·奥古斯特(Schramm, Karl August)——德国经济学家,社会改良
主义者。开始政治活动时是自由派分子,19世纪70年代初加入德国社会民主
党。1879年在《社会科学和社会政治年鉴》上发表了同赫希柏格和伯恩施坦合
写的《德国社会主义运动的回顾》一文,指责党的革命策略,鼓吹露骨的机会
主义和投降主义观点,呼吁同资产阶级结盟,要求使无产阶级的利益服从于
资产阶级。他的观点受到马克思和恩格斯的严厉批评。1884—1886年不断攻
击马克思主义。后来脱党。——119、121。

施泰因,洛伦茨(Stein, Lorenz 1815—1890)——德国国家法专家,哲学家,经
济学家;基尔大学(1846—1851)和维也纳大学(1855—1885)教授。他从黑格
尔关于"超阶级"的君主制的保守的唯心主义学说出发,把唯心主义和唯物主
义折中地混杂在自己的世界观里。他用唯心主义辩证法来分析社会政治的现
实,在自己的著作中赞美贵族和资产阶级的立宪君主制,把它描绘成似乎可
以代表全民利益和调和对抗性阶级矛盾的"社会的"君主制。恩格斯称施泰
因为"把外国的原理译成没有弄懂的黑格尔语言的自作聪明的思辨哲学
家"。——12。

施韦泽,约翰·巴蒂斯特(Schweitzer, Johann Baptist 1834—1875)——德国工
人运动活动家,拉萨尔派代表人物之一;职业是律师。政治活动初期是自由主

义者,在拉萨尔的影响下参加工人运动。1864—1867年任全德工人联合会机关报《社会民主党人报》编辑,1867年起任联合会主席。执行与普鲁士政府妥协的拉萨尔主义的机会主义路线,支持俾斯麦在普鲁士霸权下自上统一德国的政策。在联合会内实行个人独裁,引起会员不满,1871年被迫辞去主席职务。1872年他同普鲁士当局的勾结被揭露,被开除出联合会。——73、74。

司徒卢威,彼得·伯恩哈多维奇(Струве, Петр Бернгардович 1870—1944)
——俄国经济学家,哲学家,政论家,合法马克思主义主要代表人物。19世纪90年代编辑合法马克思主义者的杂志《新言论》和《开端》。在1894年发表的第一部著作《俄国经济发展问题的评述》中,就在批判民粹主义的同时,对马克思的经济学说和哲学学说提出"补充"和"批评"。20世纪初同马克思主义和社会民主主义彻底决裂,转到自由派营垒。1902年起编辑自由派资产阶级刊物《解放》杂志,1903年起是解放社的领袖之一。1905年起是立宪民主党中央委员,领导该党右翼。1907年当选为第二届国家杜马代表。第一次世界大战爆发后是俄国帝国主义思想家。十月革命后敌视苏维埃政权。是邓尼金和弗兰格尔反革命政府的成员,后逃往国外。——141、211。

斯宾塞,赫伯特(Spencer, Herbert 1820—1903)——英国哲学家,社会学家。实证论的代表,社会有机体论的创始人。认为社会和国家如同生物一样是由简单到复杂的不断发展进化的有机体,社会的阶级构成以及各种行政机构的设置犹如执行不同功能的各种生物器官,适者生存的规律也适用于社会。主要著作是《综合哲学体系》(1862—1896)。——182。

斯柯别列夫,马特维·伊万诺维奇(Скобелев, Матвей Иванович 1885—1938)
——1903年参加俄国社会民主主义运动,孟什维克;职业是工程师。1906年侨居国外,为孟什维克出版物撰稿,参加托洛茨基的维也纳《真理报》编辑部。第四届国家杜马代表,社会民主党杜马党团领袖之一。第一次世界大战期间是中派分子。1917年二月革命后任彼得格勒工兵代表苏维埃副主席、第一届中央执行委员会副主席;同年5—8月任临时政府劳动部长。十月革命后脱离孟什维克,先后在合作社系统和对外贸易人民委员部工作。1922年加入俄共(布),在经济部门担任负责工作。1936—1937年在全苏无线电委员会工作。——186、219。

斯密,亚当(Smith, Adam 1723—1790)——英国经济学家和哲学家,资产阶级古典政治经济学理论体系的创立者。曾任格拉斯哥大学教授和校长。他第一个系统地论述了劳动价值论的基本范畴,分析了价值规律的作用。研究了雇佣工人、资本家和地主这三大阶级的收入,认为利润和地租都是对劳动创造的价值的扣除,从而接触到剩余价值的来源问题,并在一定程度上揭露了资本主义社会阶级对立的经济根源。但由于历史的和阶级的局限性以及方法论上的矛盾,他的经济理论既有科学成分,又有庸俗成分。例如,他承认劳动是财富源泉和价值的尺度,又说价值由交换中购买到的劳动所决定,而且还断言价值由利润、工资和地租这三种收入构成;认为利润是劳动创造的价值的一部分,又说利润是"资本的自然报酬"等等。这就为庸俗经济学留下了发展余地。代表作是《国民财富的性质和原因的研究》(1776)。——22、69。

斯切克洛夫,尤里·米哈伊洛维奇(Стеклов, Юрий Михайлович 1873—1941)——1893年参加俄国社会民主主义运动,是敖德萨第一批社会民主主义小组的组织者之一。1903年俄国社会民主工党第二次代表大会后是布尔什维克。斯托雷平反动时期和新的革命高涨年代为布尔什维克的《社会民主党人报》、《明星报》、《真理报》和《启蒙》杂志撰稿。参加过第三届和第四届国家杜马社会民主党党团的工作。1917年二月革命后当选为彼得格勒苏维埃执行委员会委员;最初持"革命护国主义"立场,后转向布尔什维克。十月革命后任全俄中央执行委员会和苏联中央执行委员会主席团委员,《全俄中央执行委员会消息报》和《苏维埃建设》杂志的编辑。1929年起任苏联中央执行委员会学术委员会副主席。写有不少革命运动史方面的著作。——168、171。

斯陶宁格,托尔瓦德·奥古斯特·马里努斯(Stauning, Thorvald August Marinus 1873—1942)——丹麦国务活动家,丹麦社会民主党和第二国际右翼领袖之一,政论家。1905年起为议员。1910年起任丹麦社会民主党主席和该党议会党团主席。第一次世界大战期间持社会沙文主义立场。1916—1920年任丹麦资产阶级政府不管部大臣。1924—1926、1929—1942年任首相,先后领导社会民主党政府和资产阶级激进派和右派社会民主党人的联合政府。从30年代中期起推行投降法西斯德国的政策,1940年起推行同法西斯占领者合作的政策。——218、289。

斯特林,詹姆斯·哈奇森(Stirling, James Hutchison 1820—1909)——英国哲学家,新黑格尔主义创始人之一,写过一本关于黑格尔的书及其他著作。——74。

斯托雷平,彼得·阿尔卡季耶维奇(Столыпин, Петр Аркадьевич 1862—1911)——俄国国务活动家,大地主。1884年起在内务部任职。1902年任格罗德诺省省长。1903—1906年任萨拉托夫省省长,因镇压该省农民运动受到尼古拉二世的嘉奖。1906—1911年任大臣会议主席兼内务大臣。1907年发动"六三政变",解散第二届国家杜马,颁布新选举法以保证地主、资产阶级在杜马中占统治地位,残酷镇压革命运动,大规模实施死刑,开始了"斯托雷平反动时期"。实行土地改革,以培植富农作为沙皇专制制度在农村中的支柱。1911年被社会革命党人Д. Г. 博格罗夫刺死。——142。

T

特赖奇克,亨利希(Treitschke, Heinrich 1834—1896)——德国历史学家和政论家,普鲁士主义、沙文主义和种族主义的思想家和宣传者。1866—1889年任《普鲁士年鉴》杂志编辑。1871—1884年是帝国国会议员,积极支持俾斯麦的内外政策,拥护1878年颁布的反社会党人非常法。1886年起为普鲁士国家历史编纂官。1895年当选为柏林科学院院士。主要著作是《19世纪德国史》(五卷本)。特赖奇克对德国帝国主义思想体系的形成起了重要作用。——138。

特雷维斯,克劳狄奥(Treves, Claudio 1868—1933)——意大利社会党改良派领袖之一。1909—1912年编辑社会党中央机关报《前进报》。1906—1926年为议员。第一次世界大战期间是中派分子,反对意大利参战。敌视俄国十月革命。1922年意大利社会党分裂后,成为改良主义的统一社会党的领袖之一。法西斯分子上台后,于1926年流亡法国,进行反法西斯的活动。——289。

梯也尔,阿道夫(Thiers, Adolphe 1797—1877)——法国国务活动家,历史学家。早年当过律师和新闻记者。19世纪20年代末作为自由主义资产阶级反对派活动家开始政治活动。七月王朝时期历任参事院院长、内政大臣、外交大臣和首相,残酷镇压1834年里昂工人起义。第二共和国时期是反革命保皇派的秩序党的领袖之一。1870年9月4日第二帝国垮台后,成为资产阶级"国防政府"实际领导人之一,1871年2月就任政府首脑。上台后与普鲁士签订了丧权辱国的和约,又策划解除巴黎国民自卫军的武装,从而激起了3月18日起义。内战爆发后逃往凡尔赛,勾结普鲁士军队血腥镇压巴黎公社。1871—1873年任第三共和国总统。作为历史学家,他的观点倾向于复辟王朝时期的资产阶级历史编纂学派。马克思在《法兰西内战》一书中对梯也尔在法国历史上的作用作了详尽的评述。——16。

梯叶里,奥古斯坦(Thierry, Augustin 1795—1856)——法国历史学家,资产阶级阶级斗争理论的创立者之一。承认社会划分为阶级,承认资产阶级反对贵族的阶级斗争,同时企图证明封建欧洲的阶级的产生是由于一些民族征服另一些民族的结果。曾致力于"第三等级"史的研究,但把"第三等级"看成是一个统一的阶级。对人民群众的革命行动持否定态度。主要著作有《诺曼人征服英国史》(1825)、《第三等级形成和发展的历史》(1850)等。——16。

屠拉梯,菲力浦(Turati, Filippo 1857—1932)——意大利工人运动活动家,意大利社会党创建人之一,该党右翼改良派领袖。1896—1926年为议员,领导意大利社会党议会党团。推行无产阶级同资产阶级阶级合作的政策。第一次世界大战期间持中派立场。敌视俄国十月革命。1922年意大利社会党分裂后,参与组织并领导改良主义的统一社会党。法西斯分子上台后,于1926年流亡法国,进行反法西斯的活动。——289。

W

王德威尔得,埃米尔(Vandervelde, Émile 1866—1938)——比利时政治活动家,比利时工人党领袖,第二国际的机会主义代表人物。1885年加入比利时工人党,90年代中期成为党的领导人。1894年起多次当选为议员。1900年起任第二国际常设机构——社会党国际局主席;一贯采取机会主义立场,曾为伯恩施坦主义辩护。第一次世界大战爆发后成为社会沙文主义者,是大战期间欧洲国家中第一个参加资产阶级政府的社会党人。1918年起历任司法大臣、外交大臣、公共卫生大臣、副首相等职。1917年二月革命后到俄国鼓吹继续进行战争。敌视俄国十月革命,支持武装干涉苏维埃俄国。曾积极参加恢复第二国际的活动,1923年起是社会主义工人国际书记处书记和常务局成员。——155、175、218、220、288、289。

威士涅威茨基夫人——见凯利-威士涅威茨基夫人,弗洛伦斯。

威斯特华伦——见马克思,燕妮。

威斯特华伦,斐迪南·奥托·威廉·亨宁(Westphalen, Ferdinand Otto William Henning 1799—1876)——普鲁士国务活动家,普鲁士封建贵族的代表人物之一,君主派分子;马克思夫人燕妮·威斯特华伦的异母哥哥。1850—1858年任普鲁士内政大臣,推行反动政策。——4。

维伯,比阿特里萨(Webb, Beatrice 1858—1943)——英国经济学家和社会活动家,悉尼·维伯的妻子。曾在伦敦一些企业中研究工人劳动条件,担任一些关于失业和妇女地位问题的政府委员会的委员。——141、286。

维伯,悉尼·詹姆斯(Webb, Sidney James 1859—1947)——英国经济学家和社会活动家,工联主义和所谓费边社会主义的理论家,费边社的创建人和领导人之一。1915—1925年代表费边社参加工党全国执行委员会。1922年起为议员。1924年任贸易大臣,1929—1930年任自治领大臣,1929—1931年任殖民地大臣。与其妻比阿特里萨·维伯合写的许多关于英国工人运动的历史和理论的著作,宣扬在资本主义条件下和平解决工人问题的改良主义思想,但包含有英国工人运动历史的极丰富的材料。主要著作有《英国社会主义》(1890)、《产业民主》(1897)(列宁翻译了此书的第一卷,并校订了第二卷的俄译文;俄译本书名为《英国工联主义的理论和实践》)等。——141、286。

维利希,奥古斯特(Willich, August 1810—1878)——德国工人运动参加者。原为普鲁士军官,1847年因政治信仰退伍,同年加入共产主义者同盟。德国1848—1849年革命期间参加过德国南部共和派的一系列武装发动。1849年巴登—普法尔茨起义时指挥志愿军部队,恩格斯担任他的副官。起义失败后,先后流亡瑞士和英国。他是1850年从共产主义者同盟分裂出去的冒险主义宗派集团的领袖之一。维利希及其拥护者的策略遭到马克思和恩格斯的反对。1853年移居美国,积极参加美国内战(1861—1865),在北方军队中担任多种指挥职务。——36。

魏德迈,约瑟夫(Weydemeyer, Joseph 1818—1866)——德国和美国工人运动活动家,马克思和恩格斯的朋友和战友。生于德国,毕业于柏林陆军大学,当过炮兵中尉。后辞去军职,参加"真正的"社会主义者刊物的编辑工作。在马克思和恩格斯的影响下,逐渐由"真正的社会主义"转向科学共产主义。1847年共产主义者同盟成立后积极参加同盟的活动,曾参加德国1848—1849年革命。1849—1850年是《新德意志报》责任编辑之一。1851年7月流亡瑞士,不久移居美国。1852年在纽约建立美国第一个马克思主义团体——无产者同盟,并创办美国第一个马克思主义刊物《革命》周刊。1864年第一国际成立后,是国际美国支部的组织者之一。1861—1865年参加美国国内战争,曾任北方军队的上校。——205。

X

希尔奎特,莫里斯(Hillquit, Morris 1869—1933)——美国社会党创建人之一,职业是律师。起初追随马克思主义,后来倒向改良主义和机会主义。出生在里加,1886年移居美国,1888年加入美国社会主义工人党。该党分裂后,1901年参与创建美国社会党。1904年起为社会党国际局成员;曾参加第二国际代表大会的工作。第一次世界大战期间是中派分子。敌视俄国十月革命,反对共产主义运动。——114。

希尔施，麦克斯(Hirsch, Max 1832—1905)——德国经济学家和政论家，资产阶级进步党活动家。1859年开办了一家出版社。1868年访问英国后，同弗·敦克尔一起创建了几个改良主义的工会(所谓希尔施—敦克尔工会)。1869—1893年为国会议员。在他的著作中宣扬劳资"和谐"思想，反对无产阶级的革命策略，维护改良主义。——119。

席佩尔，麦克斯(Schippel, Max 1859—1928)——德国经济学家和政论家，1886年起为社会民主党人。1887—1890年编辑《柏林人民论坛报》，1897年起参与领导德国机会主义者的杂志《社会主义月刊》。1890—1905年任国会议员期间为德国帝国主义的扩张政策辩护。第一次世界大战期间是社会沙文主义者。1923—1928年任德累斯顿工学院教授。——122。

谢德曼，菲力浦(Scheidemann, Philipp 1865—1939)——德国社会民主党右翼领袖之一。1903年起参加社会民主党国会党团。1911年当选为德国社会民主党执行委员会委员，1917—1918年是执行委员会主席之一。第一次世界大战期间是社会沙文主义者。1918年10月参加巴登亲王马克斯的君主制政府，任国务大臣。1918年十一月革命期间参加所谓的人民代表委员会，借助旧军队镇压革命。1919年2—6月任魏玛共和国联合政府总理。1933年德国建立法西斯专政后流亡国外。——175、218、220、288。

休谟，大卫(Hume, David 1711—1776)——英国哲学家，主观唯心主义者，不可知论者；历史学家和经济学家。继乔·贝克莱之后，用唯心主义精神发展约·洛克的感觉论。承认感觉是认识的基础，认为认识的任务就是组合初步的感觉和由感觉形成的概念。否认唯物主义的因果观，认为外部世界的存在问题是无法解决的。休谟的观点对于资产阶级唯心主义哲学后来的发展有很大影响。主要著作有《人性论》(1739—1740)、《道德原则研究》(1751)等。——9。

Y

亚历山大三世(**罗曼诺夫**)(Александр III(Романов)1845—1894)——俄国皇帝(1881—1894)。——164、165。

燕妮——见龙格，燕妮。

耶克，古斯塔夫(Jaeckh, Gustav 1866—1907)——德国新闻工作者，社会民主党人。1901年起任德国社会民主党左翼机关报《莱比锡人民报》编辑；曾为《新时代》杂志撰稿。《国际》一书的作者，该书俄译本曾多次再版。——42、113。

伊壁鸠鲁(Epikouros 公元前341—前270)——古希腊唯物主义哲学家,无神
　　论者,德谟克利特的追随者。——3、39。

尤里——见皮达可夫,格·列·。

Z

泽尔,理查(Seel, Richard 1819—1875)——德国美术家,1845—1848年侨居
　　巴黎,与恩格斯相识。他还以作曲家和作家而闻名。——77。

左尔格,弗里德里希·阿道夫(Sorge, Friedrich Adolph 1828—1906)——国际
　　工人运动和美国工人运动活动家,马克思和恩格斯的学生和战友。生于德国,
　　参加过德国1848—1849年革命。革命失败后先后流亡瑞士、比利时和英国,
　　1852年移居美国。在美国积极宣传马克思主义,是纽约共产主义俱乐部(1857
　　年创立)和美国其他一些工人组织和社会主义组织的领导人之一。第一国际
　　成立后,积极参加国际的活动,是第一国际美国各支部的组织者。1872年第一
　　国际总委员会从伦敦迁至纽约,左尔格担任总委员会总书记,直到1874年。
　　1876年参加北美社会主义工人党的创建工作,领导了党内马克思主义者对拉
　　萨尔派的斗争。左尔格与马克思、恩格斯长期保持通信联系。90年代从事美国
　　工人运动史的研究和写作,著有《美国工人运动》一书以及一系列有关美国工
　　人运动史的文章,主要发表在德国社会民主党理论刊物《新时代》杂志上。晚
　　年整理出版了他与马克思、恩格斯等人的书信集。1907年书信集俄译本出版,
　　并附有列宁的序言。列宁高度评价左尔格的活动,称他为第一国际的老战士。
　　——38、74、113、114、116、119、121、122。

《列宁专题文集》编审委员会

《论马克思主义》编审人员

文献选编　王丽华　　翟民刚　　丁世俊　　韩　英

题注编写　韦建桦　　顾锦屏　　王丽华　　翟民刚

资料工作　韩　英　　翟民刚

全书审定　韦建桦　　顾锦屏　　翟民刚

责任编辑：郇中建
装帧统筹：曹　春
编辑助理：崔继新
技术设计：程凤琴
责任校对：吴海平　赵立新　徐林香　张　彦

图书在版编目(CIP)数据

列宁专题文集.论马克思主义／中共中央马克思恩格斯列宁斯大林著作编译局编.
－北京：人民出版社,2009.12(2020.11重印)
ISBN 978－7－01－007891－5

Ⅰ.列…　Ⅱ.中…　Ⅲ.列宁著作－马克思主义　Ⅳ.A26

中国版本图书馆 CIP 数据核字(2009)第 060688 号

书　名	列宁专题文集
	论马克思主义
	LIENING ZHUANTI WENJI
	LUN MAKESIZHUYI
编　者	中共中央马克思恩格斯列宁斯大林著作编译局
出版发行	人 民 出 版 社
	(北京朝阳门内大街 166 号　邮编 100706)
邮购地址	100706 北京朝阳门内大街 166 号
邮购电话	(010)65250042　65289539
经　销	新华书店
印　刷	北京新华印刷有限公司
版　次	2009 年 12 月第 1 版　2020 年 11 月第 2 次印刷
开　本	700 毫米×1000 毫米 1/16
印　张	26
字　数	324 千字
书　号	ISBN 978－7－01－007891－5
定　价	59.00 元

ISBN 978-7-01-007891-5

9 787010 078915 >